百年恰风华

——燕山大学校庆工作纪实

王伟伟　贾丽洁　纪红月◎编

燕山大学出版社
·秦皇岛·

图书在版编目（CIP）数据

百年恰风华：燕山大学校庆工作纪实 / 王伟伟，贾丽洁，纪红月编. —秦皇岛：燕山大学出版社，2021.9（2026.1 重印）

ISBN 978-7-5761-0216-1

Ⅰ. ①百… Ⅱ. ①王… ②贾… ③纪… Ⅲ. ①燕山大学－校史－纪念文集 Ⅳ. ①G649.282.23-53

中国版本图书馆 CIP 数据核字（2021）第 154675 号

百年恰风华——燕山大学校庆工作纪实

王伟伟　贾丽洁　纪红月　编

出 版 人：陈　玉

责任编辑：裴立超

出版发行：燕山大学出版社 YANSHAN UNIVERSITY PRESS

地　　址：河北省秦皇岛市河北大街西段 438 号

邮政编码：066004

电　　话：0335-8387555

印　　刷：廊坊市印艺阁数字科技有限公司

经　　销：全国新华书店

开　　本：700mm×1000mm　1/16　　印　　张：22.75　　字　　数：372 千字

版　　次：2021 年 9 月第 1 版　　印　　次：2026 年 1 月第 2 次印刷

书　　号：ISBN 978-7-5761-0216-1

定　　价：88.00 元

序　言

一百年波澜壮阔，六十载春华秋实。燕山大学百年校庆是海内外所有燕大人同襄共庆、畅叙情谊的盛会，是汇聚八方合力、开启新百年发展建设征程的里程碑。广大师生校友以高度的责任感和主人翁意识，圆满完成了各项工作任务，涌现出很多感人事迹和一批先进典型。作为当下历史书写者的我们，积淀校庆资料、总结校庆经验、凝练校庆精神，不啻于为后来者奉献一笔宝贵的精神食粮，勉励他们继续谱写燕大人更加辉煌的新篇章。

校庆之于高校，是其兴校治学历史上的重要时间节点，具有凝聚、振奋海内外师生校友精神的巨大作用，具有提高学校知名度、社会美誉度的巨大作用，具有提振师生士气、增强文化自信的巨大作用。

以“重走南迁路，再抒创业情”骑行活动为代表的一系列百年校庆活动，向全社会表达了燕大人拳拳爱校之情，传递了燕大人生生不息、矢志报国的爱国情怀，彰显了燕大人艰苦奋斗、严谨治学、求实创新的可贵精神，取得了良好社会反响。

在校庆系列图书中，退休教师白靖同志的文章谈到了学校贷款、异地办学的前因后果，谈到了“成为全国第一所以改革的高速度实现当年设计、当年施工、当年招生的高校，实现了历史性的跨越”。我每每读到这些文字，脑海中便浮现出前辈们在白塔岭桃林中艰苦创业、开疆拓土的情景，依旧让人热血沸腾、为之动容。

本书是国内高校全景式展现校庆工作的开山之作，为其他兄弟院校开展校庆相关工作提供了有益借鉴，分为校庆说明、校庆准备、校庆活动、校庆总结、校庆档案五大部分。结构缜密，环环相扣，内容丰富，卷帙浩繁。仔细品读，不乏点睛之笔。

“士不可以不弘毅，任重而道远。”时光流逝，百年校庆的欢庆浪潮终将归于平静。本书承载着万千燕大人共庆学校百年华诞的美好回忆，或将成为学校历史长河中一颗熠熠生辉的明珠，激励着我们发扬熔铸在骨子里的奋斗基因、工匠精神、卓越品质和家国情怀，奋力开启燕山大学第四次创业新征程，为把学校建设成为“特色鲜明、国内一流、世界知名的研究型大学”而不懈奋斗。

燕山大学校长

2021 年 8 月 30 日

目　录

第一章　校庆说明

百年燕大·家国天下!

2019年至2020年，燕山大学举办了“建校溯源百周年·独立办学一甲子”系列校庆活动。为便于读者对燕山大学百年校庆的设计初衷、活动安排和外界反响有更深层次的了解，本章基于学校的历史沿革和基本情况，阐释学校的缘起和特色。

第一节　学校历史介绍

自1960年建校伊始，燕山大学就把办学使命与国家命运紧密相连。燕山大学的母源——哈尔滨工业大学，创立于内忧外患的近代中国，其初心和使命就是“工业救国”“教育兴国”。燕山大学的前身——东北重型机械学院，应国家工业布局需要而诞生，是我国第一所专门培养重型机械行业高级工程技术人才的高校。学校当年坚持“高而瘦”的办学方针，创造了艰苦条件下高起点办学、跻身全国重点大学的奇迹。伴随改革开放步伐，学校毅然跨省南迁，扎根燕赵大地，迎来新的发展机遇和空间。独立办学六十载，前20年间确立了学校在中国高等教育体系中的地位，中间20年谋划和完成整体南迁，近20年完成了由规模扩张到内涵发展的转变，燕山大学由一所专门的工科院校，成长为一所以工为主、八大学科门类协同发展的多科性大学。

一、历史沿革

燕山大学历史沿革

白靖（燕山大学宣传部原部长）

燕山大学是中国第一所培养重型机械高级人才的高等院校。

燕山大学的历史，在我们共和国的发展史上起到了十分独特、不可替代的作用。燕山大学源于哈尔滨工业大学（简称“哈工大”），哈工大是新中国成立初我国学习苏联进行高等教育体制改革的两所样板大学之一（另一所是中国人民大学）。哈工大的学校实习工厂就是当时苏联援建我国的156项重点工程之一。

1953年9月，毛泽东主席在中央政治局的一次常委扩大会议上强调，随着经济建设高潮的到来，将要掀起文化建设的高潮。现在要抓重点，要办好重点高校，要大力培养干部。当时的清华大学校长蒋南翔就是不久前从团中央书记岗位上调去的，反响不错。毛主席提出再从团中央抽调几位领导干部到高校去当校长，周恩来总理提议李昌可以算一个，于是1953年10月，毛主席钦点时任团中央书记处书记的李昌担任哈工大校长。

哈工大始建于1920年，初名哈尔滨中俄工业学校，1922年改名为哈尔滨中俄工业大学，1928年定名为哈尔滨工业大学，沿用至今。

哈工大原是一所专门为俄国人在我国东北修建的中东铁路培养工程技术人员的学校。办学经费出自中东铁路管理机构，生源主要是中东铁路系统的俄人子弟，也有少量精通俄语的中国人、朝鲜人、日本人等进入该校读书。教学采用苏联高校教材，全部用俄语教学。

我国于1950年6月7日从苏联的中长铁路系统接管了哈工大，当时哈工大的规模为学生1594名，教师146人，建筑面积约31000平方米，设置铁路道路、土木建筑、铁路机械、铁路电气等10个专业，新中国成立后的前两任校长是冯仲云、陈康白。

1953年秋，李昌接任哈工大第三任校长后，雷厉风行、大刀阔斧地进行了一系列改革，实施了“争夺人才，培养人才，不拘一格用人才”的发展战略，不仅把兄弟院校来哈工大进修的教师几乎全部留下，把1955届毕业的本科生几乎全部留校做教师，要求他们“规格严格，功夫到家”（后来成为哈工大校训），而且大批引进苏联和捷克等外国专家，最多时校内达到41位，这是其他高校无法比拟的人才优势。到1957年，留校任教的年轻教师迅速崛起，被誉为哈工大的“八百壮士”，其中后来产生出50名院士，居全国高校第五。哈工大的规模也迅速扩张到7000多人，成为当时全国六所重点大学中唯一一所北京外的名牌大学（当时人称“南清华，北工大”），被誉为“工程师的摇篮”。哈工大毕业生都享受高于普通院校的工程师资格。

（一）创建中国第一所培养重型机械高级人才的院校

在20世纪50年代初，中国选择了优先发展重工业的工业化道路。这种经济发展战略，从建立和优先发展重工业入手，高速度地发展国民经济，实施“进口替代”政策，到1957年已基本建成特色鲜明的东北重工业基地。

当时我国在苏联的援助下建的156项重大工程项目，有几十项在东北，其中有9项布局在黑龙江齐齐哈尔市，当年这里属于“背靠沙发”的战略大后方，国家曾设想建设中国的苏联乌拉尔工业区（含华安、建华、和平三大军工企业）。其中最核心的是被周恩来总理誉为“国宝”的第一重型机器厂(简称“一重”)，这是中国和亚洲最大的重机厂，是中国重工业的核心基地。它主要生产大型成套炼钢和轧钢设备，设备年制造能力为11万吨重型机械(包含5套轧钢机)。

“重型机械制造产业”是国之重器，是国家工业化的关键基础，国家的大型成套设备如冶金、矿山、发电、军工等都离不开它。一个大国如果没有重型机械制造业，就没有完整的、独立的工业体系和国防工业体系。

一重建在富拉尔基，这里还建有156项工程之一的北满特殊钢厂（年产26万吨特种钢)。它们共同构成了以富拉尔基重型机器厂为中心的新中国重型机械加工城（“钢铁机器城，鱼米瓜果乡”)。

1958年一重即将建成时，突然暴露出我国面临严重的人才危机——当时国内高校还不具备重型机械领域技术人才和管理干部的培养能力。一重不得不从全国海选厂长、处长、车间主任和工程师，并成建制地送到苏联乌拉尔重机厂去培训和实习。但这仍远远解决不了拥有一万多名职工的重机厂需要。

缺乏重型机械人才对我国发展的影响是极其严重的，如果一重开工后不能正常运行，不能生产出国家急需的轧钢设备，将拖累我国钢铁产业和国民经济发展，甚至影响到国家五年计划的实施。

为了尽快解决“缺乏重型机械高端技术人才”这个关乎我国重工业命脉的“瓶颈”问题，1958年年初，第一机械工业部和教育部决定立即建立我国第一所专门培养重型机械高级人才的工学院，并指定由哈工大和一重联合办学，以哈工大为主。校址选定在富拉尔基，规模暂定5000人。设置轧钢机器及工艺、锻压机器及工艺等10个专业。李昌校长（中央候补委员）对国家这一重大战略布局的意义十分清楚，全力支持，在1958年5月即派出哈工大党委常委、总务长马西林等人到富拉尔基调研协商办学事宜。当年9月和10月就实现了部分轧钢、锻压师生搬迁富拉尔基。学院院长由第一重型机器厂厂长杨殿魁（副部级）兼任，常务副院长由哈工大总务长马西林担任。

1959年3月2日，哈工大重型机械学院在富拉尔基正式成立，哈工大校长李昌参加了在第一重型机器厂职工电影院举行的建院典礼并讲话。他说，重型机械学院目前是我国第一所培养重型机械技术干部的学校。它的发展方向应该是向“高而瘦”方面发展，而不是向“矮而胖”方面发展。

建校之初，重机学院设有轧钢、锻压、机制、金属学及热处理和工业企业电气化5个专业，有450余名学生,200余名教职工。按照“三边”（边建设、边教学、边研究）方针，在1959年即培养出首届毕业生。其中许多人被分配到第一重型机器厂。同时学校举办了哈工大重型机械学院夜大学，直接就近培训一重的工程技术人员。通过这种两条腿走路的方式，及时地满足了国家对重型机械人才的急迫需要。这就是哈工大重型机械学院“十万火急”地诞生于1958年，并设立在富拉尔基与第一重型机器厂比邻而居的历史大背景。可以说，在中国高等教育历史上，我们学校为发展新中国重工业作出了无可替代的重大贡献！

（二）创建第一所在祖国北疆崭露头角的国家重点大学

办学之初，由于没有校舍，没有教学实验设施，学校的很多实验、实习环节都在一墙之隔的重机厂的实验中心和车间进行，毕业设计结合重机厂生产的大型轧钢机、大型水压机等产品“真刀真枪”地去干。学校十分注重紧密联系企业实际，积极开展面向企业的技术服务，锻炼了师生的实际工作能力。

1960年3月到5月末，齐齐哈尔市委在全市开展了“双革”“四化”活动（即技术革新、技术革命和机械化、电器化、水利化、自动化），学校组织了50名教师带领500名学生，分批到全市65个工厂参加“双革”“四化”，完成技术革新项目467个。其中为齐齐哈尔车辆厂设计的630吨水压机使用的“2吨大转盘锻造操作机”，解放了锻轴时承受繁重体力劳动的工人，至今已使用50多年。

学校实行了“一主二辅三结合”（即教学为主，科研和生产为辅，教学、科研、生产三结合）的方针，强调学习必须与科研和生产实践相结合，高年级课余时间安排200～300学时的科研活动（很少见），使学生掌握了必要的生产技能和科研能力，达到了工程师的基本要求。

1960年10月，中苏关系破裂后，由于哈工大转向以军工专业为主并划归国防科工委领导，学校与哈工大分离并继续留在机械工业部独立办学，校名变更为东北重型机械学院。

“文革”期间，东北重机学院和全国高校一样，停止招生，陷入“斗批改”的无政府状态。学校大部分教师都被送到第一重型机器厂各车间“下放劳动”，锻压专业林秀安教授当年曾在一重5车间顶岗副手操作6000吨水压机几个月，锻造几十吨重的火红大锻件。高温辐射烤得很厉害，劳动条件很艰苦，不懂锻压工艺根本无法上手操作。

通过亲自参与生产过程，教师们对重型机械的结构细节、生产工艺过程、前沿水平、难点、存在的问题、发展趋向等有了明确、深刻的认识和了解，并通过返校后分析计算和初步实验研究，得到了一些具有指导性的结果和收获。对东重的广大教师而言，这一收获是意外和巨大的，是原来在哈工大学习和教书时无法取得的。这一段“被迫的”劳动实践使教师们进一步加深了对理论联系实际和教育与生产劳动相结合的深刻内涵的认知，并使得东北重机学院的办学特色更加鲜明，使广大师生在中国重型机械行业中扎下了更深、更牢甚至是独一无二的强大根基。后来，在一些高校合作编写《锻压手册》时，各校一致推选东重教师牵头组织，因为东重教师对工厂大型锻压设备的熟悉程度是其他高校教师无法比拟的。

1970年，中苏边界争端加剧，毛主席发出“要准备打仗”的号召，我国启动了战略核潜艇研制工程，东北重型机械学院承担了由国家第四机械（电子）工业部和军委通信兵部共同下达的《大功率单边带通信发射机》（代号381工程）试制任务。该通信发射机是中国战略核潜艇（代号09工程）岸基配套通信装备。因其通信距离远、保密性能好，又可作为战略区之间的骨干通信设备，四机部和通信兵部确定它为重点攻关项目。学校无线电教师在全校的协同支持下，用近两年时间，于1971年年底完成了样机试制任务，并通过了军委通信兵部的验收。四机部孙俊人副部长、一机部孙敬文副部长和黑龙江省委书记李剑白曾先后到学校看望研究人员并了解工程进展。“381机”在我校试制成功并通过验收，为我国战略核潜艇通信工程作出了重大贡献。

此外，学校还取得了几十项科研成果，其中比较突出的有两项：

一是洛铜冷连轧机项目。1974年3月，连家创课题组承担了洛阳铜加工厂1000三机架冷连轧机液压弯辊的研究课题，这项研究当时在国内尚属首次。1975年9月试验成功，使铜带板形质量得到了显著改善，产生了巨大的经济效益。1978年荣获全国科学大会奖。

二是太重钢管矫直机项目。1973年，朱之超课题组承担了太原重机厂313型钢管矫直机，1976年研制成功，1978年荣获全国科学大会奖。

从1958年到1978年，去掉“文革”期间停办的6年，14年间学校大约培养了3000多名重型机械人才，他们遍布全国的十几个重机厂和汽车、冶金、矿山、电机等企业及西安重型机械研究所、济南铸锻研究所等科研单位，许多人成为单位的技术骨干和主要领导。

1977年，国家开始注重发展科学教育事业，学校百废待兴，经费紧缺，应该如何发展？马西林副院长重新主持学校的领导工作后，看到了计算机未来的发展远景，他独具慧眼，力排众议，站在教育家的高度力主发展计算机科学。当时有资格筹办计算机专业的两个老专业——工企和无线电都想办计算机专业，争执不下，专业名称也迟迟定不下来。马院长着急了，在全校大会上说："……争什么争？赶快定下来呀，哪管叫个'王八蛋专业'呢！"这些振聋发聩的话使大家深深感受到老院长尽快发展东重的急迫心情，整个会场一片静默！后来，马院长还集中了学校十分紧张的教学经费，花了100多万元购买了当时国内最先进的TQ16小型计算机，抽调了十几名骨干教师，组建了计算中心，不但为学校的计算机学科奠定了基础，还促进校内各专业迈出了采用数字化的CAD、CAM和计算机控制的开创性的一步。当年的计算机专业今天已经发展成为燕山大学的四大学院之一——信息科学与工程学院。

1978年2月17日，经国务院批准，东北重型机械学院成为全国重点院校，跻身我国88所全国重点大学行列（是中国最北部的国家重点大学）。东北重型机械学院以300余名教师，8～9个专业，约2000名在校生的规模，能在如此短的时间就跻身全国重点大学是出乎许多高校意料的，这是国家对东北重机学院的重大历史贡献和培养的高素质人才的充分肯定。

（三）创建中国第一所打破常规与国际接轨的高水平大学

改革开放以后，我国由计划经济向市场经济转变，国家的发展战略发生了重大变化，优先发展东南沿海开放城市和地区，东北老工业地区风光不再，机械工业部投资办学的重心也跟随国家战略南移。

东北重型机械学院这所20世纪50年代建于东北国家发展重工业核心地域的学校，如何在国家新的发展战略中找准自己的位置，是每一个干部教师都在认真思索的大问题。这时，在改革开放进程中，出现了有利于学校发展的天时、地利、人和的难得机遇。

天时：1984年，中央决定对14个沿海开放城市实行特别的开放政策，并发文件号召内地城市和单位支援沿海开放城市的发展建设。邓小平提出教育要三个"面向"，清华大学、北京大学、哈工大等一批高校纷纷响应，到深圳、威海等地办分校，机械部教育局也在深圳开办了一个窗口。林秀安院长在镇江参加机械部的校长、书记会议时，机械部教育局局长程光找他谈话，说你们不要再固守富拉尔基不动，应考虑到沿海开放城市比如营口等去开个窗口，办个分校。

地利：1984 年富拉尔基发现石油，大庆决定将采油三分部搬迁到富拉尔基，并有意出资 1.3 亿元购买东北重机学院房地产，以安置三分部的上万名职工家属。那时的 1.3 亿元比现在的 13 亿元含金量还高，足够在外地新建一所比东重更好的大学（后来学校贷款十几亿建校）。

人和：1984 年 3 月 28 日，中央组织部任命了东北重机学院新的领导班子，其中党委书记李志超，院长林秀安，党委副书记武占元，副院长聂毓峰、连家创、杨基厚、甄殿发等都是哈工大（或东重）毕业生，他们的文化背景和价值观基本相同，为学校领导班子重大决策的意见一致提供了难得的机遇。

与此同时，东北重机学院在富拉尔基办学的困难突显出来：地理坐标由“背靠沙发”变成“面对沙皇”，成为中苏对抗前线。这里信息、交通不便，生活成本高，物资供应短缺、生活环境艰苦等，全校有约三分之一骨干教师（90 人）相继调出，其中包括建校初期从哈工大调来的职称最高的 6 名副教授中的 4 位。一时之间，高分考生不愿前来就读，优秀学生毕业不肯留校，骨干教师纷纷要求调走，机械工业部不愿继续向学校投资（当时还有 6300 万元建校经费没有拨款）。学校上下都感到沉重的压力。学校曾经寄希望于整体搬迁到齐齐哈尔市区办学，以稳定人心，但没有得到齐齐哈尔市政府的重视。

面对机遇和困难并存的局面，学校干部、教师纷纷提出顺应国家发展战略，到沿海开放城市办学的建议。大家认识到，国家优先发展沿海开放城市意味着那里是现代产业新增长点，意味着那里需要大量新型人才，意味着学校发展的新机遇。全校人心振奋，天时、地利、人和难得地统一。

1984 年 6 月，林秀安院长派出考察团到秦皇岛、烟台、威海等沿海城市考察办分校的可能性，很快就确定了在秦皇岛办分校的目标（当时有 20 多个院校到秦皇岛洽谈办学，只有我校是真心办学并想全迁）。

在秦皇岛市、河北省和机械工业部的大力支持下，经过 20 天的连续协商谈判，就拿到了秦皇岛市政府、河北省政府和机械工业部批准东北重型机械学院在秦皇岛市建分校的红头文件。学校 1984 年下半年即在秦皇岛市设立办事处，成立筹备组，开始征地、搞设计……筹办建校的各项事宜。1985 年春季即开始动工兴建，当年第一批新生入住学校，成为全国第一所以改革的高速度实现“当年设计、当年施工、当年招生”的高校，实现了历史性的跨越。这是没有上级规划、没有上级拨款、没有上级招生计划的重点大学的改革创举，是没有先例的破冰之旅，是东北重机学院凤凰涅槃式的浴火重生。

1985 年 10 月 5 日，首批新生报到入学，当年在全国 19 个省市招收 10 个专业本科生。实际报到本科生 436 人、研究生 95 人、专科生和代培生 172 人，共计 703 人（当时因林校长累病在北京住院，没有出席 85 级开学典礼）。

林秀安校长总结回顾说：“让我体会比较深的一点是，贷款办学、集中投资可以加快建设速度而不失掉机遇”。1984 年全年的基建投资 2079 万元（其中秦皇岛市协助借贷 1700 万元），相当于东重建校 25 年基建投资总和，把 25 年的投资集中在 1 年投入，使学校抓住了难得的历史机遇。1986 年国家就收紧政策，不允许跨省办学了。

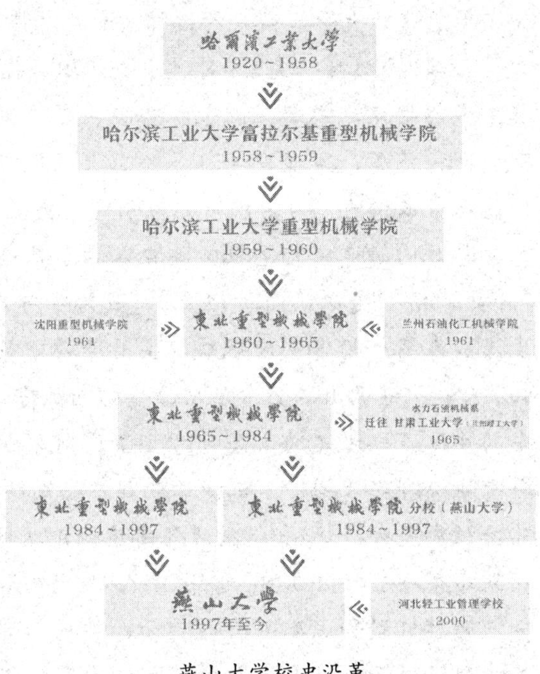

燕山大学校史沿革

从 1985 年到 1997 年，学校完成了从黑龙江到河北的全部搬迁，更改校名，实现了从东北重型机械学院到燕山大学的华丽转身。燕山大学从一所规模不大的单一工科院校，发展成为一所高水平的以工为主、多学科协调发展的大学。（本部分内容节选自《世纪风华》图书和《秋实》杂志）。

二、提出“建校溯源百周年 · 独立办学一甲子”

七十五周年校庆

裴广发（1993 年 4 月—1997 年 8 月任燕山大学党委书记）

谈到东北重型机械学院（燕山大学）的历史，必然涉及建校时间。在我来燕山大学之前，无论是社会出版的各种书刊中，还是在燕山大学（东北重型机械学院）师生员工的议论中，都认为学校的建校时间是1958年。将东北重型机械学院（燕山大学）的建校时间从1958年修正为1920年，这是我对学校历史研究的一点贡献。

1995年，正是东北重型机械学院南迁秦皇岛十周年。学校准备搞一次规模较大的庆典活动。6月19日，王益群校长在《燕山大学报》头版右上角题词："全校师生员工行动起来，以实际行动庆祝燕大建设10周年（东重建校37周年）"。校报同时以"我校将举行校庆"为标题发表一条新闻。文中指出："最近，经校长办公会决定，我校将在今年9月10日的教师节期间，隆重举行校庆活动。"文中还指出："今年，又是东重建校37周年。当年从哈工大杀出的一彪军马，37年来不仅创建了东重北校，又有了教学科研实力雄厚的南校（燕山大学），庆祝东重建校37周年，届时南北校和校友们在秦皇岛济济一堂，为弘扬优良校风和开拓未来事业而展宏图共谋进取方略，将有一番运筹帷幄和雄师再举的新士气。"

依照学校的总的部署，校庆筹备工作在紧张进行之中。7月初的一天，我到校办了解校庆准备进展情况，无意之中，发现一本介绍东北重型机械学院的书。我是从吉林工业大学调来的，对东重的历史及现状很感兴趣，信手翻来，陷入深思。

1958年，哈尔滨工业大学为适应我国重型机械发展的需要，以重型机械系为主，结合相关专业，在齐齐哈尔市富拉尔基区，创办了哈工大富拉尔基分校，后命名为哈尔滨工业大学富拉尔基重型机械学院。1960年10月，脱离哈工大独立办学，更名为东北重型机械学院。从1961年起，首批学生拿到了东北重型机械学院的毕业文凭。一个学校的建校时间无论是从其母校建分校时算起，还是从学生拿到毕业文凭时算起，都是不准确的。这正像东北重型机械学院从1985年在秦皇岛建分校，起名为燕山大学，而燕山大学的建校时间不能认定为1985年一样。准确的说法应该是，东北重型机械学院源起于哈尔滨工业大学，其前身是哈尔滨工业大学富拉尔基重型机械学院，其历史可上溯至母校的建校时间。哈工大是1920年建校的，所以东北重型机械学院的建校时间应为1920年。我查阅了国内十几所大学的资料，完全证实了我的这一想法。比如，与东北重型机械学院情况大体相同的哈尔滨建筑工程学院，它的前身也是哈工大的一个系，后来独立办学，更名为哈尔滨建筑工程学院。

这所学校的建校时间就是哈工大的建校时间——1920年。国内还有一些学校也是如此。

在燕山大学党政领导联席会上，在听取关于校庆活动筹备情况的汇报时，我就建校时间的认定发表了看法，得到了与会班子成员的一致赞成。会议决定：将原来的“庆祝燕大（东重）建校10周年（东重建校37周年）”改为“庆祝燕大（东重）建校75周年暨迁校10周年”。过去准备的一切校庆活动的文字资料，一律将“37周年”改为“75周年”。

1995年7月10日，王益群校长通过“致校友的一封信”宣传建校75周年的理念。信中指出：“值此东北重型机械学院（燕山大学）建校75周年暨迁校10周年之际，谨向在两地学习和工作过的海内外校友致以亲切的问候！建校75年来，我校始终保持和发扬了严谨治学、实事求是、艰苦创业、开拓进取的优良校风，为国家培养了大批人才，在改革开放大潮中应运而生的东重南校——燕山大学已崛起在渤海之滨，从1985年迁校建设至今已形成了七系、三部、两个中心、三十七个专业，成为理、工、文、管专业齐全的全国重点大学。目前机械部已批准南北两校合并，迁往秦皇岛。”“为给勤奋工作并为母校增光添彩的莘莘学子创造一个访师、会友、觅旧、观新的机会，为密切校友联系，加强多项联合，拓展母校声誉，我们决定于9月10日、11日举办隆重的校庆活动，望各位校友百忙中拨冗莅临，为母校的建设与发展提出建议。”

学校建校时间的修正，最初在校内外引起了一定的反响，一些老同志不理解，一些教工也不理解。经过学校领导班子成员会上会下的反复宣传与解释，最终取得了广大教工的理解与支持。机械工业部部长何光远来校参加庆典活动时，开始对建校75周年的提法也不理解，后经我和王益群校长的再三解释，最后终于得到了他的支持与赞成。何光远部长十分高兴地在庆典大会上讲了话。

哈尔滨工业大学党委书记李生教授在庆典大会上讲了一段话，我至今记忆犹新。他说：“燕山大学与哈尔滨工业大学是一母所生，我们是同胞兄弟，从前是，现在是，将来依旧是。”

从1995年起，东北重型机械学院（燕山大学）的建校时间定为1920年已成为学校职工及社会的共识。

（来源：《我在燕山大学》）

“建校溯源百周年 · 独立办学一甲子”校庆提法的由来

郭沛（燕山大学学校办公室副主任、校庆办副主任）

2020年，燕山大学隆重庆祝了“建校溯源百周年 · 独立办学一甲子”，克服疫情影响，举办了百余项有重要影响的纪念活动。河北省委书记王东峰发来贺信，全国人大常委会原副委员长、民革中央原主席周铁农等校友，省市领导和100多个政府部门、兄弟高校、企事业单位负责同志亲临校庆纪念大会现场，清华大学等海内外100余所高校和机构发来贺信、视频，4000余校友重返母校，30多万校友线上线下互动，校庆活动取得圆满成功，有力凝聚起各方力量，共谋学校发展。其中一个重要因素，就是“建校溯源百周年 · 独立办学一甲子”的校庆提法得到大家的广泛认同。

很长一段时间，大家对2020年燕山大学到底是举办100年校庆还是60年校庆持有不同意见。一种意见认为，燕山大学的主要专业是从哈尔滨工业大学成建制分出来的，与哈工大同根同源、血脉相连，不能割断历史，建校应从1920年哈尔滨中俄工业学校算起，是100年校庆。另一种意见认为，强调100年办学史有抱哈工大“大腿”、给自己贴金之嫌，建校时间应该从1960年独立办学、更名为东北重型机械学院算起，是60年校庆。

2019年5月30日，燕山大学召开了第四次党代会。为了统一思想、凝聚共识，进一步理清发展脉络，确立崭新蓝图，校党委书记赵险峰在学校第四次党代会报告第二部分“新时代学校发展的历史使命与奋斗目标”中，对燕山大学的办学历史进行了系统回顾总结，并首次提出2020年学校将迎来“建校溯源一百年 · 独立办学一甲子”。后来，为了更押韵对仗，赵险峰书记提议调整为“建校溯源百周年 · 独立办学一甲子”，并成为燕山大学2020年校庆最终提法。它与首次确定创建“特色鲜明、国内一流、世界知名研究型大学”一道，解决了事关燕山大学“从哪儿来”和“向何处去”两个根本办学问题，成为学校第四次党代会中最亮眼的关键词和重大成果。

“建校溯源百周年 · 独立办学一甲子”这一校庆提法获得普遍认同，也得到前来参加校庆活动的中国工程院院士、哈尔滨工业大学校长周玉的高度赞许。一是，它尊重了历史。1958年，500多名哈工大轧钢和锻压专业师生（成建制，包括一部分哈工大“八百壮士”）响应党和国家号召，为解决“缺乏重型机械高端技术人才”这个关乎我国重工业发展命脉的“瓶颈”问题，从大城市哈尔滨来到边陲小镇富拉尔基，在中国第一重型机器厂旁，创办了哈尔滨工业大学富拉尔基分校。1959 年，哈尔滨工业大学一分为三：在土木建筑系基础上组建了哈尔滨建筑大学，2000 年又回归到哈尔滨工业大学；在哈尔滨工业大学富拉尔基分校基础上，随后创建了新中国第一所重型装备制造行业高校——东北重型机械学院；剩下大部分仍为哈尔滨工业大学。由于当时哈工大轧钢和锻压及相关专业是成建制搬迁，并且在富拉尔基首先创办的是哈工大的分校，而后在分校基础上独立办学、壮大发展成今天的燕山大学，所以，燕山大学的办学历史理应与哈尔滨工业大学保持一致，赓续了哈工大 1920 年建校学脉。二是，它也尊重了现实。1960 年哈尔滨工业大学富拉尔基分校独立办学，定名为东北重型机械学院。从此，它走上了一条不平凡的国内罕见的顽强求发展之路，创造了艰苦条件下高起点办学、第三年就被确定为机械工业部部属重点院校、20 年就跻身全国重点院校行列的奇迹，也创造了在秦皇岛“当年设计、当年施工、当年招生”办分校，历时 12 年跨省整体搬迁办学的壮举。可以说，在独立办学 60 年间，前 20 年确立了学校在中国高等教育体系中的地位；中间 20 年谋划和完成整体南迁；近 20 年完成了由规模扩张到内涵发展转变，由一所专门的工科院校，成长为一所以工为主、八大学科门类协同发展的多科性大学。在此过程中，也铸就了“艰苦奋斗、严谨治学、求实创新”的燕大精神，形成了燕大人独特的文化品格——“奋斗基因、工匠精神、卓越品质、家国情怀”。

慎终追远，不忘来路；赓续奋斗，再启新篇。“建校溯源百周年 · 独立办学一甲子”，让我们深切感受到这所百年老校的历史积淀和情怀担当，也激励着燕大人不忘初心、牢记使命，用赤诚的爱国之心和报国之志，在各自岗位上精益求精、团结奋进、追求卓越，奋力开启新时代学校新百年第四次创业新征程，用实际行动守望燕大的梦想与祖国的未来。

三、校史钩沉

我校自 1960 年独立办学以来已逾六十载，期间经历白手起家、异地办学、划转更名，几多坎坷几多艰辛。之前对校史尤其是建校史的梳理不够充分，还存在模糊的认识，借着校庆契机，重新梳理历史，还原史实，对于今后学校发展、鼓励广大师生校友开启第四次创业新征程都有重要的现实意义。

因校庆结缘而修订校史

朱可嘉（燕山大学校庆办兼职工作人员）

每一所高校都有自己独特的校史和校情，它们是各个高校在教育工作中的宝贵资源和精神财富，具有深刻的教育意义。燕山大学历经两次搬迁、三次创业、划转更名，历尽坎坷，几多艰辛。整理修订燕山大学的校史，擦亮这所百年老校的金字招牌，对全体燕大人坚定信心、和衷共济，发扬熔铸在骨子里的奋斗基因、工匠精神、卓越品质、家国情怀，对学校早日跻身国家“双一流”建设高校行列全力拼搏，对实现中华民族伟大复兴的中国梦作出新的更大贡献都具有重要的现实意义。

回首来时路，开拓新百年。笔者有幸作为校庆办的工作人员全程参与了百年校庆的各项工作。在一次对机械学院退休教师赵永和老先生的采访中，赵老先生提到入学通知书上面书写的“哈尔滨工业大学富拉尔基分校”几个字让他终生难忘。笔者在感动之余，对这个线索也提起了极大兴趣，随即，联系了档案馆副馆长、校庆办副主任柯铁军，搜集了大量原始的第一手材料。几经论证、反复考究，最终形成了调研报告——《关于修订学校简介中校史表述的建议》，经过与里仁学院书记、校庆办主任张向前几次讨论修改后，上报燕山大学党委副书记黄晟。各位领导都很支持相关工作，在大家的共同努力下，校史馆和学校官方主页都做了相应修改。

因为校庆工作而修订学校历史是笔者始料未及的，在这一过程中，得到了很多领导和同事的积极支持与鼓励，在此深表谢意。《关于修订学校简介中校史表述的建议》内容如下：

校史记载着我校创建、发展、壮大的历程，是燕山大学办学特色和大学精神的重要体现，对创建高水平大学具有重要意义。关于我校校史的表述：“1958 年哈尔滨工业大学重型机械系及相关专业成建制迁至工业重镇齐齐哈尔市富拉尔基区，组建了哈尔滨工业大学重型机械学院。”不能准确反映当年的历史情况，尤其是我校与哈尔滨工业大学的隶属关系。

（一）1958 年成立哈尔滨工业大学富拉尔基分校

搜集到的历史材料如下：

《关于筹建富拉尔基分校的初步规划草案》[（58）重院字第 15 号] 文件中指出，（哈工大）教务处根据两部（第一机械工业部、教育部）指示精神和哈工大本校实际情况，本着“多、快、好、省”的建校方针，提出“富拉

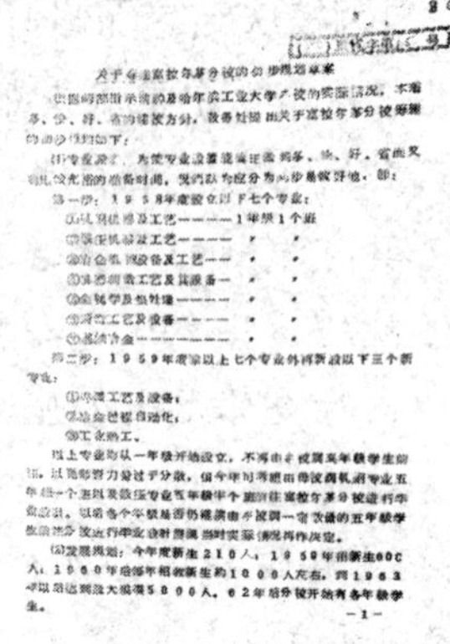

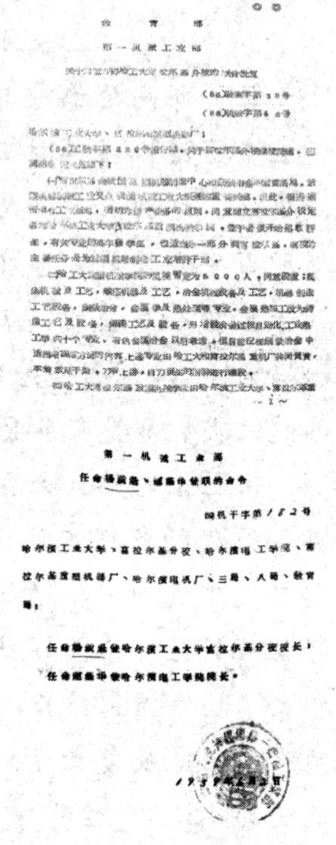

第一机械工业部

任命杨殿魁、赵荫华兼职的命令

(59)机干字第182号

哈尔滨工业大学、富拉尔基分校、哈尔滨电工学院、富拉尔基重型机器厂、哈尔滨电机厂、三局、人局、教育局：

任命杨殿魁兼哈尔滨工业大学富拉尔基分校校长；

任命赵荫华兼哈尔滨电工学院院长。

尔基分校”筹建初步规划。这是史料中首次提及我校成立的原因和背景，是首次以富拉尔基分校作为学校名称出现在文件中。

在教育部和第一机械工业部《关于同意开办哈工大富拉尔基分校的联合批复》[（58）教高字第32号][（58）机教字第48号]文件中明确指出：“根据紧密结合工业基地，密切为生产服务的原则，同意建立富拉尔基分校定名为哈尔滨工业大学富拉尔基重型机械学院。”

1959年第一机械工业部的任命文件《任命杨殿魁、赵荫华兼职的命令》[（59）机干字第182号]中明确指出：“任命杨殿魁兼哈尔滨工业大学富拉尔基分校校长。”

（二）分校最终被命名为“哈尔滨工业大学重型机械学院”

哈尔滨工业大学《关于分校校名改为“哈尔滨工业大学重型机械学院”的通知》[（59）工校李字第220号]文件明确电告教育部和中共齐齐哈尔市委，富拉尔基分校改名为“哈尔滨工业大学重型机械学院”。

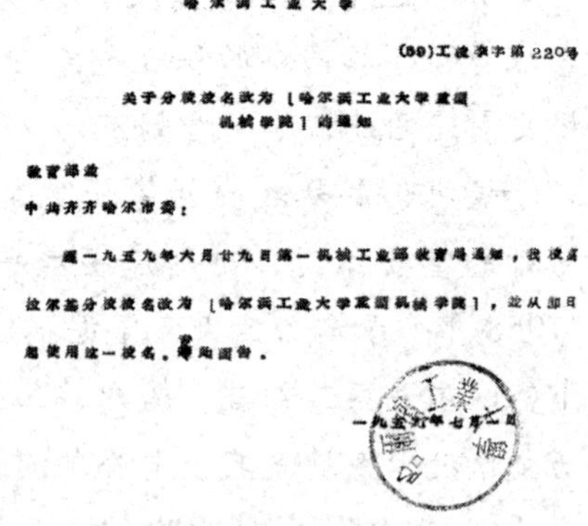

哈尔滨工业大学

(59)工校李字第220号

关于分校校名改为[哈尔滨工业大学重型机械学院]的通知

教育部並

中共齐齐哈尔市委：

遵一九五九年六月廿九日第一机械工业部教育局通知，我校富拉尔基分校校名改为[哈尔滨工业大学重型机械学院]，並从即日起使用这一校名。特此函告。

一九五九年七月一日

抄送：分校

摘自《1950—1966哈尔滨工业大学重要史料汇编》中的三份人事任免，也可间接证明哈工大富拉尔基分校作为哈尔滨工业大学有机组成部分的事实。此外笔者还走访了1959年入校的赵永和老先生，据老先生回忆，59级新生入校时的录取通知书上的标准写法就是“哈尔滨工业大学富拉尔基分校”，只是年代久远，未能保存下来，可以联系其他健在的老先生，查找相应实物佐证。

由以上种种佐证材料基本可以断定：1.1958年，我校最初是按照第一机李校长：

昨天去信商谈关于富拉尔基分校领导干部的配备意见中，

掉马西林同志，我们意见：

马西林同志任分校副校长，此意见请转告省委。

特此

敬礼！

第一机械工业部干部

3月6日

出自哈工大文书档案 1959 年7

富拉尔基分校的领导干部，我们意见：

分校校长由富拉尔基重型机械厂厂长杨殿魁同志兼任。

你校党委副书记彭云同志任分校副校长。

党委书记由富拉尔基重型机械厂党委书记，周宇博同志兼。

现在分校党委副书记张恩起同志仍为分校党委副书记。

以上意见我们同时已告黑龙江省委，请你们研究，并希望将学校意见和省委意见一起告我们。

此致

敬礼

第一机械工业部干部司

1959 年 3 月 25 日

出自哈工大文书档案 1959 年 7 卷

中共哈尔滨市委文教部文件转发省委
关于张恩起同志工作职务的批示

省委六月四日批准：

张恩起同志任中共哈尔滨工业大学富拉尔基重型机械分校委员会副书记。

中共哈尔滨市委文教部

1959 年 6 月 22 日

已发：哈尔滨工业大学党委、市委组织部、存档，共印 3 份

中共哈尔滨市委文教部办公室

械部、教育部指示精神，由哈工大教务处提议兴建的分校，且于当年立校。2.1959 年，随着哈工大富拉尔基分校不断发展壮大，经研究，分校最终定名为“哈尔滨工业大学重型机械学院”。3. 分析具体情境下的历史事件应立足于当时的实际情况，新中国成立初期，高校分为两类：大学、学院，高校架构为学校、系部二元结构。随着高等教育普及化，高校招生规模不断扩大，学院纷纷更名为大学，高校的内部构架随之变为学校、学院、系部三级。1959 年富拉尔基分校命名为哈尔滨工业大学重型机械学院是当时国内高校里非常罕见的一个特例，在当时的历史语境下，它的定位并非一个大学内部的二级学院，从实际运行来看相当于一个独立建制，是以学院命名的高校。

建议增加这一部分表述，例如：“1958 年哈尔滨工业大学重型机械系及相关专业成建制迁至工业重镇齐齐哈尔市富拉尔基区，组建哈尔滨工业大学富拉尔基分校，1960 年学校独立办学，定名为东北重型机械学院。”

加入“哈尔滨工业大学富拉尔基分校”这一表述可以起到以下作用：1. 更加准确地阐释我校变迁流转历史，符合历史原貌。2. 使我校与哈工大之间的关联更加紧密，富拉尔基分校提升了我校当时的办学层次，凸显了燕山大学卓尔不凡的起点，在百年校庆之际，显现出学校的光荣历史。3. 分校因为具有相对的独立性、独立招生等特点，也更加合理地解释了 1960 年哈工大（隶属于第三机械工业部）与哈工大富拉尔基分校（隶属于第一机械工业部）因隶属关系的转变，从而走上了相对独立的发展道路，成立东北重型机械学院的历史。

综合以上考虑，建议在学校简介、校史宣传等方面，加入“哈尔滨工业大学富拉尔基分校”的说法，统一文字表述，可以起到凝聚人心、振奋力量的作用。

本节围绕历史沿革、“建校溯源百周年 · 独立办学一甲子”的由来、校史钩沉三部分内容对学校历史进行介绍，使读者更深层次地了解学校的缘起以及校庆日的由来。

第二节　学校基本情况

燕山大学是河北省人民政府、教育部、工业和信息化部、国家国防科技工业局四方共建的全国重点大学，河北省重点支持的国家一流大学和世界一流学科建设高校，北京高科大学联盟成员。本节结合学校简介、校风等，对学校基本情况进行详细介绍。

一、学校简介

学校源于哈尔滨工业大学，始建于1920年。1958年，哈尔滨工业大学响应国家号召，将重型机械及相关专业迁至工业重镇齐齐哈尔市富拉尔基区，组建了哈尔滨工业大学富拉尔基分校，分校先是定名为哈尔滨工业大学富拉尔基重型机械学院，后改名为哈尔滨工业大学重型机械学院。1960年独立办学，定名为东北重型机械学院，成为原机械工业部直属高校。1978年被确定为全国重点高等院校。1985年至1997年学校整体南迁至秦皇岛市。1997年经原国家教委批准，更名为燕山大学。1998年，由原机械工业部划转到河北省，实行中央与地方共建，以河北省管理为主。2000年，河北轻工业管理学校并入燕山大学。

学校有26个专业入选国家级一流本科专业建设点。2016年，作为教育部选定的两所高校之一，学校的工程专业国家认证接受了《华盛顿协议》国际专家的观摩考察，支撑我国正式加入《华盛顿协议》国际工程教育组织。学校现有13个工科专业通过工程教育专业认证，标志着这些专业的人才培养质量得到国际认同，进入全球工程教育的“第一方阵”。

学校占地面积4000亩，建筑面积106万平方米。现有普通高等教育在校生38000人。现有教职工3200人，包含专职教师2200人，其中，教授509人，副教授678人。教师中含博士生导师331人。中国科学院院士2人：田永君、段广仁，国务院学科评议组成员1人：赵丁选，国家“万人计划”入选者5人：田永君、彭艳、华长春、周向锋、张立峰，长江学者奖励计划特聘教授11人：田永君、刘日平、关新平、张湘义、高发明、徐波、华长春、王利民、赵丁选、张立峰、彭秋明，国家杰出青年科学基金获得者12人：田永君、刘日平、关新平、张湘义、张福成、李小俚、柳忠元、徐波、张立峰、华长春、温斌、周向锋。

学校设有11个博士后流动站，14个博士学位一级学科，1个专业博士学位类别，30个硕士学位一级学科，17个专业硕士学位类别，64个本科专业，已形成以工学为主，文学、理学、经济学、管理学、法学、艺术学、教育学8个学科门类共同发展的学科格局；拥有5个国家重点学科、5个国防特色学科和16个省级重点学科，工程学、材料科学、化学、计算机科学4个学科进入ESI排名全球前1%。在全国第四轮学科评估中，8个学科获得B类以上评估结果，其中机械工程为A类，全国排名前10%；材料科学与工程为B+，全国排名前20%。

学校设有研究生院和17个直属学院，即机械工程学院、材料科学与工程学院、电气工程学院、信息科学与工程学院（软件学院）、经济管理学院、外国语学院、建筑工程与力学学院、文法学院（公共管理学院）、马克思主义学院、理学院、环境与化学工程学院、艺术与设计学院、车辆与能源学院、体育学院、里仁学院、国际教育学院和继续教育学院。

学校建有亚稳材料制备技术与科学国家重点实验室、冷轧板带装备及工艺国家工程技术研究中心、先进制造成形技术及装备国家地方联合工程研究中心、极端条件下机械结构和材料科学国防重点学科实验室、国家创新人才培养示范基地、国际科技合作基地、智能控制系统与智能装备教育部工程研究中心、省部共建协同创新中心、国家技术转移示范机构、3个河北省协同创新中心以及43个省部级重点实验室、工程技术研究中心和社会科学研究基地；设有国家大学科技园和燕山大学出版社。

学校在重型机械成套设备、亚稳材料科学与技术、并联机器人理论与技术、流体传动与电液伺服控制技术、工业自动化控制理论与技术、精密塑性成型技术、大型锻件锻造工艺与热处理技术、极端条件下机械结构与材料科学等研究领域具有国际先进水平。2000年以来，学校连续获得国家科技奖励19项，其中国家科技进步一等奖2项、二等奖9项，国家技术发明二等奖4项，国家自然科学二等奖4项。承担“973”、“863”、国家重点研发计划、国家自然科学基金和国家社会科学基金项目970项。2013年和2014年，学校连续有2项科研成果入选“中国科学十大进展”和“中国高校十大科技进展”。

表 1-1 燕山大学国家科学技术奖获奖统计

序号	项目名称	奖励类别	获奖年度
1	空间碎片与高能粒子探测和防护关键材料及应用	技术发明二等奖	2018
2	网络系统的分布式感知与协同控制基础理论与方法	自然科学二等奖	2018
3	超细贝氏体钢制造关键技术及应用	技术发明二等奖	2017
4	并联机器人机构拓扑与尺度设计理论	自然科学二等奖	2013
5	高强韧新型锆合金设计、制备及其在空间活动构件上的应用	技术发明二等奖	2012
6	硬度的微观理论及新型亚稳相设计	自然科学二等奖	2011
7	冷轧板形控制核心技术自主研发与工业应用	科技进步二等奖	2011
8	冷带轧机高精度液压厚度自动控制（液压 AGC）系统关键技术及应用	科技进步二等奖	2009
9	中薄板坯连铸机成套技术与关键设备开发及应用	科技进步二等奖	2009
10	15000T 锻造水压机	科技进步一等奖	2008
11	鲁棒控制系统设计的参数化方法与应用	自然科学二等奖	2008
12	无缝钢管减径产品工艺优化及其质量控制	科技进步二等奖	2006
13	宝钢高等级汽车板品种、生产及使用技术的研究	科技进步一等奖	2005
14	浮法玻璃生产过程工艺、检控与在线低辐射玻璃工业化生产技术开发	科技进步二等奖	2005
15	板带轧机板形控制的理论体系、数学模型、仿真软件及其应用	科技进步二等奖	2004
16	延长大型轧机轴承寿命研究	科技进步二等奖	2003
17	耐磨奥氏体锰钢化学成分和热加工工艺优化	科技进步二等奖	2002
18	非晶合金形成规律及大块非晶合金制备工艺研究	技术发明二等奖	2000
19	金属型材三维拉弯工艺及设备	科技进步二等奖	2000

学校主动顺应新时代、新科技、新经济发展的需要，积极促进科学研究的交叉融合和协调发展，布局新兴研究领域和研究方向，以全面提高科技创新能力、产出一流科研成果为目标，重点布局建设“三个研究院、三个中心”，即人工智能与机器人研究院、海洋科学与工程研究院、康养产业技术研

究院，高压科学研究中心、纳米能源材料研究中心、特种运载装备研究中心。这些新科研机构的建设将对打造学科高峰、培养顶尖人才、引领科技创新、促进产业发展起到重要推动作用。

燕山大学积极推进教育对外开放，构建全球国际交流与合作网络，与 20 多个国家和地区的 80 余所国（境）外高水平大学和科研机构建立了友好合作关系，在学生联合培养、教师学术交流、科学研究项目等方面开展长期、广泛的合作。学校积极响应国家“一带一路”倡议，全面实施国际化发展战略，致力于培养具有全球竞争力和全球视野的高素质对外开放人才，不断提升学校的国际影响力和教育对外开放水平。

30 余万燕大（东重）校友遍布祖国大江南北和世界各地，涌现出了以周铁农、张春贤、丁薛祥为代表的党和国家领导人，以田永君、黄庆学、段广仁为代表的两院院士、学术名师，以李书福、朱兴明、陈志江为代表的工业巨匠、商界精英等，在不同领域为共和国的建设与发展发挥着中流砥柱的作用。

以服务国家装备制造业、战略性新兴产业、国防科技工业和区域经济社会发展为己任，燕山大学 4 万余名师生员工意气风发，解放思想，锐意进取，科学发展，为把学校建设成为“特色鲜明、国内一流、世界知名的研究型大学”而不懈奋斗。

二、燕山大学校风

燕山大学校训为“厚德、博学、求是”。校徽是以“书籍”“海燕”和“海洋”为基本造型元素，象征渤海之滨的学子展翅腾飞。校徽主色调为蓝色（青 C:100 品 M:100 黄 Y:35 黑 K:0）。英文和数字的字体均为 Helvetica-Condensed-Black-Se。分校徽、校名单独使用，校徽、校名组合使用。校歌是《燕大之歌》。校庆日为每年的 9 月 10 日。燕大精神为艰苦奋斗、严谨治学、求实创新。燕山大学精神品格为奋斗基因、工匠精神、卓越品质、家国情怀。

燕山大学校徽

（一）《燕山大学百年赋》

在燕山大学“建校溯源百周年 · 独立办学一甲子”校庆倒计时300天之际，著名作家何申先生赠送给学校一份珍贵的礼物——他亲笔创作的《燕山大学百年赋》，为学校百年校庆工作添上浓墨重彩的一笔。

2019年9月，何申先生来到燕山大学调研走访，深入了解了学校艰苦卓绝的奋斗历史，他对学校走过的“两次搬迁、三次创业”的艰苦道路，熔铸在骨子里的奋斗基因、家国情怀，所取得的辉煌发展成就深为感喟。在此基础上，何申先生开始了《燕山大学百年赋》的创作工作，经过一个多月的辛勤劳动，数易其稿，终成佳作。

此赋气魄宏大、立意深远，既总结了我校走过的光辉创业历程，又展示了我校突出的办学成果，并对学校未来的发展前景寄予了美好的祝愿。在何申先生的众多作品中，《燕山大学百年赋》是一篇情景交融、以史明志的上乘诗赋，对燕山大学师生来说，更是一篇振奋人心、鼓舞士气的难得佳作。

何申，本名何兴身，天津市人，1951年1月出生，第九届、第十届全国人大代表，河北省资深省管专家，中国作家协会全国委员会委员，河北省作家协会副主席。1981年开始发表作品。著有长篇小说《梨花湾的女人》《多彩的乡村》等，中篇小说集《年前年后》《穷县》《乡村英雄》《七品县令和办公室主任》，电视连续剧剧本《一村之长》《一乡之长》《青松岭后传》《男户长李三贵》《乡村女法官》《大人物李德林》等。中篇小说《年前年后》获鲁迅文学奖、《人民文学》优秀作品特别奖、《小说选刊》优秀作品奖，《村民组长》《信访办主任》均获《小说月报》百花奖，《乡村英雄》获《当代》文学奖，《七品县令和办公室主任》获中篇小说选刊优秀作品奖。何申先生是享誉文坛的河北“三驾马车”之一。

燕山大学百年赋

何申

莽莽燕山，天降朔方。浩浩渤海，白浪秦皇。雄关万里，京师遥望，燕大、燕大，奋发图强！百岁名校，回眺长路漫远，名校百年，育材万千栋梁。百年奋斗，丹心报效祖国；百年学研，成果神州辉煌；百年华诞，四海校友欢庆；百年回首，燕大自豪荣光！

岁在己亥，时维初秋，天清气爽，丽日晴空。白云高而秋山远，沧海碧而雪浪飞。校门迎波，展大海之襟魄；学院林立，登科研之高峰；图阁高耸，藏古今之精粹；双湖燕鸣，映学理之贯通；塔山积翠，聚四季之芳韵；高架凌空，连东西之飞龙。美哉燕大，壮哉燕大，雄奇厚重，气贯长虹！

遥想当年，北国冰城，哈工肇始，百年历程。应国之召，迁建东重，红岸黑土，嫩柳青松。筚路蓝缕，创业维艰，栉风沐雨，负重前行。高粱米红，大碴粥硬，迎霜傲雪，毅力无穷。日思报国之志，夜怀强国之梦。赓续哈工传统，规格严格，功夫到家；开创东重学风，专业高瘦，质量过硬。轧钢锻压专业强势，教学科研生产互动。人才辈出，享誉工程师摇篮；成果频现，倍受重机业倚重。跻身全国重点，喜见大业初成。

东风拂面，改革云涌。面对困境，择地求生。放眼沿海，首选港城。紫塞万里第一关，秦皇东临云雾晴，曹公征伐碣石颂，伟人观海浪千重。慧眼识宝地，宝地重英雄，果断下决策，新校绘新容。岁在甲子，初春冰融，山东堡地，渤海岸边，大摆战场，勠力拼争。四月人至，六月动工，转春新楼落成，九月即招新生。南北两校共，过渡十几冬，时至一九九七，南迁壮举完成，由部划转至省，燕大自此定名。学院增设，学科扩充，教学相长，活力奔涌，煌煌学府，万木争荣！

为国铸重器，矢志育群英。厚德博学求是，奋斗基因铸熔。步入新世纪，新绩如波涌。世纪楼高耸兮，统燕园之雄风；实验室高端兮，练创新之苦功；英才荟萃兮，攀宇内之尖峰；学子纷至兮，遍桃李于寰中；校疆新拓兮，呈锦绣之美景；科技攻关兮，超硬金刚合成。大飞机升空、港珠澳架虹，高铁提速、神舟飞腾，观天巨眼、北斗系统，均见燕大团队，皆有心血结凝。

遥襟甫畅，思绪飞翔。秦皇与汉武远去，学府与时代同航。壮志未酬，难释心头之憾，目标锁定，中流仍须搏浪！瞄准研究型大学，志创双一流高校。招才面向四海，合力汇自八方。焚膏继晷，心志如钢，朝霞伴我，雄心万丈！

碧波沙场，雄关点将。紫气东来，其道大光。家国天下，初心不忘，使命在肩，斗志高昂！回眸百年，鸿篇闪亮；庆贺百年，薪火愈旺；展望百年，征帆再扬。百年燕大，名校新气象；一流燕大，迈向新辉煌！

（二）燕大精神

艰苦奋斗：纵观燕山大学独立办学以来的历史，就是一部可歌可泣的艰苦奋斗史。1958 年满怀壮志的教师职工与青年学子响应国家号召，在白山黑水之间、荒芜草甸之上创建了新中国第一所重型机械高校，凭的是艰苦奋斗精神；1984 年后学校敢为人先，陆续南迁秦皇岛，外无政策支持，内需统一思想，披荆斩棘在泱泱渤海之滨建立起来一座美丽的新校园，凭的是艰苦奋斗精神；历史证明了燕大的成就、燕大的光荣，证明了艰苦奋斗的巨大力量和作用，吾辈应发扬前辈于筚路蓝缕中百折不挠、奋勇前进的艰苦奋斗精神，为把燕大建设成高水平大学而努力奋斗。

严谨治学：严谨治学是燕山大学教书育人的光荣传统。学校在 1976 年以前实行的是严格的考试、补考、留级及勒令退学制度，要求主要课程要进行口试，采取抽题签、稍经准备后进行面试的方式。这种考试很严格，主要是考查学生知识掌握程度、能否融会贯通，督促学生深化学习，巩固学到的知识，治学严谨可见一斑。近年来，学校还特别重视第一线教学力量配置，极为重视基础课、技术基础课的教学、答疑和作业批改情况，选派教学效果好、教学态度认真负责、职称高的教师担任讲课任务。正是严谨治学的教风，为祖国培养出了一代代栋梁之才，校友们奋战在全国各条战线上，取得了重大成就。我们应该继续弘扬严谨治学的燕大精神，将燕山大学建设成国内外知名的高水平大学。

求实创新：早在 1958 年独立办学之初，学校就立足于背靠中国第一重型机器厂的地缘优势，发动师生将实践与教学相结合，解决工厂技术难题，涌现了大批成果；在科研领域内，学校更是取得了一大批令人瞩目的成果：1963 年 12 月学校参与研制的 120MN 自由锻造水压机正式建成，打破国外垄断，完成了重大核心设备国产化重任；学校于 1981 年 9 月开始研制第一套万能型钢实验轧机，1985 年列为国家经委合同项目，成功生产出国产第一根 H 型钢，填补了国内万能轧机生产 H 型钢的空白；2007 年国家发改委最终批复同意中国二重集团联合燕山大学及其他单位，设计制造了 800MN 级模锻压机，机器本身外形尺寸、整体重量和最大单件均为世界之首，为我国航空航天等领域发展提供了强有力的保障。学校整体南迁秦皇岛后先后与多家企业合作建立教学实践基地，推动学校教育模式改革和创新，在社会上取得良好声誉。学校“求实创新”的光荣传统，已经深深烙印在每一个燕大人心中，这些宝贵的精神食粮必将滋润着一代代燕大儿女奋发前进取得更大的辉煌。

（三）精神品格

塑造大学文化品格 着力涵育时代新人

赵险峰（2019 年 4 月调任燕山大学党委书记）

立德树人是中国特色社会主义大学的根本任务，这就决定了我国高校人才培养除了知识和技能传授，还要特别注重品行和德性养成。学生品行和德性养成不能通过外在强制手段来完成，必须通过个体内在觉醒和认同来实现，在此过程中，大学独特的文化品格发挥着对学生信仰、价值、责任、意志、心理等浸润、锻造的关键作用。大学文化品格与学校发展历程、历史传统、办学理念、价值追求、人文脉络、地域熏陶等紧密关联，通过高度概括、凝练总结、精心塑造，成为广大师生广泛认同、自觉践行、传承发展的基本信念和行为准则。事实证明，一所大学内在文化品格越出色，对学生品行和德性养成越有利，它履行人才培养、科学研究、社会服务、文化传承创新、国际交流合作五大职能的能力与水平会越强，社会认可度和美誉度会越高。

燕山大学源于哈尔滨工业大学，前身为东北重型机械学院，受“工业救国”“教育兴国”使命感召，应国家重工业战略布局需要诞生，承“瘦而高”办学理念浸润，得黑土文化和燕赵文化滋养，经改革开放举校南迁洗礼，特别是学校“两次搬迁、三次创业、划转更名”，发展之路几多艰辛、饱含沧桑，一代代东重人、燕大人上下求索、不懈奋进，形成了燕山大学独特的文化品格：不畏艰难、自强不息的奋斗基因，严谨专注、精益求精的工匠精神，敢于创新、善于创造的卓越品质，心系祖国、服务社会的家国情怀。在这种文化品格的涵育、引领下，学校先后为国家培养了30余万优秀人才，创造了国内多项“首台套”，合成了世界上最硬的材料，参与了诸多国家重大工程项目核心部件研发，为我国工业化事业和建设世界科技强国作出了重要贡献。

近年来，燕山大学党委深入学习贯彻习近平新时代中国特色社会主义思想，认真落实习近平总书记关于“以文化人、以文育人”的重要讲话精神，更加重视内涵建设，扎实开展精神文明建设和思想政治工作，大力培育和弘扬熔铸在燕大人骨子里的文化品格——“奋斗基因、工匠精神、卓越品质、家国情怀”，在涵育学生立大志、明大德、成大才、担大任和培养担当民族复兴重任的时代新人上下功夫、出实招、使真劲，取得显著成效。

1. 传承不畏艰难、自强不息的奋斗基因

回顾燕山大学从北国雪原到渤海之滨筚路蓝缕、波澜壮阔的百年办学历程，东重人、燕大人始终自强不息、艰苦奋斗，在困难条件下取得了一系列令人瞩目的办学成就。创建东北重型机械学院时，楼无一栋，房无几间，创业者们住在“干打垒”的陋室，顶着肆虐风沙，冒着零下30多度严寒，边劳动建校，边教学科研，创造了艰苦条件下高起点办学、20年就跻身全国重点院校行列的奇迹。面对骄人成绩，东重人没有故步自封，而是直面问题，主动求变，借改革开放东风，勇立潮头敢为先，创造了在秦皇岛以奇迹般速度“当年设计、当年施工、当年招生”办分校、历时12年跨省整体搬迁办学的壮举，硬是在桃园地里和荒山坡上建起了一座现代化大学，培养了一大批各行各业优秀人才，为国家特别是河北省经济社会发展作出了重要贡献。奋斗成为融入燕大人血脉中的鲜活文化基因。

进入新时代，燕山大学党委深刻认识到，在加快跻身国家“双一流”建设高校行列、全面建设“特色鲜明、国内一流、世界知名研究型大学”、奋力开启学校新百年第四次创业新征程中，只有激发全校师生一起拼搏、接续奋斗，才能筑梦圆梦、实现目标。因此，2019年燕山大学第四次党代会把“坚持文化引领”作为基本办学方略之一，实施思政工作质量提升工程，构建“思政课程＋课程思政＋实践活动＋文化浸润”的“三全育人”格局，建设思政课“奋斗征程”实践第二课堂，以纪念“建校溯源百周年·独立办学一甲子”为契机，突出精神文化内涵，出版了校庆系列图书，打造了校史陈列馆、“国之重器”主题雕塑、机械艺术公园、琢园等一批精品文化项目，成为校园内回顾办学历程、传承奋斗基因、培育爱校情怀的重要载体，营造了良好的校园政治、学术和文化生态，提振了师生干事创业的精气神，增强了自豪感与凝聚力。目前全体燕大人朝着既定目标只争朝夕、砥砺奋进，在拼搏奋斗中书写新的辉煌，奋斗成为师生幸福生活的不竭源泉。

2. 发扬严谨专注、精益求精的工匠精神

燕山大学传承、发扬了源自哈尔滨工业大学“规格严格，功夫到家”的优良传统，从严治校、从严治教、从严治学，通过严格的过程管理保证毕业生培养质量。建校伊始，学校与哈工大一样，实行考试、补考、留级、勒令退学制度，对主要课程进行口试和面试，学生通过“三堂会审”考核方能毕业，治学严谨可见一斑。工程教育一直是燕山大学传统特色，学校与中国一重产学研密切协同联合培养人才，是全国首批“卓越工程师教育培养计划”试点高校。学校没有拘泥于传统，坚持与时俱进，在国内率先引入CDIO和OBE教育理念，开展三级项目式教学，推进新工科建设，大力培养学生创新实践能力和国际化视野。由于工程教育优势突出，学校作为教育部选定的两所高校之一，2016年代表国家接受国际专家观摩考察，为我国加入《华盛顿协议》国际工程教育组织作出了重要贡献。正是对学生“多向锻造”、耐心打磨，注重培养学生严谨专注、一丝不苟的工匠精神，学校被誉为“培养工程师的摇篮”，毕业生基础扎实、踏实肯干、勇于创新，能吃苦、上手快、后劲足，深受用人单位和社会好评。

进入新时代，燕山大学党委把培育优良学风、弘扬工匠精神、提高人才培养质量作为工作重点，出台了全校学风建设方案，构建调查研究、营造氛围、主体作用、先进示范、重点帮扶、家校共建“六位一体”学风建设工作体系，建立校、院、年级三级学业和发展指导体系，实施鼓励早起锻炼晨读的“晨燕计划”、引领学习风尚的“最美笔记”评选活动，加强学位授予全方位、全流程管理等，激发燕大学子坚守和发扬专业精神、职业精神、工匠精神，对学习和工作用心执着，始终充满热爱与激情；对产品和服务精雕细琢、精益求精、追求完美，并不断创新，为我国制造业转型升级和建设世界制造强国贡献“燕大力量”。

3. 追求敢于创新、善于创造的卓越品质

燕山大学延续哈工大传统，走高起点、高标准、高质量发展之路，当年坚持“瘦而高”的办学方针，集中精力办好几个国内独有的顶尖专业，继而由一所专门工科院校，成长为一所以工为主、八大学科门类协同发展的多科性大学。纵观学校百年办学历程，追求卓越始终是燕大人薪火相传、执着坚守的“精神密码”。燕大人将目光聚焦世界科技前沿、国家重大需求和未来产业发展，比如田永君院士及团队人工合成的金刚石与天然金刚石相比，硬度、韧性、热稳定性分别提高了 3、5、2 倍，不断刷新世界最硬材料记录，研究成果 3 次在《Nature》上发表。学校全力打造世界顶尖的高压科学研究中心和具有国际国内领先水平的清洁纳米能源、特种运载装备研究中心，建设人工智能与机器人、海洋科学与工程、康养产业技术研究院，研发了一批“杀手锏”技术，产出了一批重大原创性成果，解决了我国和河北省产业发展“卡脖子”问题。2000 年以来学校获国家科技奖励 19 项，科研成果连续两次入选“中国科学十大进展”和“中国高校十大科技进展”。

进入新时代，燕山大学党委坚持高标致远，实施“宏志力行”“铸魂育人”“科技攻坚”“赋能河北”“争创一流”五项行动，充分发挥燕山大学学科专业优势，健全“全覆盖、多层次、个性化”创新创业教育体系，培养学生深刻理解把握时代潮流和国家需要，锤炼意志、砥砺品格，学习田永君院士二十年如一日潜心超硬材料研究的科学精神，敢于突破条条框框，永葆探索未知领域的好奇心、进取心，勇攀科学高峰，把更多更好的论文写在抗击疫情的第一线、写在祖国的大地上，把更多更新的科技成果转化应用到经济强省、美丽河北建设中，矢志为建设世界科技强国作贡献。

4.熔铸心系祖国、服务社会的家国情怀

1958年，500多名哈工大轧钢和锻压专业师生响应党和国家号召，为解决“缺乏重型机械高端技术人才”这个关乎我国重工业发展命脉的“瓶颈”问题，从大城市哈尔滨来到边陲小镇富拉尔基，创办了哈尔滨工业大学富拉尔基分校，随后创建了新中国第一所重型装备制造行业高校——东北重型机械学院，拉开了东重人、燕大人矢志报国的序幕，先后创造了中国第一台二十辊森吉米尔轧机、H型钢轧机、六辊冷轧板机，第一根波纹腹板H型钢，第一条双层金属卷焊管机组，第一套冷轧带钢厚度液压自动控制系统等一系列中国第一，为我国重工业奠基和重机行业发展作出了突出贡献。进入新世纪，燕大人更是怀着对国家和民族的热爱，勇担使命、攻坚克难，参与了万吨水压机、核电锻件、国产航母、C919大飞机、中国天眼、北斗系统、神舟飞船、高速铁路、港珠澳大桥、多功能应急救援车辆等国家重大工程项目核心部件研发，为我国经济社会发展贡献了燕大智慧和力量。

进入新时代，燕山大学党委始终牢记“匠心为国铸重器、矢志不移育英才”的初心使命，把思政小课堂同社会大课堂结合起来，将弘扬主流价值和立德树人贯穿于人才培养全过程。一是在培根铸魂、启智润心上下功夫。通过理论学习中心组、读书班、专题培训等形式，深入学习“四史”，特别是学深悟透习近平总书记《论中国共产党历史》，建设党员组织生活馆，从党史学习中激发信仰、获得启发、汲取力量，不断坚定“四个自信”，心怀“国之大者”。二是在真情传播、真诚实践上下功夫。打造“红色旋律”品牌活动，11年来举办讲坛、影苑、读书会等330期，主动回应师生关切，把大道理讲深、讲透、讲活，让大家真懂、真信、真用，吸引30万校内外学生线上线下参与，让广大师生坚定理想信念，知党爱党永远跟党走。开展“翔燕工程”主题教育活动，将爱国荣校等八个主题贯穿育人全程，覆盖全体学生，推动社会主义核心价值观落细落小落实。增强社会实践育人实效，2000余名燕大志愿者投入疫情防控志愿服务第一线，150余名“西部计划”志愿者将青春热血播撒到祖国西部省区，五届研究生支教团在青海德令哈市接力支教，研究生实训团赴齐齐哈尔富拉尔基寻根实践，积极参与北京2022年冬奥会冬残奥会志愿服务等，激励学生把个人理想自觉融入国家发展伟业，在火热的实践中淬炼初心、增长才干，勇做新时代的弄潮儿，在实现中国梦的生动实践中放飞青春梦想、书写人生华章。

百年薪火继，勇做追梦人。走在开启燕山大学新百年的浩瀚征途中，燕大人将不忘初心、牢记使命，用赤诚的爱国之心和报国之志，在各自岗位上精益求精、团结奋进、追求卓越，用实际行动守望着燕大的梦想与祖国的未来。

（来源：《思想政治工作研究》2021 年第 7 期）

第二章　校庆准备

校庆工作的顺利推进、圆满完成离不开各级各类组织、人员的支持，以及方方面面的工作方案等基础性工作。通过借鉴国内外高校的校庆经验，本章围绕燕山大学的校庆组织机构、校庆工作方案、校庆形象创意以及校庆纪念品等校庆基础工作展开详细介绍。

第一节　校庆组织机构

成立校庆组织机构是开展校庆工作的前提。结合燕山大学校庆组织委员会及其办公室成立、调整与撤销，校庆办启用与组成人员，各单位校庆工作组以及百年校庆顾问委员会等方面，对燕山大学的校庆组织机构进行介绍。

一、燕山大学校庆组织委员会及其办公室

（一）成立、调整与撤销

为高效、有序做好校庆各项工作，2019 年 6 月 17 日，学校印发《关于成立庆祝燕山大学建校 100 周年暨独立办学 60 周年组织机构的通知》（燕大党字〔2019〕18 号），决定成立燕山大学百年校庆组织委员会及其办公室（以下简称校庆办）。

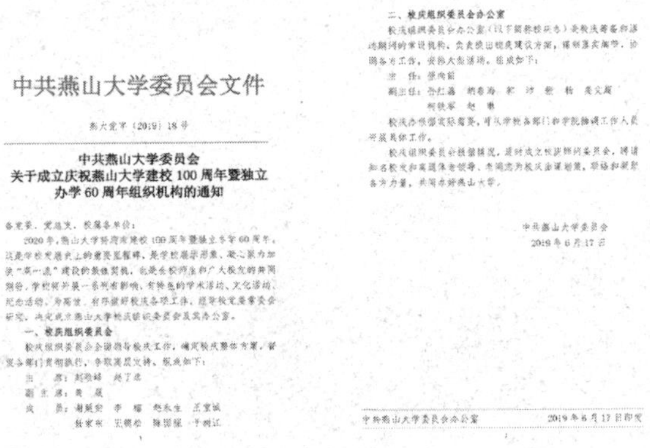

中共燕山大学委员会文件

燕大党字〔2019〕18 号

中共燕山大学委员会
关于成立庆祝燕山大学建校 100 周年暨独立办学 60 周年组织机构的通知

各党委、党总支、校属各单位：

一、校庆组织委员会

二、校庆组织委员会办公室

中共燕山大学委员会
2019 年 6 月 17 日

中共燕山大学委员会办公室　　2019 年 6 月 17 日印发

关于成立庆祝燕山大学建校 100 周年暨独立办学 60 周年组织机构的通知

因人事变动和工作需要，2020 年 3 月 16 日，学校印发《关于成立、调整学校部分议事协调机构和临时机构的通知》（燕大党字〔2020〕9 号），对燕山大学百年校庆组织委员会的组成进行调整。

2021 年 5 月 12 日，学校印发《关于成立、撤销学校部分议事协调机构和

临时机构的通知》（燕大党字〔2021〕11 号），宣布撤销百年校庆组委会及其办公室。

30、燕山大学百年校庆组织委员会

组　长：赵险峰　赵丁选

副组长：黄　晟

成　员：谢延安　李　榕　赵永生　王宝诚　任家东

王德松　陈国强　于树江　张立峰

委员会下设办公室。

主　任：张向前

副主任：孙红磊　胡春海　郭　沛　郝海滨　赵　琳

张　杨　黄华贵

调整后的燕山大学百年校庆组织委员会

（二）校庆回忆

百年校庆组织机构及人员配置说明

张向前（燕山大学校庆办主任）

百年校庆取得了圆满成功，这是各级领导、社会各界、全校师生员工和海内外校友共同努力的结果，荣誉属于关心、支持燕山大学的每一个人。在一年多紧张疲惫、跌宕起伏的筹备过程中，组织机构及工作人员发挥了巨大作用，功不可没，但机构的设置和人员的选聘却是颇费心思，体现了校领导的高度智慧。

1. 准备工作启动，初定机构框架

2019 年 5 月，燕山大学启动百年校庆纪念活动准备工作。因校庆工作需要，学校准备成立校庆筹备工作领导机构，原计划由校党委书记赵险峰、校长赵丁选任校庆筹备工作领导小组组长，其他校领导任副组长，因校庆纪念活动主要以宣传文化类活动为主，所以百年校庆筹备工作由分管宣传工作的黄晟副书记主管。里仁学院党委书记张向前任校庆办公室主任，宣传部部长孙红磊、党委办公室副主任郭沛、教师发展中心主任姜文超、团委副书记张杨、档案馆副馆长兼校友办副主任柯铁军任校庆办公室副主任。现在看起来，万事俱备只欠东风了，但背后的故事还有很多。

2. 更改机构名称，补强队伍建设

燕山大学百年校庆纪念活动是学校发展历史上重要的节点，更是百年一遇的难得盛况，与80周年和90周年校庆还有重要的区别。因此，我们经过一系列调研，认为百年校庆对学校来讲是一次建校以来极为重大的活动，更是可遇而不可求的发展机遇，一定要凸显学校对这项工作的高度重视。参考北京奥运会和社会上一些重大活动的组织机构设置情况，同时也避免与学校原有的领导小组重名，为中层单位预留校庆组织机构名称，我们向黄晟副书记建议，将原定的校庆工作领导小组改为燕山大学百年校庆组织委员会，设置主席、副主席和成员。黄晟副书记认为有道理，就向书记、校长提出了改名想法，也获得了支持。经学校党委常委会集体研究，决定对校庆领导机构进行调整，设置百年校庆组织委员会，由党委书记赵险峰、校长赵丁选任组委会主席，党委副书记黄晟任副主席，其他校领导任组委会成员，组委会下设校庆办公室。

机构确定后，确定校庆办人选就进入议事日程。但是，原来提议的主任、副主任都是在秦皇岛读书、工作，没有在燕山大学前身——东北重型机械学院所在地齐齐哈尔市学习工作的经历，对学校创建、发展的历程认识不全面，特别是欠缺与齐齐哈尔市富拉尔基区和老东重的血脉深情，很有可能怠慢或疏忽了这段历史，寒了老东重人的心。我们向黄晟副书记提出了这个疑虑，黄晟副书记思考了几天，寻找合适人选，最终选定了时任高等教育发展研究中心主任胡春海为校庆办公室副主任。胡主任的父亲胡国栋老师就是东重老人，胡主任出生、成长、学习、工作均在东重校园，没离开过富区，直到学校南迁。黄晟副书记选中了他，弥补了校庆办关于东北重型机械学院的记忆盲点，为后续的工作补齐了短板。在常委会上，校领导还提出百年校庆涉及诸多校园规划、绿化美化、装饰装修、文宣产品的设计工作，从专业角度考虑又增加了艺术学院副院长赵琳为校庆办公室副主任。就此，形成了以里仁学院党委书记张向前为主任，宣传部部长孙红磊、高等教育发展研究中心主任胡春海、党委办公室副主任郭沛、教师发展中心主任姜文超、校团委副书记张杨、档案馆副馆长兼校友办副主任柯铁军、艺术学院副院长赵琳为副主任的校庆办领导班子。

在校庆办成立后，又面向全校招聘校庆工作志愿者以补强工作队伍。但是因为我校全力冲击“双一流”建设工作，各部门任务量加重，加之4年没有招聘职员，各部门都处于严重的缺员状态。还是孙红磊部长和胡春海主任顾全大局，动员宣传部正科级秘书朱可嘉、高等教育发展研究中心王伟伟两位老师率先加入校庆工作队伍，随后理学院实验员王志宙、后勤集团居委会主任郝晓丹老师陆续加入，虽然是兼职工作，但这4位志愿者却成了校庆办最坚实的基础。

3. 创新工作机制，调整人员配置

基于工作传统，学校初步设想成立10个工作组，包括综合协调组、学术活动组、宣传展示组、外联合作组、国际合作组、贵宾邀请组、庆祝大会组、文体活动组、条件保障组、纪律监督组，分别由分管的校领导任主管领导，相关部门负责人任组长。但考虑各工作组所负责的内容还需要协调各部门分别推进，校庆办还要统筹10个工作组，相当于增加了一个管理机构。为实现扁平化管理，提高工作效率，特别是减轻分管校领导和组长单位的工作量，集中全力冲刺“双一流”，我们提出了把工作组制改为项目制，获得了校领导的首肯。项目管理模式，就是确定校庆各项活动后，由主管校领导主管，相关部门直接负责实施，校庆办各位副主任担任联络人，统筹协调推进各项活动。

2019年年末至2020年年初，学校进行内设机构和人员调整，校庆组委会和校庆办人员也发生了变化。新调入我校的党委常委、副校长张立峰成为校庆组委会成员。因党委办公室与校长办公室合并为学校办公室，原党委办公室副主任郭沛也随机构合并转任学校办公室副主任，原教师教学发展中心主任姜文超调任学校办公室副主任。两人在同一个单位，都要兼职校庆工作，对本单位工作影响较大。因姜文超副主任主要对口服务赵丁选校长，工作任务较重，所以最终决定由郭沛继续兼任校庆办副主任，姜文超不再兼任校庆办副主任。

与此同时，校友工作办公室也进行了干部调整，由里仁学院党委书记、校庆办主任张向前兼任校友办主任，团委副书记张杨兼任校友办副主任。如此一来，校友办便有张向前、张杨、柯铁军三人同时在校庆办公室任职，因张杨在校庆办主要分工负责校友联络工作，档案馆馆长张振华驻村扶贫，校党委决定柯铁军回归档案馆及校友办的工作，不再兼任校庆办工作。因校庆工作涉及诸多学术交流活动，而校庆办班子成员绝大多数来自行政岗位，对学术活动缺乏深入了解，力量薄弱，所以增加了科学技术研究院副院长黄华贵教授任校庆办公室副主任，优化了队伍结构，为校庆学术活动顺利开展提供了有力保障。对广大学生的组织动员工作是校庆活动中的重要组成部分，团委副书记张杨在校庆办公室主要负责对外联络工作，任务艰巨且繁忙，难以兼管学生工作。校党委决定增加学生工作处副处长郝海滨为校庆办公室副主任，主要负责组织动员学生参与百年校庆活动。

4. 壮大工作队伍，串联沟通网络

由于张向前同时兼任校庆办与校友办主任，所以校友办的贾丽洁与纪红月两位老师也加入校庆办的工作队伍中来。至此，校庆办的兼职工作人员有朱可嘉、王伟伟、王志宙、郝晓丹、贾丽洁、纪红月 6 位老师，队伍规模不断壮大，人员结构渐趋合理。随着校庆工作逐步推进，2020 年 6 月面向全体师生校友招聘了工程训练中心丁玲老师等校庆志愿者，在学生返校后组建了上百人的学生志愿服务队伍。同时，各学院和各部门都在 2019 年成立了校庆工作领导小组，由单位正职领导任组长，副职领导任副组长，办公室主任或负责办公室工作的同志任联络员，还分别在微信中建立了百年校庆组长群和百年校庆联络员群，以方便各方面联络沟通。

二、校庆办启用与组成人员

校庆办启用时工作人员合影
（由左向右依次为：王伟伟、柯铁军、胡春海、张向前、孙红磊、赵琳、朱可嘉）

在校领导的亲切关怀下，校党委办公室、校长办公室、财务处、实验室与资产管理处、后勤集团等部门共施援手，2019 年 7 月 12 日，燕山大学百年校庆办公室正式启用。地点设在燕山大学东校区世纪楼 1201A 和 1201B 房间，面积共 68.78 平方米，办公电话：0335—8610060，办公邮箱：ysu100@ysu.edu.cn。办公电话的寓意为：86 为中国的国家代码，100 代表建校溯源百周年，60 代表独立办学一甲子。这个号码寓意清晰，简单好记，受到各方广泛欢迎。

2020 年校庆办工作人员

前排由左向右依次为：王伟伟、纪红月、丁玲、贾丽洁、张海岩、肖楠（学生志愿者）；
后排由左向右依次为：柯铁军、周雨、张洋、朱可嘉、郝海滨、孙红磊、胡春海、黄晟、张向前、张杨、赵琳、王志宙、欧阳渊、盖鸿章、李建朝（学生志愿者）

校庆期间的各项费用均来自社会捐赠，没有动用学校财政经费。

校庆办根据实际需要，自 2019 年 6 月 28 日起，先后抽调朱可嘉（时任宣传部正科级秘书，现任监察处正科级纪检监察员）、王伟伟（时任高等教育发展研究中心职员，现任高等教育发展研究中心正科级秘书）、王志宙（时任理学院实验中心党支部书记，现任研究生院正科级秘书）、郝晓丹（时任燕大社区居民委员会主任，现任学校办公室正科级秘书）、贾丽洁（校友办校友服务中心主任）、纪红月（校友办基金管理办公室主任）6 位工作人员，兼职从事具体的校庆工作。

为进一步推进燕山大学百年校庆工作，服务“双一流”建设，2020 年 6 月 20 日，校庆办面向全体教职工发布《燕山大学校庆办关于招聘兼职工作人员的通知》。经研究决定聘请欧阳渊（审计处副处长）、周雨（里仁学院副院长）、丁玲（工程训练中心实验教师）、张洋（车辆与能源学院正科级秘书）、盖鸿章（艺术与设计学院辅导员）、王三众（机械工程学院实验教师）、张海岩（校友办协议职员）7 位教职工为校庆办兼职工作人员。

三、各单位校庆工作组

为便于校庆工作的顺利开展，学校建立了上下贯通的领导体系。学校有组委会及办公室，全校各单位成立了校庆工作组，并建立了百年校庆组长群与联络员群。组长群由各单位校庆工作组的组长组成，便于与各单位研究确定工作要求、发布校庆信息；联络员群由各单位校庆工作组的联络员组成，便于校庆工作的具体落实与信息传递。因学校人事变动以及燕山大学百年校庆组织委员会的调整，校庆办于2020年5月13日发布《关于调整各单位校庆工作领导小组的通知》，对校属各单位校庆工作领导小组和联络员进行了相应的调整。

燕山大学材料科学与工程学院文件

院发〔2019〕6号

材料科学与工程学院关于成立校庆工作小组的通知

院属各单位：

2020年，燕山大学将迎来溯源建校一百年、独立办学一甲子，为了使校庆工作顺利开展，按照学校《关于做好庆祝燕山大学建校100周年暨独立办学60周年有关工作的通知》的要求，材料学院和亚稳材料国家重点实验室的工作实际需要，我院成立校庆工作小组，成员如下：

组　长：王丽萍　刘日平　王利民

执行组长：袁云岗

副组长：李　伟　温福昇　彭秋明

成　员：张春玲　于凤荣　刘迎丹　张新宇　李晓黄　王亦晨　张春祥　李英梅　李艳国　王少飞　历　帅

联络员：李英梅

材料科学与工程学院

2019年6月21日

2019年材料科学与工程学院关于成立校庆工作小组的通知

四、百年校庆顾问委员会

（一）委员会成立

百年校庆得到社会各界广泛关注，海内外校友热切期盼，全体师生积极响应。为弘扬燕大人匠心为国铸重器、丹心为国育英才的家国情怀，汇聚八方合力，争创一流高校，2020年3月14日，校庆组织委员会发布公告（燕大校庆组字〔2020〕1号），决定成立百年校庆顾问委员会，恭请周铁农等知名校友担任校庆顾问委员会第一批委员。

1. 主任

周铁农

2. 副主任

李书福　赵克非

3. 顾问（以姓氏笔画排序）

王仲文　王宝忠　王洪瑞　王益群　王海军　田永君　朱兴明

刘 才 刘宏民 连家创 吴 英 宋维公 张玉柱 张永琛
张 宇 陈志江 林秀安 孟卫东 段广仁 聂绍珉 栗建华
高 峰 黄 荣 唱江华 谢东钢 裴广发 廖 波 薛安克

4. 秘书长

黄 晟

表 2-1 百年校庆顾问委员会成员简介

序号	姓名	简介
1	周铁农	1961—1983 年，历任东北重型机械学院助教、讲师、教学研究科副科长、副教授；2008—2013 年，第十一届全国人大常委会副委员长，民革中央主席，现任中国国际交流协会会长。
2	李书福	2005 年毕业于燕山大学机械工程专业，获硕士学位。现任全国工商联副主席，浙江省工商联副主席，浙江吉利控股集团有限公司董事长，沃尔沃轿车公司董事长，台州市人大代表，中国汽车工业协会副会长，中国民办教育协会副会长，第十三届全国人大代表。
3	赵克非	1982 年毕业于东北重型机械学院机械制造工艺及设备专业，获学士学位。黑龙江省政协党组原副书记、副主席。
4	王仲文	1961—1986 年在东北重型机械学院工作，教授，无线电教研室主任、电子与通信工程系副主任。著名测控及信息论专家，北京电子科技学院原院长，曾任中国自动化学会遥控测专业委员会副主任，中央办公厅高级技术职务评委会主任。
5	王宝忠	1982 年毕业于东北重型机械学院金属学及热处理专业。现任中国一重集团有限公司首席科学家，国家核安全与环境专家委员会委员，国家能源行业核电标准化技术委员会委员。
6	王洪瑞	1979 年毕业于东北重型机械学院工业自动化专业。曾任河北大学党委书记、校长，全国“五一劳动奖章”获得者。
7	王益群	1963 年毕业于东北重型机械学院，1995—2003 年任东北重型机械学院院长、燕山大学校长,2003 年专任燕山大学机械工程学院教授、博导，获政府特贴。著名流控专家，任机械工程学会流体传动与控制分会主任委员，浙大流控国家重点实验室学术委员会副主任委员，机械工程学会常务理事。获机械电子工业部“突出贡献专家”称号。
8	王海军	1999 年毕业于燕山大学旅游管理专业。亚朵集团创始人兼 CEO，生活方式酒店的开拓者、中国中高端酒店领军人物。
9	田永君	1987 年于东北重型机械学院材料学专业获工学硕士学位，2017 年当选中国科学院院士，2018 年 11 月当选发展中国家科学院院士。
10	朱兴明	1989 年毕业于东北重型机械学院无线电专业，获学士学位。1993 年获信号、电路与系统硕士学位。2003 年创办深圳市汇川技术股份有限公司，任董事长兼总裁。

续表

序号	姓名	简介
11	刘才	1975 年毕业于东北重型机械学院轧钢机械专业，获学士学位。1993 年至 1999 年任燕山大学副校长，河北省科学院原院长，石家庄理工职业学院院长。
12	刘宏民	东北重型机械学院博士研究生毕业，燕山大学机械工程学院轧机研究所教授、博士研究生导师。2003 年 9 月—2019 年 4 月，任燕山大学党委副书记、校长。
13	连家创	我国著名板形控制专家、燕山大学教授、燕山大学机械工程学院博士生导师。1988 年 6 月—1995 年 4 月任该院院长兼燕山大学校长，曾任黑龙江省第六届人大代表，河北省第八届、九届政协常委，中共十四大代表，河北省台联原会长。
14	吴英	1986 年毕业于东北重型机械学院计算机及其应用专业。2015 年，任杨凌美畅新材料股份有限公司创始人、董事长，2018 年 11 月至今，任陕西宝美升精密钢丝有限公司董事长。
15	宋维公	历任东北重型机械学院助教、讲师、副教授、教授、计算机工程系主任、燕山大学党委副书记、常务副校长。1991—1993 年任燕山大学党委书记。
16	张玉柱	2002 年毕业于燕山大学材料科学与工程学院材料学专业，获博士学位。华北理工大学原党委书记，博士生导师，国务院冶金学科评议组成员。
17	张永琛	1984 年毕业于东北重型机械学院工业自动化专业。现任派乐传媒董事长、总编剧、天津市作协副主席。创作《像雾像雨又像风》《京华烟云》《末代皇妃》《战火大金脉》《幸福还有多远》等影视精品，获世界首届华文皇冠文学奖、电视金鹰奖、飞天奖、五个一工程奖。
18	张宇	1982 年毕业于东北重型机械学院工业自动化专业，获学士学位，1984 年获硕士学位。曾任沧州市委常委、常务副市长，河北省粮食局党组书记、局长。
19	陈志江	1989 年毕业于东北重型机械学院机械流体传动与控制专业，获学士学位，1992 年获硕士学位。现任福建纳川管材科技股份有限公司董事长，泉港区慈善总会名誉会长。
20	林秀安	历任哈尔滨工业大学助教、工艺系锻压实验室主任、学生党支部书记，东北重型机械学院讲师、副教授、教研室主任、机械系主任。1984—1988 年，任东北重型机械学院院长、党委委员。
21	孟卫东	2003 年 8 月—2019 年 3 月任燕山大学党委书记。
22	段广仁	1983 年毕业于东北重型机械学院应用数学专业。哈尔滨工业大学教授，长江学者特聘教授，博士生导师，2019 年当选中国科学院院士。
23	聂绍珉	1978—1981 年在东北重型机械学院就读研究生，1985—1997 年任东北重型机械学院副院长、燕山大学副校长，1997—2003 年任燕山大学党委书记，2003 年后任燕山大学机械学院塑性工程系教授，博士生导师。

续表

序号	姓名	简介
24	栗建华	1982 年毕业于东北重型机械学院轧钢机械专业，获学士学位。曾任河北省机构编制委员会办公室主任，现任河北省政协教科卫体委员会主任。
25	高峰	1979 年毕业于东北重型机械学院机械制造工艺及设备专业，获学士学位，1982 年获机械学硕士学位。曾任河北工业大学校长，现任上海交通大学讲席教授，国家杰出青年基金获得者，国家 973 计划首席科学家，机械系统与振动国家重点实验室（上海交通大学）主任。
26	黄荣	1982 年毕业于东北重型机械学院机械制造工艺及设备专业，获学士学位，1984 年获机械学硕士学位。现任全国政协副秘书长、全国工商联专职副主席、中国民间商会副会长。
27	唱江华	1982 年毕业于东北重型机械学院计算机及应用专业。齐齐哈尔大学原校长，第十届全国人大代表。
28	谢东钢	1978 年毕业于东北重型机械学院冶金机械专业，获学士学位。中国重型机械研究院有限公司原院长兼党委书记、教授级高级工程师，获全国“五一劳动奖章”。
29	裴广发	1993 年 4 月—1997 年 7 月任燕山大学党委书记、教授。历任吉林工业大学校党委副书记，深圳中机实业开发中心总经理、党委书记，深圳中机实业有限公司董事长、总经理、党委书记。
30	廖波	1981 年毕业于东北重型机械学院金属学及热处理专业，获学士学位，1984 年获硕士学位。担任河北省民革副主委、河北省科技厅副厅长。第十一届全国人民代表大会河北地区代表。
31	薛安克	1986 年硕士毕业于东北重型机械学院工业自动化专业。杭州电子科技大学原校长。
32	黄晟	2015 年 5 月—2019 年 5 月，任燕山大学党委常委、副校长。2019 年 5 月至今，任燕山大学党委副书记。

（二）校庆回忆

校庆大事可问谁？

张向前

2020 年，燕山大学迎来“建校溯源百周年 · 独立办学一甲子”的重要时刻。为广泛听取和吸纳社会各界贤达、海内外校友和全校师生员工对我校百年校庆的意见和建议，争取更多的社会支持，扩大学校的社会影响，经学校研究决定，成立百年校庆顾问委员会（以下简称顾问委员会）。

顾问委员会设主任、副主任、顾问和秘书长四类职位。考虑到公务人员不适宜加入这类组织，顾问委员会主任理所当然地由原东北重型机械学院液压教研室教师、全国人大常委会原副委员长、全国政协原副主席周铁农担任。周铁农校友毕业于哈尔滨工业大学，于 1961 年在我校任教，与学校的感情深厚，多次重返母校题词题字。副主任由两位副省级领导李书福和赵克非担任，李书福现任全国工商联副主席、浙江省工商联副主席、浙江吉利控股集团有限公司董事长、沃尔沃轿车公司董事长；赵克非曾任黑龙江省政协副主席。顾问由学术名家，退休公务人员，高校、科研院所中的正厅级领导，大中型国企高管担任，秘书长由主管校庆工作的校党委副书记黄晟担任。

在选择顾问时一定要征求本人意见，这个过程也是艰辛漫长的。由于没有校友信息系统，很多校友的联系方式都没有记录，无法直接联系。我们就发动学校领导、中层干部，通过顾问的老师、同学和工作中的相识等关系，逐一向本人征询是否愿意担任顾问委员会的委员。有部分校友因工作关系等原因不适合或者不方便担任顾问委员会的委员，例如现任的国家级领导人、政府官员、军队领导及其他高校现任校领导。还有部分老先生因为身体原因不能再为校庆出主意、出力气了，自己或家人感到受之有愧，也没有担任顾问委员会的委员。例如原东北重型机械学院院长林秀安老先生，为东重南迁打破常规、甘冒风险、敢于创新，而且想干事、能干事、干成事，是建成燕山大学的功臣，但因年事已高，身体条件不允许承担相关社会工作，所以十分遗憾没有把这些优秀校友和德高望重的老先生列入顾问委员会的名单。

因为我们对校友所取得的成就了解不多、底数不明，所以顾问委员会名单在经过多次征求意见后，人数在不断增加，人员结构也趋之合理。但名单公布后，我们仍陆陆续续发现很多杰出校友应该成为我们的顾问。后因疫情暴发，校庆还能不能办？什么时间办？以何种形式办？一系列问题严重干扰了我们的筹备工作，校庆也在起步、加油、刹车、再起步的纠结中逐渐临近，也就没有时间和精力对名单作进一步的调整，继续聘请第二批、第三批顾问，这也是我们工作中的一个遗憾。

本节重点对校庆组织委员会及其办公室成立、调整与撤销，校庆办启用与组成人员，各单位校庆工作组以及百年校庆顾问委员会等校庆组织机构进行介绍，结合相关工作人员的校庆回忆，使读者系统了解我校校庆组织机构的设置情况。

第二节　校庆工作方案

校庆工作方案为校庆工作的开展指明方向。本节主要对学校校庆工作方案、各单位校庆工作方案以及校庆保障方案等内容进行详细介绍。

一、燕山大学百年校庆工作方案

2019 年 10 月 21 日，《燕山大学百年校庆工作方案》（燕大校庆组字〔2019〕1 号）（以下简称《校庆方案》）正式印发。《校庆方案》明确了校庆时间、校庆主题、校庆任务、校庆原则与校庆活动。其中，校庆活动包含 10 项重点活动、30 项主要活动以及院系活动。《校庆方案》的草稿版与正式版的内容分别如下。

（一）《校庆方案》的草稿版

2020 年，燕山大学将迎来“建校溯源百周年 · 独立办学一甲子”。为体现燕大人丹心为国育英才、匠心为国铸重器的家国情怀，决定举行百年校庆活动。

1. 校庆时间

“建校溯源百周年 · 独立办学一甲子”纪念日为 2020 年 9 月 10 日。

百年校庆共分三个时段。

（1）整体时段

从 2019 年 9 月 10 日至 2020 年年底结束，历时 16 个月。

（2）集中时段

从 2020 年 3 月 1 日至 2020 年 9 月底结束，历时 7 个月。

（3）高峰时段

2020 年 9 月 8、9、10 日（周二、三、四）三天。

2. 校庆主题

因主题口号正在征集中，暂定为“育民族英才，铸大国重器，建一流高校”。

3. 校庆原则

争创一流，持久绵长，宏大热烈，以情感人。

4. 校庆重点

获得中央、教育部、工信部和国防科工局、河北省的大力支持，争取中央领导、省（部、委）领导到校视察、发表讲话、作出批示。

迎接 30 万校友回家，围桌追忆往事，聚力共话一流。

5. 校庆形式

（1）百年庆典晚会

9 月 10 日晚上 7:30，将百年庆典与文艺晚会合二为一，地点在第一体育场，邀请相关领导、校友和各界嘉宾出席，内容、节目和演员与校庆主题紧密相关。

（2）触摸历史记忆

① 99 周年校庆。举办建校溯源 99 周年暨独立办学 59 周年庆祝晚会，启动百年校庆倒计时 1 周年活动，发布校庆形象创意获奖作品，公布百年校庆方案，推出校庆纪念品。

②重要时间节点纪念大会。隆重纪念建校和独立办学以来的重要时间节点，回望历史，铭记传统，发扬精神。

③燕园名人访谈。纪念和传扬近百年来影响学校历史进程、引领社会发展的亲历者、贡献者，缅怀建校前辈，追忆闪光时刻。

（3）校史展馆揭幕

在校史馆启用时举办揭幕式，展示筚路蓝缕的办学历程，荟萃英姿勃发的校友风采，传播“丹心为国育英才，匠心为国铸重器”的办学成就，凸显可歌可泣的燕大精神。

（4）一流学术活动

举办新时代背景下行业特色高校、地方高校发展路径和内涵提升研讨会、“科学大师燕园行”学术讲坛、国际高等工程教育高峰论坛、“一带一路”与国际文化交流合作论坛、“智启雄安”智库论坛、第二届“杰出青年学者论坛”和重点学科学术会议，助力学科评估和一流学科建设。

（5）倾心教书育人

①开放课堂。选取有代表性的“金课”，开放课堂，欢迎观摩。

②开放实验室。开放有特色的实验室，展示科学研究和实验教学水平。

③开放课题室。选取非涉密、环境好的课题室，开门研学，展示燕大人才培养实力。

④开放图书馆。有条件提供典藏书籍和网络数字化资源服务，接纳参观人员，传播大学文化。

⑤开放体育场馆。为校友、嘉宾提供竞技、娱乐、健身场所，营造德智体美劳全面发展的育人氛围。

（6）高层交流论坛

①高校促进经济社会发展论坛。与河北省、教育部、工信部、国防科工局及相关省部市共同举办发展论坛。

②高校与科研机构合作论坛。举办与中科院、社科院等科研院所深化交流与合作的高层论坛。

③举办名校校长论坛。邀请中外友好高校领导参加的校长论坛。

④成立地方高校建设双一流联盟。与实力强、争创一流的地方高校领导共话发展，互相学习，共同提高办学水平。

⑤举办校企合作论坛。邀请企业高管、研发专家和工程师共商合作，提升中国工程教育水平。

⑥举办优质生源基地校长论坛。邀请优质生源基地校长研讨校校联合、共育英才的实现路径。

⑦社会知名人士座谈会。邀请社会知名人士进校，共同研讨我校发展方向和育人途径。

（7）迎接校友回家

①校友论坛。召开校友论坛、讲座、座谈，向母校汇报成就，向学幼面授机宜。

②捐赠仪式。为校友助力母校发展举办捐赠、挂牌、冠名仪式。

③回归燕园。再见一面老师，再开一次班会，再上一堂课，再做一次实验，再回一次寝室，再吃一顿食堂。

④团队再聚。再开一次学生会议，再搞一次社团活动，再进行一场体育比赛，再来一次文艺演出。

⑤校友同庆。各地校友会和校友们与母校心灵相约，自行开展庆祝活动，学校领导和老师们将积极参与校友活动。

（8）弘扬大学文化

①出版校庆系列图书。着眼新时代，面对新形势，出版百年校庆系列新书。整合已出版的与我校相关的图书，形成百年校庆系列图书。

②作者、读者、编者见面会。出版社、期刊社、报社、广播电台、电视台及相关单位举办形式多样的讲座、论坛、见面会、座谈会，开展向社会各界送书、送刊、送节目等活动，扩展思想底蕴，传播校园文化。

（9）传承社会服务

①横向科研结硕果。汇聚历年横向科研成果，发布科研意向，彰显服务社会能力。

②科普基地育新人。开放科普基地，展现科技魅力，厚积科学基础。

③志愿服务传真情。坚持厚德为本，开展多样化志愿服务，为社会贡献绵薄之力。

④社会实践铸英才。燕大人走出校园，向实践学习，向群众学习，燃报国志，成建国才。

⑤精准扶贫勇担当。总结历年扶贫、驻村成果，总结燕大扶贫经验，展示燕大的社会担当。

（10）竣工奠基典礼

①竣工典礼。举办西校区学生公寓第 12、13 组团落成启用仪式，东校区第 7、8 学生公寓启用仪式，西校区新校门落成仪式，高压科学研究中心启用暨首届院士高峰论坛开幕式，新图书馆落成开馆典礼等，邀请相关省部市领导和两院院士等人士参加。

②奠基典礼。在体育馆、康养人才培训中心、综合实验训练中心、多功能风雨操场和学生公寓改造项目开工时，邀请领导、捐赠人、校友等举办开工仪式。

（11）炫耀文体激情

①重走南迁路。组织老中青三代校友，开展哈工大→东重→秦皇岛的徒步或骑行活动，2020 年 9 月 10 到达庆典会场。

②高层次艺术展。举办书画、摄影、非遗文化等展览，陶冶艺术情操。

③“燕园大舞台”文艺演出。邀请艺术家、文艺教育家和艺术工作者走上“燕园大舞台”，为百年校庆添彩。

④体育竞赛。邀请专业运动员、体坛名宿进校展现运动风采，掀起体育热潮。

（12）呈现院处风采

根据整体部署，各学院、部门除完成学校交办的校庆工作任务外，还应结合实际，制定本单位校庆活动方案，组织开展有特色的校庆系列活动，激发全体师生爱校荣校情怀，凝心聚力加快“双一流”建设。

①小型庆祝和纪念活动。在单位、学科、专业、实验室、课题室、社

团、运动队等成立纪念日，获得重大奖项纪念日，为本单位作出重要贡献的同志诞辰、从教等纪念日，开展庆祝和纪念活动。

②学术会议。举办各学科、专业学术会议。

6. 保障机制

（1）师生参与

①校庆人人捐。在校工作的教职员工身体力行燕大精神，自愿为百年校庆捐款。人人为校庆作贡献，熠熠校庆争一流。

②校庆志愿者。为所有来校领导、嘉宾和校友配备一对一专职志愿者。

③当好东道主。做好本职工作，展现良好风貌，积极献计献策，热情参与活动。

（2）纪念精品

校庆期间将为校友、嘉宾和师生员工准备精美纪念品，包括校庆书籍系列、艺术品系列、办公用品系列和生活用品系列等。

（3）美丽燕园

①建设校史园。在东校区图书馆前的草坪上建起哈工大和东重的校门，摆放我校参与研制、有代表性的大型设备。

②树立校时钟。在东校区图书馆前中间绿地内和西校区大转盘内各建一座校时钟，从 1920 年建校开始计时，包括独立办学时间、倒计时功能和正常时间日历。

③设立标识。在建筑、道路上设置显著标识，并附有捐赠者标牌、建设说明、使用功能、取得成绩、知名学者和典型照片等。

（4）工作机制

日常时间实行校领导分管单位负责制，由校领导按照分工、各单位根据工作职责和校庆办分配项目开展工作。2020 年暑假至校庆高峰时段，实行校领导牵头的工作组制。

（5）信息传播

校庆信息要高至庙堂，远至江湖，深达心灵，浅至口传。

①挖掘哈工大基因，传承老东重精神。凝练东重师生响应国家号召、扎根边陲小镇，艰苦奋斗、矢志报国的精神。

②筛选名人大事，讲好燕大故事。传播我校的光荣校史、优良传统、知名校友、办学成就及社会贡献。

③立足传统媒体，深入开展报道。与报社、电视台、电台和期刊等媒体合作，发布信息，扩大影响。

④用好新媒体，加强互动传播。与腾讯微信、新浪微博、今日头条、抖音短视频等新媒体平台开展合作，进行报道、直播和融合宣传。

⑤营造校园氛围，烘托校庆气氛。将校庆标识（LOGO）、校庆口号、校庆标语运用在LED屏、液晶电视、校内横幅和宣传栏等传播媒介上，营造校庆氛围。

（6）融通资金

①活动资金。主要通过募集校友和社会资金解决，校级活动由校庆办、校友办筹集，各单位活动自行筹集。

②运行资金。校庆办运行经费由学校列入预算，各单位正常工作资金由本单位支出。

（二）《校庆方案》的正式版

嫩江激流，燕山灵秀，百年学府，巍巍大成！2020年，燕山大学将迎来“建校溯源百周年·独立办学一甲子”的重要节点。这是学校兴学育才、历久弥坚的里程碑，是继往开来、争创一流的奠基石。三十万海内外校友翘首以盼，四万余名师生员工吐哺归心。为弘扬燕大人“匠心为国铸重器，丹心为国育英才”的家国情怀，汇聚八方合力，争创一流高校，学校决定开展系列活动，共庆百年华诞、甲子辉煌。

1. 校庆时间

校庆日为2020年9月10日。

校庆周为2020年9月7日至13日。

校庆月为2020年8月20日至9月20日。

校庆季为2020年7月至9月。

校庆年为2019年9月至2020年9月。

2. 校庆主题

百年燕大·家国天下

3. 校庆任务

讲好燕大故事：扩大社会影响，争取各方支持。

恭候校友回家：深情追忆往事，共谋母校发展。

牢记立德树人：担当历史使命，同心圆梦一流。

4. 校庆原则

争创一流，宏大热烈，节俭务实，持久绵长。

5. 校庆活动

（1）重点活动

①燕山大学“建校溯源百周年 · 独立办学一甲子”庆祝大会。

②燕山大学百年 · 甲子文艺晚会。

③创作反映燕山大学建校历史及发展成就的文化作品。

④“重走南迁路，再抒创业情”——燕大精神传承系列活动。

⑤燕山大学校友会成立大会暨第一届校友代表大会。

⑥燕大校友“双招双引双服”（招商引资、招才引智、服务地方经济、服务校友发展）工程。

⑦首届重型装备技术绿色智能化燕鸣国际高峰论坛。

⑧第四届亚稳材料制备技术与科学国际研讨会。

⑨北京高科大学联盟 2020 年峰会。

⑩校史馆、新图书馆等重大工程落成奠基仪式。

（2）主要活动

①举办 99 周年校庆晚会。举办建校溯源 99 周年暨独立办学 59 周年文艺晚会，启动百年校庆一周年倒计时，发布校庆形象创意征集获奖作品。

②出版校庆系列图书。编撰百年校庆书籍，形成校庆图书系列。

③历史上的今天。纪念建校以来重要时间节点，回望历史，铭记传统，弘扬精神，启迪未来。

④致敬创业前辈。表彰为学校发展作出特殊贡献的老领导、老教师、老职工。

⑤记录光辉历史。梳理发展历程，建立口述档案，丰富史料形式。

⑥展示科研硕果。汇聚历年科研成果，发布科研意向和转化项目，彰显服务社会能力。

⑦制发校友卡。建立校友信息系统，发放校友卡，为校友联系、返校、发展创造良好环境。

⑧表彰典型校友。评选燕山大学第一届杰出校友和优秀校友。

⑨彰显校友风采。举办校友学术论坛、科研对接会、教学研讨会和校友讲座，开辟展区、设置展览，推介校友企业产品、成果、文化，助力校

友发展，激发师生动力。

⑩重温校园时光。再见一回老师，再打一场比赛，再办一台演出，再回一趟寝室，再吃一次食堂。

⑪校友捐赠仪式。举办校友捐赠、冠名和小额众筹等仪式，宣传助学善举，回馈校友支持。

⑫共庆母校百年华诞。各地校友会与母校心灵相约，开展具有本地特色的庆祝活动，母校将全力支持校友活动。

⑬专家学者燕园行。邀请学术界、企业界精英进校园，分享前沿科技和创新理念。

⑭“一带一路”合作论坛。“一带一路”沿线国家学者共聚燕园，共商合作，共享成果。

⑮“智启雄安”智库论坛。依托河北省新型智库——河北省公共政策评估研究中心，开展雄安新区建设和发展研讨。

⑯第三、四届“杰出青年学者论坛”。集聚海内外优秀青年学者，探讨科技热点，促进交流合作，博览强校才俊。

⑰推进学科建设。举办重点学科发展研讨会议，助力第五轮学科评估和一流学科建设。

⑱高等工程教育高峰论坛。邀请国内外工程教育领军人物，共话一流工程人才培养路径。

⑲举办产学研用合作论坛。邀请企业家、研发专家、工程技术人员和教育工作者共谋共事，提升我校生产、教育、科研和转化水平。

⑳“青年论坛”人生分享会。邀请社会知名人士，讲述成长经历，分享人生感悟。

㉑举办优质生源基地校长论坛。邀请优质生源基地校长进校考察交流，研讨校校协同、共育英才的实现路径。

㉒开放校园。开放课堂、课题室、图书馆、体育馆、科普基地，展示课堂教学实力、科学研究底蕴，普及科学知识。

㉓践行志愿服务。走出校园，深入基层，开展多样化志愿服务，向群众学习，树报国志，成建国才，为社会贡献燕大之力。

㉔高层次艺术展。邀请校友、名家和师生员工举办书画、摄影、非遗文化、公益艺术等展览，培树校庆氛围，陶冶艺术情操。

㉕“华燕之声”文艺演出。邀请艺术家、文艺教育家和艺术工作者走进燕园，为百年校庆添彩。

㉖美化公共区域。规范校园标识，设置我校研制、生产的大型设备模型，摆放老旧设备改造的艺术品，营造艺术氛围，渲染工科之美。

㉗推广群众体育。邀请体坛名宿、专业运动员进校展现运动风采，掀起体育热潮。

㉘设立校庆标志物。在东校区图书馆前中间绿地内建一座校时钟，在西校区大转盘绿地建校庆标志。

㉙当好校庆志愿者。全体师生员工都是校庆志愿者，为进校领导、嘉宾和校友提供一对一专职志愿服务。

㉚“我爱母校”人人捐。广大师生、海内外校友身体力行燕大精神，踊跃为母校发展捐款捐物。

（3）院系活动

各单位结合自身实际开展有特色、创新性活动，梳理发展脉络，展示育人成果，树立典型模范，展示美好前景。院系活动向校庆办备案自行开展，全校携手推进校庆活动。

百年校庆是锻造匠心的宣言书，是凝聚人心的宣传队，是增强信心的播种机。母校赋予三十万学子厚德、博学、求是的燕大气质，根植了艰苦奋斗、严谨治学、求实创新的燕大精神，守护着每位学子的心灵家园。当前，正值母校奋勇争先、攻坚克难之际，学校愿与全球校友、社会各界勠力同心、同舟共济，立德树人固根本，争创一流启新航！

针对《校庆方案》中的每一项校庆活动，确定了主管校领导、负责部门和校庆办联络人，完成了每项活动的分解方案。分解方案将在第三章的具体活动中介绍。

2020年，受新冠疫情、工作调整的影响，在执行过程中校庆办对《校庆方案》、具体活动的人员分工等也作出相应调整，提出了应对高中低风险的校庆活动方案，同时根据疫情持续动态调整43项分解方案。校庆活动的具体分工如下：

（一）重点活动

1. 燕山大学“建校溯源百周年 · 独立办学一甲子”庆祝大会。

主管校领导：黄晟

责任单位：校庆办

校庆办联络人：张向前

2. 燕山大学百年 · 甲子文艺晚会。

主管校领导：黄晟

责任单位：校庆办

校庆办联络人：张向前

3. 创作反映燕山大学建校历史及发展成就的文化作品。

主管校领导：黄晟

责任单位：宣传部

校庆办联络人：孙红磊

4. “重走南迁路，再抒创业情”——燕大精神传承系列活动。

主管校领导：黄晟

责任单位：校庆办

校庆办联络人：王志宙

5. 燕山大学校友会成立大会暨第一届校友代表大会。

主管校领导：任家东

责任单位：校友办

校庆办联络人：柯铁军

6. 燕大校友“双招双引双服”（招商引资、招才引智，服务地方经济社会发展、服务校友企业成长）工程。

主管校领导：赵险峰

协管校领导：张立峰

责任单位：校庆办

校庆办联络人：张向前

7. 首届重型装备技术绿色智能化燕鸣国际高峰论坛。

主管校领导：王德松

责任单位：机械工程学院

校庆办联络人：黄华贵

8. 第 4 届亚稳材料技术与科学国际研讨会。

主管校领导：赵丁选

责任单位：材料科学与工程学院

校庆办联络人：胡春海

9. 举办北京高科大学联盟 2020 年峰会，推进学科建设。举办重点学科发展研讨会议，助力第五轮学科评估和一流学科建设（此项活动由原工作方案中“举办北京高科大学联盟 2020 年峰会”和“推进学科建设”合并而成）。

主管校领导：任家东、于树江

责任单位：高等教育发展研究中心、研究生院

校庆办联络人：胡春海

10. 校史馆、新图书馆等重大工程落成奠基仪式。

主管校领导：于树江

责任单位：校园规划建设中心

校庆办联络人：郭沛

（二）主要活动

1. 举办 99 周年校庆晚会。举办建校溯源 99 周年暨独立办学 59 周年文艺晚会，启动百年校庆一周年倒计时，发布校庆形象创意征集获奖作品。

主管校领导：黄晟

责任单位：校庆办

校庆办联络人：张向前

2. 出版校庆系列图书。编撰百年校庆书籍，形成校庆图书系列。

主管校领导：任家东

责任单位：出版社

校庆办联络人：孙红磊

3. 历史上的今天。纪念建校以来重要时间节点，回望历史，铭记传统，弘扬精神，启迪未来。

主管校领导：任家东

责任单位：档案馆

校庆办联络人：张向前

4. 致敬创业前辈。表彰为学校发展作出特殊贡献的老领导、老教师、老职工。

主管校领导：王宝诚

责任单位：人力资源处

校庆办联络人：胡春海

5. 记录光辉历史。梳理发展历程，建立口述档案，丰富史料形式。

主管校领导：任家东

责任单位：档案馆

校庆办联络人：柯铁军、张向前

6. 展示科研硕果。汇聚历年科研成果，发布科研意向和转化项目，彰显服务社会能力。

主管校领导：王德松

责任单位：科学技术研究院

校庆办联络人：黄华贵

7. 制发校友卡。建立校友信息系统，发放校友卡，为校友联系、返校、发展创造良好环境。

主管校领导：任家东

责任单位：校友办

校庆办联络人：柯铁军、张向前

8. 表彰典型校友。评选燕山大学第一届杰出校友和优秀校友。

主管校领导：任家东

责任单位：校友办

校庆办联络人：张向前

9. 彰显校友风采。举办校友学术论坛、科研对接会、教学研讨会和校友讲座，开辟展区、设置展览，推介校友企业产品、成果、文化，助力校友发展，激发师生动力。

主管校领导：任家东

责任单位：校友办

校庆办联络人：欧阳渊、郝晓丹

10. 重温校园时光。再见一回老师，再打一场比赛，再办一台演出，再回一趟寝室，再吃一次食堂。

主管校领导：任家东

责任单位：校友办

校庆办联络人：郝海滨

11. 校友捐赠仪式。举办校友捐赠、冠名和小额众筹等仪式，宣传助学善举，回馈校友支持。

主管校领导：任家东

责任单位：校友办

校庆办联络人：纪红月

12. 共庆母校百年华诞。各地校友会与母校心灵相约，开展具有本地特色的庆祝活动，母校将全力支持校友活动。

主管校领导：任家东

责任单位：校友办

校庆办联络人：王伟伟

13. 专家学者燕园行。邀请学术界、企业界精英进校园，分享前沿科技和创新理念。

主管校领导：王德松

责任单位：科学技术研究院

校庆办联络人：黄华贵

14. “一带一路”合作论坛。“一带一路”沿线国家学者共聚燕园，共商合作，共享成果。

主管校领导：陈国强

责任单位：国际合作处

校庆办联络人：胡春海

15. “智启雄安”智库论坛。依托河北省新型智库——河北省公共政策评估研究中心，开展雄安新区建设和发展研讨。

主管校领导：赵险峰

责任单位：文法学院

校庆办联络人：胡春海

16. 第三届“杰出青年学者论坛”。集聚海内外优秀青年学者，探讨科技热点，促进交流合作，博览强校才俊。

主管校领导：王宝诚

责任单位：人力资源处

校庆办联络人：郝海滨

17. 推进学科建设。举办重点学科发展研讨会议，助力第五轮学科评估和一流学科建设（与重点活动第 9 项合并）。

主管校领导：任家东

责任单位：研究生院

校庆办联络人：胡春海

18. 高等工程教育高峰论坛。邀请国内外工程教育领军人物，共话一流工程人才培养路径。

主管校领导：赵永生

责任单位：教务处

校庆办联络人：黄华贵

19. 举办产学研用合作论坛。邀请企业家、研发专家、工程技术人员和教育工作者共谋共事，提升我校生产、教育、科研和转化水平。

主管校领导：张立峰

责任单位：大学科技园、技术转移中心

校庆办联络人：黄华贵

20. “燕山夜话”人生分享会。邀请社会知名人士，讲述成长经历，分享人生感悟。

主管校领导：黄晟

责任单位：团委

校庆办联络人：欧阳渊

21. 举办优质生源基地校长论坛。邀请优质生源基地校长进校考察交流，研讨校校协同、共育英才的实现路径。

主管校领导：王宝诚

责任单位：招生就业处

校庆办联络人：郝海滨

22. 开放校园。开放课堂、课题室、图书馆、体育馆、科普基地，展示课堂教学实力、科学研究底蕴，普及科学知识。

主管校领导：赵永生

责任单位：教务处等

校庆办联络人：郝海滨

23. 践行志愿服务。走出校园，深入基层，开展多样化志愿服务，向群众学习，树报国志，成建国才，为社会贡献燕大之力。

主管校领导：黄晟

责任单位：团委

校庆办联络人：朱可嘉

24. 高层次艺术展。邀请校友、名家和师生员工举办书画、摄影、非遗文化、公益艺术等展览，培树校庆氛围，陶冶艺术情操。

主管校领导：李榕

责任单位：艺术与设计学院

校庆办联络人：赵琳

25. “华燕之声”文艺演出。邀请艺术家、文艺教育家和艺术工作者走进燕园，为百年校庆添彩。

主管校领导：李榕

责任单位：艺术与设计学院

校庆办联络人：赵琳

26. 美化公共区域。规范校园标识，设置我校研制、生产的大型设备模型，摆放老旧设备改造的艺术品，营造艺术氛围，渲染工科之美。

主管校领导：李榕

责任单位：艺术与设计学院

校庆办联络人：赵琳

27. 推广群众体育。邀请体坛名宿、专业运动员进校展现运动风采，掀起体育热潮。

主管校领导：赵永生

责任单位：体育学院

校庆办联络人：郝海滨

28. 设立校庆标志物。在东校区图书馆前中间绿地内建一座校时钟。

主管校领导：李榕

责任单位：艺术与设计学院

校庆办联络人：赵琳

29. 当好校庆志愿者。全体师生员工都是校庆志愿者，为进校领导、嘉宾和校友提供一对一专职志愿服务。

主管校领导：黄晟

责任单位：校庆办

校庆办联络人：郭沛

30.“我爱母校人人捐”。广大师生、海内外校友身体力行燕大精神，踊跃为母校发展捐款捐物。

主管校领导：任家东

责任单位：校友办

校庆办联络人：柯铁军、纪红月

（三）院系活动

各单位结合自身实际开展有特色、创新性活动，梳理发展脉络，展示育人成果，树立典型模范，展示美好前景。院系活动向校庆办备案自行开展，全校携手推进校庆活动。

主管校领导：赵险峰、赵丁选

责任单位：校庆办

校庆办联络人：张向前、郝晓丹

二、各单位校庆工作方案

为了使校庆工作顺利开展，达到集思广益、凝心聚力，加快“双一流”建设的目的，校庆办面向各党委、党总支和校属各单位开展校庆活动方案征集工作。各党委、党总支和校属各单位积极响应，把校庆作为一项重要工作进行专题研究，发动师生员工积极参与，为校庆活动献计献策、贡献力量。全校各单位均提交了校庆活动方案与建议。

党委宣传部结合实际，从校史馆筹建、校庆系列图书出版、校庆专题网站筹建、校庆对外宣传报道四个方面做了全面翔实的调研规划；校团委立足本单位工作，拟组织以“百年校庆”为主题的大合唱比赛，开展校庆志愿者培训和服务工作；材料科学与工程学院拟通过举办“高压科学研究中心”启动仪式等系列活动，提升学校影响力；里仁学院拟在校庆期间面向社会开放科普基地，开展科普教育，扩大社会影响力。

表 2-2 信息科学与工程学院（软件学院）拟举办的校庆活动

序号	活动类别	活动名称	活动时间	活动内容	活动意义	参与对象	预计参与人数	活动地点
1	文体竞赛	“喜迎校庆100年，青春唱响中国梦”大学生合唱比赛	2020年5月	本次合唱比赛分为必唱歌曲和选唱歌曲，必唱歌曲为燕山大学校歌，选唱歌曲由学院团委提供曲目，各团支部抽签选出应唱曲目。	庆祝燕山大学建校100周年暨独立办学60周年，进一步增强我院青年学生的“爱校荣校”意识，营造格调高雅、健康向上的校园文化氛围，展现在校大学生的良好精神风貌。	信息学院全体学生	1500	东大活109
2	文体竞赛	信息学院一二·九长跑比赛	2019年12月	以班级为单位，组织12人的长跑队，进行校园长跑比赛，比赛起点设为图书馆，终点为西区第四体育场。	本次比赛旨在提高全院学生的身体素质，增强学生的体魄，让学生在本次比赛中发扬顽强拼搏、积极进取的精神，通过本次比赛培养大学生的爱国主义精神，告诫学生们铭记历史、勿忘国耻。	信息学院全体班级	400	图书馆前广场、第四体育场
3	文体竞赛	校友运动周	2020年4月	（1）校友足球赛。 （2）校友篮球赛。 （3）校友羽毛球赛。	让大家感受到母校怀抱的亲切和温暖，给浓浓的校庆气氛增添光彩夺目的一笔，本次活动为在校生、为学校、为校友之间提供交流感情的机会，增强大家的友谊，让大家回归初心，勿忘母校培育之恩。	信息学院全体学生与校友	500	待定
4	文体竞赛	校友达人秀	2020年5月	（1）邀请老师作为评委，面向全体学生、校友进行选手招募。 （2）报名选手上台展示自身才艺，展示方式不限（鼓励不同选手合作表演）。 （3）最后由评审老师和到场的学生共同选出前三名，并进行奖励。	促进校友和在校生文化交流与感情融合，鼓励学生们在学习之余发展自身的爱好与特长。	信息学院全体学生	100	待定
5	文艺汇演	奔腾艺术团专场演出	2019年11月	（1）信院艺术团编排校庆主题系列节目，由艺术团组织全院学生参与，并进行汇报演出。 （2）邀请其他学院艺术团体共同参与表演。	调动学生创新学习的主动性和积极性，展现大学生的青春活力，通过此次演出促进学生之间的沟通协作能力，增强学生的集体责任感和荣誉感，为学生创造展示才艺的广阔平台，增强大学生的综合素质，丰富校园文化生活。	信息学院艺术团体	1200	东大活109

续表

序号	活动类别	活动名称	活动时间	活动内容	活动意义	参与对象	预计参与人数	活动地点
6	社团展示	学生社团校庆嘉年华	2020年3月	（1）信院各个社团根据自己自建社以来的发展历程、活动特色等绘制展板并展出。 （2）各社团结合自身特色，例如语言类、歌舞类、科技类、体育表演类，联合举办纪念晚会。	学生社团是学校育人体系的重要组成部分，通过开展主题鲜明、丰富多彩的嘉年华活动，不仅可以繁荣校园文化，同时还可以促进学生又红又专、全面发展。	信息学院全体社团	500	待定
7	校园宣传	“燕园印象”主题摄影展	2019年10月	（1）面向全院学生（包括已毕业的学生）征集自己拍摄的具有代表性的燕大美景。 （2）或按时间发展顺序，或按主题板块选择合适的地点展览。 （3）利用这些摄影照片制作燕园记忆墙，评选最美燕园美景图片。	充分调动全院师生的积极性，通过搜集燕山大学的旧照片与新照片，让学生们感受燕山大学的变化，感受校园的魅力，增强学生们的集体荣誉感。	信息学院全体学生	3000	待定
8	校园宣传	“共建母校，展望未来”主题宣传	2019年11月	组织小组在校内宣传，让全校学生都能参加到校庆活动中。	本活动以宣传学校知名度为目的，让更多高中生以及家长了解学校发展，同时也让更多的学生能够更深入地认识信息科学与工程学院，增加对学院的感情。	信息学院学生干部与党员	200	东大活
9	校园宣传	党的十九大精神专题研讨会	2019年12月	（1）邀请学院老师和学生共同进行一次关于十九大精神的研讨会。 （2）各班级组织学生讨论自己对十九大精神的理解。	此次活动普及范围较广，可以让更多的学生对十九大精神有更深入的了解。	信息学院全体师生	200	待定
10	校园宣传	“我的青春在燕大”院史资料征集	2020年3月	（1）向各学院、各年级学生征集和学院有关的各种照片以及相关故事描述。 （2）接受已毕业的燕山大学学生通过各类方式投稿。 （3）在燕中路集体展出各类照片以及故事，供学生浏览观看。	向历年毕业生和全体在校生征集在燕山大学生活的视听资料，整理后展出，让在校学生们能够更好地回忆自己在燕山大学的美好生活记忆，能够更加珍惜在校的时光，更加深刻地体会到每个人对母校的不同情感，激发大家对母校的热爱之情。	历年毕业生和全体在校生	待定	图书馆前的燕中路

续表

序号	活动类别	活动名称	活动时间	活动内容	活动意义	参与对象	预计参与人数	活动地点
11	校园宣传	“燕大故事”之百年校史我来说	2020 年 5 月	（1）播放有关学校发展史和学院发展史的 PPT，图文并茂，并进行讲解。 （2）采访燕山大学搬迁后的第一批教师，播放相关访谈录，通过他们回忆与燕山大学的故事来让学生更真实深刻地了解燕大精神。 （3）讨论环节，让学生发表自己对于学校与学院的感受，讲述他们自己与燕山大学的故事。	通过让燕山大学学生了解燕山大学校史，展现学校的发展与变化，感受老一辈燕大教师与学生不惧困难、刻苦努力的精神，体会学校与学院不断发展壮大的强大力量，增强同学们对学校与学院的归属感与自豪感，引导学生培养甘于奉献、奋发向上的集体荣誉感。	信息学院全体学生	1000	待定
12	校园宣传	五四青年主题故事分享会	2020 年 5 月	（1）向各学院、各年级学生征集发生在自己或者他人青年时期的励志故事。 （2）选取 10 篇较为精彩的故事，举办一场主题为“共举五四火炬”的分享会。 （3）把这些励志的青年故事展示在微信公众号上。	青年励志故事的分享，可以让学生们从他人身上看到自身需要学习的地方，也能激励自己朝着更好的方向努力。	信息学院全体学生	1000	待定
13	校园宣传	知校史、明校情、迎校庆主题团日活动	2020 年 4 月	（1）把燕山大学建校以来各个时期的照片和相应时期的介绍在燕中路进行公开展览。 （2）各个团支部开展以“知校史、明校情、迎校庆”为主题的团日活动。 （3）通过各支部的团日活动总结评选出本次的优秀团日活动。	通过此次活动可以让在校学生对燕山大学的过去和现在有更深入的了解，同时也可以加深学生对学校的感情。	信息学院全体学生	4000	待定

续表

序号	活动类别	活动名称	活动时间	活动内容	活动意义	参与对象	预计参与人数	活动地点
14	校园宣传	激情盛夏，传递梦想	2020年6月	（1）播放燕山大学建校以来的成长历程幻灯片。 （2）播放成功人士访谈录（具体内容待定），贴近大学生生活，使学生更直观地了解生命的意义，更深刻地理解奋斗的青春最美丽。 （3）各个系进行歌舞表演。	通过本次活动，激发教师和学生的集体自豪感，树立为学校争光的拼搏意识，提高教学统筹水平，提高学校内部凝聚力。形成“校庆有你、有我、有他”的良好氛围，回顾历史，立足现实，展望未来，共同营造充满力量感、厚重感和文化感的校庆氛围。	信息学院全体学生	1200	东大活
15	学术交流	信息学院研究生论坛	2019年9月	（1）选取信息学院优秀的研究生与博士代表，对自己的研究方向、前沿及成果进行PPT汇报。 （2）汇报结束后进行短暂的老师提问，汇报人进行回答。 （3）老师提问后在场观众提问，并与汇报人讨论。	本次论坛提供了一个师生之间、学生之间的学术交流平台，能进一步活跃学术风气。在老师的指点下，汇报人也能进一步明确自己的优点与不足，为以后的科研道路提供帮助。	信息学院全体研究生	300	待定
16	学术交流	学术活动月	2019年10月	（1）活动月期间，举办学院硕博论坛，围绕光电子、通信和计算机等领域，学院邀请相关领域的校内外专家学者为研究生做学术报告3～5场。 （2）学院邀请知名校友作报告，介绍考博经验和工作经验，助力我院研究生聚焦提升专业素养，明晰人生职业发展方向。	论坛主要着眼于本领域学术前沿，具有较强的前瞻性和独特性。	信息学院全体学生	700	待定
17	学术交流	“校友有约”交流会	2020年9月	（1）聘请优秀校友与学院领导、学生进行成长交流，举办创新创业交流大会。 （2）校友或毕业生在签名墙上签名并合影留念。 （3）可拍摄在外地的优秀校友对母校百年校庆的祝福视频，利用屏幕循环播放。	充分凝聚校友力量，建立学校与校友的紧密联系，为学生们提供职业规划方面的建议。	信息学院全体学生	1200	待定

续表

序号	活动类别	活动名称	活动时间	活动内容	活动意义	参与对象	预计参与人数	活动地点
18	学习座谈	信息学院新老辅导员主题座谈	2020年6月	信息学院老辅导员结合我院学生工作实际，向新辅导员传授处理学生工作的经验，也可以向新辅导员提出要求。	通过新老辅导员交流经验，可以使新辅导员尽快进入角色，收获成长与喜悦，也可以使其感受到辅导员工作的重要性和复杂性，督促其日后加强学习，提升个人素质，为学校发展贡献自己的力量。	信息学院全体辅导员	50	待定
19	学习座谈	“凝聚智慧，共谋发展”校友座谈会	2020年7月	利用建校100周年这一契机，以“凝聚智慧，共谋发展”为主题，开展校友座谈会。学院邀请在各行各业有出色工作业绩的校友来我院参加校友座谈会。	校友是学校精神的传承者，在推动学校建设方面发挥着越来越重要的作用。在座谈会中校友可以围绕学院师资队伍建设、打造高水平学科、培养高素质人才等方面提出宝贵的建议与意见，为学院日后更高水平的发展奠定基础。	各个领域有着出色工作业绩的校友	100	待定
20	座谈	师生座谈会谋发展	2020年6月	校友与当年任课老师、辅导员忆当年师生情，畅想学院未来发展。	为了更好地总结学院办学历史，展望美好未来，积极参与共忆学生时光，共叙昔日师生情，汇聚校友力量，齐心协力共谋学院发展。	各专业毕业校友，学院教师、辅导员	300	待定
21	赞助	积极宣传校庆活动，争取校友赞助	2020年6月	为每位来校校友赠送一份礼品。	增加校友感情。	校友	所有返校校友	待定

三、校庆保障方案

为确保校庆活动的顺利开展，根据学校百年校庆工作总体部署，针对校庆的防疫、宣传、接待、安全、信息技术等工作，分别制定了相应的保障方案。

（一）燕山大学百年校庆疫情防控工作实施方案

为做好校庆期间疫情防控工作，根据《关于印发高等学校、中小学校和托幼机构秋冬季新冠肺炎疫情防控技术方案的通知》（国卫办疾控函〔2020〕668号）、《关于做好秋季学期全面恢复正常教育教学秩序和做好疫情防控工作的通知》（教体艺厅函〔2020〕22号）文件有关规定，结合本地疫情防控形势和学校实际，制定本实施方案。

1. 总体原则

本着“积极防控、室外防护、室内分区、减少聚集”的原则，严格落实上级和学校有关疫情工作要求，切实维护嘉宾、校友和师生的生命安全和身体健康。

2. 组织机构

成立校庆办疫情防控小组，欧阳渊任组长。

3. 职责分工

（1）校友办负责校友的疫情防控工作；

（2）人力资源处负责在职职工的疫情防控工作；

（3）学生工作处负责在校生的疫情防控工作；

（4）离退休工作处负责离退休人员的疫情防控工作；

（5）安全工作处负责进出校园管理工作；

（6）后勤服务中心负责食堂就餐、公共场所消毒和突发病情管控等工作；

（7）邀请单位负责受邀领导嘉宾的入校审批及疫情防控工作。

4. 校友入校防控管理

（1）入校手续

①居住在低风险地区校友自2020年8月15日起可分批错峰进入校园，通过“燕大东重人”智慧校友服务平台提出返校申请，经各学院按照防控标准审批通过后会有短信提示该校友。

②校友入校时（乘坐学校车辆的，上车就算入校），需现场扫描学校提

供的“燕大东重人”二维码，页面弹出“欢迎回家”的提示后，证明扫码审核通过。同时系统在后台会自动登记该校友已实际入校，便于统计返校人数及事后追踪核查。

③校友入校时，需出示检验行程码无中高风险地区行程记录和“河北健康码”绿码，测量体温正常（<37.3℃），无异常症状的校友可以进入校园。

④嘉宾入校时，由校内邀请单位协助检查行程码无中高风险地区行程记录和“河北健康码”绿码，测量体温正常（<37.3℃），无异常症状的嘉宾可以进入校园。

⑤校友和嘉宾乘坐学校车辆和教职工个人车辆入校的，由教职工或学校安排的志愿者协助办理上述入校手续。

（2）不得入校情况

①现居住在中高风险地区及境外的校友；

②本人或共同居住的家庭成员为确诊病例、核酸检测阳性者、疑似病例、密切接触者的校友；

③有发热、咳嗽、腹泻等症状的校友；

④校友车辆不得进入校园。

未入校的校友建议通过线上参与校庆系列活动。

5. 校内疫情防控管理

（1）会场管理

学校校庆纪念大会、文艺晚会及各种活动要严格遵守疫情防控管理规定，分门进出，进入会场需佩戴口罩和测量体温。所有会场设置嘉宾校友区、师生区等，合理分区，隔离落座，避免近距离接触。

（2）校内就餐

所有参加校庆活动的嘉宾、校友都可领取免费餐券一张。

①就餐说明。东西校区根据进校人员数量，分别设置校外人员专用就餐食堂或楼层，不与在校生共用同一候餐取餐就餐区。

②供餐时间。只供应午餐，错峰用餐。

③候餐取餐。食堂内限制候餐、就餐总人数，实行排队有序候餐取餐。档口前按横向、纵向间隔 1 米候餐，保持距离，注意防护。

④就餐方式。堂食人员注意间隔距离，同向就座，即食即走，减少不必要的交流谈话。

（3）校内参观

①热门场馆区域，实行分日期、分时段对校友专场开放，严禁校外人员与学生在室内混合参观。控制人流量，避免大规模聚集。校友需避开学生宿舍区域，不进入学生宿舍内部或在宿舍周围停留聚集。

②在9月9日至11日，校史馆和博物馆仅对嘉宾校友开放，凭校外人员身份贴入场。

（4）室外活动

戴口罩，保持社交安全距离，减少校外人员与学生接触。运动场馆限时分别对师生和校友开放，避免人员混杂。

6. 应急措施

（1）秦皇岛市新冠肺炎疫情风险等级如发生变化，学校将按照本地疫情防控要求执行。

（2）校内人员一旦出现发热、干咳等症状，应当立即做好佩戴口罩等防护措施，及时报告校医院。患者自行就近进入临时隔离室进行观察，由指定专人负责对隔离者进行健康状况监测及就诊指导。

（3）如发现新冠肺炎疑似病例，学校应当立即启动应急处置机制，第一时间向辖区疾病预防控制机构报告，配合做好流行病学调查、密切接触者集中隔离医学观察和消毒等工作。对共同生活、学习的一般接触者要及时进行风险告知，如出现发热、干咳等症状要及时就医。

7. 疫情物资储备

提前做好测温设备、消毒剂、口罩等防疫物资储备，保障防疫物资储备充足。在学校内设立临时隔离室，位置相对独立，以备人员出现发热等症状时立即进行暂时隔离。安排专人负责学校卫生设施管理、物资保障、监督落实等工作。

其他未尽事宜按照学校疫情防控工作相关规定执行。

8. 联系人

校医院：王耀峰（后勤服务中心副主任）

餐饮服务部：刘安平（后勤餐饮服务部主任）

安全工作处：陈徽（安全工作处处长）、李瑛（安全工作处副处长）

校庆办：欧阳渊

（二）燕山大学百年校庆宣传工作方案

主管校领导：黄晟

责任单位：党委宣传部、后勤服务中心

校庆办联络人：孙红磊

2020 年，我校将迎来“建校溯源百周年·独立办学一甲子”，为切实做好校庆宣传工作，根据《燕山大学百年校庆工作方案》，制定校庆宣传工作方案如下：

1. 指导思想

坚持以习近平新时代中国特色社会主义思想为指导，深入贯彻落实学校第四次党代会精神，发扬燕大人熔铸在骨子里的奋斗基因、工匠精神、卓越品质和家国情怀，充分展示学校“两次搬迁、三次创业”的办学历程和发展建设取得的成就，进一步激发全校师生和广大海内外校友爱校、荣校、兴校、强校之情，扩大和提高学校的知名度、美誉度和社会影响力，营造浓厚的校庆氛围，为把学校建设成为“特色鲜明、国内一流、世界知名的研究型大学”凝聚强大合力。

2. 宣传主题

以“争创一流，持久绵长”为主题，坚持宏大热烈、节俭务实、彰显特色原则，充分利用校内外各种宣传载体，宣传办学经验，展示办学成就，增强全校师生和广大校友的认同感、自豪感、责任感，为校庆营造良好氛围。

3. 宣传形式与载体

（1）利用校内外媒体发布校庆消息，制作校庆宣传片和宣传画册，全方位、立体式宣传报道校庆重点活动、主要活动和院系活动，形成有层次、有深度、多载体、效应广的宣传态势。

（2）改版学校官网，推出校庆版官网主页，通过制作具有校庆元素的通栏大图，调整栏目设置，使页面大气、浑厚，现代感与年代感并存，凸显校庆文化氛围。

（3）编辑并刊发《燕山大学报》百年校庆专刊，总结凝练学校独立办学以来在科学研究、教书育人、服务社会、校友工作等方面取得的巨大成就，起到凝聚人心、烘托氛围的作用。

（4）庆祝大会和文艺晚会宣传报道工作。利用新媒体开通全网直播，组织校外媒体采访并编发通稿，在校内外各类媒体平台上发布，烘托校庆浓厚氛围，展现学校办学历史和特点。

（5）其他校庆重点活动宣传报道工作。根据《燕山大学百年校庆工作方案》，统筹安排，提前策划，充分发挥新媒体特点，联动传统媒体，做好每项重点工作的宣传报道工作。

（6）校庆主要活动和院系活动宣传报道工作。根据《燕山大学百年校庆工作方案》，由各责任单位负责活动的宣传策划报道工作。

（7）校内宣传氛围营造工作。

①建筑物（楼体和场馆）形象工程。对楼宇标识进行统一设计，各个建筑物 LOGO 设置在楼体或楼顶，设置楼体出入口中小型标识标牌。

②道路、交通枢纽形象工程。统一并提升校内道路标识及导向系统。

③提升校园文化品位。校车形象升级，增加校庆颜色、标识和主题口号在校庆景观中的应用，校庆吉祥物多元化应用，设置楼宇巨幅宣传画。

④在各校门设立校庆主题形象墙和校庆活动介绍墙，在主要干道和交通枢纽设置灯杆道旗竖向标识，彩绸、条幅、充气标语，YSU 形象、校庆打卡墙，固定式立体校庆吉祥物。

⑤面向全社会征集校庆相关视频、照片、文字。

⑥创作反映学校科研、教学系列成果的新媒体推文。

⑦在新媒体平台推出“历史上的今天”系列推文。

（8）校外宣传氛围营造工作。

①借助“重走南迁路”“双招双引双服”等校庆重点活动以及各地校友会活动持续宣传学校。

②制作各地校友会祝福视频。

③ 2020 年 7 月，在《学位与研究生教育》杂志刊发燕山大学百年校庆宣传图文。

④ 2020 年 7 月，展现学校发展历程的燕山大学校史陈列馆进行试运行。

⑤根据实际情况，争取在秦皇岛市主要街道、主要交通枢纽、主要楼宇及公交系统显著位置投放百年校庆宣传图片。

4. 工作要求

（1）上下联动，广泛宣传

按照《燕山大学百年校庆工作方案》的安排和要求，全校各单位要结合本单位实际，通过微博、微信、网站、报纸和杂志等各种宣传载体展示学校发展历程和办学成就，扩大学校的知名度、美誉度，提升学校的社会影响力。

（2）突出主题，务求实效

校庆宣传工作要做到主题突出，有特色、有亮点，体现思想性、学术性和品位性，重点放在通过梳理学校发展史，总结办学经验、紧密联系校友、弘扬优良传统、提升办学水平等方面。

（三）燕山大学百年校庆活动接待工作方案

主管校领导：黄晟

责任单位：校庆办

校庆办联络人：张杨

为切实做好学校百年校庆接待工作，确保接待工作有序开展、顺利进行，根据学校百年校庆工作总体要求，特制定本工作方案。

1. 总体原则

整体调控、分块服务、热情周到、节俭高效。

2. 条件保障

（1）在秦皇岛火车站、北戴河火车站设立我校百年校庆要客专属通道，提供贵宾站内接送服务，在站内媒体展位及公共区域投放我校校庆活动宣传内容；

（2）开放秦皇岛机场贵宾休息室并提供相应配套服务，在候机室内媒体展位及公共区域投放我校校庆活动宣传内容；

（3）提供喜来登大酒店、香格里拉大酒店、秦皇国际大酒店、万怡酒店、首旅京伦酒店、如意山海酒店等市内各大酒店、宾馆，用于校庆专属优惠客房及用餐服务；

（4）免费提供企业捐赠我校的百年校庆特制专用北大仓白酒与秦皇岛 MBA 联合会捐赠的红酒；

（5）秦皇岛瑞通发展有限公司免费提供红旗礼宾车 10 台，用于校庆期间接送站服务；

（6）秦皇岛仁义客运服务有限公司免费提供 60 座大型客车 15 台，用于校庆期间接送站服务；

（7）提供校内汽车维修站点 1 个，为自驾车提供免费检修及优惠价维修；

（8）提供 3 家优质旅行社信息；

（9）浙江禧进甲后勤管理有限公司、北京健坤餐饮集团有限责任公司、天津中快餐饮管理有限公司、江苏好仕来餐饮管理有限公司4家企业为全体领导、嘉宾及校友提供9月10日食堂免费午餐；

（10）为全体领导、嘉宾及校友每人提供一份校庆纪念品（包含帆布袋、燕山大学宣传册、《燕山大学学报》与《秋实》杂志、校庆活动日程安排、校庆POLO衫、餐券等）。

3. 工作安排

（1）校庆办负责整体调控；

（2）各级领导、嘉宾和校庆顾问委员会委员由学校办公室牵头接待，统筹安排校领导、职能部门做好一对一接待服务；

（3）学院邀请的领导、嘉宾和全体校友由各学院负责接待，校庆办提供相关服务支持，校友办负责校友的沟通协调工作。

（四）燕山大学2020年校庆安全稳定工作方案

为营造安全、和谐、稳定的校园环境和喜庆、祥和、温馨、有序的校庆氛围，顺利办好校庆系列活动，特制定校庆期间校园安全稳定工作方案。

1. 指导思想

各单位要进一步提高对做好校庆期间学校安全稳定工作重要性的认识，增强责任意识、安全意识。在学校校庆工作领导小组的指导下，全校各单位统一协调，各负其责，齐抓共管，共同参与，落实校庆庆典活动各项安全措施，预防各种安全事故和突发事件发生，为学校庆典活动创造一个良好安全的环境，确保校庆活动圆满成功。

2. 职责要求

（1）安全工作处对整个校庆活动期间的安全保卫工作进行总体部署，负责制定和实施校园整体安全保卫工作方案；负责与公安机关联系，争取工作上的配合和必要的警力支持；做好突发事件的应急预案与处置工作；依据庆典活动的实际情况，随时合理部署安排安全保卫力量；保障重要活动、目标的安全，确保校庆活动期间校园及周边治安、交通、消防安全。

（2）按照工作分工与分级负责的原则，明确各单位党政负责人为校庆活动期间各单位安全稳定工作的第一责任人，负责组织、布置、检查和落实本单位的安全稳定工作，并主动做好同安全工作处的衔接工作。

（3）各单位要在校庆前对所属重点部位进行一次全面安全隐患排查，要及时发现安全隐患，立即采取整改措施。对暂不能整改到位的要制定相应措施并落实责任人，防止发生治安、交通、消防等各类安全事故，尤其要坚决遏制安全责任事故的发生。后勤服务中心要加强对水、电、气和食堂、学生公寓、教学楼宇、燕大小区等区域的安全管理；实验室与资产管理处要加强对危化品和各实验室的安全管理；图书馆要加强消防安全隐患排查工作，及时消除各类安全隐患；校史馆要加强对馆内重要展品的安全管理；有监控等安防设施、设备的单位和部门要检查各类安防设施、设备是否运行正常，有故障的要及时维护维修。各学院也务必按照安全工作要求，明确职责分工，责任到人、措施到位，严防各类事故发生。

（4）各单位要在校庆各项活动开展前，集中开展安全教育活动，进一步提高师生员工遵规守纪意识和安全防范能力。要教育师生理解、支持、配合学校对各项活动的有关要求和安排，遵守会场秩序，服从调配管理；要教育师生遵守校园交通秩序，按照临时交通管制的要求行驶或停放车辆；要教育师生不得酗酒肇事、打架斗殴和参与赌博；要教育师生提高防范意识，离开教室或公寓时，要随时关锁门窗、切断水电，落实好安全防范措施，注意人身和财产安全。

（5）各单位要严格落实安全工作责任制，做好团体活动安全管理。对于主办承办的活动做到“底数清、情况明”，严格落实“谁主办、谁负责”的安全主体责任，对活动的人数、活动引起聚集的亮点环节、场地安全等进行研判、风险评估和安全报备，制定突发事件应急处置预案，落实各项安全管理措施。

（6）各单位要加强对“重点人员”的管控和教育疏导力度，提前做好矛盾、纠纷的排查和化解工作，对敏感人员、重点人员、可能出现问题的人员要提前预判，及时掌握动态，落实好管控和疏导措施，严防校庆期间发生涉稳事件。

（7）宣传部、学生工作处、信息技术中心等单位，要做好舆论引导、网络监管及情报信息收集研判工作，及时准确掌握深层次、内幕性、预警性情报信息。

3. 值班值守

安全工作处实行 24 小时值班制度（值班电话：8057079、8079110），负责接收和承转有关安保工作的信息，调度安排人员处理突发性安全问题，督促检查各单位相关安全防范措施落实到位情况。各单位领导干部和相关责任人务必保持通信畅通，加强信息沟通，重要事项要及时反馈信息，做到应急情况信息通、情况明，掌握处置突发事件的主动权。

（五）燕山大学百年校庆安全应急预案

为更好地消除各种安全隐患、预防安全事故，有效保障学校校庆活动平稳有序地进行，根据《燕山大学突发公共事件处置预案》，结合校庆活动方案，特制定本预案。

1. 应急处置指挥部

总指挥：黄晟

副总指挥：张向前、孙红磊、张世良（人力资源处处长）、蔡星周（学工处处长）、薛传佳（团委书记）、陈徽

2. 指挥部下设组织机构

（1）安全保卫组

组长：陈徽

副组长：李瑛

（2）教育疏导组

组长：蔡星周

副组长：张世良、薛传佳

（3）信息联络与宣传组

组长：孙红磊

副组长：杨永涛（信息技术中心副主任）

（4）后勤保障组

组长：董立峰（后勤服务中心主任）

副组长：刘国安（计划财务处处长）、杨帆（实验室与资产管理处处长）

（5）外事工作组

组长：陆军（国际合作处处长）

副组长：张文莉（国际教育学院副院长）

（6）医疗救援组

组长：王耀峰

3. 安全防范措施

（1）按照安全网格化管理原则，各单位负责本单位所辖区域的安全管理工作。校庆活动不涉及的场所也要做好防火、防盗、防恐、防暴等安全防范

工作。校庆活动结束，各单位、各部门负责人要对本单位、部门的防火、防盗设施及用电线路等进行复检，确保不发生事故。

（2）校庆活动前期，要加强对学生的安全教育。各学院要指派专人负责校内学生安全，加强值班工作，特别要教育好学生注意上下楼梯安全、庆典活动安全，防止拥挤、踩踏和失控，确保不发生群体性安全事件。

（3）为了快速处置、妥善应对可能出现的各类突发事件，校庆活动期间，全体教职员工尤其是各部门负责人要随时保持通信联络畅通。如遇突发事件，要镇静不慌乱，及时上报校庆工作领导小组或应急指挥部，服从领导小组的领导，听从统一指挥，把损失和影响降低到最小。

（4）校庆前，各单位要深入摸排本单位潜在的安全风险与隐患，做好矛盾纠纷排查化解工作，把风险隐患消灭在萌芽状态，把矛盾纠纷解决处置在事发前，坚决杜绝按下老问题出现新问题及同一问题反复出现的现象。

（5）活动当日，既要热情接待来宾，也要引导好来宾（来车）有序出入、有序停放。要严密观察出入校门和在附近逗留人员，发现异常要迅速反应、查明真相、消除隐患。

（6）迎宾及接待人员，在热情接待来宾的同时，要关心来宾的身体状况，特别是高龄来宾，一旦发现突发身体不适的情况，要立即联系校医院医疗救援组启动应急救助，在第一时间协助做好初期救助工作，并报告校庆工作领导小组。

4. 相关事故的处置应急预案

（1）活动现场疏散应急预案

①报告程序

校庆活动现场人员密集，任何人一旦发现异常情况（如自然灾害、紧急事件及其他需要疏散的情况），要第一时间报告校庆工作领导小组及应急指挥部。

②实施步骤

A. 活动前，主办以及承办单位要组织对活动现场及周边进行安全检查，确认环境安全和应急疏散路线的安全性、合理性。

B. 接警后，疏散指挥人员必须及时到位，向参加活动人员发出疏散指令；活动现场各岗位人员正确有序地引导现场师生员工和嘉宾向安全方向、安全地点疏散，确保不发生踩踏。

C. 疏散到安全地点后，快速清点人数，确定有无人员受伤。如有人受伤，医疗救援组根据具体情况调动和转移伤员，掌握、记录现场伤员情况，配合120救护人员抢救危重伤员，做好伤员入院治疗工作。

D. 如发现伤势较重人员，教育疏导组负责及时通知受伤人员亲属，确保受伤人员和亲属情绪稳定。

（2）突发暴力恐怖事件应急处置预案

①报告程序

A. 学校师生员工一旦发现或突然发生暴力恐怖事件或线索，要及时报校庆安全工作领导小组办公室及校庆安全工作领导小组。

B. 安全工作处协调人员或寻求公安部门支援。

②处置措施

由安全工作处会同公安机关，强制处置。

（3）火灾事故应急预案

①报告程序

现场目击者是第一报告人，要在第一时间报校庆现场工作人员或应急指挥部，现场工作人员第一时间组织人员采取有效措施防止火势蔓延或伤害扩大，组织人员有序疏散的同时上报。

②报警和处置程序

A. 根据火势，如需报火警，立即就近用电话或手机拨打电话119，报告内容为："……发生火灾，请迅速前来扑救"，并回答119的进一步问话，待对方放下电话后再挂机。

B. 报警人员同时向8057079报告，由学校形成第一灭火力量。

C. 安全保卫组形成第一灭火力量扑救初起火，并救助人员，引导消防车辆进入现场。

③组织实施

A. 参加人员：在消防车到来之前，在现场的教工均有扑救的义务。

B. 在第一时间采取的灭火措施是，就近取灭火器等进行扑救，同时关闭火灾发生处的电闸。

C. 消防车到来之后，校内人员配合消防队员扑救或做好辅助工作。

D. 扑救的原则是"先救人，后救物"。特别是有学生时，必须在第一时间疏散学生。如有被困人员一时无法救出，应用消防广播向被困者传达自救办法，稳定被困人员情绪，等待进一步救援。

④扑救方法

A. 扑救固体物品火灾，如木制品、棉织品等，可使用灭火器具。

B. 扑救液体物品火灾，如汽油、柴油、食用油等，只能使用灭火器、沙土、浸湿的棉被等，绝对不能用水扑救。

（4）食物中毒应急预案

①报告程序

第一发现人先报告校庆工作领导小组办公室，由领导小组根据事件实际，经研究后报告地方和上级卫生防疫部门。

②处置措施

A. 发现情况立即向校庆工作领导小组汇报。

B. 校医院医疗救护人员立即施救，以最快速度将情况较重者送往就近医院，情况紧急时拨打急救中心电话“120”请求救助。

C. 组织人员迅速排查其他食用致毒食物的师生名单，并检查他们的身体状况。

D. 经校庆工作领导小组研究决定，向上级主管部门和区、市防疫部门报告情况。

E. 积极配合上级有关部门做好诊治、调查、事故处理等工作。

（5）治安事件（打架斗殴等）应急预案

①报警程序

A. 活动主办方或承办方现场工作人员要及时采取措施，避免事态扩大，根据事态发展报告学校校庆工作领导小组和安全工作处。

B. 事件人员隶属管理部门在现场要第一时间管控当事人，并关注事态后续的发展，调解处置。

C. 如案件较大，经校庆工作领导小组研究决定后，向公安机关报案。

②处置措施

A. 大案接报后，安全工作处迅速指派专人到达现场，控制事态发展，进行现场调查，保存好现场证据。

B. 根据初步了解的情况，经校庆工作领导小组研究后向公安机关报案。

C. 积极协助公安人员勘查现场，为侦破案件提供条件。

（6）校园交通安全

①所有外来车辆应听从统一指挥，在指定位置停车。

②如果发生交通意外，请保护好现场，事件当事人及时通知交管部门处理（如遇轻微交通事故，可自行协商处理），学校不介入处理。安全工作处协助处理并维持交通秩序。

5. 其他注意事项

（1）各项人员聚集性活动开展之前，主办方或承办方要主动联系相关部门，做好各项安全秩序管理安排部署，营造良好的外部环境，做好应急准备。

（2）发生安全事件，信息联络与宣传组做好舆论宣传和引导工作，审核校内媒体有关突发事件的报道，向领导小组及时上报各种信息。组织、协调新闻媒体按照上级单位批准的内容及时、准确、客观、全面发布信息，进行正面报道。

（3）各工作组以及相关部门负责人要保持通信畅通，各司其职、各负其责、统一调度、通力合作，全力配合做好校庆安全工作，一旦发生安全事件，确保第一时间能到达现场。

（4）应急事件联系电话

安全工作处：8057079、8079110

火警：119、报警：110、急救：120

（六）燕山大学百年校庆信息技术支撑方案

1. 信息技术工作小组

组长：杨永涛

副组长：陈飞（信息技术中心副主任）

成员：（按姓氏笔画为序）

王宇　冯立颖　刘称称　佟连刚（联络员）张鹏　郝建威　韩阿蒙　曾涛　靳玮钰（均为信息技术中心工作人员）

驻场人员：郑勇　张艳佳　李志超

2. 总体要求

百年校庆是学校发展史上的一件盛事，信息技术中心要充分发挥技术优势，全力支撑和保障校庆期间学校各项活动的顺利开展。

3. 具体工作方案

落实落细专项工作及宣传支撑、校园管理技术服务保障、重大活动专项保障、网络直播和点播服务、网络安全保障五个方面的工作。

（1）专项工作及宣传支撑

①建设百年校庆版门户网站，营造百年校庆氛围，提升整体宣传效果。

②建设“燕山大学建校100周年暨独立办学60周年校庆”专题，对校庆活动进行专题支撑（与百年校庆版门户集成同步上线）。

③制作百年校庆版校园一卡通卡面，2020年全年发行（于招生结束后统一印制，开学前正式发行）。

（2）进校人员技术服务支撑

①无线网络服务。对学校重点公共区域校园无线网络接入开放“访客认证”模式，提供轻量级无线网络服务。

②校园一卡通服务。

A. 针对食堂开放校园一卡通聚合支付匿名消费模式；

B. 校庆周期间，暂定开放浴池免费洗澡，调整水价0费率或临时制作消费卡；

C. 针对有需求的校友发行百年校庆版校园一卡通实体卡（以校庆办提供的名单及权限制作发行）。

③进校人员管理。按照安全工作保障方案要求落实，提前部署进校人员快速登记程序（二维码扫描或提前预约方式）。

（3）重大活动专项支撑

①网络专线支撑。针对重要活动场地提供校园网光缆专线保障，对于特别重大活动现场（校庆晚会等），同时提供校园网光缆专线和运营商专线备用链路进行保障。大型室外主会场与分会场采用光缆专线保障，室内分会场使用现有有线网络并划分专用带宽保障。

②校园网出口保障。校庆月期间，向三家运营商申请专项支持，保障上行链路通畅，临时提升校园网出口带宽，秦皇岛联通提供校园网出口临时备用链路（8月20日至9月30日）；向教育网申请临时调整出口带宽，并临时增加中国移动链路作为教育网备用链路。

③学术会议网络保障。提供室内有线无线网络服务，必要时增加便携式定向无线设备。

④移动通信保障。校庆周期间，对全校所有移动通信信号进行增强。对于校内重要人员聚集场所（如线下校庆晚会现场、宿舍区域聚居区等），分别

调用移动、联通、电信通信车各一台，保障校庆现场移动通信；提请运营商全面检修校内通信设备，根据人员密度情况，临时增强通信基站功率和接入密度，保障校庆期间大量移动通信及数据使用需求。

⑤宿舍网检修。启动所有学生宿舍信息点检测和维修，保障学生返校后和校庆期间大规模网络使用，校庆期间，学生宿舍网络负载压力很大，要保证 7000 余间学生宿舍网络信息点可用；评估宿舍网络负载，负担过重的链路可临时升级；做好多媒体教室（约 250 间）网络可用性排查；协调宿舍网维护方，调集人力在校庆月期间加强对宿舍网信息点进行及时维修维护，保障网络畅通。

（4）网络直播、点播服务

①现场直播：尽快落实策划、摄像、直播等具体细节，尽快完成各项准备工作，单独制定《燕山大学百年校庆网络直播工作方案》，成立工作组专项落实。

A. 协调市电视台对接纪念大会和文艺晚会直播设备设施及直播要求和技术细节，并录制全程音视频资料；

B. 搭建校内直播服务平台，满足校内各分会场及师生直播观看需求；

C. 对接外网直播载体（微博、抖音），落实对接技术细节，尽可能保障百万级并发；

D. 秦皇岛电视台 3 套同步电视直播；

E. 落实通信保障条件，各分会场通信链路铺设，做好通信终端设备，调度三家运营商通信车保障一体移动通信；

F. 电力保障，协调后勤做好一体、东大活、二体、四体供电保障，其中一体直播车供电 30K，通信车供电 50K，东大活直播车供电 30K，二体直播车供电 30K，四体供电借用显示大屏供电。

②点播服务：做好校内点播服务调试，如直播服务支持，可直接引入点播流，开展部分点播服务支撑（2000 并发）。

（5）网络安全保障

校庆期间，启动一级网络安全保障，严格落实好网络及系统运行和网络安全保障。

①校外非必要访问服务，一律收归校内访问限制。

②校内非必要运行服务，如缺乏运维，一律关停。

③信息技术中心在重大活动期间执行 7×24 小时值守。

④各二级单位网络安全管理员加强对二级网站及系统进行监管，7×24 小时可联络，存在隐患暂时不具备条件排除且必须运行的二级网站或系统，二级单位必须安排人员执行 7×24 小时值守运行。

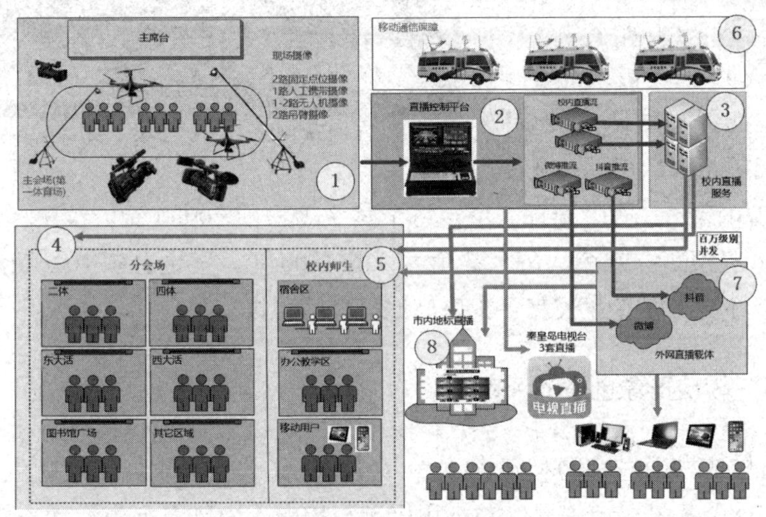

校庆直播技术示意图

本节选取草稿版与正式版的百年校庆工作方案、各单位校庆工作方案以及防疫、宣传、接待、安全、信息技术等校庆保障方案等进行介绍，使读者对涉及校庆的各方面方案内容有全面、系统的认识。

第三节　校庆形象创意

燕山大学面向海内外校友及社会各界公开征集校庆形象创意，通过评审最终确定校庆标识（LOGO）、校庆吉祥物和校庆主题口号各 1 个，校庆标语和校庆特色活动创意各 20 个。

一、校庆形象创意的公开征集

为体现燕大人“匠心为国铸重器，丹心为国育英才”的家国情怀，2019 年 6 月 29 日，校庆办发布《燕山大学“尼科”杯校庆形象创意公开征集公

捐赠现场（左为纪宝铜，右为张向前）

告》，面向海内外校友及社会各界人士征集校庆标识（LOGO）、校庆吉祥物、校庆主题口号、校庆标语和校庆特色活动创意。本次征集活动自7月1日启动，一直持续到8月31日。所有作品经过初评和终评，最终确定校庆标识（LOGO）、校庆吉祥物和校庆主题口号各1个，每个奖金为税前20000元；校庆标语和校庆特色活动创意各20个，每个奖金为税前1000元。奖金总额10万元，由我校2002级环境工程专业校友、秦皇岛尼科环境科技有限公司创始人纪宝铜捐助。

二、校庆形象创意的评审

自校庆办通过官网和新媒体平台发布征集公告以来，广大师生、海内外校友和社会各界人士集思广益，积极参与校庆形象创意征集活动。自2019年8月31日起，校庆办组织专家分别对文字组、标识与吉祥物组展开评选。

（一）文字组评审情况

校庆办从校内聘请了7位评审专家组成专家组，对校庆形象创意作品中的主题口号、宣传标语、特色活动创意三项内容进行了评审。评审专家具有很强的文字功底、了解学校情况、热爱燕山大学、专业结构复合、工作认真负责，具备评选文字组作品的业务能力。

专家组利用两个半天，分别于2019年8月31日18点30分至22点10分、9月1日8点至12点5分，共召开了两次评审会。为确保评审过程公正公平，校庆办公室对评审过程进行了全程录像。经过每位专家的独立、多轮投票，最终从2013条投稿中初选出10条主题口号、从1325条投稿中初选出25条宣传标语、从81条投稿中初选出25条特色活动创意，并对评选出的作品进行了排序。

2019年9月2日16点，校庆办公室对主题口号、宣传标语、特色活动创意三项内容进行了会议讨论，决定推选10条主题口号、20条宣传标语、20

条特色活动创意，交由校庆组织委员会讨论并最终议定。

（二）标识与吉祥物组评审情况

校庆办从校内外聘请了7位评审专家组成专家组，于2019年9月1日上午9点至12点对校庆形象创意作品中的校庆标识和吉祥物两项内容进行了评审。为确保评审过程公正公平，校庆办公室对评审过程进行了全程录像。

本次参评的作品，从专业的设计到简明的示意，有各种档次，这也体现了社会各界及广大校友的参与热情。专家评委们从专业的角度对106个标识、25个吉祥物作品的识别性、适用性以及对燕山大学百年校庆内涵的体现等多个角度进行了综合评价，最后分别遴选出3幅具有鲜明特点的作品，同时专家评委们对入围作品也提出了各自的修改意见并反馈给作者。

三、校庆形象创意的公布

经2019年9月4日校庆组织委员会讨论确定：校庆主题口号、校庆标识（LOGO）和校庆吉祥物各1个，校庆标语和校庆特色活动创意各20个。作品于2019年9月10日举办的“承重筑燕园·匠心迎百年”文艺晚会上正式公布。校庆办还对校庆标识（LOGO）和校庆吉祥物申请了著作权保护。

（一）校庆主题口号

百年燕大·家国天下

（二）校庆标识（LOGO）

燕山大学校庆标识（LOGO）

（1）作品名称：百年燕大·光耀全球。

（2）作品解说：标识生动刻画出数字100和60的意象造型，数字“1”形如迎风招展的旗帜，寓意争创一流的决心，与首个0配合，形成数字6，与第二个0配合，形成数字60。燕宏桥体现出燕山大学广泛的学术交流，光芒四射的线条象征传播知识、输送人才，中间张开双臂的“人物”造型体现了燕山大学立德树人的办学理念，“齿轮”源自哈尔滨工业大学标识元素，诠释燕山大学学源。

（三）校庆吉祥物

燕山大学校庆吉祥物

（1）作品名称：燕宝。

（2）作品解说：大家好，我叫燕宝，是只小燕子，我也和大家一样胸前戴着校徽。我张开双臂，热情欢迎各位校友和好朋友。我还要一飞冲天，争创一流！

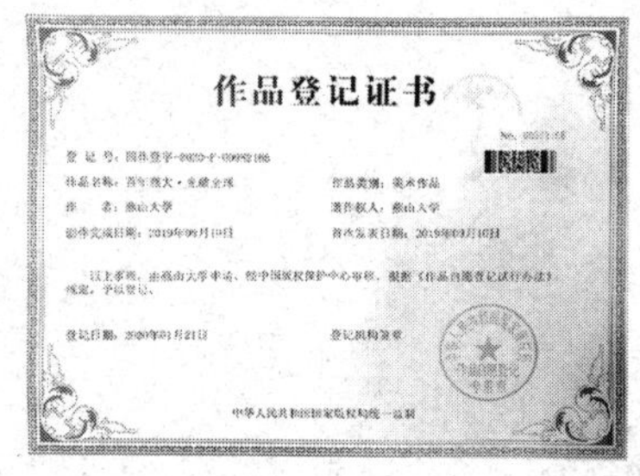

作品登记证书

作品类别：美术作品

作者：燕山大学

著作权人：燕山大学

创作完成日期：2019年09月10日

首次发表日期：2019年09月10日

登记日期：2020年01月21日

登记机构签章

中华人民共和国国家版权局统一监制

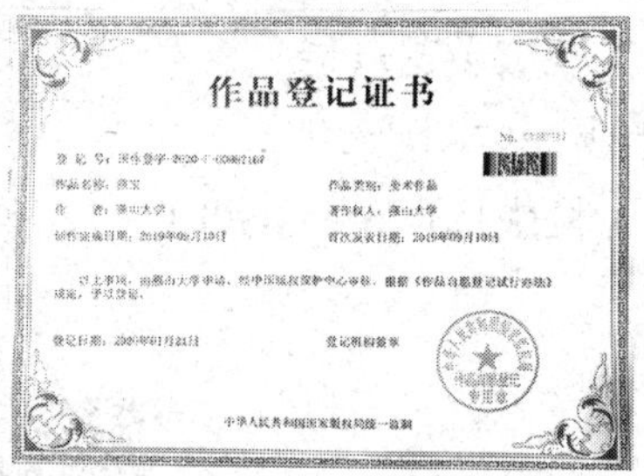

作品登记证书

作品名称：燕宝

作品类别：美术作品

作者：燕山大学

著作权人：燕山大学

登记日期：2020年01月21日

登记机构签章

中华人民共和国国家版权局统一监制

燕山大学校庆标识（LOGO）和校庆吉祥物的作品登记证书

四、校庆回忆

校庆形象创意征集与评选的回忆

王伟伟（燕山大学校庆办兼职工作人员）

自2019年6月28日兼职到校庆办工作，历时447天，从布置校庆办公室开始，历历在目，仿佛即在昨日。

来到校庆办接到的第一项工作任务是开展“尼科杯”校庆形象创意的征集与评选工作。为了确保公正公平，我被指定为专门负责人，整理征集到的作品。张向前主任千叮咛万嘱咐，让我务必做好保密和存档工作，确保专门电脑、专用邮箱、专人负责……我感觉责任重大，不敢懈怠。

自 2019 年 6 月 29 日发布《燕山大学“尼科”杯校庆形象创意公开征集公告》后，我每天来到办公室的第一件事就是打开电脑，进入指定电子邮箱，检查校庆形象创意作品的征集情况。从学校官网和官微发布征集信息后，社会反响很大，广大师生，离退休的老干部、老教授，海内外校友和社会各界人士纷纷投稿。有发邮件留言的，有打电话咨询的，还有亲自到办公室送稿的。

一位 80 多岁的老教师，亲自把自己手绘的校庆吉祥物送到了校庆办。图稿中的燕宏桥线条笔直，看得出老先生是先用直尺和铅笔画草图，再用彩笔上色，他的严谨细致、“工匠”精神让人佩服。

2019 年 8 月 31 日 18 点 30 分开展了校庆形象创意文字组的评选工作。那一晚的评选紧张而有序，各位评委老师均来自校内不同岗位，有很强的文字功底、了解学校情况、热爱燕山大学。评选过程中，在整理专家评分表时出现表格顺序混乱的问题，即使当时已是晚上 10 点多，评委们也毫无怨言，有条不紊地开始重新整理评选结果，我从中真切地体会到燕大人的奋斗基因。

评审结果公布后，一位在校大学生来到校庆办，询问自己作品未入选的原因。说实话，当时我的内心是紧张的、害怕的，担心因为自己的解释不到位而影响整个征集与评选的效应。与此同时，我又是底气十足的，因为每个阶段都是公平公正的，而且资料都有存档。

经过专家认真、公正的评审，最终从 2013 条投稿中选出 1 条主题口号、从 1325 条投稿中选出 20 条校庆标语、从 81 条投稿中选出 20 条特色活动创意，从 106 个投稿中选出 1 个校庆标识、从 25 个投稿中选出 1 个校庆吉祥物。这些作品也于 2019 年 9 月 10 日举办的“承重筑燕园 · 匠心迎百年”文艺晚会上正式公布。

本节对校庆形象创意的公开征集、评审与公布等内容进行翔实的介绍，结合校庆回忆，使读者对燕山大学校庆形象创意的形象与寓意有充分的认识，也为其他高校相关工作的具体开展提供思路。

第四节　校庆纪念品

燕山大学采用公开招投标的方式授权 2 家校友企业设计、生产与销售校庆纪念品，同时与中国邮政集团有限公司秦皇岛市分公司携手推出校庆系列邮品。

一、校庆纪念品方案

主管校领导：黄晟

责任单位：校庆办

校庆办联络人：王伟伟

（一）校庆纪念品经销商

校庆纪念品采用公开招投标的方式，授权给中标单位——秦皇岛巨创文化传播有限公司和秦皇岛视翼科技有限公司设计、生产与销售，两公司创始人均为我校校友。

秦皇岛巨创文化传播有限公司成立于 2018 年，创始人丁丽娜为我校 2003 级汉语言文学专业本科毕业生、2011 级工商管理专业硕士毕业生，团队主创人员全部由燕山大学文法学院汉语言文学专业和艺术学院校友组成。

秦皇岛视翼科技有限公司成立于 2016 年，由燕山大学在校生创办，是一家提供文创定制、文创策划、文创产品以及数字化文创服务的创新创意企业。公司文创项目主要负责人刘昕为燕山大学 2001 级汉语言文学专业的校友，创始人刘宇涵为燕山大学信息科学与工程学院 2015 级计算机科学与技术专业博士，团队成员由燕山大学在校生和校友组成。

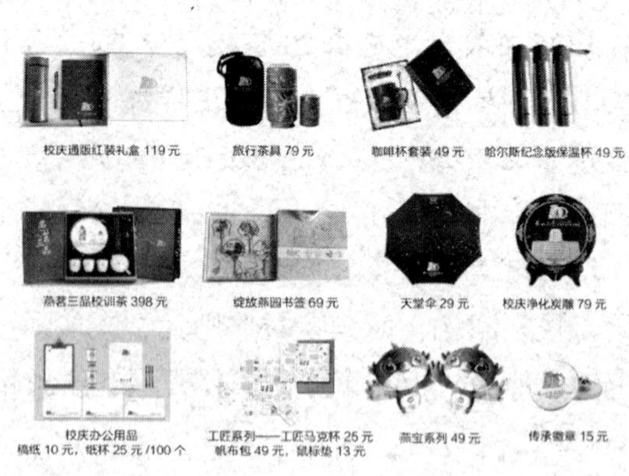

秦皇岛巨创文化传播有限公司的部分校庆纪念品

（二）校庆纪念品种类

1. 已开发的校庆纪念品

按照用途与价格的不同，纪念品涉及实用商品类与校庆珍藏类，并设高、中、低不同的档次，既体现了特色与实用的统一，又反映了我校的历史底蕴与燕大精神。

秦皇岛巨创文化传播有限公司发布的校庆纪念品涉及传承系列、手绘燕大系列、功能品伴手礼、燕宝系列及办公用品等，其中传承系列的燕茗三品、厚积薄发和千锤百炼及手绘燕大系列产品为公司原创设计。

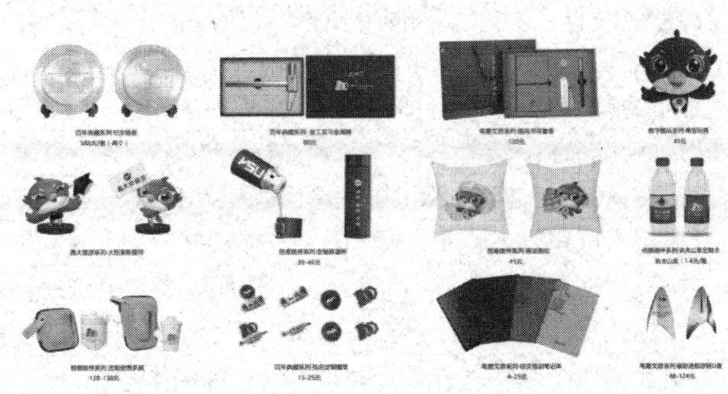

秦皇岛视翼科技有限公司的部分校庆纪念品

秦皇岛视翼科技有限公司为校庆原创开发的产品包含百年典藏系列（纪念币、徽章、纪念锡盘等）、笔墨文房系列（校庆定制纸杯、笔记本、签字笔、U 盘等办公用品及文具）、燕园穿搭系列（T 恤、AR 文化衫、棒球帽等）、创意陪伴系列（农夫山泉定制水、水杯、保温杯、便携茶具、抱枕等）、数字酷玩系列（定制玩偶、钥匙扣、盲盒手办等）和燕大漫游系列（大型吉祥物摆件、VR 一体机）等。在产品中融入 VR/AR 科技创新元素，让燕大文化跨越时空历久弥新。

2. 校庆专属邮品

秦皇岛市邮局与北京朝阳区邮局分别为百年校庆设计了校庆专属邮册与邮折，经过多轮修改，已基本定稿。未来，校庆邮品的销售将采取由两家特许经销商包销、预售的形式，向校内外师生校友销售。

（三）校庆纪念品销售方式

校庆纪念品的销售方式主要是通过校园直销店（位于燕鸣湖边）和微店销售。另外，计划在校史馆校友专区展示校庆纪念品。

二、活动开展

（一）校庆纪念品

1. 招标

2019 年 12 月 23 日，校庆办委托招标公司发布《燕山大学校庆文创产品特许经营权企业遴选项目》的招标公告；2020 年 1 月 2 日，发布《燕山大学校庆文创产品特许经营权企业遴选项目竞争性磋商成交公告》。采用公开招投标的方式授权秦皇岛巨创文化传播有限公司和秦皇岛视翼科技有限公司2家校友企业设计、生产与销售校庆纪念品。

采购项目名称：燕山大学校庆文创产品特许经营权企业遴选项目
采购项目标书编号：QHYZB-2019-877

采购人名称：燕山大学

采购人地址：秦皇岛市海港区河北大街438号

采购人联系方式：王老师　0335—8610060

招标代理机构全称：河北泓远工程项目管理有限公司

招标代理机构地址：秦皇岛市秦皇西大街63号（三信集团办公楼5楼西侧）

招标代理机构联系方式：司承祚 15690058882

采购内容：按要求完成本项目所包含的全部内容

项目预算：/

交货地点：采购人指定地点

服务期：自合同签订之日起至2020年12月31日止

简要技术要求 / 采购项目的性质：按要求完成本项目所包含的全部内容

供应商的资格要求：

（1）供应商必须符合《政府采购法》第二十二条规定的基本条件，具备承担和实施本项目的相应营业范围和能力。

（2）营业执照经营范围包含工艺品、文化创意产品或礼品的包装设计、销售，或其他与本项目相关内容。

（3）具有履行合同所必需的设备和专业技术能力。

（4）近三年内在经营活动中无重大违法记录。

（5）本项目不接受联合体响应，不得分包、转包。

（6）具有长期合作的生产厂商，能全程参与并完成本项目，且具有畅通的问题反馈、响应机制。

（7）具有良好的商业信誉和健全的财务会计制度。

（8）供应商须上缴燕山大学无形资产使用费。

报名时应携带事业单位法人证书或营业执照副本原件及复印件、税务登记证副本原件及复印件、组织机构代码证副本原件及复印件、法定代表人授权委托书原件、被授权人身份证原件及复印件（以上所有证明材料原件及A4纸复印件加盖公章）。

磋商文件发售时间、获取时间：2019年12月23日至2019年12月27日，每天上午8:30—12:00、下午14:00—17:30（法定节假日除外）

磋商文件发售地点：秦皇岛市秦皇西大街63号（三信集团办公楼5楼西侧）

磋商文件发售方式：直接发售、售出不退

磋商文件售价：人民币200元 / 份

磋商截止时间：2020年01月02日15时30分（北京时间）

续表

开标时间：2020年01月02日15时30分（北京时间）
开标地点：秦皇岛市秦皇西大街63号（三信集团办公楼5楼西侧）开标厅
评标方法和标准：详见磋商文件
项目联系人：司承祚、刘亚强
联系方式：15690058882、18630311121
传真电话：0335-3692198
本公告发布媒体：燕山大学实验室与资产管理处官方网站、中国招标投标公共服务平台

（二）校庆邮品

1. 百年校庆系列邮品限量首发

为庆祝燕山大学“建校溯源百周年 · 独立办学一甲子”的辉煌时刻，中国邮政集团有限公司秦皇岛市分公司携手燕山大学推出校庆系列邮品“建校溯源百周年 · 独立办学一甲子”邮册、邮折、燕园八景邮资明信片。

2020年9月9日上午9点，中国邮政集团公司秦皇岛市分公司在燕山大学图书馆成功举办燕山大学“建校溯源百周年 · 独立办学一甲子”系列邮品首发活动。市分公司肖旭总经理、郝纯同副总经理，燕山大学党委副书记黄晟，秦皇岛巨创文化传播有限公司总经理丁丽娜参加仪式。

燕山大学“建校溯源百周年 · 独立办学一甲子”系列邮品首发活动仪式（由左向右依次为：张向前、黄晟、肖旭、郝纯同、丁丽娜）

会上，肖旭总经理对燕山大学100周年校庆日的到来表示祝贺，同时对中国邮政集团公司为燕山大学发行的系列产品进行了介绍。

他表示，邮册的设计映射出燕大人追求卓越品质的奋斗基因和工匠精神，承载了寓意百年的历史故事、珍藏的是传承的精神。希望通过本次活动，促使全校师生和广大集邮爱好者踊跃地将“美丽燕山大学”寄向全国、寄往世界，让美丽的燕山大学在全世界绽放光彩。

市分公司郝纯同副总经理和燕山大学校庆办主任张向前共同为《百年华诞 · 甲子辉煌》彩色邮资机纪念戳揭幕。首发式后广大师生积极参与邮资机过戳活动及系列邮品展出活动。

燕山大学党委副书记黄晟对秦皇岛邮政公司成功举办本次活动表示感谢，对于邮政产品，特别是邮票所展现的燕山大学的独特魅力给予肯定，表达了邮校双方进一步密切合作的殷切希望。

2. 校庆回忆

燕山大学校庆邮册回忆

张玲玲（时任中国邮政集团有限公司秦皇岛市分公司集邮与文化传媒部副经理，现任中国邮政集团有限公司河北省卢龙县分公司副总经理）

2020年9月，我们迎来了燕山大学的百年校庆。9月正值丰收的季节，我作为一名校友，很荣幸参加了母校百年校庆的庆祝活动，并亲历了“建校溯源百周年·独立办学一甲子”邮册从设计、创作到发行的整个过程。该邮册跨越河南、河北两省，历经30余次反复改稿，总计耗时近一年，最终发行，展现了母校以往的峥嵘岁月、今日的辉煌灿烂，令人感慨万千，永难忘怀。

“建校溯源百周年·独立办学一甲子”邮册整体采用了大红配印金工艺，喜庆有余又不失内敛、沉稳。

封面主元素“100”带有很强烈的工业属性，运用金属质感的激光银呈现“100”更能表现张力，从缓缓运行的齿轮中透射出光芒，映射出燕大人追求卓越品质的奋斗基因和工匠精神。邮票齿孔色块采用印金工艺，表现的是承载的寓意。

内文设计采用邮票齿孔和三层色块叠加设计，用以展现承载百年的历史故事、珍藏的是传承的精神。

邮册以回顾燕山大学发展百年历程、开启燕山大学新百年征程为设计主线，全文分三个篇章展示。

第一部分领导寄语。由燕山大学党委书记赵险峰、校长赵丁选两位领导题词百年寄语，展现燕大百年求索的精神，同时插配“百年华诞·甲子辉煌”纪念彩戳1枚。

第二部分历史沿革。用一版100周年异形个性化邮票展现燕山大学百年的发展进程。同时，精选哈工大老校区、东重建校、燕大成立筹备会、图书馆与世纪楼、燕宏桥等重要历史发展轨迹，以邮资明信片、纪念封、个性化票的形式对外呈现，同时插配哈尔滨工业大学邮票，提升邮册整体的设计感和收藏价值。

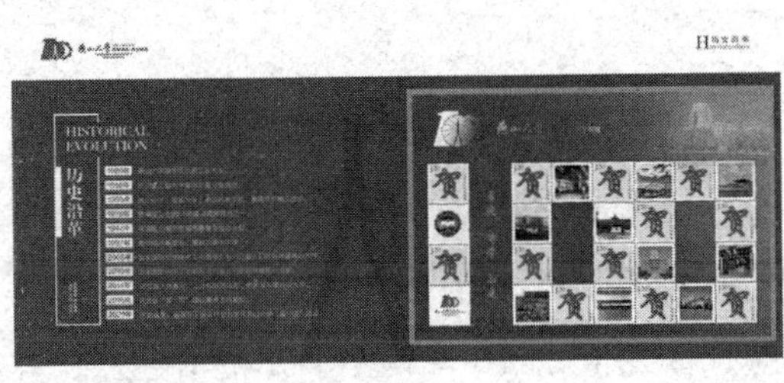

第三部分傲人成果。回顾喜人成果的同时，插配港珠澳大桥、中国高速铁路发展成就、科技创新三套邮票，向社会展示燕山大学的科研成果及“双一流”建设的信心。

一百年筚路蓝缕，风雨兼程；一百年栉风沐雨，薪火相传。祝愿我的母校光辉历程更辉煌，宏图更展，再谱华章！

三、校庆办公用品

为营造浓厚的校庆氛围，校庆办对名片、桌卡、头像框等用品也进行了专门设计。

本章对校庆组织委员会及其办公室、各单位校庆工作组以及百年校庆顾问委员会等校庆组织机构，百年校庆工作方案、各单位校庆工作方案以及校庆保障方案等校庆工作方案，校庆形象创意以及纪念品、邮品、校庆办公用品等校庆纪念品进行了详细描述，使读者全面地了解校庆基础工作所包含的具体内容，对校庆工作形成了初步的认识。

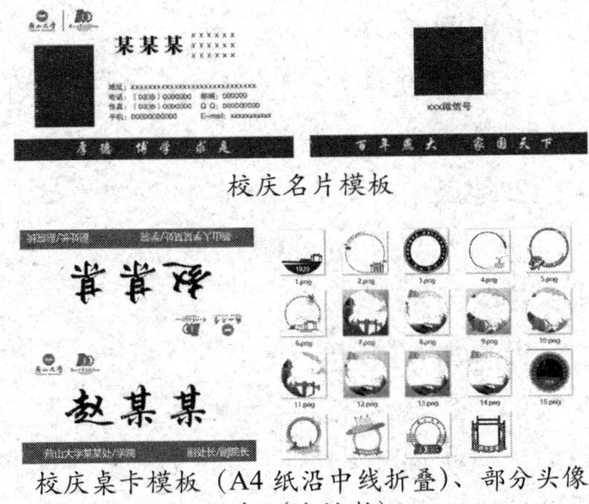

校庆名片模板

校庆桌卡模板（A4纸沿中线折叠）、部分头像框（个性款）

第三章　校庆活动

根据《燕山大学百年校庆工作方案》，燕山大学共举办了100余项线上、线下校庆活动，全面回顾了燕山大学波澜壮阔的辉煌历程，圆满完成了相关工作任务。本章围绕讲好燕大故事、恭候校友回家、牢记立德树人三大任务，对校庆期间的10项最具代表性的重点活动与30项主要活动的活动分解方案、活动进展以及校庆周活动安排进行详细介绍。

第一节　讲好燕大故事

围绕“讲好燕大故事”的校庆任务，燕山大学举办了多项校庆活动，选取其中的11项代表性活动，对其活动方案、活动进展等内容进行介绍。

一、燕山大学建校溯源百周年·独立办学一甲子庆祝大会

（一）活动方案

主管校领导：黄晟

责任单位：校庆办

校庆办联络人：张向前

第一方案

（突发公共卫生事件四级响应或疫情解除情况下）

1.时间

2020年9月10日上午10：00（时间与国家大型活动时间错开），时长约1.5小时。

2.地点

东大活。共约1300个座位，其中主席台约100席，观众席约1200席，第一排为工作席。

3.参加人员

（1）领导。中央，教育部、工信部、国防科工局，河北、黑龙江省委省政府，河北省厅（局），秦皇岛、齐齐哈尔市委市政府，秦皇岛市委办局、区委区政府等。（责任单位：学校办）

（2）嘉宾。哈尔滨工业大学等兄弟高校、一重等合作单位和关心支持学校发展的社会各界来宾。（责任单位：学校办）

（3）校友。顾问委员会委员、杰出校友、优秀校友、外聘教授等代表。（责任单位：校友办）

（4）校内。校领导班子成员，受表彰的老领导、老教师、老职工，师生代表。（责任单位：学校办、离退休工作处、人力资源处、学工处）

4. 大会议程

主持人：赵险峰，介绍参会的领导、嘉宾和校友。（责任单位：学校办）

（1）全体起立，奏唱中华人民共和国国歌。（责任单位：校团委）

（2）赵丁选校长讲话。（责任单位：学校办）

（3）表彰老领导、老教师、老职工。（责任单位：离退休工作处）

（4）获奖老领导、老教师、老职工代表致辞。（责任单位：离退休工作处）

（5）表彰杰出校友。（责任单位：校友办）

（6）杰出校友代表致辞。（责任单位：校友办）

（7）在校生代表致辞。（责任单位：学工处）

（8）哈工大校领导讲话。（责任单位：学校办）

（9）一重集团领导讲话。（责任单位：学校办）

（10）黑龙江省或齐齐哈尔市领导讲话。（责任单位：学校办）

（11）河北省领导讲话。（责任单位：学校办）

（12）教育部领导讲话。（责任单位：学校办）

（13）中央领导讲话。责任单位：（学校办）

（14）师生校友合唱《燕大之歌》。（责任单位：艺术学院）

大会结束。

5. 会场布置（责任单位：校团委）

（1）场外布置

①南广场入场。设立背景桁架，供入场嘉宾合影、签名。

②室外入场区域铺设红毯，两侧每隔一米设一装饰花柱（约 0.8 米高），共 50 个花柱。

③花柱两侧为摄影、摄像、媒体工作区。

（2）场内布置

①一楼投屏，二楼悬挂条幅。

②国旗护卫队在入口站岗。

③座位摆放大会议程、水。

（3）主席台布置

①摆放桌椅（四排桌子，铺红绒布，蓝色布面椅子 100 把）。

②摆放发言台。

③背景 LED 大屏、音响和灯光设备。

6. 座位安排

（1）主席台：中央领导、部（委）领导、省委省政府领导、省厅（局）领导、市委市政府主要领导、兄弟高校主要领导、合作单位领导、社会知名人士、杰出校友、书记和校长等，按桌牌落座。（责任单位：学校办）

（2）观众席：对号入座，领导在一楼前部，校友和本院师生代表在一楼中后部及二楼，校领导陪同相关领导和校友。（责任单位：学校办、校友办、离退休工作处、人力资源处、学工处）

7. 安全保卫（责任单位：安全工作处）

（1）消防检查。会前认真检查东大活消防设施，确保消防安全。

（2）入场检查。凭票入场，视频监控，安全检查。

（3）交通管制。设置警戒线，车辆禁止驶入东大活周边。

（4）周边警戒。控制东大活周边形势，保证会议期间安全稳定。

8. 后勤保障（责任单位：后勤服务中心）

（1）会前检修。对供电、灯光、音响、舞台、座席等进行可靠性检查。

（2）备用供电。准备应急发电车，准备好连接线。

（3）卫生保洁。加强卫生清扫力度，保证干净、整洁、卫生；卫生间配备卫生纸、洗手液和干手器等。

9. 宣传报道（责任单位：宣传部）

（1）会前准备

①发布庆祝大会通知。

②邀请校外媒体采访。

③制作背景视频。会前暖场视频及会后散场视频（社会各界及校友祝福视频、百年校庆专题宣传片、学校宣传片等）。大会流程背景视频：参会的领

导、嘉宾和校友字幕，赵丁选校长讲话背景视频，表彰老领导、老教师、老职工背景视频，获奖代表致辞背景视频，表彰杰出校友背景视频，杰出校友代表致辞背景视频，兄弟高校代表讲话背景字幕，市领导讲话背景字幕，省领导讲话背景字幕，部（委）领导讲话背景字幕和中央领导讲话背景字幕等。

（2）会场宣传报道

①开通微博、校内大屏直播。

②组织媒体采访报道，发布大会新闻。

③录制会议全程视频，交档案馆留存。

④制作大会纪录片。

10. 资金保障（责任单位：校友办）

预算资金 10.4 万元。其中租用发电车 0.4 万元，直播 LED 大屏 1 万元，背景 LED 大屏、音响及灯光设备 3 万元，背景桁架 0.5 万元，红毯及装饰花柱 0.5 万元，百年校庆宣传片 3 万元，背景视频制作费用 2 万元。

第二方案

（突发公共卫生事件三级响应情况下）

1. 时间

2020 年 9 月 10 日上午 8:30，时长约 1.5 小时。

2. 地点

第二体育场。

3. 座位安排

（1）主席台：依照疫情防控要求，安排少量领导、嘉宾、校友隔位落座。

（2）观众席：依照疫情防控要求，控制现场人数，间隔 1 米对号入座。

4. 大会议程

部分省外领导、嘉宾讲话改为播放录制视频。

其他内容参照第一方案。人数约 1000 人。

第三方案

（突发公共卫生事件二级及以上响应情况下）

活动全部改为视频会议、网络直播形式。

（二）活动进展

1. 大会会序

时间：2020 年 9 月 10 日上午 9:00—10:30。

地点：燕山大学东校区大学生活动中心。

燕山大学党委书记赵险峰主持会议并介绍领导和来宾。

全体起立，奏唱《中华人民共和国国歌》。

（1）河北省人民政府副省长徐建培宣读河北省委书记、省人大常委会主任王东峰贺信。

（2）燕山大学党委副书记、校长赵丁选致辞。

（3）哈尔滨工业大学校长、中国工程院院士周玉致辞。

（4）黑龙江省人大常委会副主任、齐齐哈尔市委书记孙珅致辞。

（5）中国一重集团公司党委书记、董事长刘明忠致辞。

（6）美国托列多大学校长格雷戈里·波斯特博士视频致辞。

（7）秦皇岛市市长张瑞书致辞。

（8）老教授代表黄真发言。

（9）杰出校友代表、太原理工大学校长、中国工程院院士黄庆学发言。

（10）学生代表、机械工程学院2018级研究生邵可鑫发言。

（11）表彰杰出校友。

（12）表彰创业前辈。

师生校友合唱《燕大之歌》。

2. 大会召开

一百年波澜壮阔，匠心为国铸重器；六十载春华秋实，巍巍学府谱芳华。在第36个教师节到来的特别日子里，燕山大学迎来了“建校溯源百周年·独立办学一甲子”的喜庆时刻。9月10日上午9:00，燕山大学“建校溯源百周年·独立办学一甲子”纪念大会在东校区大学生活动中心隆重召开。因疫情防控需要，大会设主会场和分会场，全程进行网络直播，三十余万校友线上线下互动，共同祝福母校。

纪念大会现场

道路旁红旗飘扬，燕鸣湖碧波荡漾，9月的燕园天清气朗，处处洋溢着喜庆氛围，焕发出勃勃生机。会场内，“匠心为国铸重器，矢志不移育英才”的标语振奋人心。

全国人大常委会原副委员长、民革中央原主席周铁农，河北省人大常委会副主任聂瑞平，河北省人民政府副省长徐建培，黑龙江省人大常委会副主任、齐齐哈尔市委书记孙珅，哈尔滨工业大学校长、中国工程院院士周玉，世界工程组织联合会主席、天津大学和南开大学原校长龚克，中国一重集团有限公司党委书记、董事长刘明忠，黑龙江省政协原党组副书记、副主席赵克非，秦皇岛市委书记朱政学，秦皇岛市委副书记、市长张瑞书，燕山大学党委书记赵险峰、校长赵丁选在主席台前排就座。

全国人大常委会原副委员长、民革中央原主席周铁农

徐建培宣读了河北省委书记、省人大常委会主任王东峰给燕山大学的贺信。赵险峰主持大会，赵丁选、周玉、孙珅、刘明忠、美国托列多大学校长格雷戈里·波斯特博士、张瑞书、教师代表黄真、杰出校友代表黄庆学、学生代表邵可鑫先后致辞发言。

河北省人民政府副省长徐建培宣读贺信

王东峰在贺信中向全校师生员工和广大校友致以热烈祝贺和诚挚问候。他表示，燕山大学源浚流长，是享誉国内外的知名高校。新中国成立以来，在中国共产党的坚强领导下，一代代燕大人心系祖国、自强不息，在工程教育、基础学科研究、科技创新和成果转化等方面取得了令人瞩目的办学成就，培养了一大批杰出人才，取得了一大批科研成果，为河北乃至全国发展作出了重要贡献。希望燕山大学在新的历史起点上，坚持以习近平新时代中国特色社会主义思想为指导，把握时代要求，胸怀“两个大局”，不忘初

心，牢记使命，全面落实党的教育方针和立德树人根本任务，努力培养担当民族复兴大任的时代新人。坚持聚焦国家重大战略，瞄准世界先进水平，充分发挥比较优势，凝心聚力开展科研攻关，在加快构建以国内大循环为主体、国内国际双循环相互促进的新发展格局中奋发作为，追求卓越。坚持深化教育综合体制改革，加快“双一流”建设，努力构建高水平的人才培养体系、学科建设体系、创新环境体系、大学治理体系，推动教育教学高质量发展，为开创新时代全面建设经济强省、美丽河北新局面，实现“两个一百年”奋斗目标和中华民族伟大复兴的中国梦作出新的更大贡献。

赵丁选代表学校作了题为《坚守教育报国初心，开启新百年浩瀚征程》的致辞。他说，站在百年历史的门槛上，我们抚今追昔，感慨万千。一百年波澜壮阔，六十载筚路蓝缕，沉淀下来的是一所有特色、有情怀、有底蕴、有担当，坚守“匠心为国铸重器”的高等学府。燕大人始终与国家、民族的发展同向同行、同频共振，不断为国家和地方经济社会发展贡献智慧和力量，唱响了一曲开拓奋进、砥砺前行的壮丽弦歌。回望办学历程，燕大人始终怀揣一流大学梦想，以“志不改，道不变”的坚定与执着，彰显了中国特色社会主义大学的格局和气派。学校始终坚持正确办学方向，以立德树人为根本，构建价值塑造、知识学习和能力培养三位一体的育人模式；坚守“顶天立地”，致力于科技进步，推动科技创新服务经济社会发展；突出办学特色，努力办好高水平行业特色大学；扎实推进文化育人，固精神之本，铸文化之魂。回顾办学历史与成绩，我们更深切地体会到，大学只有与时代结合、与国情结合，国之事业，才能一脉相承；地方高校唯有打破地域、经费、生源等因素带来的制约，才能开拓出新的发展空间。

燕山大学党委副书记、校长赵丁选致辞

赵丁选说，在去年召开的第四次党代会上，学校审时度势、集思广益，确定了“全面建成特色鲜明、国内一流、世界知名研究型大学”的奋斗目标，这是燕山大学在历史交汇点上的伟大宣示，是新时代燕大人作出的使命选择。

当我们站在民族伟大复兴的舞台上，面临国内循环为主体、国际国内双循环相互促进的新发展格局，更要以长远的眼光，思考中国进入新发展阶段，燕山大学如何赢得优势，赢得主动，赢得未来，汇聚起重整新装再出发的磅礴力量，在新时代开启百年新征程。新百年新燕大。我们不忘初心、牢记使命，始终把立德树人作为学校立身之本，建设矢志一流、英才辈出的燕山大学；我们瞄准前沿、科学布局，始终以“三个面向”作为学校主攻方向，建设善于创新、务实担当的燕山大学；我们坚韧不拔、不懈奋斗，始终把家国天下作为学校力量源泉，建设气质卓越、风骨雄健的燕山大学。他说，时代的潮流浩荡前行，奋斗的激情永远燃烧。今天，历史的接力棒传到了我们手里。在新百年征途中，我们将以习近平新时代中国特色社会主义思想为指导，承继燕山大学一个世纪的光荣与梦想，扎根中国大地办大学，为党育人，为国育才，争做时代新人的培育者、国之重器的创造者、新风正气的引领者和燕大精神的传承者，全面推进特色鲜明、国内一流、世界知名研究型大学建设，为实现高等教育内涵式发展，办出中国特色一流大学，努力创造无愧于时代的光辉业绩，共同谱写壮丽的新时代华章！

哈尔滨工业大学校长、中国工程院院士周玉致辞

周玉在致辞中说，燕山大学与哈尔滨工业大学同根同源、血脉相连。从哈工大到富拉尔基、再到燕大，从松花江畔到嫩江之边、再到渤海之滨，燕山大学和哈工大的血脉亲缘始终绵延深厚、历久弥新。两校同心同行、并肩奋进，为共和国的工业化事业和科技强国建设作出了重要贡献。我们相信，朝着“双一流”和“研究型大学”的建设目标拼搏奋进的燕山大学将以习近平新时代中国特色社会主义思想为指引，秉承同一个初心、同一个使命、同一个梦想，努力为实现“两个一百年”奋斗目标和中华民族伟大复兴的中国梦作出新的更大贡献！

孙珅在致辞中说，齐齐哈尔与燕山大学有近四十年的合作历史和深厚情谊，是市校合作、亲密融合的典范和佳话。燕山大学的专业学科与齐齐哈尔市产业结构高度契合，市校双方的合作基础不可撼动，发展前景不可限量。近年来，燕山大学先后创建了齐齐哈尔产业发展研究院、技术转移中心齐齐哈尔分中心、国家大学科技园齐齐哈尔分园，双方在人才交流、科技研发、成果转化等方面合作成果丰硕，捷报频传。市校双方必将乘势而上，携手开启各领域务实交流新篇章。

黑龙江省人大常委会副主任、齐齐哈尔市委书记孙珅致辞

刘明忠在致辞中说，建校以来，燕山大学先后培养了30余万名优秀人才，为祖国的建设发展作出了重大贡献。尤其在重型机械成套设备、亚稳材料科学与技术、并联机器人理论与技术等研究领域主持和参与了多项国家重点科研项目，整体实力处于国际先进水平，在国际装备制造行业中享有盛誉。六十多年前，燕山大学和中国一重衣钵相承、比肩相生；六十多年间，燕山大学和中国一重言行相顾、精进相通；六十多年来，燕山大学和中国一重同声相呼、人文相融。一代代燕大人和一重人携手并进、互学互鉴，以实际行动书写了教育报国、实业报国的壮丽篇章。衷心祝愿燕山大学在新百年弦歌不辍、再创辉煌！

中国一重集团有限公司党委书记、董事长刘明忠致辞

格雷戈里·波斯特通过视频致辞。他说，托列多市与秦皇岛市是友好城市，托列多大学也与燕山大

美国托列多大学校长格雷戈里·波斯特博士视频致辞

学建立了长达35年的友好关系。这种深厚的情谊让我们的师生员工在许多方面受益良多。在音乐厅，燕大学子曾为我们带来精彩的文艺演出；在教室里，与来自燕大的师生交流让我们的师生有了更广阔的全球化视角。多年来，有许多俄亥俄州托列多市的代表团访问中国，也有很多燕山大学的师生来托列多访问交流，我们都从中受益匪浅。相信在学校领导的出色带领下，燕山大学一定会有更加美好的未来。

张瑞书在致辞中说，燕山大学作为秦皇岛乃至河北省高等教育的一面旗帜，从百年奋斗到甲子创业，始终与民族共命运，与时代同步伐，在历史的滋养中厚积薄发，在发展的潮流中奋进担当。从1985年南迁秦皇岛开始，燕山大学就与我们紧密联系，携手同行，深深融入这座城市发展的血脉之中，为全市经济社会发展、科技创新和人才培养作出了巨大贡献，成为校地合作发展的样板和典范。秦皇岛将继续大力支持燕山大学的发展。他代表秦皇岛市委市政府宣布了支持燕山大学“双一流”建设的20条举措，向燕山大学百年华诞献礼。

秦皇岛市委副书记、市长张瑞书致辞

黄真老师作为老教授代表发言。他回顾了自己的成长求学和投身并联机器人研究领域的经历。他说，回忆过去，燕大曾为中国“工业化”作出巨大贡献；展望未来，燕大定能为中国变成“制造强国”递呈累累硕果。站在新百年的起点上，广大教师一定要以过硬的政治素质、精湛的业务能力、高超的育人水平，为建设一流大学添砖加瓦、贡献力量。

老教授代表黄真发言

黄庆学代表海内外校友，为母校送上诚挚的祝福。他说，四十年来母校老师的关心和校友的厚爱始终陪伴身边，心中充满对燕大的感激和眷恋。燕

杰出校友代表、太原理工大学校长、
中国工程院院士黄庆学发言

大艰苦奋斗、严谨治学、求实创新的精神早已融入每个学子的血液。燕大不仅教会了学生立足社会的专业知识，还赋予了学生昂扬向上的精神气质。他祝愿母校以奋斗者、实干家、排头兵的身姿，勇立时代潮头，不断创造新的业绩，谱写新的华章。

邵可鑫代表年轻一代燕大人，向母校送上生日祝福。她说，燕山大学让我们每位学子心中有火、眼里有光、脚下有方向！前辈们历经风雨，用实际行动擦亮了燕大名片，身处新时代的我们，更要继承和发扬百年燕大精神，坚定信念、奋进担当，为实现中华民族伟大复兴的中国梦贡献新的燕大力量。

学生代表、机械工程学院 2018 级
研究生邵可鑫发言

赵险峰在主持大会时说，作为新中国第一所重型装备制造行业院校，燕山大学忠心许国、志存高远。历经两次搬迁、三次创业、划转更名，几多艰辛，但始终坚守初心，一路风雨兼程，在与民族复兴、国家发展的同频共振中一次次铸就辉煌。燕山大学匠心育人、桃李芬芳。以立德树人为根本，秉持“厚德、博学、求是”校训，鼓励莘莘学子到祖国最需要的地方建功立业，为党和国家培养了一大批学界泰斗、政界精英、商界翘楚、行业楷模。燕山大学潜心科研、实干兴邦。坚持面向科技前沿，根植河北沃土，服务国家战略，创造了国内多项“首台套”，合成了世界上最硬的材料，参与了诸多国家重大工程项目核心部件研发，为建设世界科技强国作出了贡献，也铸就了“艰苦

燕山大学党委书记赵险峰致辞

奋斗、严谨治学、求实创新”的燕大精神。他说，一代人有一代人的责任和使命。走在开启燕山大学新百年的浩瀚征途中，让我们接过前辈们手中的接力棒，发扬熔铸在燕大人骨子里的奋斗基因、工匠精神、卓越品质和家国情怀，不忘初心、砥砺奋进，为早日跻身国家“双一流”建设高校行列和建成“特色鲜明、国内一流、世界知名研究型大学”，服务河北和国家经济社会发展，实现中华民族伟大复兴的中国梦，作出燕大人新的、更大的贡献。

大会还表彰了网络评选出的我校首届“杰出校友”和为学校建设发展作出突出贡献的“创业前辈”。8名“创业前辈”代表为青年教职工戴上象征燕大精神赓续传承的红丝巾，青年教职工为“创业前辈”献上鲜花。

“创业前辈”代表与青年教职工代表

清华大学、澳大利亚科廷大学等海内外百余所高校和机构，部分省市、友好合作单位等也发来贺信和祝福视频，为燕山大学百年华诞送上良好祝愿。

北京高科大学联盟理事长王亚杰，中国矿业大学（北京）校长葛世荣，南开大学常务副校长许京军，中国重型机械研究院党委书记、董事长王社昌，中国重型机械研究院原董事长谢东钢，中国科学院院士、华中科技大学教授丁汉，中国科学院院士、燕山大学教授田永君，中国工程院院士、太原理工大学校长黄庆学，河北省委组织部副部长、省委非公有制经济组织和社会组织工作委员会书记刘海生，河北省政协教科卫体委员会主任栗建华，河北省社会科学院院长康振海，河北省人大常委会副秘书长鲁平，河北省粮食局原局长张宇，河北省科学技术厅原巡

会议现场

视员廖波，秦皇岛市委副书记丁伟，秦皇岛市人大常委会主任刘辰彦，河北大学党委书记郭健，河北工业大学党委书记李强，河北师范大学党委书记戴建兵，河北农业大学校长申书兴，河北科技大学党委书记王余丁，河北经贸大学党委书记董兆伟，华北理工大学党委书记刘晓平、校长张福成，石家庄铁道大学校长龙奋杰，河北地质大学校长王凤鸣，承德医学院党委书记盛婉玉、校长唐世英，东北大学秦皇岛分校党委书记孙正林，河北科技师范学院校长郭鸿湧，河北环境工程学院党委书记朱立杰，深圳汇川技术股份有限公司董事长朱兴明，秦皇岛市委常委、组织部部长刘文萍，秦皇岛市副市长廉茹艳等出席大会并在主席台就座。在主席台就座的还有连家创、聂绍珉、宋维公、王益群、孟卫东、刘宏民等学校老领导。

出席大会的还有河北省教育厅、工信厅、人社厅、民政厅、省委军民融合办、河北省建行、齐齐哈尔市、唐山市、沧州市、衡水市、清华大学、西安交通大学、北京邮电大学、西安电子科技大学、北京交通大学、北京科技大学、北京化工大学、北京林业大学、华北电力大学、哈尔滨工程大学、中国地质大学、中国石油大学、河北医科大学、河北工程大学、河北中医学院、东北石油大学、秦皇岛职业技术学院、河北对外经贸职业学院、河北建材职业技术学院等单位领导、来宾和媒体代表。

长期以来支持燕山大学发展建设的社会各界人士和企业代表，燕山大学国内外各地校友会和校友代表，学校部分老领导、老同志和现任校领导班子成员，各学院、各单位、各部门的师生代表在现场观看大会。

百年求索初心不改，燕鸣九天再扬征帆。当《燕大之歌》响起，在场嘉宾和师生校友全体起立，齐声高唱，共同祝愿百年燕大，薪火永炽、风华更茂！

纪念大会全程网络直播，86.7 万人次同观盛会。

二、燕山大学百年 · 甲子文艺晚会

（一）活动方案

1. 文艺晚会方案

主管校领导：黄晟

责任单位：校庆办

校庆办联络人：张向前

（1）时间

2020 年 9 月 10 日 19:30 开始，时长两小时。

（2）地点

主会场：第一体育场；

分会场：第二体育场、第四体育场。

（3）文艺演出

由艺术学院负责，演员队伍由师生校友或校友企业员工组成，发电子节目单。

（4）舞台

在旗杆东侧，由艺术学院提出需求，校团委负责招标、组织施工。

（5）灯光、音响、屏幕及技术团队

由艺术学院提出需求，争取校友捐赠，校团委做好招标准备。

（6）观众

①主会场

领导：中央，教育部、工信部、国防科工局，河北、黑龙江省委省政府，河北省厅（局），秦皇岛、齐齐哈尔市委市政府，秦皇岛市委办局、区委区政府等；（责任单位：学校办）

嘉宾：哈工大等兄弟高校、一重等合作单位和社会各界来宾；（责任单位：学校办）

校友：所有外地校友和部分本地校友；（责任单位：校友办和各学院）

校内：校领导班子成员、离退休教职工、师生代表。（责任单位：学校办、离退休处、人力资源处、学工处）

②分会场

第二体育场：教职工、离退休老同志、东校区学生；

第四体育场：教职工、西校区学生。

（7）安全保卫（责任单位：安全工作处）

①消防检查。会前认真检查消防重点区域，安排消防车，确保消防安全。

②入场检查。第一体育场凭票入场，凭卡出入，安全检查。其他会场控制人流量。

③交通管制。设置警戒线，全校车辆管制。

④校园安保。禁止校外人员进入校园，加强校内安保，保证晚会期间安全稳定。

⑤活动报备。及时向秦皇岛市报备大型活动，请求支持。

（8）后勤保障（责任单位：后勤服务中心）

①电力支持。为各会场提供电力支持和应急用电保障。

②摆放座椅。主会场全部摆放观众座椅。

③设置照明。保证三个会场及附近地区的路灯照明，严防拥挤踩踏。

④如厕准备。开放周边楼宇的厕所，及时清理。

（9）宣传报道（责任单位：宣传部）

①会前准备

A. 发布文艺晚会通知；

B. 邀请校外媒体采访；

C. 制作背景视频。会前暖场视频及会后散场视频（社会各界及校友祝福视频、百年校庆专题宣传片、学校宣传片等）；

D. 晚会背景视频。参会的重要领导、嘉宾和校友字幕，赵险峰书记讲话背景视频等。

②会场宣传报道

A. 组织媒体采访报道，发布晚会新闻；

B. 开通微博直播，争取电视台直播或录播；

C. 录制全程视频，交档案馆留存；

D. 制作晚会纪录片。

（10）资金保障（责任单位：校友办）

2. 节目观看方案

（1）晚会时间

2020 年 9 月 10 日 19:30 开始，时长两小时。

学生、教职工 18:45 前入场，离退休人员、来宾、校友 19:00 前入场。

（2）地点

主会场：第一体育场；

分会场：第二体育场、第四体育场、各会议室、多媒体教室。

（3）文艺演出

由燕山大学师生校友或校友企业员工联袂奉献。

（4）会场人数

主会场第一体育场观众约1000人，其他分会场要严格控制人数，不能出现人员聚集。

（5）入场方式

实名制凭票入场，参照纪念大会模式，所有门票按单位到相关部门领取，联系人：潘芳（人力资源处正科级秘书）；各学院找校庆办王伟伟，离退休找韩昱卓（离退休工作处处长）。

中层干部检票、安保人员安检、后勤人员测温。

对号入座。

（6）入口分配

①主会场

A. 东口（正门进校后的入口）和北口（第三教学楼旁入口）为嘉宾、校友、教职工和离退休人员入口；

B. 西口（安全工作处附近入口）为学生入口。

②分会场

A. 第二体育场南口为校友、教职工和离退休人员入口，北口为学生入口；

B. 第四体育场为学生专用分会场；

C. 各会议室、所有多媒体教室和大屏幕全部开放，直播校庆文艺晚会。

（7）安全保卫（责任单位：安全工作处）

①9月10日12:00开始，东大活—第一体育场—篮排球场—校车停车场—1号门区域—第一体育场主席台小楼西侧路口实行交通管制，严禁无关车辆（含非机动车）和人员进入管控区域。

②安全检查。严禁携带管制刀具、易燃易爆等违规违禁物品以及水瓶、水杯、包装饮料等进入会场。

（8）后勤保障

所有座位放置瓶装水、消毒湿巾。设置临时厕所，方便大家使用。

（9）晚会直播

10日19:30—22:00，二体、四体、各单位会议室、多媒体教室、校内师生终端等校内直播，微博、抖音外网直播。

（10）防疫要求

分会场所有人全程戴口罩，控制人员社交距离，严禁人员聚集。

（11）会场要求

手机调至会议模式，会议期间不得起立拍照、随意走动，保持安静。

（12）离会要求

大会结束后，按会场提示有序退场，保证安全撤离。

3. 安全保障工作方案

根据学校百年校庆工作安排，为保障疫情防控条件下校庆文艺晚会安全、有序，结合学校实际，特制定本方案。

（1）安全隐患排查整改督办

9 月 8 日上午，对第一、二、四体育场及其周边开展一次全面安全隐患排查整改，督办校庆文艺晚会各项筹备工作的安全管理。重点关注场地建筑、水、电、各类设施设备和器材（含消防），查出隐患，明确责任部门，要求立即整改，于 9 月 9 日 12:00 前全部整改到位。

至 9 月 10 日校庆文艺晚会结束，监管各体育场及周边安全。

（2）治安防爆排查

协调市公安局，于 9 月 10 日 9:00 前对第一体育场及其周边开展一次治安防爆检查，检查后派安保人员对场地实行严格的管控措施，严格掌控场地人员及物品进出。

（3）消防安全保卫

9 月 10 日 12:00 前，第一体育场增配 2 具 35 千克干粉灭火器，9 月 10 日 12:00—22:00，配备应急消防救援队伍 1 组（4 人），以战时状态做好值班备勤，协调消防救援支队在第一体育场外值班备勤。

9 月 10 日 18:00—22:00，第二、四体育场配备 2 名消防值班员和 4 具干粉灭火器，实行消防值班巡查和活动期间消防安保。

（4）交通安全秩序管理

9 月 9 日清理第一体育场周边车辆；18:00 开始派人值守各体育场周边，管控停车；9 月 10 日 12:00 开始，东大活—第一体育场—篮排球场—校车停车场—1 号门区域—第一体育场主席台小楼西侧路口实行交通管制，严禁无关车辆（含非机动车）和人员进入管控区域。

（5）安全防范

9 月 10 日 18:00—23:00，第一体育场每出入口安排 4 ～ 6 名安保人员对进出人员进行体温检测、秩序维护（严禁无票人员入场）和安全检查（严禁携带管制刀具、易燃易爆等违规违禁物品以及水瓶、水杯、包装饮料等进入会场），场地内安排 6 ～ 8 人执勤，维护场内秩序。

第二、四体育场各安排 6 名安保人员对会场及周边停车秩序进行管理，维护场内秩序、预防处置场内治安事件。

（6）突发安全事件应急处置

校庆文艺晚会前、过程中发生各类突发性安全事件（如闹访、冲击会场、场外违规聚集喧闹等非法群体性事件，暴恐袭击、建筑设施造成人员伤亡，发生火情、火灾等），要根据《燕山大学突发公共事件应急处置预案》，第一时间组织安保力量预防事件扩大或发生再次伤害事件，第一时间报告相关部门，组织或协助相关部门展开事件救援处置。

4. 节目策划方案

主题:《百年燕大 · 家国天下》

主旨：以百年岁月流光为风，以办学辉煌成就为骨，以新燕大人的家国情怀为魂，展现“厚德、博学、求是”的校训内涵，诠释“奋斗基因、工匠精神、卓越品质、家国情怀”的精神品格。

内容：再现学校两次搬迁建校、三次艰苦创业、百年奋进求索书写的初心不忘、砥砺前行的奋斗史，庆祝燕山大学“建校溯源百周年 · 独立办学一甲子”的辉煌时刻，抒发新百年砥砺前行的豪迈气势。

（1）框架结构

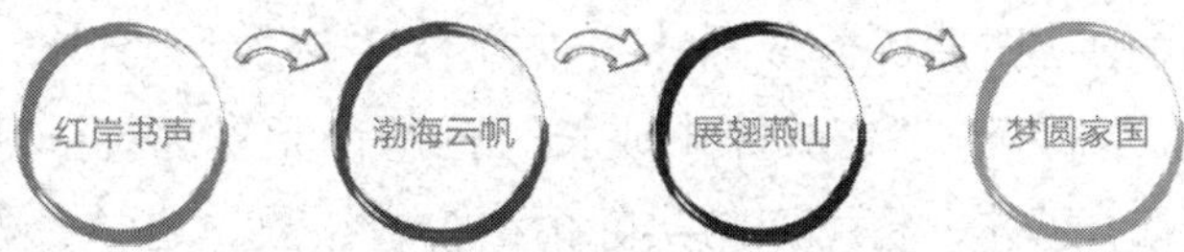

整场演出采取时序性和板块式篇章演绎相结合的形式。以时间为主轴、历史发展为线索，串联“红岸书声”“渤海云帆”“展翅燕山”“梦圆家国”四大篇章。

（2）节目设计

灯光秀 30 秒。

视频（海内外校友的祝福 + 燕大百年历史至今）4 分钟左右。

第一篇 红岸书声

①演出背景

东北重型机械学院肇始于松花江畔冰城哈尔滨的哈尔滨工业大学、成长于工业重镇齐齐哈尔，在国家重工业奠基之际扛起专门培养重型机械工业人才的大旗，从此树立了矢志不渝的“匠心为国铸重器”初心。出身名门，应运而生，担当大任，攻坚克难，人才辈出。

②指导思想

着力于体现大学精神中的奋斗基因。演绎学校在东北重型机械学院时期，筚路蓝缕，创业维艰，为国铸重器、矢志育群英的奋斗历程。

③节目编排

节目编排要放在跟随共和国命运节奏的宏大背景之下，踩准时代节拍，在历史画卷中追寻燕山大学安身立命的精神源泉，展现东重时期应国之召的使命担当、艰苦创业的精神风貌和人才辈出的非凡贡献。

合唱《校庆主题歌》（合唱创作＋伴舞）

1949 年新中国成立之时，国家百废待兴，新中国迫切需要培养大量掌握重型机械制造技术的高级人才。为适应当时中国重型机械工业的新形势，教育部于 1958 年，指示哈尔滨工业大学在新兴工业区富拉尔基建立东北重型机械学院。1959 年 3 月 2 日，哈尔滨工业大学富拉尔基重型机械学院正式成立。节目表达东北重型机械学院时期，体现“国家意志，鼓舞东方，肇起红岸，嫩水中流”应国之召的使命担当、艰苦创业的精神风貌和人才辈出的非凡贡献。

歌舞表演《洒下一片深情》

展示东重创业时期优秀教师感人故事。向辛勤洒下汗水，在“战斗中成长的教师队伍”致敬。“在战斗中成长”就是在党支部统一领导下，把教研室教师作为一个集体，将生产与实际相结合，边教、边学、边搞科研。例如合金钢冶炼教研室的教师，主要是 1959 年从哈工大金相专业分配来的毕业生，他们在北京钢铁学院进修了半年，回校后便担当起了三、四、五年级的教学工作。他们采取互教互学、集体讨论的方法，不仅保证了开课质量，而且促进了业务水平迅速提高。总的来说，当时的教师队伍有 80% 以上是 1957 年以后的大学毕业生，教师水平的提高不是依靠外援，而是自力更生、以老带新。

诗朗诵《当年》（配乐：校庆主题歌）（摘抄《百年赋》）

回忆往昔的奋斗征程，感怀当年的艰苦岁月。初创时期，老一辈燕大人在极其艰苦的条件下，响应国家号召，心怀远大理想，攻坚克难，筚路蓝缕，用毕生的奋斗创造了今日的辉煌。

诗词《当年》作者为徐守国老先生，他是我校轧钢机械专业教师，也是1965年毕业于我校的最早的两个硕士研究生之一。

歌曲《不会忘记》（伴舞）

前人栽树，后人乘凉。我们纪念建校100周年，也不能忘记那些为燕山大学建设、发展作出贡献的前辈们，正是因为他们的贡献和付出，燕山大学才有今天的成绩。在建校100周年暨独立办学60周年之际，全校师生凝心聚力加快“双一流”建设，联络和凝聚各方力量，共同办好燕山大学，这是全校师生和广大校友的共同期盼和共同的梦想。

第二篇 渤海云帆

①演出背景

学校为适应时代发展的需要，破解发展的时代难题，以居安思危、敢为人先、勇立潮头的胆识与魄力，在沿海开放城市——河北省秦皇岛市创建分校，形成了两地办学、比翼齐飞的格局，开创了中国高等教育史上跨地区办学的先例。“二次创业”的东北重型机械学院克服了重重困难，不断地发展壮大。

②指导思想

着力于体现大学精神中的工匠精神。在创业的岁月中，校风、学风的形成，以及师生不畏艰难的意志、满腔热血的赤诚和无私的奉献。

③节目编排

节目编排要重点体现分校建设时在极端困难的条件下实现学校建设高速发展的坚忍执着的工匠精神。通过舞台演绎出学校异地办学这一具有历史转折性的重要节点。

舞蹈《时代号子》

时代在前行，时代在召唤，时代赋予劳动者以力量，建设新校园。我们不畏困难，勇于奋斗，用执着的精神奔向未来。

情景诗朗诵《小家·大家》（创作）

挖掘搬迁中的人与事，突出舍小家为大家的宗旨。建设“大家园”的路上，有那么一群人，他们默默地为它付出，不计辛勤，不言辛苦，无怨无悔，宁可舍弃个人和“小家园”的利益，也要保证“大家园”的幸福。他们用伟大的爱和无私奉献换来了我们今天的美好生活，我们要铭记那些岁月，那些故事，那些人，那些可贵的家国情怀。

环节：教师节

表演唱《又见梨花》

百年风雨，岁月低眉不语；百年荣光，你默默耕耘讲堂。你将片片深情藏于心，哺育代代学子茁壮成长；你用滴滴汗水守护梦想，只为朵朵花儿无瑕绽放。

第三篇 展翅燕山

①演出背景

1996 年 8 月，北校南迁完毕。1997 年 1 月，经国家教委批准，东北重型机械学院正式更名为燕山大学。莽莽燕山，天降朔方。浩浩渤海，白浪秦皇。在燕赵大地上，燕山大学迸发出了惊人活力，各项事业取得了飞速发展，服务国家重大战略需求能力进一步增强。

②指导思想

着力于体现大学精神中的卓越品质。燕大在向全国重点大学、双一流大学目标进军的征程中，一个个开创性的（第一次的）闪光点，旨在凸显燕大人深厚底蕴的表征。

③节目编排

节目编排重在体现燕山大学的非凡成就，抓住典型事例，如：教学、科研、学生工作、学生创业以及为学校建设作出贡献的感人故事等。

环节：科技展示

歌舞表演《大国工匠》

一代代燕大人矢志报国，兢兢业业，尽职尽责，用工匠精神为国铸重器。他们发扬熔铸在燕大人骨子里的奋斗基因、工匠精神、卓越品质和家国情怀，攻坚克难，艰苦奋斗，取得了一系列傲人成就。

歌曲串烧《骄傲的少年》《我们的时光》《青春的起点》《青春畅想》（伴舞）

由在校大学生或者留学生代表表演歌曲串烧。伴舞采用啦啦操、跳绳、街舞等形式。燕大青年青春洋溢、活力满满，他们用跃动的步伐和嘹亮的歌声畅想未来，展现自信、阳光、活泼的青年面貌。

歌曲《我奋斗，我幸福》（伴舞）

双一流建设对燕山大学来说既是重大挑战，更是重大机遇，在推动我校双一流发展的进程中，每一个燕大人都肩负时代使命，责任重大，每一个燕大人都昂首阔步，奋斗前行。

歌曲《向往》

点燃希望，照亮梦想。我们的心中满怀对祖国的崇敬，对未来的向往。我们踏出时代的舞步，高歌时代的强音。奔向百年，奔向幸福，奔向希望。

第四篇 梦圆家国

①演出背景

燕山大学应国家工业布局需要而诞生，燕大人怀着对国家和民族的热爱，勇担使命、攻坚克难。家国天下，初心不忘，使命在肩，斗志高昂，勤劳勇敢的燕大人，承继百年荣光，碧波沙场，雄关点将，定将助力燕山大学迈向更加辉煌的新百年。

②指导思想

着力于体现大学精神中的家国情怀。为新时代的燕大精神做注解，并展望学校美好前程。旨在产生燕大人为国家、为民族的责任担当的共鸣。

③节目编排

节目编排要侧重于展现新时期燕山大学为国为民的使命担当，凸显燕山大学招四海英才，汇八方合力，焚膏继晷，心志如钢，全力冲击“双一流”建设，梦圆家国的奋斗之志。

情景舞蹈《我们》(抗疫题材)

向伟大的逆行者们致敬，向坚强的抗疫人民致敬，向伟大的中华民族精神致敬。以《天使告诉我》所传递的精神力量，坚定信心、温暖人心，讴歌新时代。

歌曲《中国有我》(伴舞)

中国有我，更加精彩。几分自豪，几分热情，展现了中国在历史与现代交织中的崭新面貌。

环节：重走南迁路到达仪式

歌曲《百年希望》《百年辉煌向未来》(伴舞、歌曲二选一)

为实现祖国从大国迈向强国，为中华民族的伟大复兴贡献力量，希望全体燕山大学师生志存高远、脚踏实地，奋斗奋斗再奋斗，在新的百年创造新的辉煌。

歌曲《燕大之歌》全体演员

（二）活动进展

2020 年 9 月 10 日晚 7:30，整个燕大校园在激昂的乐曲和优美的舞姿中焕发出青春的光彩，“百年 · 甲子”文艺晚会在燕山大学东校区第一体育场举行。全国人大常委会原副委员长、民革中央原主席周铁农等嘉宾，学校领导和部分师生代表共同观看了演出。晚会上，来自全国各地的燕大人回顾了燕山大学一百年来所走过的辉煌历史，同叙昔日校园情怀，共贺母校百年华诞。晚会设置了主会场和分会场，全程通过微博进行网络直播。

合唱《祝你生日快乐》

文艺晚会分为“红岸书声”“渤海云帆”“展翅燕山”“梦圆家国”4 个篇章。第一篇章“红岸书声”跟随共和国命运的节奏，踩着时代节拍，在历史画卷中追寻燕山大学根深立命的精神源泉，展现了燕大人在东重时期应国之召的使命担当、艰苦创业的精神风貌和人才辈出的非凡贡献。燕鸣合唱团以一首《祝你生日快乐》拉开了晚会序幕。歌伴舞《洒下一片深情》讲述了在条件艰苦的岁月里，一代代燕大人用奋斗创造办学的奇迹，用信念撑起希望的故事。情景诗朗诵《当年》致敬了将一生贡献给学校建设发展的燕大建设者。女声独唱《不会忘记》讴歌了一代又一代把最美的青春岁月播撒进这片桃李盛放土地的燕大人。

第二篇章“渤海云帆”讲述了燕大人适应时代发展的需要，破解发展的时代难题，以居安思危、敢为人先、勇立潮头的胆识与魄力，在沿海开放城市河北省秦皇岛市创建分校，形成了两地办学、比翼齐飞的格局，开创了中国高等教育史上跨地区办学的先例。舞蹈《征程》演绎了燕大人接过老一辈的接力棒，传承燕大精神，开始新征程的故事。诗朗诵《燕园师承》讲述了燕大在变化和发展中所形成的自己独有的精神品格。歌伴舞《又见梨花》歌颂了默默耕耘讲堂、哺育代代学子茁壮成长的燕大老师。

第三篇章“展翅燕山”讲述了在燕赵大地上，一代代燕大人矢志报国，

高机动多功能举高消防车在行进中喷洒

兢兢业业，尽职尽责，用工匠精神为国铸重器。他们发扬熔铸在燕大人骨子里的奋斗基因、工匠精神、卓越品质和家国情怀，攻坚克难，艰苦奋斗。晚会在全场的欢呼和呐喊声中展示了赵丁选教授团队研发的国内首创的高机动多功能举高消防车辆在行进中对 90 多米高空进行喷洒的技术成果，全场燕大人无不为之自豪、骄傲，燕大人用自己的智慧为国家经济社会发展贡献了燕大力量。男女声二重唱《大国工匠》赞美了矢志报国，兢兢业业，攻坚克难，艰苦奋斗，用工匠精神为国铸重器的燕大人。充满活力的歌曲串烧《最美的太阳》《我的青春在燕大》《青春舞曲》《青春畅想》展现了年轻的燕大人朝气蓬勃、奋发进取的精神风貌。重唱《我奋斗，我幸福》表达了燕大人将用赤诚的爱国之心和报国之志，演绎一曲新百年的奋进之歌。歌曲《向往》唱出了燕大人迈入新时代，满怀对人民的希望，实现百年梦想的雄心壮志。

第四篇章“梦圆家国”讲述了燕大人怀着对国家和民族的热爱，勇担使命、攻坚克难。家国天下、初心不忘、使命在肩、斗志高昂、勤劳勇敢的燕大人，承继百年荣光，碧波沙场，雄关点将，定将助力燕山大学迈向更加辉煌的新百年。合唱《我们》表达了燕大人的家国情怀，在新冠这场没有硝烟的战争中，燕大人和祖国人民一起共战风雨。歌曲《花开新时代》诉说了燕大人不忘初心，承继百年荣光，脚步坚定地走在新时代，筑梦新百年的共同心声。在晚会现场，从哈尔滨工业大学出发，历时 27 天骑行 1960 公里的“重走南迁路”骑行队在观众见证下完成了骑行的最后一百米。骑行大使段广仁院士衷心祝愿母校的明天更加灿烂辉煌。重唱《乘风破浪再出发》唱出了燕大人的昂扬斗志，燕大人志存高远、脚踏实地，翘首阔步迈向新征程。“襟渤海，依燕山，泱泱学府何庄严。”伴随着《燕大之歌》熟悉的旋律响起，文艺晚会在全体演员的歌声中落下帷幕。

晚会全程通过微博直播，累计播放量达 44.3 万人次。

第一篇：红岸书声

1. 合唱《祝你生日快乐》 表演者：宁宴霖 李宛遥
合唱：燕鸣合唱团

2. 歌伴舞《洒下一片深情》 表演者：李研
舞蹈：艺术与设计学院舞蹈表演专业
编导：徐煜 刘燕

3. 情景诗朗诵《当年》 表演者：许秋键
大提琴：宋军
表演：艺术与设计学院舞蹈表演专业
编导：徐煜 刘燕

4. 女声独唱《不会忘记》 表演者：赵欣
舞蹈：艺术与设计学院舞蹈表演专业
编导：徐煜 刘燕

第二篇：渤海云帆

5. 舞蹈《征程》 领舞：赵康（2016级舞蹈表演专业校友）
表演者：艺术与设计学院舞蹈表演专业
编舞：孟丹娜

6. 诗朗诵《燕园师承》 表演者：孔祥东 邵晓棠 徐岩 顾星周
创作：冉铁英 孔祥东 朱玲
PPT制作：薛冰

7. 歌伴舞《又见梨花》 表演者：吴德
舞蹈：艺术与设计学院舞蹈表演专业
编导：高永鹏

第三篇：展翅燕山

8. 男女声二重唱《大国工匠》 表演者：袁帅 曲政一

9. 串烧《最美的太阳》 表演者：86级曾胜文校友企业天晖集团代表 韩毅
《我的青春在燕大》 表演者：燕鸣啦啦队 燕大JRY花样跳绳队
编导：何燃燃 朱君 高楠
《青春舞曲》 表演者：陈厚慈 陆梦妍 韩永鑫 王仔甜
《青春畅想》 表演者：纪拓 陆璐 陈帅宇 杨一庚 王浩寓 杨征 廖临鸿
编导：赵世莹

10. 重唱《我奋斗，我幸福》 表演者：刘若瓦 贾禧龙 张奥
舞蹈：艺术与设计学院舞蹈表演专业
编导：赵世莹

11. 男声独唱《向往》 表演者：宁岩鹏
合唱：燕鸣合唱团

第四篇：梦圆家国

12. 合唱《我们》 表演者：燕鸣合唱团

13. 歌伴舞《花开新时代》 表演者：刘霖
舞蹈：艺术与设计学院舞蹈表演专业
编导：孟丹娜

14. 重唱《乘风破浪再出发》 表演者：许英 袁帅 宁岩鹏 许秋键

15. 大合唱《燕大之歌》 表演者：全体演员

主持人：国晓飞（06级通信工程专业校友） 刘佳（05级电气工程及其自动化专业校友）
李超 艺术与设计学院教师 陈厚慈 艺术与设计学院17级学生

文艺晚会节目单

（三）校庆回忆

“心”系母校，“舞”颂燕园

——记百年校庆文艺晚会幕后的艺术人

刘燕（燕山大学艺术与设计学院）

2020 年 9 月 10 日的夜晚，是令每个燕大人都心潮澎湃、难以忘怀的时刻。这一天，我们迎来了燕山大学的百岁生日。在万千校友的瞩目下，母校以隆重的校庆文艺晚会凝聚起每颗游子的心，以歌舞诉说着燕园里的岁月芳华。在亮丽闪烁的舞台上，有一群青春活泼的年轻人不停地跳着、笑着、舞动着，带来一个又一个精彩的舞蹈节目，闪耀着光芒。而这群可爱的年轻人，就是来自艺术与设计学院舞蹈表演专业的学生们。

建校百年之际，正值舞蹈表演专业设立的第十个年头，在学校“厚基础，强实践，重创新”的理念和“奋斗基因、工匠精神、卓越品质、家国情怀”的精神品格的引领下，舞蹈表演专业以立德树人为根本，培养了一批批品德优良、专业过硬的舞蹈人才。在迎接燕山大学百年校庆的盛大活动中，舞蹈表演专业师生高度重视、全力以赴，为纪念这一重要历史时刻用心地筹备着，努力呈现最优质的文艺晚会，为每位燕大人留下最美好的回忆。

台前的光芒四射，幕后的挥汗如雨，舞蹈表演专业的同学们用实际行动展现着燕大青年的多姿风采和精神品质，用自己的专业所学歌颂着母校的美好未来。从最初的精心筹划，到决心备战、匠心打磨，再到舞台上的初心绽放，舞蹈表演专业师生用“心”表达对母校的真挚情感，用“舞”记述燕园的如歌岁月。

1. 精心筹划：九九至百年华诞

每年的9月10日，是属于广大人民教师的节日，也是属于燕大人的生日。在丹桂飘香的金秋时节，总能感受到燕鸣湖畔的喜悦气息。2019年，在距离百年校庆一周年的校庆日夜晚，学校隆重举行了“承重筑燕园·匠心迎百年”大型文艺晚会，为迎接即将到来的百年华诞开启倒计时。

这场建校溯源99周年的晚会共有85万名网友在线观看，且受到了海内外校友和社会各界人士的关注和好评。大家也满怀期待地见证一年后的百年校庆文艺晚会。而在这场晚会顺利举办的背后却有着很多令人难忘的瞬间，饱含了舞蹈表演专业师生的精心和用心、汗水和智慧。

2019年7月，艺术学院接到99周年校庆文艺晚会的工作任务，张竹岩副院长带领舞蹈表演专业的全体教师利用假期时间反复开会研讨、论证，商定晚会主题、篇章、节目、流程，几易其稿，最终形成了晚会策划书。在策划书的基础上，老师们又根据各自的分工抓紧时间编排节目，开始舞蹈的创作工作。

但是，对舞蹈类节目而言，最大的表演主体就是舞蹈演员，而暑假期间学生并没有返校，因而给创作工作带来了巨大的挑战。正式演出的时间是9月10日，学生开学的时间是8月25日，因而，从演员到位至正式演出，只有半个月的时间。而在这半个月的过程中，还需等待户外舞台的搭建完成，才能正式确定舞台的空间方位，以确定最终舞蹈节目的队形调度。

舞蹈表演专业师生一边严格按照课表完成日常教学任务，一边利用早晨、中午、晚上以及周六、日的休息时间进行排练，部分同学还同时肩负着随校访问团赴美国托列多大学友好交流演出的排练任务。同学们每天早晨7点就进入教室，直到午夜才离开。节目多的同学同时要参与四五个节目的排练，还要根据节目的修改和调整不停地记忆新的动作和节奏，训练量和难度非常的大。然而，同学们并没有任何怨言，一门心思地想要把最佳的状态呈现出来，最终，才有了85万观众共同见证的美好夜晚。

99周年校庆晚会的顺利举办让燕大人更加期待百年盛典的到来，也让舞蹈表演专业的师生满怀动力和信心。大家无比期待着2020年的到来，并着手策划百年文艺晚会节目的形式和内容。

2. 决心备战：克服困难踏征程

2020年年初，突如其来的新冠疫情，让全世界按下了暂停键。原本策划好的晚会节目，因为疫情的特殊原因，不得不反复修改，在保障师生安全的前提下，决心为校友们奉献高质量的演出，不辜负大家的期待，落实好这项重要的工作任务。

随着国内疫情防控工作的明显好转，疫情防控也进入常态化阶段。但面对即将到来的校庆月，舞蹈表演专业的师生们遇到了比99周年校庆晚会更大的难题：学校公布的开学时间为9月1日，而百年校庆的大体量节目排演至少需要20天以上的训练，再加上疫情防控的需要，返校排练成了最大的难题。因此，在距离百年校庆一个月的时候，我们向学生征集演员志愿者，请学生根据自身的情况，自愿返校参加校庆文艺晚会的排练任务。

让我们倍感欣慰的是，同学们都非常积极踊跃地报名参加校庆演出，从湖南、山西和河北各地赶到秦皇岛，他们“舍小我、为大我”的集体主义精神让我们很是感动。回到学校后，大家认真配合学校的管理规定，实行封闭式管理制度，集体做核酸检测，每天训练前后认真消毒教室、测量体温、佩戴口罩，极力保证在疫情防控的标准下开展节目训练。

同学们的态度很明确：无论遇到怎样的困难，都会努力克服，我们的目标就是用自己的奋斗为母校的华诞贡献力量！同学们真诚炽热的心鼓舞着每一个工作人员，为校庆晚会的顺利开展点燃了斗志。

在整场晚会节目中，有一部由燕山大学舞蹈表演专业师生原创的舞蹈作品，叫作《征程》。这部作品所表现的内容和价值诉求正如同舞蹈表演专业学子们展现出的精神品质一样：一群奋勇向前、乘风破浪的铁血男儿，他们迎着波涛，踏浪而行，与风雨搏击，与海浪追逐，面对航行中雷雨交加、惊涛骇浪的重重考验，他们未曾退缩、越战越勇，手中紧握摇摆的船桨，鼓起飘扬的风帆，坚定不移地沿着航行的方向远去。这展现着当代大学生勇担时代责任、勇于砥砺奋斗、敢于拼搏的中国精神。

3. 匠心打磨：舞台一步汗万滴

集中排练的这一个月，正值太阳最毒辣、暴雨最频繁的8月。再加上排练时间紧、训练强度大、节目数量多，同学们的衣衫总是被汗水湿了又湿。

但同学们并没有因此而退缩，而是克服了伤病，放弃了休息，在教室里一遍遍研磨、练习，挥汗如雨。

舞台一步汗万滴，完美呈现的背后是朝夕的苦练，是日夜的研磨，是团结一心、努力奋进的精神意志，是精益求精、全情投入的专业品格。从返校参加训练到正式演出，在短短一个多月的时间里，舞蹈表演专业的师生们不辞辛苦，每日奋战在排练厅中反复钻研晚会剧目，细磨每一个舞姿、神态和气口，锤炼逾百遍舞段、节奏和结构，只为争取最佳的艺术呈现，将燕大学子的风采和燕大人的精神绽放在百年校庆的舞台上。

除了动作上的勤学苦练，舞蹈表演专业的师生们还深入到校史馆进行校史学习。从嫩江之畔到渤海之滨，两次搬迁建校、三次艰苦创业，今日的百年辉煌是代代燕大人共同书写的历史篇章，明日的卓越成就更需燕大青年的薪火相传。只有尊重历史、回首过去，我们才能把握当下、眺望未来。通过回顾燕大的峥嵘岁月，追溯燕大的光辉历史，舞蹈表演专业的学生们才能更好地在校庆晚会中塑造舞台艺术形象，更真切地演绎燕大百年风华的壮美画卷，从内容到形式，每一处都以匠心打磨。

舞蹈表演专业师生精益求精、勤于钻研的品格来自燕大人血脉里的“工匠精神”，受到了“匠心为国铸重器”的精神鼓舞。这样的精神追求推动着我们向前进，向着更大更宽广的舞台迈进。

4. 初心绽放：起舞圆梦家国情

以舞蹈的无声言语，演绎燕大最动听的历史印记，是每个舞蹈表演专业学子最真挚的梦想。当钟声敲响，灯光降落在身上，音乐缓缓飘扬，心中油然升起崇高的敬意：以舞步穿梭在历史的时空中，见证着一百年的风风雨雨，见证着一百年的岁月荣光，回忆往昔的奋斗征程，感怀当年的艰苦岁月。

一代代燕大人矢志报国，兢兢业业，尽职尽责，用工匠精神为国铸重器。他们发扬熔铸在燕大人骨子里的奋斗基因、工匠精神、卓越品质和家国情怀；他们响应国家号召，心怀远大理想，攻坚克难，筚路蓝缕，才用毕生的奋斗创造了今日的辉煌；他们默默地为它付出，不计辛勤，不言辛苦，无怨无悔，他们用伟大的爱和无私奉献换来了我们今天的美好生活。在舞台上，我们用舞蹈的肢体语言铭记那些岁月，那些故事，那些人，那些可贵的家国情怀，这就是我们的初心，我们的坚守，我们的理想信念。

燕山大学百年校庆晚会的舞台上，舞蹈表演专业师生秉承着燕大人的卓越追求和精神品格，为广大师生、校友带去了最真挚、最动情、最饱满的表演，用舞姿为燕大的百年华诞献礼，将燕大人的初心以舞蹈的言语绽放在舞台上。舞蹈表演专业的同学们万分珍惜在校庆舞台上的表演经历，在未来的道路上，他们定会不负韶华、勇往直前，砥砺奋进、阔步前行，继续发扬燕大人的精神追求，心系母校，舞颂燕园。

三、创作反映燕山大学建校历史及发展成就的文化作品

（一）活动方案

主管校领导：黄晟

责任单位：党委宣传部

校庆办联络人：孙红磊

在即将迎来“建校溯源百周年 · 独立办学一甲子”的历史时刻，为展示学校光辉灿烂的办学历程和丰富厚重的校园文化，根据《燕山大学百年校庆工作方案》，制定如下工作方案：

1. 校史馆项目

燕山大学校史馆规划建设面积约 1500 平方米，馆内共分为序厅、哈工大时期、东重时期、两地办学时期、今日燕大、荣誉厅、关怀厅、未来厅 8 个主题展厅和 1 个多功能主题展厅。

校史馆建设项目在党委宣传部牵头的校史馆筹建工作领导小组的共同努力下，于 3 月 27 日正式动工，施工周期 90 天，7 月 15 日完工，并于 7 月 16 日至 7 月 31 日试开馆，8 月底前正式开馆。正式开馆后，将由档案馆具体负责日常运行，并实行预约参观制。目前，学校已经招募培训近百名学生志愿讲解员和 12 名教职工志愿讲解员，届时将由讲解员们向师生校友和社会各界人士展示燕山大学的光辉发展历程。

2. “百年燕大 · 家国天下”书法、篆刻艺术作品展

为庆祝燕山大学百年华诞，激发全体燕大人的爱校荣校情怀，传承奋斗基因，发扬工匠精神，追求卓越品质，熔铸家国情怀，进一步推动校园文化的健康发展，营造良好的文化育人氛围，积极弘扬优秀传统文化，提高广大师生的艺术修养和品位，党委宣传部联合校庆办、校工会、校团委、离退休工作处、校友办面向燕山大学全体师生、校友开展校庆主题书法、篆刻艺术

作品征集活动。对征集到的优秀作品将通过举办“百年燕大·家国天下”书法、篆刻作品展的形式进行展示。展厅初定8月底对外开放，地点初定为校史陈列馆多功能展厅（东区图书馆二楼）。

党委宣传部在2020年文化立项中，也将对校史、校庆有关项目进行资助，积极引导校属各单位和广大教职工挖掘学校办学精神内涵、展示学校办学成就、激发师生爱校热情。

（二）活动进展

1. 校史馆项目

（1）调研与筹建

为了做好校史馆的建设工作，早在2017年，校领导就带队开始了调研。2017年3月7日，副校长盛婉玉带领党委宣传部、统战部、信息技术中心、档案馆、团委、后勤集团、艺术与设计学院等单位工作人员到天津大学、河北工业大学，就校史馆建设和管理工作进行考察调研。

2019年6月17日下午3:00，燕山大学校史馆筹建工作领导小组第一次工作会议在世纪楼2003会议室召开。会议由校党委副书记、燕山大学校史馆筹建工作领导小组组长黄晟主持召开，宣传部、计划财务处、实验室与资产管理处、离退休工作处、艺术与设计学院、图书馆、档案馆、后勤集团等相关部门负责人参加。会上，宣传部部长孙红磊简要汇报了学校第十二次党委常委会关于校史馆建设的相关决定。第十二次党委常委会明确旧图书馆二楼作为校史馆改建场馆；成立校史馆筹建工作领导小组，党委副书记黄晟担任组长，小组办公室设在宣传部，小组下设陈列大纲组、史料征集组、招投标组、基建组、顾问组5个专项工作组，分别由宣传部、档案馆、实验室与资产管理处、后勤集团、离退休工作处牵头负责；确定校史馆建设资金及建设任务进度等校史馆筹建工作的相关情况。

会议现场

黄晟和与会人员逐项讨论了进度表中的分解任务，并对建设资金、招投标、图书馆二楼搬迁、史料征集、校史馆试运行等重点问题作出了明确的指示和安排。黄晟表示，这次会议的主要目的就是贯彻落实党委常委会关于校史馆筹建工作的决定，各相关部门一定要严格按照校史馆建设任务进度表推进工作，确保在2020年6月完成校史馆建设的全部工作。

（2）正式开馆运行

2020年8月11日上午8:30，在燕山大学“建校溯源百周年·独立办学一甲子”校庆日倒计时30天之际，燕山大学举行隆重仪式庆祝校史陈列馆开馆。秦皇岛市委常委、宣传部部长陈玉国，哈尔滨工业大学博物馆馆长李新美，燕山大学党委书记赵险峰，党委副书记谢延安、黄晟，副校长赵永生、王宝诚、任家东、王德松、陈国强、于树江、张立峰等领导及相关职能部门、学院联络人，离退休老同志、史料捐赠者代表、师生代表共同参加了开馆仪式。开馆仪式由党委宣传部部长孙红磊主持。

李新美在致辞中说，燕山大学源于哈尔滨工业大学，两校同根同源，血脉相连。燕山大学的历史，就是一部奋斗史，一部发展史，这段历史铸就了“艰苦奋斗、严谨治学、求实创新”的燕大精神。燕山大学校史陈列馆的成功落成，是对燕大精神的传承、对燕大成就的展示，更是对燕大未来的展望。燕山大学校史陈列馆必将成为承载全体燕大师生和广大校友共同记忆的精神家园，成为感悟校史底蕴、培育爱校情怀的育人基地，成为展示燕大办学成就、扩大学校社会声望的重要窗口。

陈玉国在开馆仪式上致辞，他表示燕山大学在长期的办学过程中与秦皇岛市书写了合作共赢、携手并进、共同发展的校地合作佳话。他表示燕山大学校史陈列馆的落成是燕山大学的文化盛事，希望燕山大学以校史陈列馆的落成为契机，激发学校广大师生、校友爱校荣校的感情，在秦皇岛这片热土上创新创业，让校地融合、校地互动结出更为丰硕的成果，为建设新时代沿海强市、美丽港城和国际化城市作出新的贡献。

赵险峰致辞

赵险峰在开馆仪式上讲话，他说，学校两次搬迁、三次创业、划转更名，发展之路几多艰辛、饱含沧桑，但始终牢记使命，一路风雨兼程，在与民族复兴、国家发展的同频共振中一次次铸就辉煌。建好校史陈列馆，就是要全面展示学校卓越的办学成就，发扬优良的办学传统，为学校波澜壮阔的办学历史提供重要的传承平台。要进一步加强校史资料整理与研究，深入挖掘学校独特的精神文化内涵，使校史陈列馆成为学校精神文化建设的重要载体、激励广大师生爱校荣校情感的重要土壤和人文教育的重要基地，同时成为联结海内外校友的重要纽带。他强调，走在开启燕山大学新百年的浩瀚征途中，全体燕大人要以史为鉴，以史励志，勇于担当，积极作为，向着早日跻身国家“双一流”建设高校行列和建成“特色鲜明、国内一流、世界知名研究型大学”的目标不懈奋斗。

开馆仪式上，谢延安为在校史陈列馆建设过程中作出重要贡献的离退休教师代表和校史陈列馆建设优秀工作人员颁发荣誉证书；黄晟为史料捐赠单位代表和个人代表颁发收藏证书；任家东为师生讲解员代表颁发聘任证书。

为在校史陈列馆建设过程中作出重要贡献的离退休教师代表颁发荣誉证书
（由左向右依次为：白靖、谢延安、赵永和）

赵险峰与陈玉国共同为校史陈列馆揭牌，并与其他与会嘉宾参观了校史陈列馆。

开馆仪式还通过学校官方微博、官方抖音等新媒体平台进行了同步直播，吸引了2万余名师生校友和各界朋友在线收看。

赵险峰和陈玉国为校史陈列馆揭幕

燕山大学校史陈列馆位于东校区图书馆二楼，展馆由序厅、哈工大时期、东重时期、两地办学时期、今日燕大、荣誉厅、关怀厅、未来厅8个主展厅和1个多功能主题展厅构成。全馆总建筑面积约为1500平方米，其中布展面积约为1200平方米。征集实物600余件，展出实物100余件。

2.“百年燕大·家国天下”书法、篆刻艺术作品展

为庆祝燕山大学百年华诞，激发全体燕大人的爱校荣校情怀，传承奋斗基因，发扬工匠精神，追求卓越品质，熔铸家国情怀，进一步推动校园文化的健康发展，营造良好的文化育人氛围，积极弘扬优秀传统文化，提高广大师生的艺术修养和品位，2020 年 7 月 10 日，党委宣传部、校庆办、校工会、校团委、离退休工作处、校友办联合发布《关于开展校庆主题书法、篆刻艺术作品征集活动的通知》，面向燕山大学全体师生、校友开展校庆主题书法、篆刻艺术作品征集活动。

此次活动共征集书法作品 63 幅，展出作品 36 幅。展出时间为 2020 年 9 月 1 日—20 日，每日 9:00—11:30、14:30—17:00，在东校区图书馆二楼校史陈列馆多功能展厅展出。

（三）校庆回忆

用档案的温度回馈师生校友、共庆百年华诞

——档案馆（校史馆）百年校庆系列活动综述

高静、李丽环、彭宗忠 [燕山大学档案馆（校史馆）]

“档案承载历史，服务践行初心”，燕山大学档案馆（校史馆）立足本职、结合实际，积极参与、支持学校百年校庆相关工作，举办了形式多样、丰富多彩的系列活动，用档案的温度回馈师生校友，为学校“建校溯源百周年·独立办学一甲子”的百年华诞完美献礼、增光添彩。

1. 继往开来，传燕大精神——开馆季校史参观活动

燕山大学校史陈列馆于 2020 年 8 月 11 日，校庆倒计时 30 天之际正式开馆、重磅亮相。校庆期间接待参观者超过 10000 人次，出色完成各类接待任务，受到了领导、师生、校友以及社会各界人士的一致好评。为做好接待服务，校史馆充分准备、积极谋划，埋头苦干、抬头创新，确保管理到位、顺利运行。我们全力打造了一支由 12 名教师、28 名学生组成的素质高、特色强、口碑好的校史讲解员团队；依托档案馆公众号平台开发建设参观预约及流量统

哈尔滨工业大学博物馆馆长赠送开馆礼物

计系统；设计制作折页、扇子、书签、拍照道具等多种形式宣传品；网上展馆于9月9日正式上线，那些不能亲临现场的校友通过“云参观”便可足不出户阅览整个展馆。以开馆季、开学季、校庆季为契机，通过开展“同框校史馆、分享朋友圈”集赞活动、“抖出最炫校史馆”短视频创作大赛、“校史陈列馆观后感”征文比赛、“手绘校史馆”创意明信片设计大赛等系列活动，强化师生、校友的参与性和互动性，提升校史馆的知名度和美誉度。参观者扫码入馆时，手机上会显示“您是第……位参观者”的页面，第整百、整千、整万位参观者可获得幸运奖品，“寻找幸运观众”趣味活动深受大家的欢迎和喜爱。

为领导、师生、校友提供校史参观讲解服务

燕山大学校史陈列馆的成功落成与运行，是对燕大精神的传承、是对燕大成就的展示、更是对燕大未来的展望。作为展示大学精神和传承大学文化的重要载体，校史陈列馆必将成为承载全体师生和广大校友共同记忆的精神家园，成为感悟校史底蕴、培育爱校情怀的育人基地，成为展示学校办学成就、扩大学校社会声望的重要窗口。

校史馆全体同人能够亲身谋划、组织、参与百年校庆活动，倍感荣幸与振奋。我们有着共同的信念与追求：将“知校史、爱燕大”的种子播撒在校园的每一处角落，让“传承奋斗基因、发扬工匠精神、追求卓越品质、熔铸家国情怀”的精神品格深植于每一个燕大人的心目当中。我们誓将团结协作、携手前行，共同为之孜孜以求、拼搏奋斗！

2. 宾至如归，觅昔日足迹——提供校友个性化服务

校庆周期间，档案管理中心举办“档案·记忆”主题活动，为全体返校校友提供档案查询、借阅、复制等服务，开放他们在校期间的相关档案，提供学籍卡片等的复制翻印等个性化服务，帮助校友找回在燕大学习、生活的点滴印迹，回忆流金岁月、共叙友谊芳华。

制作引导展牌，迎接校友共叙友谊、赏鉴芳华

为确保活动顺利开展，2020年春季学期伊始，档案管理中心便开始着手谋划，统筹馆藏资源，积极推进对所有学生学籍卡片等档案材料的数字化扫描工作。期间，共计完成42191张录检单、学籍卡片的数字化加工和56694条相关数据的录入工作；完成1990至2018年入学本专科和研究生电子数据的清理核对工作,1954至1960年各年级、班级总人数的统计工作，2001至2018届本科生、2009至2014届研究生成绩单数据的整理上传工作；完成对馆藏历年毕业生合影及馆藏无索引黑白旧胶片等的清理和数字化扫描工作，为校友返校准备充足的查询素材，并面向广大校友征集照片线索，进一步挖掘档案资料信息，确保相关档案材料得到充分利用。同时，加快推进智慧型档案库房的建设和档案服务系统与学校数字证书系统的对接工作，升级档案远程服务利用系统和“燕档在线”电子档案服务平台，实现相关档案材料的电子化出具，并提供纸质档案材料的邮寄业务，使那些不能返校的校友同样能够体验到优质的档案查询服务，感受母校的关怀。

将馆藏档案资料进行数字化转换，供师生校友查询使用

校庆活动期间，档案管理中心累计接待返校校友700余人次。工作人员听到最多的感叹就是“这么多年了，没想到我们上学期间的材料，都还保存着呢，学校太有心了！”1978级冶炼专业校友段英贤感言：“参加母校百年华诞庆典之后到档案馆，有幸复制了当年在东重上学时填写的学籍卡片，还有

黑龙江省招办的录取成绩单，真是珍贵的资料、永久的纪念。”我们将化鼓舞为动力，一如既往、矢志不渝，不断探索档案管理创新模式，充分发挥档案资料的巨大潜力，服务师生校友、助力燕大腾飞。

3. 薪火相传，忆峥嵘岁月——征集各类型史料档案

为百年校庆献礼，档案馆早在2019年6月就启动了史料征集工作，对外发布了《关于燕山大学校史馆史料征集的通知》，学校各单位、各部门、全体师生员工、历届校友、离退休老教师及其家属纷纷加入史料捐赠的队伍中来。

为提高征集的效率和质量，方便退休老教师集中捐赠，档案馆在工会设立了实物档案征集处，详细登记征集到的每一份实物；针对行动不便的离退休老教师，档案馆领导带领相关人员登门拜访，收集相关资料；异地校友通过邮寄的形式主动提供史料线索；各相关单位、在校师生则是主动将自己手中的史料送到馆里。大到百斤重的微型验证性二辊轧机、大型单边带发射机的重要部件，小到学校各个时期的食堂粮票、新年卡片，远到东重建校初期的教学用具，近到燕大学生自发研制的智能机器人，不同时期、形式多样的反映教学、科研及学校发展足迹的各种代表性历史见证物与资料都收录在册。筹备期间，共征集实物752件，精选展出90件，这些丰富且翔实的史料全面、真实、生动地呈现了燕山大学百年光辉历程与发展成就。为答谢师生校友对史料征集工作的大力支持，我们为捐赠单位和个人精心制作并颁发了《收藏证书》。

离退休老教师到实物档案征集处捐赠史料

整理、登记、展陈实物档案

一份份发黄的手写教案、一本本密密麻麻的工作日记，凝结了东重人、燕大人无数的心血和汗水，更倾注着他们对事业的严谨与专注；一枚枚小小的校徽、一张张单薄的借书证，陪伴了东重人、燕大人多少个春夏和秋冬，更承载着他们对母校的深情与眷恋……这些宝贝一直被捐赠者们小心翼翼地珍藏着，说小，是珍爱自己的青春和过往；说大，是“为党育人、为国育才”的初心与担当。如今，他们大多已年至耄耋，但对东重、对燕大的感情丝毫没有褪色，他们不追求奢华，把一生的至宝毫无保留地献给了母校，是真情、是希望，更是燕大精神的完美写照。

四、“重走南迁路，再抒创业情”——燕大精神传承系列活动

迎庆母校华诞，助力母校发展。该活动通过自行车骑行的方式，沿着学校发展重要阶段所历经的城市骑行，寻访办学旧址和新老校友，追溯燕山大学的建校之源和精神之源，重温学校往日的辉煌校史，收集广大燕大学子、社会民众对学校的祝福，旨在发扬燕大人与生俱来的奋斗基因和报国之志，展现艰苦奋斗、严谨治学、求实创新的燕大精神，在加深各地校友之间情谊的同时，努力服务地方经济发展，为燕山大学百年华诞献礼。

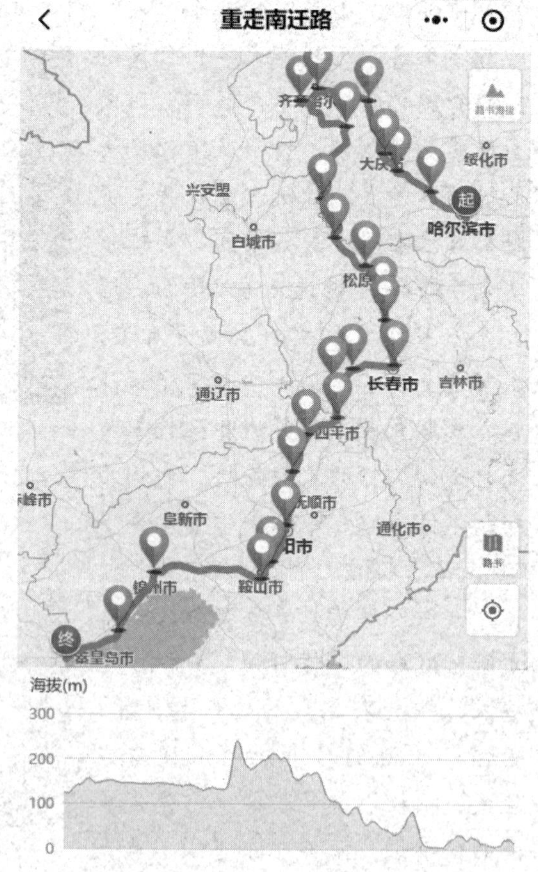

（一）活动方案

主管校领导：黄晟

责任单位：校庆办

校庆办联络人：王志宙

嫩江激流，燕山灵秀，百年学府，巍巍大成！2020年，燕山大学将迎来“建校溯源百周年·独立办学一甲子”的重要节点。为弘扬燕大人“匠心为国铸重器，丹心为国育英才”的家国情怀，学校决定开展“重走南迁路，再抒创业情”校庆骑行活动，共庆百年华诞、甲子辉煌。

1. 活动主题

“重走南迁路，再抒创业情”燕山大学百年校庆主题骑行活动。

2. 骑行线路

哈尔滨工业大学→东北重型机械学院旧址→燕山大学（经长春、沈阳、鞍山、盘锦，从滨海路到秦皇岛）。

表 3-1 “重走南迁路”线路初步规划

序号	每日起点	每日终点	距离（公里）	备注
1	哈尔滨	肇东市	72	
2	肇东市	大庆	115	
3	大庆	鹤鸣湖	120	
4	鹤鸣湖	富拉尔基	85	穿过齐齐哈尔市区
5	富拉尔基	杜尔伯特	85	G232 情况未知
6	杜尔伯特	腰新乡	120	
7	腰新乡	大安	88	
8	大安	松原	70	
9	松原	安广	80	
10	安广	农安	90	
11	农安	长春	76	
12	长春	秦家屯	68	
13	秦家屯	四平	112	
14	四平	宝力	75	
15	宝力	调兵山	60	
16	调兵山	沈阳	95	
17	沈阳	鞍山	105	走本溪、辽阳
18	鞍山	盘锦	90	
19	盘锦	锦州	100	
20	锦州	葫芦岛	60	
21	葫芦岛	绥中	86	
22	绥中	燕山大学	108	
总路程	1960 公里			

3. 骑行过程中相关活动

（1）科技服务

（2）文化宣传

（3）校友联谊

4. 活动时间

2020 年 8 月 15 日至 9 月 10 日，共计 27 天。

5. 参与单位

（1）哈尔滨工业大学

（2）齐齐哈尔市、富拉尔基区政府

（3）黑龙江、吉林和辽宁校友会

6. 骑行人员

（1）全程骑手。选拔 10 名校友、教工和在校生，全程骑行。

（2）分段骑手。各地校友、教工和在校生自行组织参加部分路段骑行活动。

7. 启动仪式

时间：2020 年 8 月 15 日上午 6:00，时长约 30 分钟

地点：哈尔滨工业大学

人员：哈尔滨工业大学校领导、燕山大学校领导、各地校友会代表、师生代表、10 名全程骑手、校庆办工作人员等。

8. 闭幕仪式

时间：2020 年 9 月 10 日晚

地点：燕山大学第一体育场

人员：燕山大学校领导、校友代表、师生代表、10 名全程骑手等。

9. 活动主办单位及承办单位

主办单位：校庆办

承办单位：各地校友会

10. 保障措施

（1）骑行规划运行天数 27 天，机动时间 5 天，以应对极端恶劣天气及其他突发状况。每天骑行距离大约 80 公里，车速大约 17 公里 / 小时。

（2）6 月上旬驱车全线体验，确定大体线路。7 月 20 日开始进行路段勘察，请当地校友骑行进行实际检查。7 月末 8 月初公布路线。

（3）骑行过程前部安排一辆摄像车开路，一辆大客车收尾，骑行人员保持在前后两车中间。突发大雨冰雹等极端情况，上大客车庇护。

（4）燕山大学校医院提供校医一名作为全程应急处理的医疗人员。

（5）住宿由各地校友会负责联系，保证洗澡、饮食、上网、工作和交流。

（6）校友提供的其他保障措施。包括提前和交警部门报备、医疗保障等。

11. 活动预算

（1）启动仪式费用。租赁桁架、制作条幅、租赁音响约 1 万元。

（2）宣传设备租赁费用。除学校宣传部可以提供的宣传设备外，另需购买存储配件及租赁设备约 1 万元（可提供明细）。

（3）骑行耗材费用。除参加骑行人员自行提供的自行车及配件外，另需准备备用外胎、内胎、刹车配件及维修工具等约 1 万元（可提供明细）。

（4）汽车租赁费用。保障车约 4 万元。

（5）人员吃住费用。骑行人员 10 人、摄像 3 人、司机、随行医生、工作人员等共计约 20 人。每人每天按 200 元计算，27 天共计约 11 万元。

（6）委托第三方活动公司，安排随行工作人员，提供活动随行联络保障等，服务费用 1.8 万元。

（7）参加活动人员保险费用。全程骑行人员 220 元 / 人，分段骑行人员 5 元 / 人 / 天，估算约 1 万元。

（8）宣传及活动预算暂时无法估算。

12. 活动预案

（1）招收 10 名在校生作为骑行预备队。若在骑行过程中，全程骑行人员被迫隔离，预备队继续原全程骑行人员剩下的骑行活动。

（2）开展在线骑行活动。各地师生、校友可选用任一款正规记录骑行的软件，通过朋友圈连续打卡，在 8 月 15 日至 9 月 10 日间完成 1960 公里的骑行总里程数，经骑行活动组核实后颁发“重走南迁路”在线骑行活动荣誉证书。

（二）活动进展

1. 校友办考察“重走南迁路”路线

与齐齐哈尔市富拉尔基区领导座谈

2020 年 6 月 7 日，哈尔滨工业大学迎来了百岁生日，燕山大学校友办主任张向前带领副主任张杨、基金管理办公室主任纪红月，随同校领导一行赶赴哈尔滨，为哈工大送上来自燕山大学的祝福。活动结束后，6 月 8 日—11 日，燕山大学一行三人赶赴富拉尔基区，与齐齐哈尔市领导就“三双”工程展开深入对接和座谈。会谈结束后，驾车一路向南，考察校庆系列活动之“重走南迁路”的骑行路线，并在沿途走访多地校友，举行校友座谈，参观校友企业，推广“三双工程”，推动地方校友会的建设。

为迎接百年校庆，追根溯源燕大（东重）的创业搬迁之路，校友办准备在 8 月初开展名为“重走南迁路，再抒创业情”的燕大（东重）精神传承系列活动，计划用 40 天左右的时间，由师生校友共同完成“哈尔滨—齐齐哈尔富拉尔基—秦皇岛”的骑行活动。沿途在重要节点城镇还要召开校友联谊会，走访校友企业，洽谈合作，服务地方经济社会发展。寻找一条适合的骑行路线，寻求沿途校友的支持，就是校友办一行人此行最重要的任务。

在 4 天的时间里，校友办人员驱车 2000 公里，穿越 4 个省区，走访了大庆、齐齐哈尔、长春、沈阳、辽源、鞍山等地校友，向各地校友介绍了校庆调整方案、“三双工程”、重走南迁路等活动安排，并诚挚邀请校友们参与“三双工程”，参加百年校庆，各地校友纷纷表达了对母校校庆活动的期待之情，表示一定配合好母校各项活动安排，做好重走南迁路活动的对接和细节安排，保障后勤服务工作，保证活动顺利有序开展。

校友办一行人员还走访了鞍钢集团和我校锻压 87 级校友王中创建的明星企业——辽源市格致汽车科技股份有限公司。

与鞍钢校友合影

参观格致汽车科技股份有限公司

2. 骑手招募通知

这是一场激动人心的远征，从哈尔滨到秦皇岛，全程 1960 公里，历时近一个月。

这是一次致敬先辈的探险，在骑行中体会老一辈燕大人是用了怎样的雄心和气魄，完成了两次搬迁、三次创业的壮举。

这是一次凝聚人心的宣传，在南迁精神的指引下，一路传播燕大精神，一路彰显燕大魅力。

这是一次跨越四省的联谊，漫漫长路，时时都有亲朋的鼓舞，处处都有校友的欢聚。

为庆祝“建校溯源百周年 · 独立办学一甲子”，学校决定开展“‘龙健杯’重走南迁路”校庆骑行活动。通过自行车骑行的方式，追寻学校两次搬迁的漫长旅程，弘扬艰苦创业的燕大精神，服务地方经济，加深校友情谊，为燕山大学百年华诞献礼。

来吧，朋友！加入我们，一起追寻南迁足迹，重温南迁情怀，保留专属燕大人的“南迁记忆”，并从中汲取继续前行的力量，为母校百年华诞奉上一份炽热的心意。

（1）骑行路线及活动方案

活动全程约 1960 公里；

活动时间：8 月中旬至 9 月 10 日；

启动仪式：8 月中旬在哈尔滨工业大学；

闭幕仪式：9 月 10 日在燕山大学；

计划在哈尔滨、大庆、齐齐哈尔、长春、沈阳和鞍山等地，联合当地校友举办科技服务地方、燕大精神宣讲和师生校友联谊等活动。

（2）招募数量

全程骑手十名。

（3）报名要求

燕山大学校友、教职工、在校生均可报名参加；

本人为骑行爱好者，具有丰富的长途骑行经验，身体健康，能够完成全程骑行；

服从活动组织安排，统一行动；

骑行时间预计从 8 月中旬至 9 月 10 日；

自有骑行用自行车，车况良好，可以顺利完成全程骑行活动。

（4）骑行保障

协调相关单位给予时间等支持；

全程免费吃住；

全程医疗保障；

前有开路车，后有保障车；

提供骑行损耗品费用；

提供意外伤害险、意外医疗险和自行车财产险。

（5）表彰奖励

颁发《重走南迁路全程骑行证书》；

登上百年校庆文艺晚会主舞台；

协调相关单位给予奖励；

获得校庆纪念品一套。

（6）报名联系方式

联系人：王志宙

邮箱：ysu100@ysu.edu.cn

报名截止时间：8 月 2 日

“重走南迁路”骑行活动得到了龙健集团的大力支持。龙健集团是一家专业致力于全球音视频行业，打造专业音乐文化产业综合平台的企业。1990 年，龙健集团的事业从广东起步，经过三十载辛勤耕耘、三十载砥砺前行，已发展成为集音乐、文化领域产业及研发、制造、销售、服务、文化传播、个人体验、培训等一体多元化发展的高新科技集团公司，旗下拥有 40 家子公司，200 多项技术专利。

燕山大学 88 级工企专业冯继勇校友任龙健集团董事局副主席，燕山大学 88 级工企专业井厚彬校友任董事。感谢龙健集团对此项活动的大力支持，欢迎各位师生校友积极参与、支持校庆活动。

3.“‘龙健杯’重走南迁路，再抒创业情”校庆骑行活动出发仪式在哈尔滨工业大学举行

2020 年 8 月 15 日清晨，“‘龙健杯’重走南迁路，再抒创业情”校庆骑行活动出发仪式在哈尔滨工业大学主楼前广场举行。燕山大学党委常委、副校长赵永生、王宝诚，哈尔滨工业大学党委副书记、副校长吴松全出席仪式。哈尔滨市委常委、哈尔滨新区党工委副书记、哈经开区党工委书记、平房区委书记刘兴阁，哈尔滨工业大学教授、中国科学院院士段广仁，黑龙江校友会会长、龙健集团副董事长冯继勇等校友代表出席仪式。

作为学校庆祝“建校溯源百周年 · 独立办学一甲子”的重要活动之一，

“重走南迁路，再抒创业情”骑行活动受到了广大师生校友的广泛关注和大力支持。10 名全程骑手和若干名路段骑手将从哈尔滨工业大学出发，连续或接续骑行 27 天，途经大庆、齐齐哈尔富拉尔基、长春和沈阳等地，骑行 1960 公里到达燕山大学所在地——秦皇岛。他们将代表全体燕大人，在南迁壮举的指引下，一路传播燕大精神，一路彰显燕大魅力，一路鼓舞燕大士气，为把燕山大学加快建设成为特色鲜明、国内一流、世界知名的研究型大学而奋力拼搏！

赵永生在仪式上致辞。他表示，62 年前，为服务国家重大战略需求，500 多名哈工大师生从繁华的都市搬迁到北国边陲富拉尔基，用两年时间创建了新中国第一所重型装备制造行业院校——东北重型机械学院。历经两次搬迁、三次创业、划转更名，发展到如今的燕山大学。希望通过此次活动，追寻两校前辈不畏艰难的漫长旅程，传承艰苦创业的燕大精神，服务地方经济，加深校友情谊，为燕山大学百年华诞献礼，为学校奋力跻身国家“双一流”建设行列加油助威。赵永生还代表学校向哈尔滨工业大学，冯继勇、井厚彬校友，黑龙江、大庆、齐齐哈尔、沈阳校友会和长春校友会筹备组，以及参与、支持和帮助这次活动的社会各界人士表达了感谢。

赵永生致辞

吴松全表示，本次骑行活动意义重大，是一次致敬历史的溯源、一场激动人心的远征。燕山大学与哈工大同根同源，同文同宗。6 月 7 日，习近平总书记致信祝贺哈尔滨工业大学建校 100 周年，总书记的重要嘱托是两校共同的精神引领。两校拥有同一个初心、同一个使命、同一个梦想。面向新百年，两校一定会同题共答、同舟共济，并肩向党中央、向人民交上立德树人的优异答卷。

吴松全致辞

燕山大学 2006 级光电子专业校友张路岩代表全程骑手发言。她表示，站在母校梦想开始的地方，百感交集。“规格严格，功夫到家”，哈工大的校训也是所有燕大人所秉持的，“厚德、博学、求是”更是我们的座右铭。今天通过骑行来重温前辈脚步，缅怀峥嵘岁月，感受艰苦奋斗的燕大精神，必将激励所有燕大人向着“双一流”目标奋力进发。

此次活动由燕山大学88级校友、黑龙江校友会会长、龙健集团副董事长冯继勇及同班级、同公司校友井厚彬共同捐赠支持。赵永生为冯继勇颁发了捐赠证书。冯继勇表示，非常荣幸能够代表全体校友去探索、去体会燕山大学充满艰辛的南迁之路。2020年是燕山大学第二个百年之始，全体燕大校友将永葆艰苦奋斗的精神和家国情怀，为中华民族复兴、为燕山大学再创辉煌贡献自己全部力量。

哈尔滨工业大学教授、中科院院士段广仁，燕山大学副校长王宝诚等校友自愿加入路段骑手行列。赵永生为段广仁颁发“骑行大使”聘书。段广仁在致辞中表示，作为燕山大学和哈工大共同的校友，担当骑行大使义不容辞。他以一首诗抒发了心中感慨：再走南迁路，重温旧日情；蓦然千万里，看我踏车行。

传递松花江溯源之水

此次骑行活动一个重要的历史使命就是汇聚三江之水：沿途收集松花江溯源之水、嫩江生命之水以及戴河发展之水，作为学校两次搬迁、三次艰苦创业的历史见证。燕山大学哈尔滨校友会代表、黑龙江诚远科技有限公司董事长陆岩向骑手代表、燕山大学经济管理学院教师鲁云鹏传递松花江溯源之水。

仪式上，赵永生为10位全程骑手授予了燕山大学校旗。

出发

6:30，骑行人员从哈尔滨工业大学主楼前广场出发，前往第一站肇东市。哈尔滨工业大学选派体育部孟述、关亚军 2 位教师陪伴骑行到齐齐哈尔市富拉尔基区。

4. 致敬历史：燕山大学在东重故地举行“重走南迁路”再出发仪式

2020 年 8 月 19 上午，燕山大学“重走南迁路”再出发仪式在东重故地齐齐哈尔市富拉尔基区燕山大学齐齐哈尔产业发展研究院举行。齐齐哈尔市政府副市长姚卿，燕山大学党委常委、副校长任家东，齐齐哈尔市科技局局长那君喆、副局长许金光，富拉尔基区区长关宝建、副区长李福林、副区长崔微，开发区管委会主任马明和燕山大学（东重）各地校友会代表出席仪式。

再出发仪式现场

任家东讲话

任家东回顾了第一代东重人服务国家重大战略需求，以“敢叫日月换新天”的气概，白手起家，扎根边疆创业建起东北重型机械学院的艰辛历史和学校顺应改革开放的时代潮流，从嫩江之畔吹起冲锋号，整体搬迁至沿海开放城市秦皇岛，开启了为国铸重器、矢志育英才崭新篇章的发展背景。并代表燕山大学向哺育东重成长的齐齐哈尔市委市政府、富拉尔基区委区政府和全市人民，向在东重建校、发展、南迁过程中给予巨大帮助的各级领导和各界人士，致以最诚挚的谢意和最美好的祝福。

关宝建回顾了燕山大学与齐齐哈尔富拉尔基区携手并进、骨肉相连的血脉亲情。他表示，自 2016 年市委、市政府与燕山大学在富拉尔基区建立燕山大学齐齐哈尔产业发展研究院以来，双方在科研攻关、成果转化、实训基地等方面进行深度合作，取得了突出的成效，期待燕山大学发挥科研技术领军作用，双方共同在富拉尔基孕育出好的产品设计、好的技术服务、好的产业项目。并衷心祝愿燕山大学在新的百年里，书写新的传奇，创造新的辉煌。

姚卿发言

姚卿表示，齐齐哈尔和燕山大学，相生相伴、守望相助、血脉相连。从与中国一重、建龙北满、齐重数控、齐二机床等装备企业的研发项目合作，到全面建立战略合作关系，再到建设燕山大学齐齐哈尔产业发展研究院，市校合作逐年深入，取得了丰硕成果。燕山大学来齐开展“重走南迁路”骑行活动，充分表达了燕山大学反哺回馈齐齐哈尔的感恩之忱，也是燕大饮水思源、不忘初心的具体体现。希望双方继续紧密结合，搭建高质量合作平台，创新更灵活的合作机制，开启市、校、企精深合作的新征程。

鲁云鹏代表全程骑手发言。他说，这一段旅程，让他看到了各地校友的热情，那是一种深深的归属感，远离燕大千里，仍能看到家人。当然，这更是一种荣誉感，燕大培养的优秀人才遍布各地，在自己的工作岗位上发光发热。他在这一段旅程更深深地感受到了学校搬迁的漫长旅程、创业过程的艰辛，骑行路上虽然是高低起伏、沟沟坎坎，但他告诉自己一定要坚持一路向前。

捐赠版画（左：冯继勇　右：任家东）

88级工企专业校友冯继勇向母校捐赠庆祝燕山大学“建校溯源百周年·独立办学一甲子”系列版画。他说，当来到独立办学发祥地，看到这座雄伟的大灰楼，心中涌动着神圣之感，它虽然简陋，但却奠定了燕大人艰苦奋斗的基因，铸就着家国天下的精神品格，是我们艰苦奋斗的见证。都说传承才是最好的纪念，如今艰苦奋斗的精神在燕山大学得到了永续传承。2020年是我们燕山大学建校溯源百周年·独立办学一甲子的重要年份。在市委市政府和区委区政府的支持下，我们邀请到业内闻名的齐齐哈尔版画院张书君院长，他亲自带领8位版画师花了将近一年的时间创造了这幅版画。冯继勇深情地说，齐齐哈尔藏龙卧虎，富拉尔基人杰地灵，他为自己诞生在富拉尔基而感到自豪。今天他把版画送给燕山大学，希望燕山大学在祖国最好的时代腾飞，再塑辉煌。

齐齐哈尔校友会将收集好的生命之水——嫩江水交接给骑行代表；并将东重校园内的一棵丁香树转赠燕山大学，这棵丁香树将移栽在燕山大学校园里，传承东重的历史韵味。

转赠丁香树（左：欧阳渊 右：李晓峰）

黑龙江北大仓集团有限公司党委书记、总经理隋熙凤表示要以燕山大学百年校庆为契机，加深校企合作，大力支持学校发展建设。

仪式最后，任家东鸣枪，"'龙健杯'重走南迁路"校庆骑行活动再出发。

（三）校庆回忆

烟雨蒙蒙向前冲——最后百公里纪实

张路岩（中华文化促进会美育工作委员会执行秘书长，燕山大学信息学院06级光电子专业学生）

2020年9月10日，重走南迁路的最后一天，校庆日，教师节，也是骑行队要到达校庆主会场的日子。这一天，120公里的路程，从绥中出发，早上8点到晚上8点，骑行队经历了雨中骑行、夜路骑行，风风雨雨是过去二十多天不曾有过的体验。有不再被晒的欣喜，也有雨中行进的坚定；有浑身湿透的狼狈，也有终于到家的亲切；有场外待命中的紧张，更有场内欢呼中的激动；这一天的丰富不能不记录下来，行进中脑海里回旋的只有一句话：烟雨蒙蒙向前冲，向老师致敬，向母校百年致敬！

早上出发时刚开始掉雨点儿，结果一上午没停，中间还有几阵下得很急，但大家丝毫没受到影响，反而越发兴奋了。胳膊上、后背上都是车子喷溅的泥水也不去管。段广仁师兄、刘勇师兄（黑龙江校友会名誉会长）、陆岩师兄三人在第一梯队，遥遥领骑，王宝诚副校长和周雨老师紧随其后，骑行队十人前后兼顾，整齐划一，正常行进。大家归心似箭，一上午就蹬出去了80公里，雨水浇、汗水泡，骑行服都湿透了。中午到了休息地，换下湿漉漉、凉冰冰的衣服才去吃饭。

这一天算是二十多天来最壮烈的一天，因为之前预留了休整和躲避恶劣天气的时间，除了正常骑行并没有经历什么特别严酷的考验。但是最后一天使命必达，没有回旋余地，而且前一天晚上开会大家已经有了心理准备，无论怎样，风雨无阻！

最后40公里出发前，又来了一大波欢迎慰问的，机关党委的老师们还都骑着车，也冒雨欢迎并要陪同一路骑回母校，还有艺术学院校友会欢迎团，让骑行队提前感受了家门口的热情。下午4点多再出发后就看到了越来越熟悉的路标，山海关，老龙头，最后终于进入了秦皇岛市区，车子和行人也多了起来，队长提醒大家减速。终于回到了熟悉的城市，仿佛又有点陌生，很多场景已经面貌一新，大家一个个更兴奋了，只有队长还是紧张地让大家注意。从东戴河往燕山大学走的是秦皇东大街，人少，临近又出现了两个大上坡，兴奋之情已经可以让大家一口气都冲上去了，下坡还勉强带一下刹车。很多人没有走过这条路，问还有多远，前方传来“还有两公里，拐弯就到”，于是大家都笑，一路上不管多远永远都是这句，也正是这句引领着我们骑过一个又一个百余公里。

拐了几个弯之后就看到了赫然伫立的大牌子：“欢迎校友回家”，然后就是大大的校徽和校庆标识，这一次真的到家了。虽是新校门，但依然那样熟悉，老师说这个校门我们是第一批进来的人，百感交集。这时候已经临近登台了，大家匆忙留了念，整理好队形，踏上车子就骑了进去。心里瞬间踏实了下来，环顾四周，三三两两的同学们结伴而行，校园里很远就传来大屏幕直播晚会的声音，远处教室的灯都还亮着，可能依然有同学在上自习。在西区稍作停顿，就听到场内传唤至燕宏桥下待命的指令，于是我们再前进。一路下坡我们行进得很慢，身边也不时传来同学们惊叹的声音。拐过篮球场就听到主持人话筒中的“一支队伍”的声音，于是大家又向前冲，再后来，就是大家看到的最后进场一百米，车子骑到草坪，看到欢呼的人群，我们停下来搬起车走上舞台，每个人都走得铿锵有力，走得无怨无悔，一路跋山涉水，这里是我们的终点。主持人采访段院士和队长，说的什么已经不再重要，重要的是我们骑行队出现在了这里，我们完好无损地回到了母校的怀抱，回到了久别重逢、充满期待的主会场。站在台上放眼望去，闪亮的荧光棒，不时传来熟悉的“百年燕大·家国天下”的欢呼声。此时的我们心中只有一句：重走南迁路，母校我做到了，我们回来了！

至此，骑行队，27 天，1960 公里，圆满完成任务。

两个轮子上的风光

——我的校庆故事

张路岩

“母校情，一生情”，这是母校推出的重走南迁路专题视频中对于我的报道，也是我内心的真实写照。我与校庆的故事，更是我与母校的故事。

故事从 2006 年开始至 2010 年结束，四年的在校时光，成了我与母校最宝贵的记忆，也是与校友们共鸣一生的情感基础。后虽有进学，但都不及。2020 年是母校百年，也是我大学毕业十周年，遇上这样的历史时刻，这一年，过得的确很不平凡。

这一年，我与母校发生了三个很重要的故事，第一个是“燕山有爱，大学担当”爱心抗疫行动，我受 95 级姜宏岩师兄之托，作为本次行动前期每日报道的主笔，亲历了燕大人的社会担当。第二个是“为爱表白，祝福母校”北京校友会视频录制活动，向母校献礼，因此也掀起了各地校友送祝福的风浪。第三个就是“重走南迁路，再抒创业情”骑行活动，作为全程唯一女骑手，又一次亲历母校历史，传承燕大精神，更感受到了自己肩上责任的重大。

这次百年校庆骑行活动跨越了东三省，历时 27 天，1960 公里，最后进入秦皇岛直抵校园，到达校庆主会场，一路骑行，一路风光，更是一生难忘。骑行活动中我不仅作为骑手，同时也承担了很大一部分的文字报道工作，时间长，参与深，是校庆年里我与母校故事中最浓墨重彩的一笔。作为这个故

出发仪式上骑手代表发言

临行前的大合影

事里唯一的女生，我感受了不同的视角，也意识到自己参与其中的深远意义。曾在一篇骑行日记里写过：“或许，几百年后，也有人品评，泱泱学府，燕山大学，出身名门，几经沧桑，适逢庚子百年，重走南迁之路，冰城出发，鹤城沉淀，一路向南，齐聚港城燕园，全程 21 人，27 天，1960 公里，双腿丈量，艰苦奋斗，勇攀高峰，治学之志，是以记之。”

等待骑行队到来的东重校园

离开齐齐哈尔警车开道

时至今日，种种画面，仍历历在目。

忘不了哈工大主楼前出发仪式上的庄严，站在母校梦想开始的地方，青春的心久久激荡；

忘不了友谊西路江边放开腿脚的兴奋，骑行在清爽的晨风中，目睹老城的江水缓缓流淌；

忘不了肇东、安达、大庆的跋涉，一路蓝天白云，在困顿期盼中感受野旷天低风吹沙响；

忘不了齐齐哈尔富拉尔基的嫩江红岸，照片里东重老校门和欢迎仪式上师兄的热泪盈眶；

忘不了胡吉吐莫小镇安静的清晨，暖阳中的林荫小路，油条和小米粥至今还是那么甜香；

忘不了松原的铁锅炖大鹅，金黄的稻田、大片的原野，还有前导车的点歌服务循环播放；

忘不了长春的座谈会，长光卫星，四平一天的休整，公园里广场舞大妈和公主岭的夕阳；

忘不了调兵山蒸汽机车博物馆，追赶大部队的研二小师妹和大城市铁岭保力镇的婚房；

忘不了沈阳站的棋盘山，欢迎仪式上的红毯和师兄八九十年代大学生的

沈阳站的欢迎仪式

参观中国工业博物馆

怀旧吉他弹唱；

忘不了老中青几代校友的亲切交流，印斌师兄的迎送目光，还有八十公里骑行者的天堂；

忘不了鞍山海城路上的避雨棚，闻名于世的盘锦红海滩，火红的碱蓬草和广袤的芦苇荡；

忘不了锦州的几级大海风，伴着起起伏伏的山路，兄弟们拼了斗志，毫无畏惧逆风而上；

忘不了葫芦岛的皇家驿馆，听雨轩的果树秋千，院士师兄三人组的回归更显宁静和安详；

忘不了老师们的用心，各地亲人的友爱，保障组的操劳，队医的叮嘱和摄制组的熬夜采访；

忘不了路上的香瓜和汗水，坚持不懈的苦中作乐，风吹日晒赶路后一次次点菜的瞬间光盘；

忘不了最后一天，绥中出发，穿过山海关，进入秦皇岛最后百公里烟雨蒙蒙向前冲的悲壮；

忘不了一个团队，跋山涉水，一个月后在欢呼声中到达终点校庆主会场时的紧张和释放；

……

太多的忘不了，为什么是校庆骑行队？

生活尚且需要仪式感，何况一所大学。百年校庆骑行活动，从母校梦想开始的地方，到成长，再到圆梦，曾经的辉煌或是失落，重温前辈的脚步，缅怀峥嵘岁月，感受艰苦奋斗的南迁精神，是我们此行追寻的内涵，都在创造历史的人们身上，有素昧平生的路人，更有血脉相连的校友。

路过大庆两次，让我难忘的是给我们领路的大猛老哥。老哥五十多岁，身上最明显的标志是自行车车牌号，19590926，那是大庆油田第一次出油的日子，老哥把它做成车牌时刻带在车上。“好工人骑行协会”、大庆铁人、厚厚的日记本，老哥车上满满的都是纪念意义，满满的都是大庆精神，老哥说他骑的是文化，他要做大庆文化的传播者。老哥的车子有我们的五倍重之多，上下坡也跟我们速度一样，停下休息时还给我们讲他大大小小的故事，诸如他的文化衫是哪次国际骑行活动的纪念，本子里都是哪里的人给他的留言和邮戳。大猛只身骑过井冈山，红色路线，骑车走过祖国的大江南北，年轻气盛的师弟们也不由得从心底佩服，说老哥是个纯粹的人、脱离了低级趣味的人。临别给老哥赠送了我们的校庆文化衫，相信日后也会成为猛哥传播的又一佳话。之于母校，我也想做个像大猛老哥一样的人，做燕大精神的传播者。

长春的秦晋汉师兄，77 级锻压专业，跟我们骑行队的大师兄丁九华是同班同学，秦师兄还特意骑车子溜了一圈感受单车的魅力。为了迎接骑行队，秦师兄全家全厂总动员。在两天的接触中，秦师兄用自己的生命轨迹和志向向我们展示了什么是东重精神，什么是燕大精神，虽已花甲之年，仍有理想，追求行业第一乃至世界第一，从秦师兄身上我们看到了企业家的严谨和民族气节。座谈的时候师兄讲起一次联欢会上他们全班写的一副对联，“嫩水江城乃是藏龙卧虎之地，东重锻压敢争全国同行第一”，横批“比比看”，多么霸气。从没说起过，几十年之后还能脱口而出，师兄讲当年学校的好风气，老师留的选做作业同学们全部做完，一个不落毫不含糊，甚至毕业多年之后建设自己工厂设计用到的公式都能张口就来，“教学严谨、基本功扎实”，师兄努力回想当年的样子，告诉我们，我们要传承的是什么。

葫芦岛的“燕大 100”创意合影

沈阳的王印斌师兄（94 级检测专业、沈阳普泰安科技有限公司总经理）也一样，同为企业的掌舵人，四十多岁正当年，没有太多华丽的语言，就是像接待家人一般。当我们走的时候，印斌师兄跟玉庆师兄道别完，目送我们上车，独自站在那里，挥手作别，突然一种说不出的感动涌上心头。还有 62、63 级的前辈师兄们，相信很多人看过关于他们的文章《毕业五十年回燕大》，让我们触摸到了母校的最初。

一个师兄说各地校友是一颗一颗闪耀的明珠，骑行队正是那根线，把大家串了起来。是这样的，我们一次次，像走亲戚一样，串联起散布在各地的家人，串联起母校走过的点点滴滴。这项壮举中每一个参与其中的人都有自己的故事，与母校的故事。大师兄的认真，二师兄的快乐，三师兄的顽皮，四师兄的稳重，五师兄的内敛，六师兄的超萌，七师兄的任性，老八的倔强（笔者），老九的精致（青年教师），老十的坚韧（在校生），还有三个护骑手的担当（在校生），更有摄制组和保障组的幕后奉献。分工虽各有不同，但都有共同的身份——燕大人。我们或探寻历史或追忆青春或填充向往或致敬前辈，都坚定地完成了重走南迁路的使命，践行了艰苦奋斗的燕大精神，体悟了传承的意义。行走在祖国的大地上，感受一方热土，享受骑行的快乐，想起艾青的那句诗，“为什么我的眼里常含泪水，因为我对这土地爱得深沉”，骑行队队员都是对生活充满热爱的热血的人。

最后一天段广仁院士雨中骑行

本文摄影：韩博阳、周洋、黄远、傅章磊、肖钧、胡春海、马武、王玉庆、胡义雄、张文婧

两个轮子，一身力气，走过了一个大学的历史，也走过了八旬老者一生的轨迹（回到母校58级杨老师激动地跟我讲）。“百年燕大·家国天下”，这不是一个单纯的口号，燕山大学的每一次变迁都是响应国家的需要、顺应历史的潮流，走得坎坷，也走得深沉。一次次的目标，一次次的从头再来，凝聚着全体燕大人的血泪和勇气，让她能坚定不移地推动历史的车轮。正如此举成行，离不开决策者，离不开推动者，离不开参与者，离不开保障团队，更离不开各地的响应团队。回归到我们每个人，无论性别，无论出身，都向往着不辜负母校的培养，在祖国的大地上立起一个个大写的人。

两个轮子，骑出了对母校的眷恋，骑出了对历史的敬畏，骑出了与祖国同呼吸共命运的决心，更骑出了我们对祖国大地爱的礼赞。新时代新征程，如今，向着争创双一流的短期目标，全球30万燕大人正在砥砺奋进。正如我在哈工大出发仪式上发言所讲的，“功成不必在我，功成一定有我，向着目标出发！”

这就是我，骑行队老八，一个记录者，一个普通的燕大人、燕大女生，与校庆的故事。

五、举办 99 周年校庆晚会

举办建校溯源 99 周年暨独立办学 59 周年文艺晚会，启动百年校庆一周年倒计时，发布校庆形象创意征集获奖作品。

（一）活动方案

主管校领导：黄晟

责任单位：校庆组织委员会办公室

校庆办联络人：张向前

1. 时间

2019 年 9 月 10 日 19:30 开始，时长 2 小时。

2. 地点

燕山大学东校区第一体育场。

3. 文艺演出

由艺术学院负责，演员由学校师生组成，发节目单。

4. 舞台

在第一体育场东侧跑道，由艺术学院提出需求，校团委负责招标、组织施工。

5. 灯光、音响、屏幕及技术团队

由艺术学院提出需求，争取校友捐赠，校团委做好招标准备。

6. 观众

（1）校友。所有外地校友和部分本地校友。（责任单位：校友工作办公室及各学院）

（2）校内。校领导班子成员，离退休教职工，师生代表。（责任单位：校友工作办公室、离退休工作处、人力资源处、学生工作处）

7. 安全保卫（责任单位：安全工作处）

（1）消防检查。会前认真检查消防重点区域，安排消防车，确保消防安全。

（2）入场检查。第一体育场凭票入场，凭卡出入，安全检查；其他会场控制人流量。

（3）交通管制。设置警戒线，全校车辆管制。

（4）校园安保。禁止校外人员进入校园，加强校内安保，保证晚会期间安全稳定。

（5）活动报备。及时向秦皇岛市报备大型活动，请求支持。

8. 后勤保障（责任单位：后勤服务中心）

（1）电力支持。为各会场提供电力支持和应急用电保障。

（2）摆放座椅。主会场全部摆放观众座椅。

（3）设置照明。保证三个会场及附近地区的路灯照明，严防拥挤踩踏。

（4）如厕准备。开放周边楼宇的厕所，及时清理。

9. 宣传报道（责任单位：宣传部）

（1）会前准备

制作背景视频。会前暖场视频、晚会背景视频等。

（2）会场宣传报道

①组织媒体采访报道，发布晚会新闻。

②开通微博直播。

③录制全程视频，交档案馆留存。

（二）专题协调会会议纪要

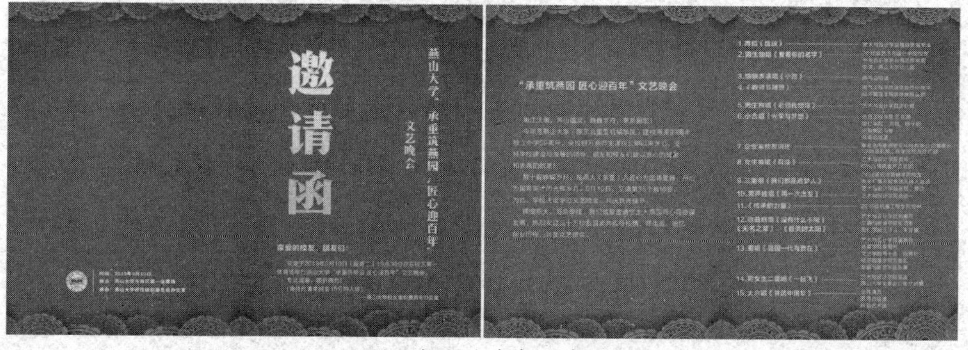

99 周年文艺晚会邀请函

2019 年 8 月 19 日，校庆办组织召开 99 周年校庆庆典活动专题协调会，研究 99 周年校庆庆典活动事宜。会议研究决定：一是 99 周年校庆庆典是百年校庆活动标志性的起点，整体风格应区别于百年庆典的宏大热烈，要设计精巧、朴素细腻，从小处着眼、以情感人，目的是为百年庆典活动做铺垫和准备。二是本次庆典活动不设主持人。整场活动内容包括：领导讲话；为校庆顾问委员会主任颁发聘书；百年校庆倒计时钟揭幕；老教师、企业家、新

“承重筑燕园 匠心迎百年”文艺晚会总体安排

任务分工	校庆办	任务安排	完成时间	对应部门	负责人及联系方式
晚会演出	赵琳	剧务工作	7日前	艺术与设计学院	张竹岩
		节目对应视频	7日前		
		舞台（搭建、安全、布景）	7日前		
		节目安排（流程、效果、视频）	7日前		
		灯光音响（设备调试、效果、视频）	7日—10日		
		服装道具（保障安排）	7日—10日		
		节目单制作	8日前		
校领导、各单位	郭沛、姜文超	倒计时活动揭幕	9日	校党委办公室 校长办公室	李洪波
		人员领导、作息安排	10日		
		候场房间安排	10日前		
		座椅安排、饮用水等	9日前		
		节目任务、讲话稿撰写	9日前		
学生观众	张杨	座席安排（分区、摆放）	10日前	学工处	蔡星周
		进场人员数量（时间安排）	8日前		
		入场、秩序、流程	8日前		
校友客人	柯铁军	人员接待、时间、地点	8日前	校友办	赫连华巍
		进场引导工作	10日		
		节目任务	8日—10日		
宣传工作	孙红磊	节目开始前学校宣传视频	7日前	宣传部	孙红磊
		参会校友视频制作	7日前		
		倒计时活动揭幕	9日		
		现场摄影任务	10日		
		后期宣传工作	10日后		
		邀请函发放	9日		
礼仪接待	郝晓丹	倒计时活动揭幕	9日	校团委	薛传佳
		节目单发放	10日		
		引导工作	10日		
		颁奖工作	10日		
		各区位站岗	10日		
后勤保障	胡春海	电力供应保障	7日—10日	后勤集团	张文超
		座椅数量	7日—8日		
		场地环境	7日—10日		
安全保障		人员现场安保	10日	保卫处	王昕
		车辆调导	10日		

99周年文艺晚会总体安排

生等代表人物讲述燕大故事；歌、舞等各种形式的表演。要通过巧妙的设计和编导使整场活动自然流畅，为全校师生奉献一场视听盛宴。三是具体责任分工：张向前负责联系校领导、协调后勤集团为整场活动提供电力保障，薛传佳负责舞台的搭建，张竹岩负责整场活动的编排，产佳（学工处副处长）负责观众席的组织和安排，赵琳负责节目单的设计，郝晓丹负责联系信息技术中心为庆典活动中倒计时钟揭幕一、二现场连线环节提供技术支持。四是舞台搭建方案A为室外（第一体育场）、方案B为室内（体育馆），两个方案庆典公司需同时报价，9月7日前呈校庆组委会决定最终执行方案。五是第一体育场共设观众席位15000个，由学生工作处负责按照流程采购凳子。

2019年9月5日，召开第二次专题协调会研究99周年校庆晚会筹备事宜。为确保晚会顺利举办，经议，作出如下安排：一、自9月7日起进入彩排阶段。二、党委办、校长办、安全工作处要严格按照河北省教育工委、河北省教育厅及秦皇岛市委、市政府有关要求进行活动报批和备案。三、为高效、有序地做好晚会期间突发事件的防范和处置工作，由党、校办牵头编制相关应急预案。四、晚会活动具体责任分工。校庆办：负责统计出席晚会校友信息、发布活动注意事项、现场检票以及整场活动的总协调。党、校办：负责协调校领导进行倒计时钟揭幕视频录制、出席晚会、讲话以及为校庆创意征集活动获奖者颁奖，负责校领导、嘉宾、校友、教职工座席安排并制定分票方案。宣传部：负责录制倒计时钟揭幕视频，制作并提供整场活动所需全部视频，组织现场拍摄及网络直播以及活动前期、中期、后期常规宣传工作。校团委：负责提供引导嘉宾、颁奖、发放节目单等各环节礼仪和工作人员，组织青协、东西校区国旗护卫队等志愿者队伍参与志愿服务和安全保障工作。学工处：负责规划观众席，摆放嘉宾区座椅，组织学生观看演出，合理安排进场、退场秩序和流程。安全工作处：负责人员安保、车辆停放和疏导及消防安全工作。艺术与设计学院：负责整场演出。里仁学院：配合学工处搬嘉宾席座椅，组织好本院学生观看演出，配合校团委做好志愿服务工作。校友办：负责统筹校友接待工作，协调各单位联络员引导并陪同校友出席晚会。后勤集团：负责电力保障，根据需要租用应急发电车，配合学工处调配并提供活动所需座椅，增设体育场周边照明。

（三）活动进展

金秋九月，丹桂飘香。燕鸣湖畔，歌声嘹亮！9月10日，正值第35个教师节，燕山大学（原东北重型机械学院）建校溯源99周年·独立办学59周年，晚7点30分，学校于东校区第一体育场举办“承重筑燕园·匠心迎百年”文艺晚会，校领导赵险峰、赵丁选、谢延安、黄晟、李榕、赵永生、王宝诚、任家东、陈国强、于树江和张立峰与校友代表、广大师生一起共赏文艺汇演，再叙母校情深。

舞蹈《绽放》

男声独唱《再一次出发》

学校官方微博开通了晚会在线直播，海内外校友和社会各界关心关注学校发展的人士广泛响应，累计有85万网友观看晚会视频。

随着赵险峰启动校庆倒计时装置，学校将开启百年校庆系列活动，广大师生不忘初心，牢记使命，自觉用习近平新时代中国特色社会主义思想武装头脑、指导实践、推动工作，继承东北重型机械学院的光荣传统，发扬燕大人与生俱来的奋斗基因和报国之志，以校庆系列活动和“双一流”建设为契机，打好学校内涵式发展的主动战、翻身仗，为跻身世界一流学科建设高校行列，开启特色鲜明、国内一流、世界知名的研究型大学建设新征程，实现中华民族伟大复兴的中国梦不懈奋斗！让我们一起立德树人固根本，改革创新再出发！

（四）活动总结

会议时间：2019 年 9 月 11 日 15:00

会议地点：世纪楼 21 层第二接待室

参会人员：产佳、薛传佳、张竹岩（艺术学院副院长）、赵新波（里仁学院学工部长）、校庆办相关人员

1. 微博直播 80 多万人次，带宽受限。

2. 演出公司服务比较到位，但音响控制团队需提前确定。

3. 确定导演团队，提出好的创意和剧本，也可面向社会公开征集；明年的文艺晚会中需增加原创作品；适当邀请与我校有关联的明星。

4. 舞台暂定第一体育场，但音响、视觉效果有待提高。直播屏不是弧形，而是平行的；舞台需加大，设主舞台、副舞台，18 米 ×12 米，约 400 平方米；设置候场区；面光灯可放在主席台，灯光更强些。

5. 学生表现较好，但现场气氛呼应不够，观众没有参与感，新生没有融入感；校庆期间调整上课时间，给学生放假；现场包给会议公司；提前联系无人机航拍。

6. 演出期间的安保工作需高度重视。

7. 校友返校接待、通信保障设移动基站等问题需考虑。

8. 时间仓促，要早动手、早准备。

六、出版校庆系列图书

编撰百年校庆书籍，形成校庆图书系列。

（一）活动方案

主管校领导：任家东

责任单位：燕山大学出版社有限公司

校庆办联络人：孙红磊

在“建校溯源百周年 · 独立办学一甲子”的重要时间节点，为了在高教界、社会各界和众多校友中充分传播我校的光荣校史、优良传统、大学精神、办学成就及社会贡献，向领导、嘉宾、校友和各界友人赠予内容厚重、装帧精美的校庆纪念图书等文化礼品，并面向社会读者广泛宣传学校，学校策划出版校庆系列纪念图书。

工作方案如下：

1. 对已出版和在编的相关图书进行加工整理、统一装帧

目前已经出版的相关图书有：

（1）《“燕”能遇见你》母校纪念册，出版社策划主编，2017。

（2）《不能忘却的回忆——燕山大学历史上的那些事儿（1958—1997）》，校档案馆编，2018。增补 1997 年之后内容，成为大事记。

（3）《大学之道　明德为师——燕山大学教师师德案例读本》，校师德建设委员会主编，2018。

（4）《与历史见证者对话——讲述燕大故事》正在出版中，校团委编。

（5）《“红色旋律”十年》（暂名）组稿中，马克思主义学院编。

这五部图书将与其他校庆图书统一装帧设计，内容稍加整理，纳入校庆系列图书。

2. 编纂出版校庆纪念丛书一套

计划结合校史馆的图文资料搜集工作，选取特定视角，编纂出版一套纪念图书，策划选题如下：

（1）《图说百年——燕山大学百年校史鸿影》

该分册以“图片 + 简明文字”的形式贯穿校史脉络，运用大量历史的和现实的摄影图片，使读者形象直观地总体了解燕大筚路蓝缕的发展历程。

（2）《为国铸器——大国装备凝结的燕大智慧》

该分册分为若干版块，介绍学校在重型机械成套设备、亚稳材料科学与技术等领域面向国家重大需求，为大国重器所作出的贡献，凸显燕大的学术和科技成就。

（3）《世纪风华——燕大师生校友亲历百年发展史纪念文集》

该分册通过向重点作者约稿及公开征集作品，并且选用一部分校内媒体刊发的文章，汇编结集百人百篇文章，以人物亲身经历反映燕大百年发展史上生动的实践、精神的传承。

（4）《求索之歌——媒体眼中的燕山大学》

该分册选取中央主流媒体、省级媒体刊发的有关燕大建设发展的成就报道，视角跳出燕大，相对客观地彰显燕大的知名度和多方面贡献。

（5）《再续华章——迈进新时代的燕山大学》

该分册采用报告文学的笔法，重点讲述党的十九大和全国教育大会以来，燕山大学在新形势下的奋进作为，学校第四次党代会召开之后，以顶层设计为引领，立德树人、改革创新、争创一流的举措、成效和前景。

3. 校庆系列图书的编纂出版工作共安排为六个阶段

第一阶段（2019 年 6 月至 8 月）策划工作已经完成。

第二阶段（2019 年 9 月至 10 月）成立组织机构、举行启动仪式。

第三阶段（2019 年 9 月至 12 月）深入细致的组稿工作。

第四阶段（2020 年 1 月至 4 月）补充材料、编辑校对与设计装帧工作。

第五阶段（2020 年 5 月）报送编委会审定后，进行印制、质检。

第六阶段（2020 年 6 月开始）开展宣传（首发、讲座、签售、媒体报道）、赠送、发行工作。

上述图书出版物，燕山大学出版社将视需求同时制作电子书、有声读物、在线数字读物。

（二）活动进展

1. 编撰工作启动

2019 年 10 月 24 日上午，燕山大学“建校溯源百周年 · 独立办学一甲子”校庆重点活动的组成部分——校庆系列图书编纂出版工作举行了启动仪式。燕山大学党委书记、校庆系列图书编委会主任赵险峰出席仪式。秦皇岛市委宣传部等校内外有关部门的负责同志、主流媒体的资深记者、顾问、嘉宾、师生校友代表 70 余人出席了仪式。特邀编纂顾问、中国大学出版社协会副理事长、地方综合大学出版社工作委员会会长马来，特邀编纂顾问、中国长城学会副会长董耀会以视频的形式发来祝贺。

为了提炼、传承燕大人融入血脉的奋斗基因和报国之志，经校庆组委会批准，学校将编纂出版校庆系列图书纳入校庆系列活动方案，由燕山大学出版社负责组织实施，目的是回顾厚重校史，记录发展历程，鼓舞奋进勇气，传播大学文化。计划编纂新版图书一套 5 个分册：《图说百年》《为国铸器》《世纪风华》《求索之歌》《再续华章》；修订再版图书一套5个分册:《“燕”能遇见你》《不能忘却的回忆》《与历史见证者对话》《大学之道 明德为师》《红色旋律十年》。经过一段时间的前期工作，具备了正式开展编纂出版的条件。

校庆系列图书编委会由燕山大学校庆组委会成员组成，编纂出版工作组由校庆办、宣传部、档案馆（校友办）、校团委、机械学院、材料学院、文法学院、外国语学院、艺术与设计学院、马克思主义学院的相关联络人和燕山大学出版社5个编辑团队的工作人员组成，并特别聘请了6名编纂顾问。

赵险峰在启动仪式上发表了热情洋溢的致辞。他说，2020年，燕山大学将迎来“建校溯源百周年·独立办学一甲子”的重要节点。这是学校兴学育才、历久弥坚的里程碑，是继往开来、争创一流的奠基石。为弘扬燕大人“匠心为国铸重器，丹心为国育英才”的家国情怀，汇聚八方合力，争创一流高校，学校决定开展系列活动，共庆百年华诞、甲子辉煌，其中，编纂出版一套反映燕山大学建校历史及发展成就的图书作品是校庆工作的重要组成部分。

他要求，编纂出版校庆图书，一定要深入开掘厚重校史，充分提炼和表现燕大精神，引领师生校友回顾来时路，传承奋斗基因，发挥文化出版的引导力。编纂出版校庆图书，一定要面向高等教育的改革大势，紧跟学校内涵式发展的新举措、新作为，奋进开拓的新气象，展望发展愿景，展现报国志与行动力，激励大家坚定自信、众志成城，凝聚广大师生校友和社会各界的力量，向着目标奋进，发挥文化出版的影响力。

赵险峰强调，燕山大学出版社是学校繁荣学术、传承文化、服务社会的重要渠道，也是冀东、冀北以及辽西广袤地区思想文化和舆论宣传的稀缺平台。学校有关部门和出版社要把出版校庆系列图书，作为加强和改进出版工作的契机，牢牢把握意识形态工作的主动权，把好政治导向关，坚持社会主义核心价值观，贯彻好举旗帜、聚民心、育新人、兴文化、展形象的使命责任，同时运用好多种载体、多种形式进行广泛立体的推送，体现燕山大学的传播力。

赵险峰颁发聘书

启动仪式上，赵险峰书记代表编委会向王三堂、杨爱志、白靖、张志平等4位顾问颁发了聘书，向他们心系燕大、支持文化事业的无私情怀表示敬意。

甄红军同志代表编纂出版工作组发言，表示将在图书编纂出版过程中紧紧围绕学校“双一流”建设的大局，发扬奋斗精神，发挥聪明才智，作出应有的贡献。

与会领导和嘉宾合影

校庆办公室主任张向前在仪式上发言，表示始终将校庆图书的出版工作摆在校庆总体规划的大棋盘中，围绕中心、服务大局、统一调度、有力保障，为出色实现校庆总体目标服务。

2. 隆重出版首发

燕山大学百年校庆系列图书效果图

在燕山大学“建校溯源百周年 · 独立办学一甲子”校庆日倒计时 60 天之际，2020 年 7 月 12 日，燕山大学举行了隆重热烈的校庆系列图书出版首发仪式。燕山大学党委书记赵险峰，党委副书记、校长赵丁选，秦皇岛市委常委、宣传部部长陈玉国，副校长任家东等领导与燕大校友、师生代表、当地文史单位代表共同见证了校庆系列图书顺利编纂完成、如期高质量出版首发。数以千计的师生校友、各界朋友通过抖音等新媒体平台观看了首发式的直播。

燕山大学党委书记、校庆系列图书编委会主任赵险峰在新书首发仪式上讲话。他说，在创建“双一流”的征程中，燕山大学愈来愈深刻地认识到，一流大学不仅要有一流的物质条件，更要有一流的大学文化，要有经过历史沉淀又独具特色的文化内涵与人文精神，形成一种引导激励全校师生的内在张力，这是一所大学的精髓和灵魂所在。

赵险峰说，希望广大读者和社会各界能够从这套图书中，看到燕山大学“匠心为国铸重器、矢志不移育英才”的求索历程和光荣传统；感受到燕大人与生俱来、熔铸在骨子里的精神品格，即不畏艰难、自强不息的奋斗基因，严谨专注、精益求精的工匠精神，敢于创新、善于创造的卓越品质，心系祖国、服务社会的家国情怀；了解燕山大学抢抓战略机遇，勇担时代使命，志存高远的奋斗目标，奋发有为的精神状态。也鼓舞燕大人继往开来、为争创一流重整行装再出发。

秦皇岛市委常委、宣传部部长陈玉国在致辞中说，大学与城市共生共荣，关系密不可分。燕山大学举办校庆活动，必将对扩大学校和所在城市的知名度产生积极可观的影响。校庆图书出版物作为燕山大学历史文化、知识思想的有形媒介，也必将承载着燕大的光荣传统、奋斗历程和燕大人长期积淀形成的精神品格，传之广远，传之久远，传播给广泛的受众读者，从而团结、汇聚社会各界八方力量，为秦皇岛实现沿海强市、美丽港城的奋斗目标，为推进燕山大学建成特色鲜明、国内一流、世界知名的研究型大学，营造十分有利的舆论氛围。

在首发式上，赵险峰、赵丁选、陈玉国、任家东与编纂顾问白靖、赵永和一起为新书揭幕。燕山大学党委宣传部部长孙红磊、燕山大学出版社社长陈玉向校友代表、秦皇岛市文史单位代表、媒体朋友赠送了校庆系列图书。

与会领导和编纂顾问共同为新书揭幕

地方综合性大学出版社工作委员会主任马来、中国长城学会副会长董耀会、校内多个部门单位和师生通过视频向校庆图书出版首发表示祝贺。

七、历史上的今天

（一）活动方案

启动阶段（2019 年 10 月 21 日至 2020 年 3 月 16 日）

主管校领导：任家东

责任单位：档案馆

校庆办联络人：柯铁军

方案起草人：张向前

冲刺阶段（2020 年 3 月 17 日至 2020 年 9 月 30 日）

主管校领导：任家东

责任单位：档案馆

校庆办联络人：张向前

方案定稿人：张向前

1. 活动目的

纪念建校以来重要时间节点，回望历史，铭记传统，弘扬精神，启迪未来。

2. 活动时间

2020 年 3 月至 2020 年 9 月。

3. 活动内容

（1）岁月不居，时节如流——回眸校史瞬间

资料收集。

①以档案馆馆藏档案为基础，通过对文件、报纸、照片、声像等档案资料的整理，梳理出学校发展历史上的重要时间节点、重大事件和重要人物。

②通过对《燕山大学报》《秋实》等刊物的整理，收集反映燕大人艰苦奋斗、严谨治学、求实创新精神和优良校风的小故事、诗歌等。

③以百年校庆为契机，广泛搜集学校发展中的史料，丰富馆藏档案，弥补校史空白。

（2）弦歌不辍，薪火相传——弘扬燕大精神

平台发布。

①将收集的校史资料按照不同性质，分别设置为“那年今日”“校史小故事”“校友诗词”“那年新闻”“那年人物”等栏目，以文字与历史照片相结合的形式，按照时间节点通过学校官方微信公众号、校友会微信公众号等平台

进行发布。

②将重要时间、事件和人物提前反馈给相关单位，为开展纪念活动提供历史依据和参考。

（3）时间煮雨，岁月缝花——共话燕园情深

活动互动。

①持续征集校史资料，向提供有收藏价值史料的师生校友和各界人士发放收藏证书，赠送校庆纪念品。

②开通《燕山大学历史上的今天》栏目微信公众号留言板块。在每次发布内容之后，鼓励在校师生和毕业校友积极留言。可留言与“历史上的今天”事件相关的回忆，亦可记录“难忘的校园生活”“最怀念的人和事”，以及“母校，我想对您说……”等。每周为获点赞总数最多的留言者，赠送校庆纪念品。

（二）活动进展

铭记历史，启迪未来。作为百年校庆30项主要活动之一，校庆办和燕山大学出版社联手打造了燕大百年校史台历，重温校史上的今天。

燕山大学百年校史台历摘选

校庆办、出版社相关工作人员和艺术与设计学院蒋玉老师精心选取了有代表性的历史图片，校庆办王伟伟老师重新校对了各项校史事件，将学校百年重要时间节点一一梳理，按照台历日期逐个展现。

林秀安老校长（左一）正在建设燕山大学校园

铸大国重器，赓续学脉一百载；圆强国梦想，立德树人六十年。从1920年的中俄工业学校到1958年的哈尔滨工业大学重型机械学院，再到1960年的东北重型机械学院和1997年的燕山大学，一路

走来，筚路蓝缕，艰苦卓绝。母校响应国家号召，崛起于一重厂旁荒原之上，投身重型机械报国梦想；林秀安老校长带领东重人敢为天下先，乘着改革开放的春风，逐浪渤海，南迁燕山脚下，在白塔岭上桃林中建设美丽燕园。一代代燕大人怀揣梦想，不忘报国初心，牢记育人使命，书写了可歌可泣的创业篇章。

饱含历史深情的台历美观大方，既有实用价值又极具纪念意义，它将成为所有燕大人的专属回忆册，铭记母校传统，弘扬燕大精神。

台历由燕山大学出版社监制、捐印。校庆办将联合校友办，面向校内外和各地校友会，送上燕大百年校史台历。

另外，自2020年3月12日起，每天发布“历史上的今天”学校官方微信公众号，普及燕大（东重）历史，讲好燕大（东重）故事，弘扬燕大精神。截至2020年9月30日，共发布122条，点击量超过16万次。

【百年校庆】燕山大学历史上的今天

燕山大学 2020-04-02

燕山大学

YANSHAN UNIVERSITY

4月2日

那年今日

（1）1920年成立哈尔滨中俄工业学校，1922年哈尔滨中俄工业学校更名为哈尔滨中俄工业大学校，后发展为哈尔滨工业大学，燕山大学源起中俄工业学校。

（2）2019年河北省委任命赵险峰同志为燕山大学党委书记。

——资料来源于档案馆

“历史上的今天”学校官方微信公众号截图

八、致敬创业前辈

树高千丈不忘根，水流千里总思源。燕山大学历经两次搬迁建校、三次艰辛创业、划转更名，虽有诸多艰辛却依然云帆高挂，奋楫争先，无数创业先辈在平凡的岗位上做出了不平凡的业绩，他们的贡献功不可没。历史传承不改立校初心，奋斗故事赋予我们前行动力，昨日的辉煌虽已载入史册，但创业前辈们的精神内涵和高尚品德依然熠熠生辉，永不褪色。为表彰为学校发展作出特殊贡献的老干部、老教师、老实验员、老辅导员、老后勤等，开展了此项活动。

（一）活动方案

主管校领导：王宝诚

责任单位：人力资源处

校庆办联络人：胡春海

1. 时间

拟定于 2020 年 8 月开展网络投票，校庆庆祝大会上宣布，并颁奖。

2. 人物

筛选 20 位候选人，最终选出 10 位，其中教师 5 人，其他 5 人。

3. 目的

弘扬燕山大学艰苦奋斗的精神。

4. 内容

人力资源处组织二级单位推选名单，离退休工作处组织老同志推选名单，从这两个名单中筛选出 20 位老领导、老教师、老职工，通过网络投票方式报道他们的事迹，其中网络投票占 50%，选 10 位未上榜的老同志投票占 50%，最后选出 10 位。

5. 效果

通过对这些老领导、老教师、老职工特殊贡献的评选，让全体师生了解学校两次搬迁、三次创业的艰苦奋斗历程，坚定全校双一流建设的信心。

（二）活动进展

百余年栉风沐雨，弦歌不辍；六十载砥砺歌行，盛德日新。2020 年是学校“建校溯源百周年 · 独立办学一甲子”的重要时刻，回望燕山大学筚路蓝缕、波澜壮阔的百年办学历程，数代东重人、燕大人始终在浩瀚征途中团结奋进、锐意进取，上下求索、高标致远。

颁奖仪式现场

2020 年 9 月 10 日上午，学校隆重召开了“建校溯源百周年 · 独立办学一甲子”纪念大会。大会表彰了网络评选出的为学校建设发展所作出突出贡献的“创业前辈”。本次共评选出 12 名“创业前辈”，分别是白象忠、杜文升、华仲新、黄真、康大韬、李淑芬、罗松年、毛关福、申光宪、史锦珊、孙志勤、邬伟扬（排名不分先后），8 名“创业前辈”代表出席大会。会上，“创业前辈”为青年教职工戴上象征燕大精神赓续传承的红丝巾，青年教职工为“创业前辈”献上鲜花。

（三）校庆回忆

“芬”芳满园

——李淑芬老师的一个小故事

朱文华（燕山大学招生就业处正科级秘书）

校庆前期，我有幸进入到校庆办文字撰稿组，被安排做收集总结文字材料的工作，同时联系部分离退休教职工组稿部分东北重型机械学院时期的小故事，其中印象最为深刻的就是和李淑芬老师的交流了。2012 年刚开始来燕山大学参加工作的时候，我就非常幸运地分到了李淑芬老师所在的办公室——就业指导服务中心。直到她 2013 年正式退休，我们这段工作上的缘分才算结束。但是由此形成的那种长辈对晚辈的关心和指导，直到现在也没有停止过。这次借着校庆的机会深入了解了东北重型机械学院时期关于李老师和她学生的一个小故事。

20 世纪 70 年代末，学生读书的条件很艰苦，每个学生每个月只有 7 斤细粮，当时大家都在长身体，有时还吃不饱。但那时学校学习风气和氛围特别好，大家都珍惜来之不易的学习机会，心无旁骛地刻苦学习。但由于入学基础参差不齐，开学第一个月，很多同学有些不适应，个别学生还出现了一些思想波动和心理问题。李老师带的 1980 级 Z 学生，入学时非常活跃，各项活动都非常积极，但没过多久李老师发现 Z 同学情绪低落，经常不上早操，甚至出现了旷课的现象。李老师通过同学了解到 Z 同学最近老是睡不着觉，而且吃得也很少，每天说浑身无力，“十一”期间回家又未按时返校，还产生了休学的念头……李老师百思不得其解，没办法只好与家长取得联系。那时候通信不发达，找个人非常费劲，挂长途需要到校外邮局排队，还不一定能找到，李老师只好发电报约定通话时间和地点。经过多次与学生和家长倾心沟通，才了解到该生上体育课意外受伤，需要吃三个月的中药调理，但因为学校条件有限，又不想麻烦他人，所以孩子在心理上产生了很大的负担。

李老师了解情况后，像大姐姐一样与 Z 同学倾心交谈，主动邀请他住到自己家里来，并承担起为其做饭煎药的任务。那时候大家都不富裕，家里新增“一张嘴”吃饭，而且还要做“小灶”招待，实属不易。不仅李老师、刘老师夫妻俩要共同节约、付出，还需要取得邻居的充分理解。25 平方米的空间，住着两户人家，共用一个厨房，等大家吃完饭后再熬药三个小时，每天都要十点多钟才能完成三次煎药任务，还要把三次熬好的中药混在一起，灌在三个瓶子里，同时每天按服药的时间再把药热好，督促Z同学服下去，直到Z同学康复为止。Z同学走上工作岗位后还念念不忘那段往事，每次见到李老师他都非常激动，有说不完的话……李老师通过自己无私的奉献，培育着年轻学子那种温暖奋进的种子，也延续了燕大人一如既往的拼搏精神，李老师就是用这种无微不至的关怀，赢得了学生们的信任和爱戴。李淑芬老师作为当时机械系的团总支书记，对机械系学生的情况十分熟悉，已经毕业的1974级—1980级的学生，见面后她还能叫出很多人的名字来，这一点令很多学生感到惊奇和欣喜。当然，李老师也一直关注着弟子们的变化和成长，只要有需求她一定出手相助：为企业原材料短缺牵线搭桥、宣传校友企业的优秀业绩、为知名校友企业宣传广告投票，只要有需要她都义不容辞。虽然这个小故事在常人看来非常不起眼，但也许就是这样一种点滴的积累、精神的传承，才成就了今天的燕大。

2020年，李老师与学校结缘整整50年。百年校庆大会表彰了为学校建设发展作出突出贡献的“创业前辈”，李淑芬老师的名字赫然在列，这不仅是学校师生对她个人的认可，更体现着一种燕大精神品格的传承。李老师1970年17岁时就进入到当时的东北重型机械学院参加工作，担任校办工厂团支部、团总支书记，到21岁做专职团干部和学生工作辅导员，一干就是30多年，可以说经历了“文革”后教育改革变化的全过程。她是“文革”后学校第一批专职做学生工作的，她把青春、激情、热情都奉献在学生工作岗位上，而且无怨无悔。

现在在校园里，依旧有机会看到李老师的身影。即便是已过花甲奔古稀，李老师开朗乐观的生活态度和沉静的气质仍然能让你从人堆儿中一眼就发现她的与众不同，她举手投足间透露出的那种爱心、耐心和信心，让人印象深刻。校庆是个契机，让我这个外校毕业生也有幸了解到很多燕大人的故事；同时作为已经在燕大工作八年多的“小老人”，有责任也有义务去了解燕大发展的点点滴滴。最后我想以一名燕大教职工的身份，同时作为燕大百年校庆的参与者和亲历者祝福燕大：

鸣燕传佳音，传扬一百年名校品格，上下求索知行合一同理想；

青山育良才，写就六十载办学深义，壮志凌云开天辟地启新程。

九、校友捐赠仪式

举办校友捐赠、冠名和小额众筹等仪式，宣传助学善举，回馈校友支持。

（一）活动方案

启动阶段（2019 年 10 月 21 日至 2020 年 3 月 16 日）

主管校领导：任家东

责任单位：校友办公室

校庆办联络人：柯铁军

方案起草人：张杨

冲刺阶段（2020 年 3 月 17 日至 2020 年 9 月 30 日）

主管校领导：任家东

责任单位：校友办公室

校庆办联络人：纪红月

为了弘扬饮水思源、爱国荣校的优良传统，培育在校生的校友意识，凝聚广大海内外校友力量支持母校发展，形成母校关心校友、校友回馈母校的良性互动局面，举行校友捐赠仪式系列活动。

1. 主题宗旨

以燕山大学百年校庆为契机，活动宗旨是：聚合校友爱校热情，支持母校建设发展，凸显校友爱校情怀，激励师生努力奋进，营造“热爱学校、回报学校”的良好氛围。

2. 捐赠原则

（1）自愿捐赠原则。所有捐赠均遵循捐赠对象的真情表达。

（2）形式多样原则。捐赠包括但不限于以下形式：现金捐赠、建筑或校园道路等捐建、教学仪器设备捐赠、图书资料捐赠、园林等认捐、各类基金捐设、艺术作品捐赠、个人收藏珍品捐赠等。

3. 捐赠仪式对象

已捐赠或有捐赠意愿的校友及社会各界代表。

4. 捐赠仪式内容

（1）校友与学校双方座谈。

（2）签订捐赠协议。

（3）合影留念。

（4）媒体宣传。

5. 仪式时间

2020 年 1 月 1 日至 2020 年 12 月 31 日。

6. 仪式地点

燕山大学校内。

7. 参与人员

捐赠方、校领导班子成员、校友办成员、相关部门人员。

（二）活动进展

为了宣传校友们对母校的情怀，燕山大学教育基金会为捐赠校友举行了多场捐赠仪式，2020 年全年累计举行各种捐赠仪式约 50 场。让我们一起翻开 2020 年的日历，随着时间的镜头流转，一起去感受一下来自广大校友们对于母校的那一份份赤子情怀。

1. 周超校友向母校累计捐赠 500 万元

2020 年 1 月 9 日下午，校长赵丁选、副校长任家东一行赶到校友企业——秦皇岛方华埃西姆机械有限公司，为 1979 级周超校友“补办”了一次特殊的捐赠仪式，感谢他在母校百年校庆之际捐款 200 万元，累计捐款总额 500 万元。

在周超总经理朴素甚至略显简陋的办公室里，赵丁选代表学校和正参加省“两会”的赵险峰书记，向他对母校的全力支持表示了衷心的感谢，双方还就研究生培养、地方校友会促进母校和校友企业共同发展等话题进行了愉快的交谈。

简短的捐赠仪式上，任家东和方华埃西姆机械有限公司副总唐建勇代表双方签署了捐赠协议，赵丁选为周超校友颁发了捐赠证书、感谢信和捐赠纪念章。

赵丁选为周超校友颁发捐赠证书和感谢信

周超校友的办公室陈设简单，甚至有点寒酸。办公桌面漆皮已经斑驳不堪，开裂卷边。他的穿着也非常简朴，身形高大的他外面套着一件陈旧的黑色大风衣。在签署协议时，为了显得更加正式，周超校友脱掉了大风衣，没想到贴身羊毛衫的左手肘部分破了一个大洞，他自我打趣地说："这有点儿影响拍照，我还是穿上风衣吧。"

但就是这样一个生活节俭的人，却先后三次慷慨解囊，累计向母校捐赠500万元，周超校友的爱校之情让人非常感动。

收到周超校友的捐赠后，校庆办和校友办多次联系周超校友，想为他举办一个捐赠仪式，但是周超校友感觉自己做得很不够，屡屡"借口"感冒发烧、离秦出差等原因推脱，这才有了校领导借口考察校友企业，为这位朴实的校友"补办"捐赠仪式的一幕。

面对着母校的家人们，周超校友深情地说道："不敢承受感谢，悠悠寸草心，难报三春晖！"作为一位典型的工科男，周超校友就像是30万校友的代表：不善言辞的外表，隐藏着一颗滚烫的真心。

2. 北大仓集团倾情赞助

2020年7月8日，学校迎来了一批特别的客人。黑龙江北大仓集团有限公司党委书记、总经理隋熙凤，北大仓酒类销售有限公司副总经理刘兴宝，北大仓集团有限公司设计师刘晓红访问我校，就校企合作进行了深入交流，校党委常委、副校长任家东会见了来自齐齐哈尔故乡的贵宾。

为祝贺我校百年校庆，北大仓集团为我校特制校庆专用酒和伴手礼共计2000瓶，折合人民币50万元。这份来自我校发源地一个闪光招牌的礼物，带着黑土地独特的芬芳，串起了新老燕大人过往回忆里那些最珍贵难忘的时光。

3. 康泰医学系统（秦皇岛）股份有限公司捐赠60万元

7月19日，燕山大学教育基金会举办了康泰医学系统（秦皇岛）股份有限公司支持燕山大学艺术与设计学院美术馆建设项目的捐赠仪式。

捐赠仪式在秦皇岛企业界校友们的见证下启动，基金管理办公室主任纪红月介绍了捐赠项目。副校长任家东向87级校友、康泰医学董事长胡坤转达了学校领导和师生的衷心感谢，对胡坤时刻不忘母校、关注并支持母校发展表示由衷敬佩，对康泰医学即将上市表示热烈祝贺。他谈到，本次康泰医学的上市是燕山大学的一件大喜事，对广大校友起到了强烈的引领和鼓舞作用。校友取得的成就既是母校的光荣，也是对母校声誉的有力提升，希望能进一步加强母校与校友的交流，促进校友企业大发展、大繁荣。

胡坤对母校的培养表达诚挚的谢意。作为燕大学子，他多年来始终关注母校的发展，他表示能为学校建设贡献一份力量是自己的荣幸，今后将带领校友们，更加努力地把企业办好，为社会服务，为母校争光。

任家东代表学校、胡坤代表康泰医学签订了捐赠协议，任家东向胡坤颁发了捐赠证书，赠送了校庆纪念品燕宝。

本次康泰医学捐赠 60 万元，用于学校艺术与设计学院美术馆展厅改造项目。该展厅承担着学校高水平主题艺术展、学术交流展、毕业设计作品展和优秀作品展等多种任务，改造项目完成后，展厅的基础设施将更加完善，办展能力及展览效果均将大幅度提升。

4. 潘艳波、韩伟娜、丁丽娜校友回校捐赠

为感激学校的培育之恩，支持学校更快更好发展，学校 97 级机械设计制造及自动化专业校友、天津博易尔特科技有限公司总经理、天津威尔德克自动化科技有限公司副总经理潘艳波、韩伟娜夫妇向母校捐款 15 万元，其中 10 万元用于学校“双一流”建设，5 万元用于机械学院发展。03 级汉语言文学专业校友、百年校庆纪念品特许供应商、秦皇岛巨创文化传播有限公司总经理丁丽娜向母校捐款 1 万元。

5. 仁义公司、瑞通公司接您回家

2020 年 8 月 10 日，秦皇岛仁义客运服务有限公司董事长杜奕凝、总经理朱奕赫，秦皇岛瑞通发展有限公司总经理孙国庆、市场总监韩明峰来到学校，向学校捐赠校庆期间车辆接送服务。

在本次的捐赠中，两家公司为我校捐赠了 9 月 8 日、9 日、10 日三天的接送站服务。其中仁义公司为我校提供 15 辆大巴车，瑞通公司提供 10 辆红旗礼宾车。

6. 张英德校友捐助 40 余万元财物助力我校百年校庆

2020 年 8 月 23 日上午，经过十余小时的奔波，一辆满载防疫物资的货车驶入校园，车上装满了刚从生产线下线的 199500 只口罩，其中一次性民用口罩 100000 只、一次性医用口罩 49500 只、医用外科口罩 50000 只。这些倾注了校友拳拳之心的口罩，将为燕山大学百年校庆的防疫工作贡献重要力量。

这批价值 30 余万元的口罩来自赛腾管道工程有限公司总经理张英德校友的捐赠。张英德是我校 2001 级机械工程学院机自专业本科生，毕业后师从白振华教授继续在我校攻读机设硕士研究生。多年来他始终心系母校，关注母校的发展。近两年，他持续资助学校机器人团队，支持机械学院科研项目，积极参与学校募捐活动，以一颗赤子之心默默地回报着母校。除口罩之外，他还一并捐助了10万元现金，支持学校“双一流”建设和百年校庆活动。

7. 外国语学院毕业生为学院在校生捐赠校庆POLO衫

2020年8月29日上午，燕山大学外国语学院03级德语专业校友、上海宜侬生物科技有限公司副总经理王振兴和燕山大学外国语学院04级德语专业校友、微观世界翻译工作室创始人丁锐返校，向母校捐赠33600元，为外国语学院1200名在校生每人购置1件校庆POLO衫。

8. 谷峰兰与马景良伉俪校友分别在学校设立奖学金

2020年9月4日和9月6日，机械工程学院72级校友、天津市中重科技工程有限公司总经理谷峰兰女士，72级校友、天津天重中直科技工程有限公司总经理马景良分别向母校捐赠50万元、15万元设立奖学金。捐赠仪式在世纪楼第一接待室举行。副校长任家东、学生工作处处长蔡星周、机械工程学院党委书记董国疆、退休老教授赵永和、校友办工作人员参加了仪式。

参加捐赠仪式的领导、老师们与两位校友进行了亲切的交流，共同追忆往昔难忘的流金岁月，一起畅谈燕山大学的美好明天。捐赠仪式结束后，校友一行在赵永和老师、校友办工作人员的陪伴下，参观了燕山大学校史陈列馆。

9. 深圳汇川技术股份有限公司及深圳校友会捐赠校车

2020年9月7日上午，深圳汇川技术股份有限公司及深圳校友会校车捐赠仪式在燕山大学图书馆门口举行。深圳校友会会长、深圳市米鲜科技有限公司董事长侯一心（计算机82级），深圳校友会常务副会长、深圳市久韵茶业有限公司董事长王玉玺（计算机85级），深圳校友会常务副会长、深圳市汇川技术有限公司副总裁付作军（金属学及热处理

捐赠仪式现场的“深圳号”和“汇川号”

86 级）、深圳校友会常务副会长蒋顺才（工企 86 级）、深圳市典之成产品开发有限公司董事长李诚（冶炼 87 级）、深圳市微马协会副会长李敏（英语 88 级）、深圳中海油公司部门经理赵宇辉（机制 94 级）、深圳市零动力设计有限公司董事长石春雷（工设 11 级）代表汇川公司及深圳校友会出席捐赠仪式。

此次深圳校友会联合汇川技术发起的“新能源中巴车”募捐项目，为母校捐赠了 2 辆新能源车辆，体现了深圳校友对母校的殷殷之情。捐赠仪式后，在校领导的陪同下，汇川公司及深圳校友会的校友代表们参观了美丽的燕园，在游览中追忆往昔师生情谊，畅谈浓浓的燕大情。

10. 朱顺炎校友为母校捐赠 500 万元

在学校“建校溯源百周年 · 独立办学一甲子”之际，学校 89 级计算机专业校友、阿里健康董事长兼 CEO 朱顺炎荣归母校，并向学校捐赠 500 万元支持学校发展建设。

捐赠仪式在燕山大学世纪楼 2103 会议室举行。朱顺炎校友，89 级无线电技术专业校友、北京永为正信电子技术发展有限公司董事长李志文，燕山大学党委书记赵险峰，校长赵丁选，党委常委、副校长任家东，信息科学与工程学院、校庆办、校友办工作人员出席了捐赠仪式。

朱顺炎表示，为了回报母校的培育之恩，将和信息科学与工程学院在学生培养、教学创新等方面进行探索，助力学校提升人才培养质量，同时朱校友表示愿意为学校教学、科研以及科研成果转化等工作提供力所能及的帮助。朱顺炎校友在阿里巴巴负责创新工作，他表示尝试将阿里的创新人才培养机制引入燕山大学，帮助学校培养创新型人才，是自己工作的一大愿望。作为学校特聘创新指导老师，朱校友每年返校多次，将母校变化看在眼中，希望与学校一同创新人才培养体系，为社会建设、为教育发展添砖加瓦。今后，他也将承担起育人职责，每年至少返校四次，亲自指导师弟师妹的创新教育。朱顺炎校友此次捐助的 500 万元作为不动本基金，其增值部分将定向支持信息科学与工程学院用于学生培养、学教创新等方面的探索。

赵险峰代表学校对于朱顺炎校友的到来表示热烈欢迎，并对朱顺炎校友对母校事业发展的关心厚爱和鼎力支持表示衷心的感谢。他谈到，燕山大学百年内两次搬迁、三次创业，迎来了发展史上的重要时刻。回顾发展历程，燕山大学的今天离不开全体师生、广大校友以及社会各界的共同努力。各位校友走出校门后在不同的工作岗位发光发热，用奋斗与贡献擦亮燕山大学的

任家东向朱顺炎赠送校庆礼物

金字招牌。赵书记表示，学校的发展目标在于树人育人，为社会主义建设培养新型人才是燕山大学砥砺前行、不断奋进的目的。朱顺炎校友对信息领域人才培养的理念与我校不谋而合，期待后续达成更好的合作关系。

赵丁选表示，朱顺炎是我校培养出来的优秀人才，不仅为社会作出了卓越的贡献，也时刻心系母校，用实际行动为燕山大学增光添彩。学校也会尽心培养学生，不辜负广大校友对学校的帮助和期待。任家东表示，定将不辜负朱顺炎校友期望，在已有基础上培养出更多更优秀、更适应社会发展的新型人才，一同为校争光。

会议最后，任家东与朱顺炎签署了捐赠协议，向朱顺炎校友颁发了燕山大学捐赠证书、捐赠纪念章及纪念品，与会人员合影留念。

11. 嘉兴凯希电子有限公司捐赠

捐赠仪式现场

2020 年 9 月 11 日上午，嘉兴凯希电子有限公司捐赠仪式在我校世纪楼 2103 会议室举行。嘉兴凯希电子有限公司董事长曹艳辉（英语 88 级）、总经理邢天春（锻压 84 级）、副总经理邢雪婷重返学校，与家中老人——材料学院老教师曹君一起向母校捐款 10 万元。

这是与燕大有着深厚情缘的一家人，曹艳辉董事长是标准的“燕二代”，是曹君老师的女儿，从小生长于东重，求学于燕大，1988 年考入燕山大学英语专业，遇到了 1984 级锻压专业校友邢天春，两人组成了美满的家庭。他们的女儿邢雪婷出生后，也在燕大度过了一段快乐的童年时光，这场特殊的捐赠仪式，把三代燕大人对学校的情感连接起来，让我们看到爱心传承的动人力量。

12. 翁之旦、单东升校友回校捐赠

2020 年 9 月 11 日上午，在世纪楼 2103 会议室举行了翁之旦、单东升校友捐赠仪式。捐赠嘉宾有宁波赛福汽车制动有限公司总经理、宁波校友会会长单东升（机械电子工程96级），宁波华液机械制造有限公司总经理、宁波校友会副会长翁之旦（机自03级），宁波校友会秘书长刘立柱（液压01级），理事丁永红（热加工工艺及设备93级）、滕晓雷（冶炼78级）、王春鸽（计算机88级）校友。校长赵丁选、计划财务处处长刘国安、机械工程学院党委书记董国疆、校庆办主任张向前以及其他学校工作人员出席了活动，会议由张向前主持。

捐赠仪式现场

捐赠仪式上，赵丁选对校友的到来表示了热烈欢迎，他代表学校全体师生向校友们的深情厚谊表示感谢。他指出，校友用实际行动关心母校、支持母校，这样的行为令人动容。虽然各位校友都有雄厚的经济实力，但这笔捐款中的每一分钱无不浸润着辛勤的汗水，燕山大学将不负校友期望，为社会培养出更多的优质人才。他还提到，几位校友对母校的深情和创新创业的事迹，是燕大人的榜样，值得全校师生学习。

翁之旦校友回顾了在母校的学习生活经历，表达了对母校的感激之情，强调自己的成功离不开母校的教育和培养。他表示，在很久以前就有过捐赠的意愿，母校近年来强劲的发展势头令校友们感到无比振奋和自豪。希望能在今后加强与母校的合作，产学研相结合，落实更多的科技项目。

单东升校友表示，在自己创业初期是燕大的校友帮助了自己，大家同甘共苦，终于在创业的路上取得了胜利，因此，自己对母校有着深厚的感情，希望能在未来与母校多联系、多合作，也祝愿母校在未来的道路上一帆风顺。

赵丁选和翁之旦、单东升签订了捐赠协议，向校友赠送了捐赠证书和纪念品，会后，所有出席人员合影留念。

此次宁波赛福汽车制动有限公司为我校捐赠30万元，宁波华液机械制造有限公司为我校捐赠120万元。截至目前，宁波华液机械制造有限公司已经累计为我校捐赠220万元。

13. 同心协力共发展，齐聚一堂庆校诞

2020年9月9日到9月10日这两天，是整个校庆期间最令人难忘的两天，这两天连续在室内外举行了十几场捐赠仪式，来自祖国四面八方的校友用自己的方式向燕山大学百年华诞表示祝贺：

齐齐哈尔副市长姚卿代表齐齐哈尔人民送上了校庆贺礼——定制瓷板画，以齐齐哈尔市的象征动物“鹤”为主题，分为“春华”“夏长”“秋实”“冬藏”四幅，寄予燕大美好寓意，望百年之际学校发展更上一层楼；

04级校友、邯郸银行党委书记、董事长郑志瑛校友重返母校，不忘初心，情暖母校，为学校捐赠口罩2万个，并促成母校与邯郸银行签署银行授信10亿元，借此表达对母校深深的思念之情和感恩之心；

北京校友会会长张润良（计算机世界传媒集团副总裁、无线电90级）校友代表北京校友会与我校签署共建“一纽带三平台”项目合作协议，完善新时代的校友总会驻京服务功能、强化首都利用独特的区位优势服务这“一纽带”，并具体展开“资源沟通平台”“校企互动平台”“学生成长平台”建设。同时设立“感动燕大”奖励基金，首期捐赠95万元，助力学校发展、争创一流；

浙江校友会为母校百年校庆献上一份精心准备的礼物——红木雕刻的红船摆件。红船是新中国开天辟地的象征，“红船精神”代代传颂，这艘小船承载着千万校友对燕山大学走向新天地的大大期望；

儿时便在燕大校园中玩耍的黑龙江固存建筑安装有限公司总经理贾维泽，多次参与校园建设，捐赠价值10万元的教学楼大门4套，用自己的方式在燕大建设上留下了特殊的一笔；

张英德校友也表达了对学校师生的一份关心，在已经捐赠20万只口罩及10万元人民币之后，又特意专门制作一批校庆口罩并捐赠；

来自广州校友会的校友们，集体为学校送上了他们对母校的心意：柏林（广州高新兴机器人有限公司董事长、通信工程96级）校友和胡海波（广州艾可机器人有限公司总经理、测控技术99级）校友分别捐赠1台智能巡逻机器人和多用途清洁机器人，张晓东（广东上熙科技有限公司总经理、广州校友会副会长、锻压专业87级）校友捐赠1300箱校庆版“熙源”矿泉水，方国红（广东广凌信息科技股份有限公司董事长、广州校友会会长、无线电专业89级）校友捐赠一座朗读亭、40个智能教室管理系统，南基学（东莞烨嘉电子科技有限公司董事长、工企80级）校友捐赠户外LED大屏一套；

秦皇岛市工商管理硕士联合会，这个多数成员都毕业于燕山大学MBA的校友群体，为母校捐赠100箱红酒；

丁丽娜校友捐赠了校庆蛋糕，这个巨大的可供7000人吃的蛋糕，颜色花样都有独特意义；

燕山大学（东重）胶东校友会会长、龙口利佳电气有限公司董事长、宁波大和铁芯有限公司董事长、锻压87级校友李忠维为母校捐赠30万元；

燕山大学（东重）校友捐赠纪念林揭牌暨詹四平和杨白晴校友首捐认养树木仪式，拉开了树木认捐活动的大幕，詹四平（检测专业84级）和杨白晴（工企86级）伉俪校友，首先带头认捐10棵树木，随后李忠维（龙口利佳电气有限公司董事长、锻压87级校友）校友响应号召认捐20棵，当树木挂上纪念牌那一刻，从东重到燕大的学子对母校的情谊被深深地铭刻并留在校园里……

14. 新百年，新征程，校领导为双一流建设捐款

校庆期间，赵险峰、赵丁选、谢延安、黄晟、李榕、赵永生、王宝诚、任家东、王德松、陈国强、于树江、张立峰12位学校领导班子成员，联合起来，集体慷慨解囊，为学校发展再作贡献，带头为“双一流”建设捐款5.7万元。

浓墨重彩的校庆结束了，但校领导追求卓越品质的劲头依然高涨，奋斗基因依然在血液中激荡，家国情怀依然在心中澎湃。这次捐款，是校领导继2019年10月23日“我爱母校人人捐”项目、湖北抗疫捐赠活动以个人名义捐款之后，又身先士卒走在大家前列，以校领导班子集体名义奉献的深情厚谊。

本届校领导班子组建以来，深谋远虑，走南闯北，为学校的发展不辞辛苦，领导带队走访各地的行程历历在目，“背包侠”的身影印刻在每一位燕大人的脑海中。以赵险峰书记为“班长”的党政班子，推出“燕山学者”计划，广招八方贤才，加强内涵建设，推动高质量发展，带领我们奋力奔跑在争创双一流的征途中。

校领导在学校的发展建设上，用心最多，用力最多，用情最多，是我们全校师生校友心中的顶梁柱、定盘星，现在又成为燕山大学新百年、新征程的急先锋。有这样的校领导，燕山大学复兴在望，一流在即。

在近一年的“我爱母校人人捐”活动中，还有许许多多的师生和广大的校友，表达了身为燕大人的点滴情意，虽然金额有大小，但对母校的真情都是相同的！这些捐款将变成燕园中的一砖一瓦、一草一木，装点美丽的燕山大学。这些捐款也将见证学校的风雨历程，将厚德、博学、求是的校训镌刻在每一个燕大人的记忆中，任岁月流逝，仍然历久弥新。让我们每一位燕大人，都尽自己所能献出一片爱心，贡献一份力量，助力母校发展，在“双一流”建设者的名单上留下我们自己的名字。

我们挥手送别“建校溯源百周年 · 独立办学一甲子”的2020年，但新的百年已经开始，实现“双一流”的任务亟待我们去完成。站在新的历史节点上，学校领导将带领全体师生和各地校友风雨同舟，团结一心，为母校加速发展贡献自己宝贵的力量，助力百年燕大焕发新的活力与生机。待到双一流建设成功日，我们把酒言欢再欢聚！

百年燕大 · 家国天下！

十、当好校庆志愿者

全体师生员工都是校庆志愿者，为进校领导、嘉宾和校友提供一对一专职志愿服务。

（一）活动方案

主管校领导：黄晟、任家东

责任单位：校友办、校团委和各学院

校庆办联络人：郭沛

2020年9月10日，燕山大学迎来“建校溯源百周年 · 独立办学一甲子”，为办好各项校庆活动，发动全体师生员工积极参与校庆、服务校庆，当好校庆志愿者，为进校领导、嘉宾和校友提供一对一专职志愿服务，特制定本方案。

1. 活动主题

当好校庆志愿者。

2. 活动时间

视疫情防控和开学情况，计划从2020年7月至10月。

3. 活动安排

（1）第一阶段（2020年7月）

主要任务：由校友办、校团委负责招募学校层面的师生志愿者，由各学院负责招募学院层面的师生志愿者。

招募原则：两级招募、自愿报名、择优录取、定岗服务。

招募条件：

①体貌端正、身心健康、吃苦耐劳，自愿参加百年校庆相关志愿服务工作，有较好的志愿服务精神、组织协调能力。

②能够参加服务前的各项培训及相关活动。

③能够在校庆期间承担相应岗位职责，服从安排的时间和岗位，全程服务。

④具备志愿服务岗位必需的专业知识和技能。

招募流程：

①学校志愿者

校友办、校团委发布招募通知（主要招募中层干部和机关职能部门人员+学生）→师生报名→选拔→产生录用名单→志愿者培训→上岗服务。

②学院志愿者

由各学院根据实际情况和校庆活动安排，自行进行招募、选拔、培训和管理。

（2）第二阶段（2020年8月）

主要任务：开展志愿者技能培训、分配志愿服务岗位。

培训方式：采取线上与线下相结合、分散培训与集中培训相结合、基础知识全面培训与专项知识深层培训相结合、专业人员授课与校庆人员讲座相结合的方式进行。

培训内容：志愿服务的专业基础知识，包括接待、礼仪、举止、导游、普通话、规范用语、物品整理等；校史校情校庆知识，包括学校基本情况、发展历程、办学成果、专家名师、城市文化等。

分配岗位：培训后，教职员工志愿者按照工作对接、个人熟悉原则一对一分配服务对象。学生志愿者分配到礼仪组、接待组、会务组等固定服务岗位。

（3）第三阶段（2020年9月）

上岗时间：采取按需上岗原则，以校庆周为主要服务时间，其他时间的重大活动，也将根据需要安排、提供相应志愿者服务。

激励保障：为了让每位志愿者拥有良好的工作体验和难忘的校庆志愿服

务经历，学校将为每位志愿者提供：

①工作餐、饮水。

②工作期间免费搭乘校区间通勤车。

③统一制作的校庆志愿者服装、礼仪服装和工作牌。

④在学校百年校庆专题网站开辟志愿服务活动展示专栏。

⑤进行志愿时长统计，发放校庆志愿服务纪念证书，并将在表彰大会上评选“校庆优秀志愿服务者”。

（二）百年校庆志愿者的招募

2020 年 9 月 10 日，燕山大学将迎来“建校溯源百周年 · 独立办学一甲子”的重要历史时刻，为弘扬燕大人精神品格，展示燕大人精神风貌，让更多师生参与校庆、服务校庆，增强爱校荣校意识，确保校庆各项活动有序开展，学校决定招募百年校庆志愿者，现将有关要求通知如下：

1. 招募安排

由校庆办、离退休工作处、校团委负责招募学校层面的师生志愿者。

由各学院根据实际情况和校庆活动安排，联合离退休处招募、选拔、培训和管理学院层面的师生志愿者。

2. 招募对象

燕山大学教职工、离退休人员和在校生（本科生、研究生均可）。

3. 招募规模

学校层面根据需要招募党政群团机构、科研教辅机构、校属企业机构教职工和离退休人员，招募在校生志愿者 300 名。

4. 招募条件

（1）体貌端正、身心健康、吃苦耐劳，自愿参加百年校庆志愿服务工作，有较好的志愿服务精神和组织协调能力。礼仪志愿者要求女生身高不低于 165cm，男生身高不低于 180cm，相貌出众、体态优雅。

（2）能够参加志愿服务前的各项培训及相关活动。

（3）能够在校庆期间承担相应岗位职责，服从安排的时间和岗位，全程服务。

（4）具备志愿服务岗位必需的专业知识和技能。

5. 招募流程

（1）报名时间：2020 年 8 月 5 日—8 月 10 日。

（2）报名方式：线上报名，请有意报名的教职工、离退休人员和在校生通过下列链接填写报名信息。

①校庆志愿者报名表（教职工、离退休人员）

https：//docs.qq.com/form/page/DVWRPYXZJWmR2R3pN

②校庆志愿者报名表（在校生：礼仪组）

https：//docs.qq.com/form/page/DVVJDTG1ZcFpJZUdM

③校庆志愿者报名表（在校生：非礼仪组）

https：//docs.qq.com/form/page/DVUZSWFdnekVSWldw

教职工和离退休人员校庆志愿者由校庆办进行分组、培训、管理和任用。在校生校庆志愿者由校团委根据报名情况进行选拔、分组、培训、管理和任用。

6. 服务时间

分散上岗与集中上岗相结合，以校庆周为集中上岗时间。其他时间段的重大活动，也将根据需要，安排相应志愿服务。

7. 激励保障

为了让每位志愿者拥有良好的工作体验和难忘的校庆志愿服务经历，学校将为每位志愿者提供：

（1）志愿服务期间凭志愿者证免费搭乘校车；

（2）统一制作校庆志愿者服装、礼仪服装和工作牌；

（3）在学校百年校庆专题网站开辟志愿服务活动展示专栏，对志愿者进行风采展示；

（4）统计志愿服务时长，发放校庆志愿服务纪念证书，并表彰“校庆优秀志愿服务者”。

8. 联系方式

校庆办（教职工志愿者）：王伟伟

离退休工作处（离退休志愿者）：杨尧（离退休工作处正科级秘书）

校团委（在校生志愿者）：郭敬轩（文法学院研究生）

（三）活动进展

百余年弦歌不辍，一甲子春华秋实。2020 年 9 月 10 日，燕山大学将迎来“建校溯源百周年 · 独立办学一甲子”的重要历史时刻。届时，五湖四海的校友将重返母校，齐聚燕园，共同见证母校华诞辉煌。

为保证校庆各项工作的顺利开展，学校招募了师生校庆志愿者。在志愿者的队伍中，有一群特殊的志愿者，他们也都身着校庆纪念衫，但是已年逾花甲，脸上的皱纹写满了故事。他们就是我校的老同志校庆志愿者。

燕山大学党委原副书记梁颖琦到秦皇岛站迎接校友回家

他们中间，有拥有几十年工作经历的老辅导员，有一辈子教书育人的老教师，有多年从事校友工作的退休校领导，还有一直从事行政工作的退休中层干部。他们都是曾在富拉尔基东北重型机械学院和燕山大学学习和工作过的老同志，都亲身经历了建校、迁校和学校发展的风风雨雨。他们艰苦奋斗、以校为家的精神已经成为燕大人最宝贵的精神财富。

秦皇岛站

虽然他们已经退休了，却时时刻刻关注学校的发展，始终坚持离岗不离党，退休不褪色，有一分热就发一分光，努力为党的事业和学校的发展建设增添正能量。

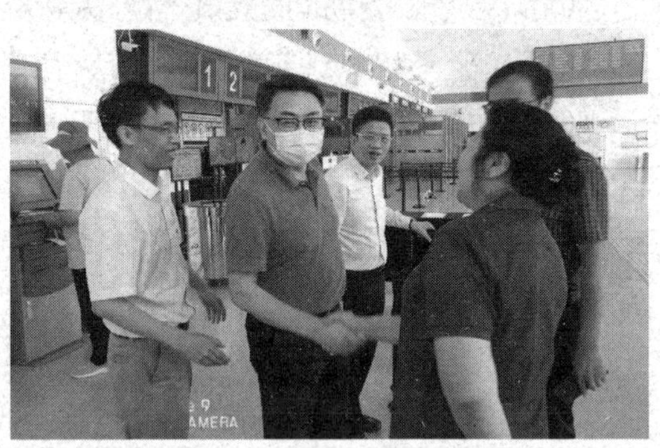
离退休教师李淑芬迎接朱兴明等校友

校庆是一场欢聚，更是一次考验。老同志们时刻准备着，哪里需要往哪里去。虽然他们年龄大了，但是他们永远保持着一颗火热的心，默默地为学校的发展建设贡献着力量。

“百年燕大·家国天下”，振奋人心的校庆主题宣传墙屹立在火车站、机场的广场，向外界展示着燕大人的使命与担当。老同志志愿者将在这里顶着烈日，热心为来自全国各地的校友提供帮助和服务……在我们心中，他们是最美的志愿者，最美的人。

十一、我爱母校人人捐

广大师生、海内外校友身体力行燕大精神，踊跃为母校发展捐款捐物。

“我爱母校人人捐”活动是由燕山大学教育基金会发起的，面向师生员工和全体校友进行的募捐活动，捐款将用于学校“双一流”建设和百年校庆系列活动。

母校始终牢记育人“初心”和报国“使命”。八百创业前辈从哈工大来到边陲小镇富拉尔基，凭借自己的双手，挖管道，建校舍，树围墙，硬是在嫩江边的荒原上建起了新中国第一所重型机械类院校，成功跻身全国 88 所重点高校行列！改革开放之初南下渤海，当年建校当年招生，师生动手桑田变校园，贷款办学，开创了中国高等教育发展的新模式！

光荣属于历史，希望照亮未来。望各届校友和师生员工尽己所能，踊跃捐款，与母校一起百尺竿头，共创一流！

（一）活动方案

主管校领导：任家东

责任单位：校友办

校庆办联络人：柯铁军、纪红月

以燕山大学校友会成立大会为契机，营造“我爱母校、回报母校”的良好氛围，倡导在校师生员工、海内外校友为学校的建设和发展贡献一份力量，同心协力，聚沙成塔，共同助力学校“双一流”建设和百年校庆系列活动。

1. 活动主题

“我爱母校人人捐”。

2. 活动时间

长期。

3. 捐赠形式

广泛接受来自师生员工、海内外校友及各界社会组织和爱心人士的现金捐赠及各种实物捐赠。

（1）现金捐赠

主要通过线上的形式开展，依托新的校友信息服务系统，在基金会网站下面设置专门的资助项目。根据资助方向设置不同资助项目。捐助者可以根据自己的意向进行选择，通过线上的方式进行捐助。对于大额的捐助，与教育基金会沟通后，可直接捐助至基金会账号，基金会同时提供美元等外汇账号以供选择。

（2）实物捐赠

接收具有一定使用价值，符合学校事业发展需求的实物捐赠，包括土地、房屋、仪器设备、家具、用具、装具、植物类、图书类、档案类、文物和陈列品类等实物。由教育基金会直接对接，按照规定的流程办理捐赠手续。

4. 捐赠方向

接收的捐赠分为定向和非定向两种方向。定向捐助指的是根据捐助人的意愿，设置资助学生、教师、学科发展、学院发展、校园建设等各种定向捐赠项目。非定向的捐助指的是捐助者不指定捐助项目，学校设置燕山大学发展基金，接收校友的非定向捐赠，根据学校的发展需要，由学校统一支配捐赠资金。

5. 捐赠项目类型

（1）学生培养类项目

包含各类用于资助学生的奖学金项目、助学金项目，学生创新创业类发展基金项目，社团及活动基金项目，社会实践类资助类基金项目等。

（2）师资队伍建设类项目

包含奖教金项目、教师发展基金项目等。

（3）教学科研类项目

包含学科发展项目、优秀教学成果奖励类基金项目、优秀科研成果奖励类基金项目等。

（4）学院发展类项目

用于支持各个学院发展的各种类型的项目。

（5）校园建设类项目

包含各类校园美化工程、硬件及基础设计建设类基金项目、校园文化建设类基金项目等。

（6）学校发展类项目

包含各种支持学校发展的重大专项项目等。

（7）校友捐助类项目

关爱教工、学生、校友类基金项目等。

6. 活动组织

（1）策划

以线上捐赠平台和线下募捐为两条主线，制定合理的捐赠鸣谢规则，并在多个平台有序宣传各类善举，凝聚师生和校友情感，提升捐赠参与度，培育捐赠文化。

（2）推广

利用学校的各类相关热点事件和特殊意义的日期，结合捐赠进度，挖掘捐赠故事，宣传热心善举，及时公开资金使用情况，确保整个过程公开透明。

利用现有的各地校友会和校友组织等，结合学校走访各地校友会、校友会开展活动以及其他适合契机宣传该捐赠项目，尽可能扩大项目的传播范围。

借助校友信息系统上线的时机，借用新平台适时宣传该项目，让每一个注册的燕大校友及时了解到该项目，最大限度地扩大该项目的受众面。

借助学校各种大型庆祝活动，在活动现场及各个主要场馆放置项目介绍及捐助二维码。

7. 活动实施

（1）启动仪式

第一届校友代表大会。

（2）捐赠鸣谢

①捐赠金额 300 万元以上，颁发金质手写版捐赠证书，赠送专属定制纪念品，捐赠墙留名，授予“燕山大学捐资助教卓越贡献奖”称号，并挂牌纪念。

②捐赠 100 万元至 300 万元，颁发银质手写版捐赠证书，赠送定制纪念品，捐赠墙留名，授予“燕山大学捐资助教突出贡献奖”称号，并挂牌纪念。

③捐赠 50 万元至 100 万元，颁发铜质手写版捐赠证书，赠送定制纪念品，捐赠墙留名，颁发“燕山大学捐资助教贡献奖”，并挂牌纪念。

④捐赠 10 万元至 50 万元，颁发手写版捐赠证书，赠送定制纪念品，捐赠墙留名，颁发“燕山大学捐资助教纪念奖”，并挂牌纪念。

⑤捐赠 5 万元至 10 万元，颁发签名版捐赠证书，赠送定制纪念品，捐赠墙留名，颁发金质捐赠纪念章。

⑥捐赠 3 万元至 5 万元，颁发签名版捐赠证书，赠送定制纪念品，捐赠墙留名，颁发银质捐赠纪念章。

⑦捐赠 1 万元至 3 万元，颁发签名版捐赠证书，赠送定制纪念品，捐赠墙留名，颁发铜质捐赠纪念章。

⑧捐赠 5000 元至 1 万元，颁发签名版捐赠证书，赠送定制纪念品，捐赠墙留名。

⑨捐赠 1000 元至 5000 元，颁发签名版捐赠证书，捐赠墙留名。

⑩捐赠 500 元至 1000 元，颁发纸质版捐赠证书。

捐赠 500 元以下，颁发电子版捐赠证书。

为所有捐赠者发送电子版感谢信。

（3）宣传善举

学校的热点事件、社会有关公益慈善的纪念日、学校特殊历史纪念日等，都可以作为项目宣传的良好契机。讲好捐赠故事，体现燕大人的凝聚力。

为捐赠金额 1 万元及以上的校友和校友企业举办捐赠仪式，做好宣传专访，在校友会和基金会的各种新媒体上发布并宣传，让更多的校友了解捐赠者的故事。

（4）规范管理

在基金会网站上实时展示所有捐助项目的筹资情况，同时定期向社会公布资金使用详情，广泛接受社会监督。

（二）“我爱母校人人捐”倡议书与感谢信

1. 倡议书

亲爱的校友：

你还记得东重大灰楼前丁香花开的味道、感恩亭内极目远眺的云朵吗？你还记得在“全国最美图书馆”里倚窗远望的海景，燕宏桥头徐徐的清风吗？那里有我们不能忘却的恩师，静夜中想起的同学，更有难以割舍的青春……

历史铭记光荣，未来追寻梦想。2020 年母校即将迎来“建校溯源百周年 · 独立办学一甲子”，2022 年第二轮双一流高校建设名单又将发布。辉煌华诞，方显学子本色；挺进一流，再现自强本色。百年燕大，家国天下！

全球校友、全校师生，尽己所能踊跃捐赠。心意彰显赤诚，毫厘皆属深情。

恭迎赠达！

2. 感谢信

亲爱的______校友：

见字如面，展信欢颜。

2020年母校将迎来“建校溯源百周年·独立办学一甲子”，在这赓续百年学脉、承重甲子辉煌的重要时刻，诚挚地感谢您对母校的支持！

您的善款________元将全部用于“双一流”建设和百年校庆相关工作。您也将和母校一起，手挽手，肩并肩，共聚八方合力，争创一流高校。

光荣闪耀历史，梦想成就未来。习近平总书记说：“幸福是干出来的！”燕山大学的美好蓝图将由我们共同绘制，燕山大学的未来将由我们共同打造，让我们一起撸起袖子加油干！一万年太久，只争朝夕！

值此母校百年华诞之际，我们真诚地邀请您常回家看看，再叙师生情，同襄盛举，共赏芳华！

此致

敬礼！

燕山大学党委书记：赵险峰
燕山大学校　　长：赵丁选

（三）活动进展

2019年10月23日，百年校庆重要活动“我爱母校人人捐”在燕山大学校友会成立大会暨第一届校友代表大会上启动。

在燕山大学校友会成立大会暨第一届校友代表大会上，校庆办主任张向前向参加会议的校领导、学院领导、校友代表介绍了“我爱母校人人捐”项目，燕山大学校友会副会长、教育基金会理事长孔祥东教授鸣锣开启捐赠活动。随着一声清脆的锣响和校友们热烈的掌声，“我爱母校人人捐”活动正式启动。

孔祥东敲锣宣布“我爱母校人人捐”活动开始

“我爱母校人人捐”活动受到了学校领导、与会校友以及广大师生代表的纷纷响应，现场气氛十分热烈。会上，校党委书记赵险峰和校长赵丁选带头每人捐款5000元。北京知名律师、锻压90级校友尹秀超，深圳奥蕾达科技有限公司董事长、工企86级校友蒋顺才，锻压01级校友曾卓才，秦皇岛市泰德管业科技有限公司董事长、轧钢81级校友陈广斌各捐款10000元。广大校友在现场踊跃捐款，拳拳爱校之情溢于言表。

项目正式在广大师生校友间推广开来之后，得到了校友们积极热情的响应，书记、校长等校领导带头捐款，教职员工纷纷响应，各种捐款捐物活动也源源不断地涌来。11月18日下午，一位匿名校友向“我爱母校人人捐”项目捐款100万元。尊重捐赠者本人意愿，报道中不公开其个人信息，不搞捐赠仪式。据材料科学与工程学院党委副书记袁云岗透露，捐赠者为材料学院校友，本次捐款将全部用于学校各项建设，其本人非常愿意为母校发展助力，希望以此为契机，传递人文情怀，培育形成具有燕大特色的捐赠文化氛围，从而激发师生员工和广大校友的爱校荣校之情，为学校百年校庆和“双一流”建设工作添砖加瓦。

12月30日，原校报学生记者、96级机械电子工程专业校友钱学芹和秦皇岛高管家物业服务有限公司总经理高春琪分别向学校捐款10000元。其中钱学芹校友的捐款汇入“燕山大学段景智奖学金”，用于表彰新闻中心优秀学生记者。

进入到2020年，距离校庆的日子越来越近，校友们的捐助热情也持续走高，从6月份开始，捐助活动持续增多，线上线下捐赠活动同时开展。在校庆倒计时一个月之际，校友总会携天津校友会、黑龙江校友会、上海校友会、胶东校友会、广东校友会等地方校友会，号召全体校友以百年校庆倒计时一个月为契机，发起“910”捐款，献出一点爱心，贡献一份力量。活动提出号召：“910”，每个燕大人都铭记在心、热血沸腾的日子。我们在“9”月相遇在母校，捧着“1”颗初心来祝福母校，就让我们共同行“0”（谐音动）起来，手挽手，肩并肩，一起为冲击“双一流”献计出力。截止到校庆，该项目共收到捐款907926.31元。

2019年，基金会收到的现金捐赠总额为10795645.49元，2020年基金会共收到各类捐赠17335372.42元，2020全年累计接受实物类捐赠26笔，涉及书籍、汽车、防疫物资、教学科研设备等多个种类。校庆期间，重新整理发起线上捐赠项目22项，树木认捐项目和图书馆桌椅捐赠项目以及校庆文化衫项目得到了校友较多关注，其中文化衫项目筹款461600元；树木认捐项目筹款190000元，为38棵树木挂牌；新图书馆阅览桌椅项目筹款51200元；筹得 200000 元用于安装东校区户外大屏幕。累计发放捐赠证书、捐赠纪念品 400 余份。

作为一个工科见长的学校，燕山大学一直以来在对外宣传自己方面比较低调内敛。百年来，走过艰苦创业的奋斗历程，积淀下了宝贵的精神财富；百年来，发扬根植于血液的工匠精神，取得了重大的办学成就；百年来，追求精益求精的卓越品质，为祖国培养了众多优秀的建设者；百年来，熔铸经邦济世的家国情怀，在实现中国梦的伟大征程中努力奔跑……百年来，燕大人一直默默前行，从未炫耀。

如何通过校庆，让社会上更多的人更加了解燕山大学成为校庆三大重点任务之一，因此，“讲好燕大故事”便被列为三大任务之首。

这一小节，我们展现了围绕“讲好燕大故事”这一任务开展的多方位丰富多彩的系列活动。这些活动的开展，让社会更加了解燕山大学，让广大校友更加关注学校的发展。活动扩大了校庆的社会影响，也为争取各方面对校庆的全力支持做了必不可少的铺垫。

第二节 恭候校友回家

春已至，花已开。愿山河无恙，人间皆安！愿所有美好如约而至！2020 年对于全世界人民来说都是极其不平凡的一年。由于百年校庆，这一年对于燕大东重人来说又被赋予了更丰富的含义。四海八荒的校友与学校共庆百年华诞，学校恭候校友回家。

围绕“恭候校友回家”的校庆任务，燕山大学举办了多项校庆活动，选取其中的 6 项代表性活动，对其活动方案、活动进展等内容进行介绍。

一、燕山大学校友会成立大会暨第一届校友代表大会

燕山大学校友会的正式成立，是我校发展史上的重要时刻，必将开启我校校友工作的新篇章，助力学校发展建设。

（一）活动方案

主管校领导：任家东

责任单位：校友办

校庆办联络人：柯铁军

1. 活动时间

2019 年 10 月 22 日至 24 日，共三天。

2. 活动地点

（1）主会场：燕山大学西校区大学生活动中心

（2）分会场：世纪楼、机械馆

3. 活动内容

（1）大会筹备组及人员分工

组长：任家东

副组长：李洪波（时任党委办公室、校长办公室主任）、张向前、孙红磊、赫连华巍

秘书组：

赫连华巍	燕山大学档案馆馆长、校友办主任
郭沛	燕山大学党委办公室副主任、校庆办副主任
姜文超	燕山大学教师教学发展中心主任、校庆办副主任

会务组：

①代表报到接待

贾丽洁	燕山大学校友办副主任
何太淑	燕山大学校友会、基金会会刊责编
彭晓婷	燕山大学档案馆馆员

②各会场分工

A. 主会场（西大活）

贾丽洁	燕山大学校友办副主任
何太淑	燕山大学校友会、基金会会刊责编
彭晓婷	燕山大学档案馆馆员
周雨	里仁学院副院长、人力资源部主任
李慧敏	里仁学院团委书记
刘懿颖	里仁学院团委副书记
乔东淼	里仁学院团委干事

B. 各分会场

第一分会场（世纪楼第一会议室，21 层）	
郝海滨	机械学院副书记、副院长
第二分会场（世纪楼 18 层报告厅，18 层）	
袁云岗	材料学院副书记、副院长

续表

第三分会场（世纪楼第一接待室，21 层）	
刘立伟	电气工程学院副书记、副院长
第四分会场（世纪楼第二接待室，21 层）	
陈革新	信息学院副书记、副院长，信息学院正处级专职辅导员
第五分会场（世纪楼 1910，19 层）	
张志超	经管学院副处级专职辅导员
第六分会场（世纪楼研究生院会议室 T12，7 层）	
王兵	外语学院副书记、副院长
第七分会场（世纪楼学工处会议室 302，3 层）	
才华	建工学院副书记、副院长
第八分会场（机械馆机械学院会议室，301）	
杨健民	文法学院副书记、副院长

食宿组：

李丽环	燕山大学档案馆档案管理中心主任
李明艳	燕山大学档案馆馆员
王志宙	燕山大学校庆办兼职工作人员、理学院实验中心实验员

交通组：

柯铁军	燕山大学档案馆副馆长、校友办副主任、校庆办副主任
张杨	燕山大学团委副书记、校庆办副主任
王伟伟	燕山大学校庆办兼职工作人员、高等教育发展研究中心科员

宣传组：

何太淑	燕山大学校友会、基金会会刊责编
蔡常山	燕山大学宣传部新闻中心总编室主任
朱可嘉	燕山大学校庆办兼职工作人员、宣传部科级干事

保障组：

王昕	燕山大学保卫处处长
李铭婷	燕山大学医院主任医师

（2）日程安排

日期	时间	活动	主持人	地点
10 月 22 日	18:00 前	全天报到	柯铁军 贾丽洁 李丽环	首旅京伦酒店大堂
	17:00	预备会	赫连华巍	渤海厅 （负一层）
10 月 23 日	8:10	合影	张杨 周雨	西大活门前
	8:30—10:00	燕山大学校友会成立大会； 燕山大学校友会第一届理事会第一次会议	任家东	西大活 二楼报告厅

续表

日期	时间	活动	主持人	地点
10 月 23 日	8:30—10:00	大会致辞	于忠海	西大活二楼报告厅
	10:00—10:20	茶歇	李丽环	西大活二楼走廊
	10:20—11:50	大会表彰；校友工作经验交流	冯继勇	西大活二楼报告厅
	11:50—12:00	“我爱母校”人人捐项目启动仪式	孔祥东	西大活二楼报告厅
	14:30—17:15	校友论坛：凝心聚力，逐梦前行——为母校百年校庆及学校发展建言献策	各组主持人、联系人、分组名单及分会场地点详见附表	
	18:00—20:00	晚宴	赫连华巍	首旅京伦宴会一厅（负一层）
10 月 24 日	14:00 前（酒店）	返程	柯铁军 张杨	首旅京伦大堂

（二）活动进展

1. 校友会会徽

燕山大学校友会会徽的确定，旨在传承燕大精神，凝聚校友共识，进一步促进燕山大学校友文化建设。

会徽提取燕大标志中的书籍元素，整体造型寓意为“燕大人”汉字结合，燕大学子秉承“厚德、博学、求是”的校训在各自岗位上辛勤耕耘，成就燕大人今日的“群英荟萃”，底部为“人、众”字的结合以及“大雁”造型的巧妙植入，体现燕大人的团结协作与开拓进取精神。整体图形表现出汇聚之势，表达燕大学子对母校的眷恋与热爱，色彩延续了燕大 VIS 标准色。“燕山大学校友会”字体使用颜体，体现出燕大人的稳健与厚重。

本会徽的知识产权和使用权均归燕山大学所有。本会徽由燕山大学艺术与设计学院刘维尚老师团队设计。

2. 燕山大学隆重举行校友会成立大会暨第一届校友代表大会

会议现场

2019 年 10 月 23 日上午，燕山大学校友会成立大会暨第一届校友代表大会在西区大学生活动中心隆重举行。来自全国各地的校友代表，赵险峰、赵丁选、赵永生、王宝诚、任家东、王德松、张立峰等校领导，燕山大学原副校长、教育基金会理事长孔祥东，河北省教育厅政策法规处处长熊远春，秦皇岛市民政局社会组织管理科科长张俊杰和学校相关部门负责人、各学院的列席代表共500余人出席了大会，会议由副校长任家东和上海校友代表团团长于忠海分阶段主持。

燕山大学校友会筹备组负责人、档案馆馆长、校友工作办公室主任赫连华巍向大会作《燕山大学校友会筹备工作报告》，汇报了燕山大学校友会筹备工作情况：2019年7月，学校成立了以学校领导为组长的筹备组和秘书处，正式开始筹备工作。经过组织召集发起人、走访校友、解决注册资金、拟定章程、征集徽标、反复核实代表资格、酝酿组织机构及候选人、细化大会各项议程等一系列工作，短短3个月时间，圆满完成筹备工作，顺利召开这次大会。

第一届理事会产生之后，召开了燕山大学校友会第一届理事会第一次会议，并选举产生了燕山大学校友会第一届理事会组织机构。大会选举燕山大学校长赵丁选为燕山大学校友会会长，任家东当选为常务副会长，赵永生、王宝诚、孔祥东以及部分各地校友代表团团长共计28人当选为副会长，秘书长由赫连华巍担任，名誉会长由周铁农校友担任。

大会各项选举议程结束之后，燕山大学校友会当选会长赵丁选在会上致辞，他表示作为燕山大学校友会的第一届会长，感谢广大校友对他的信任和厚爱，万分荣幸，又深感责任之重。燕山大学校友会将坚决拥护中国共产党的领导，坚持走中国特色社会主义道路，遵守《燕山大学校友会章程》，与广大校友一起将校友会建成一个全心全意为校友服务的合法而有效的非营利社会团体。他说，多年来，广大校友心系母校，为母校发展出谋划策，为母校建设添砖加瓦，为学校的人才培养出力流汗。很多校友在学校设立了奖助学金，为学弟学妹们排忧解难，为他们健康成长奉献力量。他还表示，明年是燕山大学“建校溯源百周年 · 独立办学一甲子”的校庆，希望通过100周年校庆，为学子们留下一批展示母校辉煌办学历程的标志物，绘就一幅创建一流大学的宏伟蓝图，构建一张联系校友和社会各界的联络网。

会上，党委书记赵险峰代表学校和全校师生，向莅临大会的各位校友表示热烈的欢迎，向燕山大学校友会的成立表示热烈的祝贺，向新当选的校友会的各位理事表示诚挚的祝贺，向为筹备校友会提供帮助、付出辛勤劳动的省教育厅、省民政厅领导以及全体校友工作者表示由衷的敬意，向多年来关心和支持学校事业发展的各级领导、社会各界和广大校友表示衷心的感谢。他简要介绍了燕山大学两次搬迁、三次创业、划转更名，历经艰辛由一所专门工科院校，成长为一所以工为主、多学科协同发展的高水平大学的历史。他表示，现在全校上下正凝心聚力，朝着既定目标砥砺奋进，学校发展呈现出的新气象、新风貌，让人倍感振奋和鼓舞。教育部副部长翁铁慧、省委书记王东峰、省长许勤、副省长徐建培先后来到学校调研，全力支持燕山大学加快“双一流”建设。30 余万燕大校友遍布祖国大江南北和世界各地，涌现出了周铁农、张春贤、丁薛祥、田永君、黄庆学、李书福、朱兴明等杰出校友，他们在不同领域为国家建设与发展发挥着中流砥柱的作用，也为擦亮“燕山大学”这块百年老校招牌贡献着智慧和力量。他说，校友是母校的宝贵财富，也是事业发展的强劲动力。校友会是校友和母校间、校友和校友间联系的桥梁、情感的纽带和合作的舞台。他表示，站在新的历史起点上，希望全体燕大人坚定信心、和衷共济，发扬熔铸在骨子里的奋斗基因、工匠精神、卓越品质、家国情怀，为学校早日跻身国家“双一流”建设高校行列全力拼搏，为实现中华民族伟大复兴的中国梦作出新的更大贡献。

在嘹亮的燕山大学校歌声中，燕山大学校友会成立大会圆满闭幕。

大会合影

3.“凝心聚力，逐梦前行——为母校百年校庆及建设发展建言献策”的校友论坛活动

2020 年 10 月 23 日，燕山大学隆重举行了燕山大学校友会成立大会和第一届校友代表大会，期间举行了主题为“凝心聚力，逐梦前行——为母校百年校庆及建设发展建言献策”的校友论坛活动。来自全国各地的 320 名校友代表分为 8 个组别在世纪楼 21 层第一会议室、18 层学术报告厅等 8 个会议室进行了座谈交流。参加座谈的校友纷纷踊跃发言，感恩母校培养，畅叙同窗情谊，助力百年校庆，共谋发展大计。针对座谈会上校友们提出的意见和建议，大会秘书处依据现场分组的记录内容进行了归纳整理，并将相关内容分解到学校职能部门进行研究，提出具体解决和落实方案。

第一组：世纪楼 21 层第一会议室，主持人：方国红（89 级计算机，广东校友会会长，广州校友会会长）。

第二组：世纪楼 18 楼报告厅，主持人：于忠海（78 级机制，上海校友会会长，上海市机械工作学会副理事长兼秘书长）。

第三组：世纪楼 21 层第一接待室，主持人：冯继勇（88 级工企，黑龙江校友会会长）。

第四组：世纪楼 21 层第二接待室，主持人：郭俊杰（84 级锻压，陕西校友会会长）。

第五组：世纪楼 19 层 1910 会议室，主持人：陈向东（84 级机制，浙江校友会会长）。

第六组：世纪楼 7 层 712 研究生院会议室，主持人：田伟国（83 级轧钢，湖北校友会会长）。

第七组：世纪楼 3 层 302 学工处会议室，主持人：侯一心（82 级计算机，深圳校友会会长）。

第八组：机械馆 3 层 301 机械学院会议室，主持人：李忠维（87 级锻压，胶东校友会会长）。

（三）校庆回忆

校友会成立大会暨第一届校友代表大会的回忆

贾丽洁（燕山大学校友办副主任）

百年的风雨沧桑，令每一位燕大学子与有荣焉。认同燕大，热爱燕大，以厚德载物而自勉，以兼容并蓄而自励，三十余万校友始终秉承着“艰苦奋斗、严谨治学、求实创新”的燕大精神薪火相传、生生不息！2019 年 10 月 23 日，燕山大学 500 余位领导嘉宾、校友代表、师生代表共同见证燕山大学发展历程中的一件大事——燕山大学校友会成立大会！这一天，是全体燕大人期盼已久、努力已久、酝酿已久的重要时刻；这一刻，母校情、师生情、同窗情、燕大情，在这里凝结、升华。燕山大学校友会的正式注册成立，更好地贯彻国家依法治国的方略，更好地统领和引导各类校友分会活动的开展，更好地调动校友及社会资源捐资助学推进燕山大学高水平大学建设，更好地履行我校人才培养、科学研究、社会服务和文化引领的大学使命。我们深信，在校友会理事会成员的共同努力下，必将贯彻“以发展为前提、以服务为核心、以情感为纽带、以联络为手段、以共赢为基础”的校友工作原则，必将贯彻“友谊、交流、合作、传承”的精神，圆满完成广大校友赋予的光荣使命！

回顾校友会申请、注册、成立一系列过程，校友会的筹备效率和成立速度都是值得点赞的。在教育厅和民政厅支持下，2019 年 7 月 30 日我校正式向河北省教育厅提交《关于筹备成立燕山大学校友会的请示》，当日，河北省教育厅下发《关于同意筹备设立燕山大学校友会的批复》（冀教政法〔2019〕38 号文件），2019 年 8 月 9 日，我校向河北省民政厅提交社会团体成立申请表，经省民政厅同意，开始筹备校友会相关成立材料，2019 年 8 月 27 日省民政厅正式下发《关于准予成立河北燕山大学校友会的决定书》，并颁发社会团体法人登记证书。不到三个月的时间，2019 年 10 月 23 日，燕山大学校友会成立大会暨第一届校友代表大会正式召开。

在赫连华巍主任“一周一进度”严格要求下，校友会的注册筹备工作虽然烦琐但有条不紊地推进。而面对主办 500 人的成立大会，仅有赫连华巍、柯铁军、何太淑和我四位校友办成员，人手远远不足。于是我们发动全体档案馆的老师们，校庆办的领导同事们也积极伸出援手。

很辛苦！柯铁军副主任在 8 月里冒着大雨去省里报送材料，因为泡在雨水里太久，他的右脚伤口化脓感染，直到 10 月份成立大会召开，他还一瘸一拐地走路。

很难忘！在校友会成立大会召开的前一天，何太淑、彭晓婷两位老师完成会议签到工作之后，又赶到成立大会会场，准备会议相关材料，克服了许多困难，整理工作一直忙碌到深夜才结束。

很神奇！整理参会校友报名信息时，理学院的物理学博士王志宙老师用了科学的统计方法和王伟伟老师一起配合，用两天的时间将信息准确无误地核对好。

很特别！成立大会分成几个阶段，由校领导、校友分别主持。接送校友代表的车辆由 8 个学院的副书记、副处级辅导员带队，8 位老师既是联络员又是学校发展、学科建设的宣传员。

作为校友工作办公室成立以来一直坚守的专职工作人员，我非常幸运见证了校友会的成立。在参与校庆工作的过程中，也亲历了校庆系列活动中发生的一幕一幕的情景，无论是学校领导、教职员工、在校学生还是广大校友，都在用一点一滴的小事串联起燕大人爱校荣校的精神品格。

二、制发校友卡

建立校友信息系统，发放校友卡，为校友联系、返校、发展创造良好环境。

（一）活动方案

主管校领导：任家东

责任单位：校友办

校庆办联络人：柯铁军、张向前

为更好地服务校友，进一步增强校友对“燕大人”身份的认同感和对母校的归属感，增进校友和母校之间的感情，促进学校、校友与社会的交流合作，推出校友卡服务功能。

1. 办理方式

电子校友卡：微信端经过校友信息系统认证，可生成电子校友卡。

2. 校友卡功能

（1）可凭校友卡出入校园。

（2）可参观校史馆、博物馆，参观前应办理预约手续。

（3）可进入学校图书馆阅览图书（不可外借）。

（4）校友凭校友卡办理相关手续后，可开通学校域名后缀的电子邮箱、通过学校 VPN 访问校内电子资源。

（5）入住学校宾馆可享有校友专属优惠并可享受校内其他部分服务。

（6）校友企业在自愿的基础上，对使用或消费校友企业产品和服务的校友提供一定的优惠，可享有与在校师生同等优惠。

3. 实施步骤

（1）开发校友信息系统，预计 2020 年 7 月完成，具体时间安排如下：

① 2019 年 11 月至 2020 年 3 月：收集整理校友基础数据。

② 2020 年 3 月至 4 月：整理校友信息系统功能建设需求。

③ 2020 年 4 月至 5 月：完成校友信息系统的招投标。

④ 2020 年 5 月至 7 月：完成校友信息系统功能开发。

⑤ 2020 年 7 月至 8 月：校友信息系统功能试运行。

（2）协调对接相关服务资源。

（3）制定校友卡使用管理制度。

（二）活动进展

1. 系统购买

燕大（东重）现在有 30 万校友，每年还要毕业 1 万同学，校友会越来越多。如何更好地将母校和校友、校友之间连接在一起？如何促进大家更便捷地交流与合作？这就需要一套好的校友服务信息系统。

原系统虽然可以返校预约、发起活动、查看学校和校友的新闻报道等，但内容比较简单，功能也不够丰富，校友参与率也比较低。

为适应越来越多、越来越优秀的校友的需求，我们准备采购全新的校友服务信息系统。新系统已为国内多所高校长期服务，能够为校友、校友企业和校友组织提供便捷、优质的交流平台，方便我们找到同城、同专业、同年级或者同行业的校友，可以查询在校成绩、毕业证，开展各类联谊、交流和学术活动，办理校友电子卡、购买纪念品，可以预约返校或线上参加云校庆，还能享受校友企业提供的优惠产品和服务。

我们参考了北京语言大学、湖南大学等学校使用的系统，其功能可以开展各类活动、办理校友卡、购买纪念品等，待母校校庆时，还可以参加云校庆。

新系统采购价大约 30 万元，母校真诚欢迎校友和校友企业为购置系统捐款，或以您的名义购置后捐赠给母校。校友服务信息系统可以留下您的美好祝福，展示您或企业的风采。

2. 系统招标

2020 年 4 月 14 日，发布燕山大学校友服务综合管理平台采购项目竞争性磋商公告；2020 年 4 月 27 日，发布燕山大学校友服务综合管理平台采购项目成交公告。具体内容如下：

（1）采购项目名称：燕山大学校友服务综合管理平台采购项目
采购项目标书编号：HBHY-2020-100

采购人名称：燕山大学
采购人地址：秦皇岛市海港区
采购人联系方式：侯明玉 0335—8056492
招标代理机构全称：河北泓远工程项目管理有限公司

续表

招标代理机构地址：秦皇岛市秦皇西大街63号（三信集团办公楼5楼西侧）
招标代理机构联系方式：司承祚
采购内容：按要求完成本项目全部内容
项目预算：30万元
交货地点：采购人指定地点
供货时间：自合同签订后（40）个工作日内
简要技术要求/采购项目的性质：按要求完成本项目全部内容
供应商的资格要求： （1）符合《中华人民共和国政府采购法》第二十二条规定： A. 具有独立承担民事责任的能力； B. 具有良好的商业信誉和健全的财务会计制度； C. 具有履行合同所必需的设备和专业技术能力； D. 有依法缴纳税收和社会保障资金的良好记录； E. 参加政府采购活动前三年内，在经营活动中没有重大违法记录； F. 法律、行政法规规定的其他条件。 （2）在“信用中国”网站（www.creditchina.gov.cn）被列入失信被执行人、重大税收违法案件当事人名单的供应商拒绝其参与本次采购活动。 （3）单位负责人为同一人或者存在直接控股、管理关系的不同供应商，不得参加同一合同项下的政府采购活动。 （4）本项目不接受联合体投标。
1. 凡有意参加投标者，请于2020年04月15日上午09时00分至2020年04月21日17时00分（北京时间，下同）登录“E招冀成电子招投标交易平台—标准版”（http：//hebeibidding.com/）下载相关竞争性磋商文件、澄清或修改等资料。 2. 竞争性磋商文件每套售价500元，售后不退。
磋商文件发售地点：“E招冀成电子招投标交易平台—标准版”（http：//hebeibidding.com/）
磋商文件发售方式：直接发售、售出不退
磋商文件售价：人民币500元/份
磋商截止时间：2020年04月27日09时30分（北京时间）
开标时间：2020年04月27日09时30分（北京时间）
开标地点：供应商应在截止时间前通过“E招冀成电子招投标交易平台—标准版”（http：//hebeibidding.com/）递交电子响应文件
评标方法和标准：详见磋商文件
项目联系人：司承祚、刘亚强

续表

联系方式：15690058882、18630311121
传真电话：0335-3692198
本公告发布媒体：燕山大学实验室与资产管理处官方网站、E招冀成电子招投标交易平台、中国招标投标公共服务平台
备注：

（2）采购项目名称：燕山大学校友服务综合管理平台采购项目

项目编号：HBHY-2020-100

采购人名称：燕山大学 采购人地址：秦皇岛市海港区河北大街438号
采购人联系方式：侯明玉
采购代理机构全称：河北泓远工程项目管理有限公司
采购代理机构地址：秦皇岛市秦皇西大街63号（三信集团办公楼5楼西侧）
采购代理机构联系方式：司承祚
采购方式：竞争性磋商
交货地点：采购人指定地点
供货时间：自合同签订后（40）个工作日内
采购公告日期：2020年04月15日
确定成交日期：2020年04月27日
开标地点：E招冀成电子招投标交易平台—标准版 评标地点：E招冀成电子招投标交易平台—标准版评标入口
成交价：人民币265000元
成交供应商名称：南京微小宝信息技术有限公司
成交供货时间：自合同签订后（30）天内
磋商小组成员名单：王卫东、杨靖、柯铁军（采购人代表）
项目联系人：司承祚
联系方式：15690058882
本公告发布媒体：E招冀成电子招标投标平台、燕山大学实验室与资产管理处官方网站、中国招标投标公共服务平台

3. 系统捐赠

此次系统采购工作的顺利进行得益于上海校友会的大力支持。在得知母校计划上线校友信息系统之后，上海校友会主动联系母校，获取相关需求信息之后决定在全体上海校友中开展专项捐助活动。

2020年4月12日，上海校友会理事会先后在理事群和校友群里分别发起了正式捐赠，活动得到了全体理事和校友们的积极响应。截至 4 月 17 日下午 3 时，共收到捐款 31.8301 万元，捐赠人数达到 153 人，提前并超额完成了 30 万元的捐赠目标。

上海校友对此次捐助活动的积极响应和热情捐助，充分体现了广大校友的凝聚力，体现了燕大校友们对母校的情怀和关爱，更体现了广大校友心系母校、牵挂母校的深情厚谊。

燕山大学（东重）上海校友会是我校较早成立的校友会之一，多年来与母校保持着密切联系，在为母校提供了很多帮助的同时也为上海校友们提供了很好的交流平台。此次捐赠校友信息系统是上海校友会为母校、为 30 万校友、为母校的百年校庆敬献的一份有价值、有意义的礼物。我们也将充分地利用好这套系统，更好地发挥其纽带作用，服务好全体校友，让校友与母校更加紧密地联系在一起。同时也希望广大校友们继续关心支持母校，和母校情牵意挂，促进彼此更大的进步和发展。

4. 系统应用

（1）电子校友卡的注册发放

为了更好地服务全球校友，燕山大学校友总会经过近一年的奋力准备，“燕大东重人”校友服务小程序于 2020 年 8 月 6 日正式上线，已注册校友 4 万余人。

校友可以通过平台认证校友身份并领取“电子校友卡”，享受校友专属服务。申领步骤如下：

步骤 1：在微信客户端搜索“燕大东重人”小程序；

步骤 2：打开小程序界面，在右下角点击“我的”；

步骤 3：进入“个人中心”界面，点击“登录账号”；

步骤 4：登录并进行校友身份认证，选择校友类型，进行资料认证，校友需填写“*”标识的必填信息，然后点击“提交认证”；

步骤 5：经人工 1~3 个工作日审核通过后，系统会发送认证通过短信，“个人中心”界面显示“已认证”；

步骤 6：在“个人中心”界面点击“立即领取”，上传标准证件照，点击“确认领取”，即可获得“燕山大学电子校友卡”。

（2）校友返校的预约

亲爱的各位校友：

百年燕大 · 家国天下！

2020年9月10日，我们的母校将迎来“建校溯源百周年·独立办学一甲子”的重要历史时刻。

根据当前疫情防控形势和省市要求，学校将通过线上线下相结合的方式，举办百年校庆系列纪念活动。为方便各位校友回校省亲，拟采取如下措施：

一、建议现居住在中高风险地区的校友，通过线上参与校庆系列活动。

二、居住在低风险地区校友自8月15日起可分批错峰进入校园，请通过“燕大东重人”智慧校友服务平台提出返校申请。符合疫情防控要求者，经校友总会批准后即可进校。

三、校友总会和各学院校友会将安排全校师生员工和离退休人员为校友实行一对一接待服务，校友也可提出建议人选，由学校和学院统筹安排。

四、校友目前可从燕大西苑小区对面的5号门进入校园，后期如有变化再提前通知。

五、请各位校友严格遵守防控要求，进校前核验行程码无中高风险地区行程记录和“河北健康码”绿码，测量体温正常 < 37.3℃，无其他异常症状的校友可以进入校园，但需全程佩戴口罩，并于当日离校，不能在校内留宿。

如果疫情形势和防控要求发生变化，我们将随时通知。由此给大家带来的不便，敬请各位校友谅解。

燕山大学校友总会

2020年8月7日

“燕大东重人”校友服务平台承担了校友返校预约工作，返校预约记录高达1万条。9月1日—12日，返校校友5305人次。

（3）校庆POLO衫的发放

正值燕山大学百年华诞即将来临之际，为了让全体师生、离退休职工等校庆志愿者拥有良好的志愿体验和难忘的服务经历，增强校友爱校荣校助校热情，学校将为每位志愿者和全体校友制作发放一件统一款式的POLO衫，所需资金由爱心校友捐赠。校庆期间共发放POLO衫72629件，其中向校友发放26469件。

（三）校庆回忆

校友服务平台建设过程

柯铁军（燕山大学档案馆副馆长）

校友服务平台系统采购工作的顺利进行得益于上海校友会的大力支持。

在各位评审专家的细心评审下，南京微小宝信息技术有限公司成为燕山大学校友服务系统的中标单位。该公司提供的“智慧校友”平台系统能够助力校友与母校、校友与校友之间的交流更加高效畅通。通过多方面沟通最终该信息系统命名为“燕大东重人”，这个名字不仅说明了燕山大学的发展历程，更加凸显了燕大东重人 100 年来绵绵不断的情谊。

“燕大东重人”校友服务平台不仅在校庆期间发挥了巨大的作用，在平时为加强校友与母校的联系也发挥了很大的作用。在校庆期间它主要承担了校友返校预约工作和发放 100 周年纪念衫的任务，返校预约记录更是高达一万条，目前已有四万多名校友加入“燕大东重人”，很多校友都表示很开心能够穿着校庆纪念衫来学校逛一逛，对他们来说这不仅仅是一件衣服，更多的是对母校的一个记忆，会让自己更有一份归属感。对于有机会能够再次回到母校的同学来说，他们是幸运的，但是还有很多校友很遗憾由于各种原因无法回到母校庆祝母校 100 周年华诞。在“燕大东重人”上我们也收到了很多校友的留言，有给母校 100 周年生日的祝福语，有表达对母校感恩和思念之情的，也收到了很多校友对于返校工作的一些疑问。毫无疑问，“燕大东重人”作为校友和母校联系的一个纽带，发挥了重要作用。当然，“燕大东重人”小程序的正常运行离不开幕后工作客服人员的努力，尤其是在校庆期间，他们每天都要处理很多的校友留言，不仅仅是回复校友，还要通过校友们的留言来发掘校友们的需求，为校庆工作提供了很多帮助。十分感谢“燕大东重人”幕后的客服人员，感谢他们默默无闻的辛勤付出。

通过“燕大东重人”校友服务平台，也进行了许多有趣且有意义的线上投票评选活动，例如“燕山大学百年校庆最受欢迎活动奖”“燕山大学第一届杰出校友”“燕山大学校庆活动之致敬前辈”等线上评选活动。正是有“燕大东重人”校友服务平台的存在，才让这些评选活动能够顺利开展，让天南地北世界各地的校友都能够参与进来。目前，“燕大东重人”校友服务平台已经具有很多联系母校和校友的功能。通过这个平台不仅能够了解燕山大学以及燕山大学校友会的最新动态，报名参与相关活动，加强校友与母校的联系，还能帮助校友找到自己的校友组织，加强校友之间的联系，凝聚校友感情。同时，“燕大东重人”也正在完善校友企业服务功能模块。该模块不仅展示校友企业，方便查询校友企业，更重要的是可以发挥校友和校友企业的互助作用。一方面，平台可以为校友企业提供线上招聘服务，帮助企业解决用人难题，校友也可通过该平台查看招聘信息、投递简历。另一方面，平台也可以为校友企业提供线上校企集市服务，帮助企业拓展营销，实现销售和销路的拓展。

在因疫情防控而封闭校园期间，我们要更加重视该平台的使用，充分发挥平台的纽带作用，进一步加强母校同校友的联系、尽最大努力服务校友。此外，要建立长远的校友跟踪机制，让每个学生在校时热爱母校，毕业后感恩母校，积极发挥校友会作用，给予学生支持。同时，校友是学校宝贵的人才资源，要加强学校与校友各个方面的合作，为燕山大学“双一流”建设做出更多努力，促进校友与母校的共同发展。

三、表彰典型校友

评选燕山大学第一届杰出校友和优秀校友。

（一）活动方案

主管校领导：任家东

责任单位：校友工作办公室

校庆办联络人：贾丽洁

燕山大学源于哈工，肇始东重，匠心育才，桃李芬芳。回望燕大（东重）“溯源百周年、办学一甲子”的辉煌历程，我们深切地感受到，燕大（东重）荣耀之发扬来源于校友的不懈奋斗与卓越贡献，燕大（东重）精神之影响根植于校友的真诚恪守与激扬传播，燕大（东重）成长之动力萌发于校友的群体智慧与交相辉映。

为迎接百年校庆，更好地传承和发扬燕大（东重）人“奋斗基因、工匠精神、卓越品质、家国情怀”的精神品格，彰显母校立德树人成果，决定开展燕山大学（东北重型机械学院）独立办学60年第一届杰出校友和优秀校友评选活动。

1. 参评资格

在燕山大学（原哈尔滨工业大学富拉尔基重型机械学院、东北重型机械学院）有学习或工作经历，为党、国家、社会、人民和学校作出特殊贡献的校友。

2. 评选条件

结合第三方机构关于大学评价指标体系中对杰出校友的概括，参照艾瑞深校友会网 2020 中国大学排名评价指标体系，符合以下条件之一者可以参评杰出校友：

（1）科学界校友：国家最高科技奖、中国科学院与中国工程院院士，国外科学院院士和工程院院士，中国两院院士增选第 1 轮候选人；长江学者特聘教授及讲座教授、长江学者创新团队带头人，国家杰出青年基金获得者、国家自然科学基金委员会创新研究群体负责人；光华工程科技奖成就奖获得者，长江学者成就奖、何梁何利基金科学与技术成就奖获得者，中国杰出人文社会科学家，国际奖励获得者；或相当于以上表彰奖励的校友。

（2）企业界校友：福布斯、胡润等全球亿万富豪榜上榜企业家，《财富》世界 500 强企业董事长 / 总经理 / 总裁，胡润、福布斯、南方周末和新财富等中国富豪榜上榜企业家，国内外上市公司、中央直管企业、国有重点企业董事长 / 总裁 / 总经理，国有商业银行、股份制商业银行董事长 / 行长，公益时报、胡润和福布斯等中国慈善榜上榜企业家；中国大学创业富豪排行榜上榜企业家（优秀自主创业典型）；或相当于以上岗位的校友。

（3）公益慈善模范人物：新中国最美奋斗者、全国道德模范获奖者，中央电视台感动中国年度人物获奖者，100 位为中华人民共和国成立作出突出贡献的英雄模范人物和 100 位中华人民共和国成立以来感动中国人物入选者，公益时报、胡润和福布斯等中国慈善榜上榜慈善家、中华慈善奖获得者，中国大学校友捐赠排行榜等上榜企业家；或相当于以上表彰奖励的校友。

（4）文体界校友：获得国内外文学艺术体育等领域重大奖励的校友。

（5）取得其他卓越成果者：在行业领域具有重大影响力，成为本行业的先锋和领军人物；为母校赢得卓越声誉者；长期关心、支持母校，并对母校建设发展作出特殊贡献者。

符合以下条件之一者可以参评优秀校友：

（1）在创新创业等方面作出重要贡献或获得广泛的社会认可者；

（2）在教育、科技领域有重要发展或科技成果，业绩突出者；

（3）长期关心支持母校建设和发展，为母校发展作出重大支持和贡献者；

（4）热心校友工作，在校友服务和联络、地方校友会组织等义务工作中作出重要贡献者；

（5）其他方面有突出贡献者。

3. 评选数量

评选杰出校友数量由校友会理事会确定，优秀校友数量由各学院校友会确定。

4. 杰出校友评选程序

（1）推荐阶段（2020 年 6 月 2 日至 7 月 31 日）

各校友组织和师生校友都可推荐。

（2）初选阶段（2020 年 8 月 1 日至 8 月 10 日）

燕山大学校友会理事会按照评选条件提出初选校友名单。

（3）网络评选阶段（2020 年 8 月 11 日至 8 月 31 日）

杰出校友候选名单在智慧校友服务平台上开放网络投票，鼓励海内外校友和师生员工积极参与投票，投票结果作为评选的重要依据。

（4）最终评选阶段（2020 年 9 月 1 日至 9 月 9 日）

燕山大学校友会理事会确定当选校友名单。

（5）宣传阶段（2020 年 8 月 11 日至 9 月 10 日）

（6）表彰阶段（2020 年 9 月 10 日校庆日）

5. 优秀校友评选程序

优秀校友评选由各学院校友会评选，具体程序由各学院校友会确定。

（二）活动进展

为迎接百年校庆，更好地传承和发扬燕大（东重）人“奋斗基因、工匠精神、卓越品质、家国情怀”的精神品格，彰显母校立德树人成果，配合校史馆筹建工作，遴选校史馆上墙校友。

1.2020 年 6 月 2 日，面向全校、广大校友发布《关于燕山大学第一届杰出校友和优秀校友评选的通知》。

2.2020 年 6 月 10 日，根据 17 个学院上报的知名校友，汇总整理知名校友信息。

3.2020 年 6 月 22 日，根据 17 个学院和地方校友会负责人的意见最终得到 77 位校友名单，并进行初排序。

4.2020 年 8 月 3 日，召开校友工作 8 月例会，确定校史馆上墙知名校友增减及排序。

5.2020 年 8 月 10 日，按照校史馆设计调整为 60 人。

6.2020 年 8 月 20 日，重新调整校史馆设计的版面，最终确定了 70 人作为校史馆的上墙知名校友，他们代表 30 余万名校友，展示追求卓越的燕大东重人的风采。

对于杰出校友，在每位燕大东重人的心中都有不同的评判标准，受版面限制，校史馆仅仅展示了70位校友，因此，我们在“燕大东重人”微信小程序上又进行了第一届燕山大学杰出校友网络评选，旨在发现更多杰出校友，多方面展示燕大东重人永不褪色的精神风貌。具体工作开展如下：

1.2020年8月3日，校友办8月例会通过杰出校友网络评选投票规则制定（17个学院必须提交1名以上杰出校友候选名单）。

2.2020年8月27日—9月2日，发起网络评选候选人公示。

3.2020年9月3日—9月7日，进行杰出校友网络投票。杰出校友候选名单在智慧校友服务平台上开放网络投票，鼓励海内外校友和师生员工积极参与投票，投票结果作为评选的重要依据。

4.2020年9月8日，第一届杰出校友评选在校友会第一届第二次会议上由理事们全体通过，并公布投票结果。

表3-2 燕山大学第一届杰出校友评选投票结果

序号	姓名	得票数	序号	姓名	得票数	序号	姓名	得票数
1	冯继勇	432	21	杨强	132	41	齐晓东	67
2	朱兴明	417	22	丁建宁	125	42	谭立英	66
3	金亮	317	23	方国红	125	43	邱枫	66
4	李书福	308	24	黄庆学	113	44	马宗义	66
5	闫丽娟	307	25	王义栋	113	45	吴英	64
6	马利军	289	26	丁华锋	106	46	高峰	64
7	王玉宝	249	27	单东升	100	47	段志明	64
8	王元卓	238	28	王洪瑞	94	48	朱志华	63
9	蒋金水	226	29	王仲文	93	49	王建国	63
10	张福成	216	30	刘才	92	50	陆大明	60
11	王海军	213	31	朱顺炎	92	51	吴嗣亮	60
12	张立杰	206	32	姜宏岩	90	52	冯景昌	59
13	干春晖	195	33	王宝忠	89	53	王社昌	59
14	张玉柱	182	34	余锋	85	54	蔡大勇	58
15	胡坤	172	35	马晶	80	55	柏林	57
16	段广仁	165	36	唐杰	79	56	陈志江	57
17	唐国宏	151	37	曹国华	78	57	李亮	55
18	蒋铁军	146	38	张永琛	71	58	谷峰兰	55
19	李强	135	39	朱江	71	59	刘辛军	55
20	关新平	134	40	翁运忠	69	60	余红辉	54

续表

序号	姓名	得票数	序号	姓名	得票数	序号	姓名	得票数
61	赵斌	53	74	李叔彦	43	87	任德亮	34
62	宋清玉	53	75	韩志武	42	88	戴守仁	34
63	薛安克	52	76	李秦川	42	89	王旭	34
64	臧勇	51	77	景奉儒	42	90	刘登云	34
65	晁春雷	51	78	堵丁柱	42	91	刘志辉	34
66	张怀德	51	79	赵立新	40	92	李砚耕	33
67	盛婉玉	51	80	李启祥	38	93	赵涵	33
68	曹立志	50	81	刘玉明	38	94	张志勇	32
69	马克	50	82	洪性九	38	95	潘高峰	32
70	化光林	49	83	王富耻	37	96	张淳	29
71	蒋顺才	48	84	韩醒田	37	97	曾祥东	28
72	孙敏	46	85	唱江华	36	98	崔明伟	28
73	谢东钢	44	86	王凯	35	99	陆建秋	23

5.2020 年 9 月 10 日，校庆纪念大会表彰了网络评选出的燕山大学首届“杰出校友”。

6. 在微信公众号、燕大东重人小程序、微博、各大新闻网站宣传燕山大学杰出校友。

（三）校庆回忆

评选杰出校友的幕后工作

贾丽洁

燕山大学溯源百年，办学甲子，育英哺华，桃李芬芳。三十余万校友在各行各业肩兹砥柱中流之重任。在校庆期间，我们广泛征集，多渠道发掘优秀校友，展示追求卓越的燕大东重人风采。

其实，如果不亲身参与其中很难体会到遴选杰出校友、知名校友、优秀校友工作上的烦琐与困难，再加上校庆期间任务繁重，许多工作都是同时进行，更是增加了难度。

6 月 22 日从秦皇岛到溧阳的火车上，我们有整块的时间对学院提供的名单进行排序，全部工作完成后正好是全程的 6 个小时时间。

9 月 2 日杰出校友网络投票的前一晚，张向前、朱可嘉、学生志愿者刘宇辰和我四人，最后一次完善校友信息，在征求校友本人意见的基础上，从学院校友推荐的 106 名校友中，最终确定 99 名校友。最后一条校友信息审核通过后已经到了半夜 12:30，第二天我才知道宇辰担心影响舍友休息，在世纪楼

1209 的办公室睡了一晚。

在 9 月 8 日召开的校友会理事会第一届第二次会议上，理事们对第一届杰出校友名单的讨论异常激烈，特别是有的校友理事们提出了新的人选，因为公示期、投票期已过，所以错过了一些杰出优秀校友。

以上只是评选校友的一小部分工作，仅仅从时间事件的节点上，我们很难从杰出校友的发掘、评选甚至排序上判断工作量。评选结果受到各种因素影响，比如对上报的杰出校友名单中的候选人的成绩并不是特别了解，校友跨行业发展无法横向纵向比较，需要平衡各学院校友数量，还有就是有一些校友因公因私原因不适合评选等。但是对于面向全校师生、全体校友以及社会展示的校友，我们以严谨的态度对待，不过受时间和人力，甚至信息不对称的限制，对于校友的评选还是会留有遗憾。这些遗憾也必将激励我们更加努力严谨地工作，激励我们为助力校友、助力校友企业发展更加努力。

四、彰显校友风采

举办校友学术论坛、科研对接会、教学研讨会和校友讲座，开辟展区、设置展览，推介校友企业产品、成果、文化，助力校友发展，激发师生动力。

（一）活动方案

主管校领导：任家东

责任单位：校友办

校庆办联络人：欧阳渊、郝晓丹

为增进校友与母校的交流，展现优秀校友风采，营造良好的校园文化和学术氛围，增强学生爱校荣校意识，激励学生奋发成才，引导学生尽早科学做好职业规划，特开展“校友讲坛”系列活动。

1. 活动主题

开展学术讲座、讲述成长故事、分享人生感悟、彰显奋斗精神。

2. 邀请嘉宾

坚持正确的政治方向和舆论导向，在燕大（东重）学习或工作过、在社会或行业（专业）领域内有一定知名度和影响力的校友。

3. 活动形式

采取线上和线下相结合的方式开展“校友讲坛”活动。线上可以采取网络会议、视频直播等形式，线下可以采取报告、讲座、访谈、沙龙等形式。

4. 组织管理

“校友讲坛”由校友办和校团委主办，各学院具体承办。校友办负责提供校友信息，各学院负责校友的遴选邀请、讲坛组织和宣传报道等工作，校团委负责为大中型的线下活动提供志愿者服务并协助完成现场管理工作。

5. 宣传报道

各学院要重视活动的宣传工作，通过校内外媒体及时对活动内容进行广泛宣传报道，扩大“校友讲坛”的社会影响力，并收集整理好活动的文字及图片资料报送至校友办电子邮箱（xyb@ysu.edu.cn）。

6. 报批备案

线上和线下“校友讲坛”活动，需按学校规定填报“燕山大学校内讲座活动审批表”报宣传部审批，并将获批的审批表拍照后发送至校友办电子邮箱（xyb@ysu.edu.cn）备案。

表 3-3 校友讲坛活动统计表

序号	讲座题目	主讲人	主讲人简介	时间	地点	承办单位	联系人	联系电话
1	对化工专业的认识及对未来就业的建议	关凤禹	中阿化肥有限公司高级工程师	9月8日 13:30	里仁 D107	环境与化学工程学院	屈年瑞	18630356925
2	让梦想照进现实，用真北指引人生	刘全有	吉利汽车研究院总工程师	9月8日 14:30	里仁 B101	车辆与能源学院	杨春婧	15100356595
3	情系燕园，感恩母校	张杰	吉利汽车研究院分项目经理	9月8日 14:30	里仁 B102	车辆与能源学院	杨春婧	15100356595
4	油田油井的腐蚀与防护及管理	赵林	中石化河南油田工程院高级工程师	9月8日 15:45	东校区四教 309	环境与化学工程学院	屈年瑞	18630356925
5	基于生态视域下旅游纪念品设计研究	孟凯宁	西华大学美术与设计学院工业设计系主任	9月8日 16:00	音乐馆 B105	艺术与设计学院	王年文	18603354220
6	设计师的创业之路	石春雷	深圳市零重力设计有限公司	9月8日 15:00	音乐馆 B105	艺术与设计学院	王年文	18603354220

续表

序号	讲座题目	主讲人	主讲人简介	时间	地点	承办单位	联系人	联系电话
7	以碱性锌酸盐为代表的电镀工艺	史凯	精华集团金属表面处理（吉林）有限公司高级工程师	9月8日16:20	东校区四教309	环境与化学工程学院	屈年瑞	18630356925
8	产品品牌形象视角下的设计方法运用研究	孟凯宁	西华大学美术与设计学院工业设计系主任	9月9日9:00	音乐馆B105	艺术与设计学院	王年文	18603354220
9	大学生法律风险防范	钟多娣	江西省医疗卫生及健康法律专业委员会	9月9日10:00	机械馆J3	机械工程学院	赵瑞雪	15033536492
10	让梦想照进现实，用真北指引人生	刘全有	吉利汽车研究院总工程师	9月9日14:00	机械馆J3	机械工程学院	赵瑞雪	15033536492
11	数字绘画在行业中的应用	苏佳	龙创跃动网络科技有限公司	9月9日10:30	音乐馆B105	艺术与设计学院	王年文	18603354220
12	大学生法律风险防范	钟多娣	江西南芳律师事务所律师	9月9日15:00	音乐馆B206	艺术与设计学院	蒋玉	13623344918
13	汽车智能化与动力学控制技术	李亮	清华大学教授，博士生导师	9月9日16:00	机械馆J3	机械工程学院	赵瑞雪	15033536492
14	扣子	王冰	上海电气集团纪委副书记	9月9日20:00	机械馆J3	机械工程学院	赵瑞雪	15033536492
15	新型膜技术捕集二氧化碳及学术研究与写作探讨	张智恩	俄亥俄州立大学	9月10日8:30	腾讯会议945290378	环境与化学工程学院	屈年瑞	18630356925
16	关于视觉传达设计就业的阐释	李浩	北京知其一文化传媒有限公司	9月10日9:00	美术馆A103	艺术与设计学院	蒋玉	13623344918
17	“数理时空”学术论坛（校友专场）	程同蕾	东北大学	9月10日15:00	理学楼404	理学院	管巍	13513351927
18	新时尚，绘生活	李胜强	珠海格力	9月10日16:00	美术馆A101	艺术与设计学院	吴俭涛	13930350361

续表

序号	讲座题目	主讲人	主讲人简介	时间	地点	承办单位	联系人	联系电话
19	创业指导会	左莹莹	秦皇岛金盛达集团副总	9月10日16:00	美术馆A203	艺术与设计学院	温瑀	15003353043
20	就业指导会	金亮	太平洋建设沪商集团	9月10日16:00	音乐馆B206	艺术与设计学院	董梁飞	13933691767
21	创业分享会	耿亚婷	江苏省昆山市艺森文化艺术传播有限公司创始人	9月10日16:50	音乐馆B206	艺术与设计学院	董梁飞	13933691767
22	疫情下的智能小家电创新设计与研究	余杨林	众意工业设计设计师	9月10日16:00	音乐馆B105	艺术与设计学院	王年文	18603354220
23	分享人生感悟	尚巍	笔染时光工作室设计师	9月10日16:30	音乐馆B105	艺术与设计学院	王年文	18603354220
24	分享人生感悟	王振兴	上海宜依生物科技有限公司副总裁	9月10日15:00	人文馆416	外国语学院	朱坤	13703352822
25	化工及危险化学品安全生产	高亮	河北国控环境治理有限责任公司技术部部长	9月11日8:00	里仁B201	环境与化学工程学院	屈年瑞	18630356925
26	科学规划自己的人生，是你成功的重要因素	付智勇	四川水井坊股份有限公司副总经理	9月11日14::00	东校区第四教学楼113	环境与化学工程学院	屈年瑞	18630356925
27	葡萄酒生产工艺及质量控制	罗飞	中粮华夏长城葡萄酒有限公司	9月12日8:00	腾讯会议	环境与化学工程学院	屈年瑞	18630356925
28	“数理时空”学术论坛	李金	理学院副教授、教授	9月12日9:00	理学楼404	理学院	管巍	13513351927
29	核磁共振方法在蛋白质研究中的应用	禾立春	中国科学院精密测量科学与技术创新研究员	9月12日10:00	腾讯会议	环境与化学工程学院	屈年瑞	18630356925

（二）活动进展

1. 新冠疫情彰显“百年燕大·家国天下”

2020 年春节，一场新冠肺炎疫情汹涌袭来，从武汉蔓延到全国，直至全球新冠肆虐。在这样不“疫”般的时刻，面对突如其来的疫情，燕大人以速度跑赢疫情，以设备武装医生，以言行鼓舞国人，心怀大爱，行有担当。

众志成城、全力以赴、共克时艰——燕山大学致湖北校友的慰问信

燕山大学校友会 1月30日

亲爱的湖北校友们：

鼠年新春，本应该是家人团聚，欢度佳节的时刻，但一场突如其来的新型冠状病毒感染的肺炎疫情侵袭武汉，蔓延湖北，波及全国……

面对疫情，湖北人民为防止疫情扩散做出巨大牺牲，封城、隔离、消毒，种种举措利国为民，却打乱了你们佳节的欢聚，正常的生活。疫情时刻变化，牵动着母校和广大海内外校友的心。

校友与母校是情感共同体、价值共同体、发展共同体。请湖北每一位校友相信，母校与您共克时艰，30万政商学界校友和您并肩战斗。政策不允许我们前往探望，工科高校也鲜有医疗资源，但母校真诚希望大家在党和政府的坚强领导下，不抛弃，不放弃，坚定信心，坚持战斗，共同打赢抗击新型肺炎疫情狙击战。

2020 年 1 月 30 日，燕山大学校友会发出“众志成城、全力以赴、共克时艰——燕山大学致湖北校友的慰问信”。

2020 年 2 月 2 日，燕山大学校友会联合湖北校友会、深圳校友会、北京校友会等各地校友会发起了“燕山有爱，大学担当”爱心捐赠行动。

2020 年 2 月 2 日—6 日，面向全校师生员工、广大校友募集资金。

2020 年 2 月 7 日—8 日，采购医疗设备发送急需医院。7 日 10:00 出发至 8 日 10:00 到达第一家医院；8 日 16:30，捐赠四家医院的医疗设备均接收完毕。

2020 年 2 月 15 日，公开募集与捐赠明细。

2020 年 3 月 21 日，燕山大学校友会发出“万里同心、共盼春来——燕山大学校友会致海外校友的一封慰问信”。

“燕山有爱，大学担当”捐赠行动，历时 5 天时间，转发 915 次朋友圈，1867 位校友师生参与，共捐献价值 200 余万元的医疗设备。捐赠设备采购自康泰医学有限公司，包含：病人监护仪 60 台、肺功能仪 20 台、脉搏血氧仪 200 台以及网孔式雾化器 200 台（随附 2000 个雾化面罩），援助至武汉华润武钢总医院、黄冈武穴市第二人民医院、仙桃市第一人民医院和孝感市中心医院，用于缓解疫区医院医疗设备短缺，助力国家打赢疫情防控阻击战。

面对严峻的疫情形势，单个燕大人的力量如莹莹之火，然而燕山大学的奋斗史告诉我们“位卑未敢忘忧国”，只有把“小我”融入时代的洪流之中，才能体现出“大我”的价值。将莹莹之火汇聚起来，集合起所有燕大人的力量，必将迸发出耀眼的光芒！

沧海横流，方显英雄本色。30万师生校友，加强团结，所向披靡！在这危难时刻，可爱可敬的校友们行动起来了！朱兴明校友企业汇川技术向湖北武汉捐款700万元，汇爱成海，共克时艰；胡坤校友企业康泰医学向湖北武汉紧急驰援15万支血氧仪，解决湖北各市急缺医疗设备难题。成都校友群的师兄师姐们将地方校友会的第一笔捐款汇过来了，大家一起齐心协力，共渡难关。

回首百年光阴，斗转星移，沧海桑田，唯一不变的是燕大人熔铸在骨子里的奋斗基因、工匠精神、卓越品质和家国情怀，正是这种情怀使当年一重厂旁的东北重型机械学院不断发展壮大，正是这种情怀使南迁渤海的燕山大学再创辉煌。在"建校溯源百周年·独立办学一甲子"的历史时刻，我们要勇敢地展示那份独属于燕大人的骄傲，秉承前辈为国铸重器的壮志，与祖国母亲一起共克时艰，奋勇向前！

2. 校友讲坛彰显行业翘楚、大家风范

（1）中国科学院院士段广仁校友回母校分享人生感悟

2020年11月28日上午8:30，百年校庆《青年讲坛》系列活动——中科院院士段广仁校友人生分享会在东校区大学生活动中心109室举行，校领导赵险峰、赵丁选、赵永生、王宝诚、任家东、陈国强、于树江、张立峰和广大师生

分享会现场

一起，共同聆听了段广仁的精彩演讲。分享会由里仁学院党委书记、校庆办主任张向前主持。

赵险峰代表4万多师生员工致辞，欢迎段广仁校友重回母校。赵险峰表示，段广仁不仅是享誉国内外的控制领域专家，还拥有深厚的洞察力和品学涵养，怀揣报效祖国的赤诚之心，参与了一系列国家重大工程，培育出了一批批优秀学子，桃李满天下。段广仁刚下火车，就去看望老师，为师、为人、为学的态度，是我们学习的楷模和榜样。作为燕大杰出校友代表，刚刚当选院士，即回母校省亲，充分体现了对母校的殷殷深情。明年燕山大学将迎来“建校溯源百周年·独立办学一甲子”，希望全体燕大人团结一心、和衷共济，充分发扬熔铸在燕大人骨子里的奋斗基因、工匠精神、卓越品质和家国情怀，共同为擦亮燕山大学这块百年老校金字招牌全力拼搏，为实现中华民族伟大复兴作出更大贡献。最后，赵险峰预祝段广仁人生分享会圆满举行，希望段广仁今后能常回母校，畅叙情谊，共谋发展。

段广仁院士是我校79级应用数学专业校友，现为哈尔滨工业大学教授。在热烈的掌声中，段广仁上台作题为《漫漫人生路，悠悠母校情》的演讲，分享了自己的青少年时光、难忘的母校求学、研究生与博士后经历、生活感悟等内容。

开场，段广仁几句话语便带动了全场的气氛。他哽咽地说：“母校就是家的感觉，老师就是父母，所以第一时间我要回到母校，看望我的老师！”说起自己的恩师赵玉鹏老先生，段广仁有些感动：“赵老师讲授的课是‘计算方法’，他也是我的毕业设计指导教师，他的课讲得津津有味，循循善诱，引导学生用方法去解决问题，在那个时候，就给我心中种下了做科研的种子。”谈起学习英语，段广仁深有感触地说：“当时办学条件艰苦，并不是所有的全国重点大学都有条件办英语口语班，但我们的东北重型机械学院每个年级都有英语口语班，而且是外教授课，这真的很不容易。我出身农村，没学过英语，基础比较差，进不了口语班，我很羡慕他们呀！怎么办？我就准备了几段话，写在纸上反复地练习，背下来，事前躲在小树林里，见到外教时鼓起勇气走到跟前，说出背好的句子，争取去口语班的名额，这就是我入门英语的经历，后来在自己的努力下，我还成了口语班的班长。”

段广仁不仅为同学们讲述了自己的各种成长收获，还提到了人生不可能一帆风顺。他说每一次不堪的经历都是人生的一次成长，那些逆风飞扬的日子更加丰富了人生的感悟，段广仁将自己的人生感悟娓娓道来。人生感悟之一：不与人攀，做好自己；不与人争，奋发图强。“从教授、博导到获得国家奖，再到成为院士，我始终做着自己分内的事情，做自己该做的事情，并且努力做到最好。”人生感悟之二：心胸豁达，少计较得失。段广仁提道：“不如意、不公平、怀才不遇这些事谁都会经历，所以心胸应该大点。”“世众皆知嫦女美，几人尽晓月宫寒。”每个人的人生都不是一帆风顺的，每个人成功的背后都是无数汗水与泪水的累积，所以面对人生的不如意，一定要保持心胸豁达。人生感悟之三：人生态度，积极向上。“要有一个积极向上的态度，才能战胜眼前的困难，好好去做事情，心情自然好。”人生感悟之四：严以律己，不随波逐流。“天降英才承大任，劳其筋骨苦其心。要想优秀就要付出代价，天下没有免费的午餐，沉迷于庸俗就摆脱不了庸俗的束缚。”学术与人生结合，成功与失败相伴，历史与诗歌共舞，院士全程站立演讲，敞开心扉，深深打动了师生们。最后，段广仁祝愿母校蒸蒸日上、繁荣昌盛，燕大人平安幸福、硕果累累。

在互动环节，面对同学们的提问，段广仁循循善诱给出了个人建议。随后，段广仁还为抽奖环节发出口令，为现场抽取的十位幸运同学发放校庆吉祥物——燕宝抱枕。

为祝贺段广仁校友取得的巨大成就，感谢他为母校争得的荣誉，学校决定聘任段广仁院士为燕山大学客座教授，赵丁选为他颁发了聘书。

赵丁选为段广仁颁发客座教授证书

分享会后，段广仁被老师、同学们层层围住，希望能够合影、交流，他耐心地一一满足了大家的要求。看到舞台下还远远站着十几名腼腆的学生，段广仁主动邀请他们合影留念，同学们飞奔上台，平生第一次与院士拍照。参会的老师和学生纷纷表示，听了分享会有感动、有收获、有思考，深受鼓舞，受益匪浅，今后要以段广仁为榜样，不断努力、勇攀高峰、争创一流！

（2）汇川技术股份有限公司董事长朱兴明校友举办专题讲座

2020 年 9 月 9 日至 12 日，燕山大学首届 85 级校友、深圳市汇川技术股份有限公司董事长朱兴明重返母校，拜访恩师，参加校庆盛典。三十五载光阴打马而过，却无法消散那年相遇在燕大的美好岁月。作为杰出校友代表，此行重回故地，他身体力行，向母校捐款100万元，献礼燕山大学百年华诞，为母校的发展添砖加瓦，贡献自己的力量。

朱兴明校友捐赠仪式

2020年9月10日下午15:00，朱兴明校友于百忙之中，在东校区大学生活动中心为师弟师妹们举办专题讲座，以《以“不变”应“巨变”，以卓越筑汇川》为主题展开面向全校直播的精彩演讲。

朱兴明校友从自身经历出发，首先谈到了国家近三十年来发展的沧桑巨变。短短三十年，中国从一个蒙昧落后的国度迅速发展成了一个高科技飞速发展的强国，朱兴明校友动容地说：“我幸运地赶上了‘巨变’的时代。”在巨大的时代变化面前，我们每一个人都是时代浪潮里的一滴水，只有找准时机，抓住机遇，才不会迷失自我，才能够实现自己的价值。

随后，朱兴明校友谈到了自己的创业经历，从最初的创业到扛起了中国自动化发展的大旗。时代、环境在变化，许多人为了赚“快钱”，脱离了制造业。汇川公司某股东曾经劝他拿出部分资金炒股、投资房地产，但朱兴明校友坚定信念、不为所动，不忘振兴民族工业自动化之初心、发扬大国工匠之精神，一直在变频器产业摸爬滚打，一心一意把公司经营好，并不断提升技术水平，始终专注于制造业的发展。在朱兴明校友的带领下，汇川公司从单一的变频技术供应商发展成集驱动、控制、精密机械为一体的机电一体化解决方案领军企业。时代在发展，技术在进步，汇川集团顺应了变化，勇敢地踏入了时代的洪流，没有迷失方向，没有故步自封，而是勇立潮头，破浪前进。

最后，朱兴明校友谈到了未来的巨变，未来的三十年将是一个变化震荡更加激烈的三十年。民族复兴、数字革命、全球化，身为担当民族复兴大任的时代新人，我们更应该肩负起我们应承担的责任，舞台越大，责任越大，想要走向更宽更广的舞台，我们要承担的也就越多。所以，我们应该随时准备着，为国家和民族的发展贡献自己的力量。

1989 年参加工作，朱兴明校友在深圳华能从事技术工作，先后又进入华为电气和美国 EMERSON 公司担任高层管理人员，最后创办了自己的企业——深圳市汇川技术股份有限公司。“十年，汇川技术在超预期中成长。”这是朱兴明校友对汇川技术十年来的最大感慨。十年，汇川技术不仅将产品做到“人无我有”，还将部分产品真正做到了“人有我优”，真正做到了独树一帜。

燕山大学首届 85 级校友、深圳市汇川技术股份有限公司董事长朱兴明

一路走来，朱兴明校友以逢山开路、遇水架桥的精神，成为中国变频器行业的先行者；以专注求精、坚守务实的行动，成为中国工业自动化控制与驱动技术的领导者；以开放协作、追求卓越的理念，将汇川发展为国内工业自动化控制领域的领军企业。汇川的技术创新能力、销售收入和纳税额连续多年保持国内同行业领先水平，汇川已经成为引领变频器、伺服、PLC 等产品进口替代的民族先锋企业。汇川技术正努力成为中国制造未来发展链条中的精彩一环。

2020 年 9 月 9 日，朱兴明校友与 87 级检测校友、康泰医学系统有限公司董事长胡坤进行了座谈，并表示以后要紧密联系、加强合作。随后，朱兴明校友拜访其硕士生导师李佳奇老师，汇报了目前在深圳的工作和生活情况，表达了对来自学校和恩师教诲及栽培的感谢之情。

2020 年 9 月 10 日上午，朱兴明参加燕山大学百年校庆盛典，见证了母校建校溯源百周年来的沧桑巨变与辉煌成果。随后，朱兴明校友沿着学校的林荫道从大学生活动中心步行至信息馆，重温少年时徜徉于校园的青春岁月。他着重参观了信息馆无线电实验室，并与信息学院的领导及老师进行了亲切交流。

2020 年 9 月 11 日，朱兴明与其本科生、研究生同学共叙校友情谊。阔别已久的校友们重逢于燕园，畅聊过去与未来。旧友重逢的喜悦弥漫了整个校园，校友们纷纷赞叹母校取得的光辉成就，衷心祝愿母校的明天更加美好。

2020 年 9 月 12 日，朱兴明与燕山大学党委书记赵险峰进行会谈，双方就人才培养、校企合作、技术创新等方面进行了热烈讨论。

朱兴明校友为燕大学子们树立了良好的榜样，他此次的母校之行使校友们与母校的联系更加密切，母校的大门永远为校友们打开。杰出校友情系母校，情真意切，令人感动。

长风破浪会有时，直挂云帆济沧海。相信会有更多像朱兴明一样的优秀校友反哺母校，燕山大学也必将扬帆起航，开拓奋进，向着“双一流”的目标奋勇前进！

3. 校友企业风采展彰显燕大学子“奋斗基因、工匠精神、卓越品质、家国情怀”——小小机器人，浓浓母校情

“哇，机器孔雀开屏啦！”“这个六足机器人我们长大以后也做得出来吗？”

这几天东校区世纪楼一楼大厅里非常热闹，总有小朋友好奇地摆弄这些仿真机器人，睁大眼睛，兴致勃勃地问这问那。校庆办研究生助管肖楠俯身低头，耐心地为他们讲解这些机器人的用途和功能。不光是孩子们，这里的展品也吸引了很多大学生和教职工驻足观看。文法学院大四的东方滢同学很有感触：“这些机器人形态各异，功能多样，有的可以识别色彩，有的可以跳舞唱歌。通过近距离体验，我们可以充分感受到科学的魅力，燕大人倾心‘中国智造’，未来一定更美好！”

小朋友参观校友企业腾岳科技风采展

作为校友企业风采展系列活动，本次参展的秦皇岛市腾岳科技有限公司始建于2007年，是河北省高新技术企业。东方罗尔培训学校是其全资子公司，是秦皇岛地区最早从事IT培训的教育机构，目前已经累计培养软件开发工程师6000多人，多次被评为秦皇岛市优秀民办教育机构、大学生就业安置工作先进单位。公司董事长岳伟才2004年本科毕业于我校计算机科学与技术专业，2013年硕士毕业于工商管理专业。

“在秦皇岛创业，我的成绩离不开母校的支持，能够亲身参与校庆系列活动，我感到非常光荣，谢谢母校给我这样的一个表达的机会，今后一定更加努力回报母校的培养。”岳伟才的话，透着工科男的自信和感恩。

校友企业泰德管业风采展

校友企业风采展已经成功展出了四期，前三期参展的是轧钢81级校友陈广斌创办的秦皇岛市泰德管业科技有限公司，检测87级校友胡坤创办的康泰医学系统（秦皇岛）股份有限公司，06级工商管理专业硕士校友陈彦广创办的秦皇岛艾科晟科技有限公司。校友企业风采展是由校庆办、校友办和各地校友会共同搭建的合作交流平台。在全校内外齐心协力办校庆的氛围下，展览不仅推进了母校与校友企业产学研深度合作，同时也提升了校友企业品牌影响力，搭建了企业间合作的平台。更重要的是，它为教职员工和青年学子提供了学习的契机，展示了校友坚守的力量，凸显了燕大学子的奋斗基因、工匠精神、卓越品质和家国情怀，唱响了百年燕大、家国天下的世纪最强音！

校友企业康泰医学风采展

校友企业艾科晟风采展

（三）校庆回忆

我骄傲，我是燕大人！

张向前　贾丽洁

燕大人一贯务实、低调、内敛，但是，在抗击新冠肺炎的危急时刻，燕大人高调了！“燕山有爱，大学担当”捐赠行动创造了四个全国第一：

第一所湖北省外发起捐款的大学；

第一所将捐款通过校友企业变成医疗设备的大学；

第一所为湖北基层战“疫”医院捐赠的大学；

第一所用专车疾驰1400公里将设备送达武汉的大学。

这种高调，这些第一，就是源于燕大人骨子里的奋斗基因、工匠精神、卓越品质和家国情怀。这次爱心的顺利捐献背后有很多出谋划策、居中协调、躬身助力的校友！

特别感谢姜宏岩（95级机械，深圳嘉富诚基金管理有限公司董事长）！他是一名冲锋的战士，以一己之力，唤起众人之情。不计名利，全程组织，全心投入，他是燕大最美奋斗者！

特别感谢湖北校友会！特别感谢樊贵先（85级，中国宝武武钢有限公司信息化首席工程师）！他封城后第一次迈出家门就到了武钢总医院。特别感谢林振芳（81级工企，湖北三好汽车零部件有限公司董事长）！他不惧病毒走入仙桃市第一人民医院。受捐医院说：“都是急用医疗设备，而且连回执都准备好了，真是大学水平！”

特别感谢胡坤（87级检测，康泰医学董事长）！为了支持捐赠行动，他豪迈地表示：“母校提需求，我来供设备，不用考虑钱！”

特别感谢4万多师生和30万校友！面对来势汹汹的疫情，燕大人没有坐而论道，而是起而行之。苟利国家生死以，岂因祸福避趋之！燕大人，以速度跑赢疫情，以设备武装医生，以言行鼓舞国人，心怀大爱，行有担当。

五、重温校园时光

再见一回老师，再打一场比赛，再办一台演出，再回一趟寝室，再吃一次食堂。

（一）活动方案

主管校领导：任家东

责任单位：校友办

校庆办联络人：郝海滨

当微风轻柔地托起一丝丝柳絮的时候，当太阳把金色的光辉播洒在燕鸣湖畔的时候，当美丽的花瓣儿在校园的上空悠悠地打了几个卷儿，再轻轻地落在湖面的时候，每一个曾经在这里生活学习过的人们，都会被这片土地记起，校园永远是他们记忆中最美、最纯洁的地方。2020年9月10日将迎来“建校溯源百周年·独立办学一甲子”的重要时刻，为了欢迎曾经的学子重归校园，带领他们重温当年的美好记忆，校庆组织委员会办公室特联合校友办开展重温校园时光活动。重温校园时光是学校百年校庆系列活动中校友返校后的一项重要活动，也是校友回母校了解学校发展动态、为学校发展建言献策、重温同窗情谊的重要载体和窗口。

1. 活动目的和意义

在建设成为“特色鲜明、国内一流、世界知名的研究型大学”的征程中，学校亟须校友们的鼎力相助，凝聚起同心共筑燕大梦的磅礴力量，共同谱写燕大新时代新征程的新篇章。通过校友返校活动，向广大校友展示母校近年来建设发展的成果，进一步畅通学校与校友沟通的渠道，搭建学校和校友、校友和校友之间交流的平台，凝聚校友力量，助力学校发展。

2. 活动主题

重温校园时光。

3. 具体安排

在校友返校日期间，各学院及相关单位积极组织开展“今昔校园路”校园参观、“重温一堂课”、体育友谊赛、重温“当年的味道”、校友座谈等系列活动，共忆往昔美好校园时光，聚合校友爱校热情，助力母校建设发展。

方案1：“今昔校园路”校园参观

组织返校校友参观校园，重走往昔校园路，在缅怀昔日校园旧时光的同时，展示校园近几年的发展成果，为校友介绍各建筑物、风景点的文化内涵，实验室的研究成果等，也可参观学校校史馆、博物馆，到21楼楼顶鸟瞰校园全貌等，通过参观校园，留下美好回忆。具体参观线路由各学院自行安排。

方案2：“重温一堂课”

为返校校友组织10 ~ 20分钟的一堂课，讲课目的为重温课堂时光，授课教师的选择可采用多种方式，可以直接邀请师德标兵、模范教师、优秀教师授课，也可以通过网络投票了解校友意愿，评选受学生喜爱的教师，邀请其现场授课。课后可以进行座谈交流，增进师生感情。

方案3：体育友谊赛

组织篮球、足球、羽毛球等各个体育项目的友谊赛，由校友办负责提前统计各个比赛项目以及参加人员名单并协调比赛场地，体育学院教师协助做好裁判工作。友谊赛可以是校友之间进行的，也可以是校友和在校生或在校教师之间进行的。通过比赛，增进友谊，重温校园时光。

方案 4：重温“当年的味道”

根据返校校友人数，校友工作办公室负责联系后勤服务中心，做好工作方案，为每位校友免费提供一次食堂餐，让返校的校友再次体会“熟悉的感觉，熟悉的味道”。

方案 5：自选方案

各学院可自行开展优秀校友主题报告会、校友与学院师生座谈等系列活动，也可自行设计符合主题的各类活动。

4. 工作要求

（1）精心安排，协同实施

校友返校活动由校友工作办公室负责牵头实施，相关职能部门和各学院协同配合。各学院制定本学院校友返校安排方案，在返校前积极联系校友，充分挖掘学院校友资源，结合校友职业、地域等特点配合学校的庆祝大会开展有特色的校友联谊活动，为学校学科建设发展提供助力。

（2）热情接待，周到服务

在校友返校期间，要积极组织师生志愿者，为校友提供细致周到的服务。负责接待校友的教师和学生要将学校和院系的活动安排及时准确地通知到返校的各位校友。

（3）加强宣传，营造氛围

充分利用网络、微信平台、标识牌、横幅等途径，宣传校友返校日期间活动安排，展示汇报学校发展成果，营造良好的活动氛围，确保活动有序开展。

（二）活动进展

1. 燕山大学百年校庆体育系列比赛

在喜迎燕山大学“建校溯源百周年 · 独立办学一甲子”之际，为了激发广大校友的爱国爱校热情，进一步培养校友意识、彰显校友情怀、凝聚校友力量、打造校友文化，宣传和展示学校发展建设的成就，2020 年 9 月 5 日下午，我校在第一体育场举办燕山大学百年校庆体育系列比赛的开幕式。校党委常委、副校长赵永生、王宝诚，北京校友会副会长王嗣程，以及来自全国各地的校友朋友和我校职工代表出席开幕式。开幕式由体育学院院长蒋中伟主持。

赵永生致开幕辞。他代表学校四万余名师生员工欢迎校友们回家！向所有回家的校友们致以诚挚的问候和美好的祝愿！同时对于比赛的成功举办表示热烈的祝贺！对校庆系列赛事的工作、服务人员表示衷心的感谢！他希望全体燕大人坚定信心、和衷共济，发扬熔铸在骨子里的奋斗基因、工匠精神、卓越品质、家国情怀，为学校早日跻身国家“双一流”建设高校行列全力拼搏，为实现中华民族伟大复兴中国梦作出更大贡献！最后，他希望校友们常回家，以球会友，以文续缘，以推动和促进共同发展的交流与合作，让母校和校友的情感关联更加紧密。

赵永生致辞

教职工代表张红兵老师发言。他代表燕山大学教职工足球队队员们，对各位校友的到来表示热烈的欢迎和诚挚的问候！他讲到，“追梦足球，运动不息”，燕山大学百年来的发展也如同足球比赛，激荡起伏，内涵丰富，终在一代代燕大人的努力下创造了一个又一个的辉煌。最后他表示，希望能够通过足球比赛的方式，一起奔跑在百年校庆的绿茵场上，一起抒发我们对母校的祝福，一起坚定信心传承燕大精神！

校友代表王嗣程在发言中感慨，时间过得太快，曾经还是意气风发的少年，现在却是满脸沧桑，但是母校风采依旧，并且越来越好。此外，他还希望比赛顺利进行，重温母校时光的校友们能够一切顺利，前程似锦！

王宝诚宣布燕山大学百年校庆体育系列比赛开幕。赵永生、王宝诚为校友联谊队和教工联队的足球友谊赛开球，比赛正式打响。

在比赛开始之际，众多校友聚集在一起，喊出“百年燕大 · 家国天下”，祝福声响彻校园的每一个角落。

校友们对校园的变化感到惊讶，他们说：“离开母校多年，再次回到母校，就像回到家一样，不仅看到了校园的变化，更感受到了师生的热情与温暖。”他们虽然毕业多年，但是他们和我们一样，都希望母校越来越好！

一番热身过后，赛场上就只见球来球往，各队伍都投入到了激烈的比拼中。伴随着一声声“好球”“加油”，参赛队员们挥汗如雨、奋力拼搏、你争我抢，不放弃每一次赢得球权的机会。态度至上、友情第一、输赢其次。本次比赛包括足球、排球、羽毛球、乒乓球、篮球，无论在哪个赛场上，校友们都在认真地享受着比赛，彰显了燕大人“艰苦奋斗、追求卓越”的精神。

逝水年华岁月留声，校友情深绿茵传情。经过两天的角逐，这场轰轰烈烈的体育赛事胜利闭幕，学校为校友们发放奖牌和百年校庆纪念品。校庆办郝海滨代表学校感谢校友支持母校发展、积极参加校庆活动，同时希望校友经常回母校看看，为母校发展贡献力量！值此百年校庆之际，学校还举办了许多校庆活动，这场体育赛事虽然准备的时间短，但是校友们玩得很尽兴，这场体育赛事让离开校园多年的校友们重温了校园时光，感受了校园这几年的变化，加强了校友与母校的情谊，为打造独特的燕大校友文化写下了浓重的一笔。

百年燕大，以球会友。这场体育赛事虽然结束了，但是校友和母校之间的深厚情谊还在延续。

2. 重温一堂课

亲爱的校友们，2020 年 9 月 10 日，母校将迎来“建校溯源百周年 · 独立办学一甲子”的重要历史时刻！

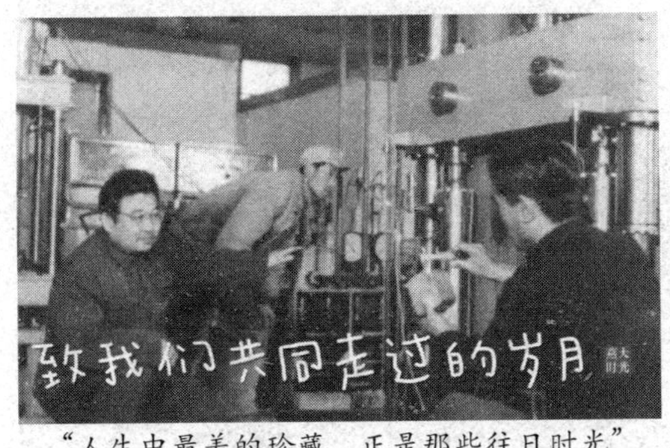

“人生中最美的珍藏，正是那些往日时光”

正值燕山大学百年校庆之际，你是否想返回母校，重温校园时光、课堂点滴呢?

那些踩着上课铃冲进教室的日子，那些在课堂上奋笔疾书的日子，那些在老师洪亮的讲课声中认真思考的日子……那些日子就像阳光，从一教爬山虎细细碎碎的缝隙铺满陪伴着我们几年的课桌，折射出我们意气风发的燕大岁月。

只要想起那些旧日的过往，眼睛就会发亮，心里就会闪光。正是在那一段不朽的岁月里，我们和最好的朋友举起酒杯，大声歌唱，共同分享生活的酸甜苦辣、喜怒哀乐，青春在笑声里飞扬。

假如有机会能够回到往日时光，哪怕只有一节课的时间，也足以让人慰藉欢畅。

想不想重温课堂时光，再次聆听教授的现场授课，回到往日的课堂？

“如今我们变了模样，为了生活天天奔忙”

您返回母校除了看看美丽的校园、尝尝昔日的食堂，也可以听听记忆中熟悉的讲课声，和老师座谈交流，师生欢聚一堂，一起聊聊那些尘封在记忆里的往事。

您的老师我们帮您邀请，但请您告诉我们，他是哪位老师？欢迎大家在评论区踊跃留言，选出您最喜爱的老师，我们帮您重温那段美好的校园时光。

3. 当年味道何滋味

各位亲爱的校友：

百年燕大 · 家国天下！

2020 年 9 月 10 日，我们的母校将迎来“建校溯源百周年 · 独立办学一甲子”的重要历史时刻。正值燕山大学百年校庆之际，返校校友可凭免费餐券在校内各食堂重温当年的味道。

学校将根据校友返校人数，为校友设置专用

餐口。

“最想回味十道菜”通过留言点赞方式，由广大校友选出“最想回味十道菜”，在校庆期间持续为返校校友提供。

啊，餐券在哪里?

所有燕大返校校友都可免费领取餐券一张。

那，菜品有什么?

为充分尊重校友们对菜品的选择，校友可以通过在下面评论留言的形式推举自己最喜爱的菜品（菜品数量不限），我们会把点赞数量最高的十道菜品呈现给校庆期间返校的校友。

惊！被选中的菜品竟然会获得……

获得最高赞的十位校友所推荐的菜品不仅可以占据十道菜名额之一，校友还可获得学校提供的燕大专属小礼物一份。

4. 校庆快闪

破冰除雪，不惧艰险，饱经风霜始扬帆。

披荆斩棘，长路漫漫，磨砺刻厉一百年。

胸怀热血，心想远方，燕大学子志弥坚。

在这个特殊的日子里，

我们一起，

喜迎百年华诞，共襄辉煌盛典。

燕大百年，你我同在!

表 3-4 校庆快闪活动安排表

<table>
<tr><th colspan="2">活动时间</th><th>举办单位</th><th>活动地点</th><th>活动内容</th></tr>
<tr><td rowspan="3">9 月 8 日</td><td rowspan="3">17:00</td><td rowspan="3">艺术学院燕鸣军工艺术团</td><td>东区燕鸣湖老邮局旁、西区大榕树餐厅门口</td><td>二胡齐奏</td></tr>
<tr><td>东区燕鸣湖老邮局旁</td><td>古筝
民乐合奏</td></tr>
<tr><td>西区大榕树餐厅门口</td><td>古筝独奏</td></tr>
<tr><td rowspan="6">9 月 9 日</td><td rowspan="3">12:00</td><td>机械学院海翔艺术团</td><td>图书馆门前</td><td rowspan="3">阿卡贝拉</td></tr>
<tr><td>信息学院奔腾艺术团</td><td>西校区大食堂广场</td></tr>
<tr><td>艺术学院燕鸣军工艺术团</td><td>西区大榕树餐厅</td></tr>
<tr><td>17:00</td><td>艺术学院燕鸣军工艺术团</td><td>西区大榕树餐厅门口</td><td>琵琶齐奏
二胡独奏</td></tr>
<tr><td>17:30</td><td>环境与化学工程学院</td><td>西区大食堂心怡广场</td><td>合唱</td></tr>
<tr><td>18:00</td><td>建筑工程与力学学院</td><td>东校区三食堂</td><td>吉他弹唱
舞蹈</td></tr>
</table>

续表

活动时间		举办单位	活动地点	活动内容
9月10日	11:00	信息学院奔腾艺术团	东校区二食堂	合唱
	12:00	机械学院机器人创新俱乐部	实验室，三教	机器人表演
		大学生艺术团合唱团	东校区三食堂外	合唱
		外国语学院吉他社	东校区二食堂	吉他弹唱
		电气工程学院希望艺术团	西区第二教学楼红旗广场	合唱
		艺术学院手工坊、篆刻、艺术团	西区大食堂心怡广场	文化剪纸、雕刻、书法
	17:00	经管学院菁苑艺术团	西区大食堂心怡广场	歌曲、合唱、舞蹈、民乐合奏、电声乐队
		理学院理想艺术团	西校区第二教学楼红旗广场	合唱
	18:00	体育学院	体育馆	啦啦操
9月11日	12:00	大学生艺术团合唱团	西区大榕树食堂	合唱
		艺术学院燕鸣军工艺术团	西区燕园餐厅二楼	歌曲
	17:00	外国语学院吉他社	东校区二食堂	吉他弹唱
	18:00	经管学院箐苑艺术团	东校区三食堂外广场	歌曲、合唱、舞蹈
		材料学院 ART 艺术团	西区第二教学楼红旗广场	合唱
		艺术学院燕鸣军工艺术团	西区大榕树餐厅门口	手风琴
		文法学院（公共管理学院）	东校区二食堂	合唱

声乐婉转 · 讴歌美好未来

（三）校庆回忆

燕北足球队回母校参加校友杯足球赛

郝海滨（燕山大学校庆办副主任）

王嗣程（86 级计算机专业，北京校友会副会长，北京源点科技发展有限公司董事长）已阔别母校30年，值燕山大学百年校庆之际，组织燕北足球队回校参加校友杯足球赛，以足球之名，追忆青春，为母校百年华诞喝彩。嗣程师兄在校期间是校足球队队长，经常带领球队外出打比赛。那时候条件艰苦、缺衣少食，但是球队却更加团结，作风强悍凶猛，战斗力极强。校足球队为了给队员们补充营养，经常向学校附近的老乡寻求帮助，带点老乡家的白菜回来煮着吃。此次回到学校，嗣程师兄看着整洁的校园，站在崭新的人工草场上，感慨万千,一时间涌起一股豪情壮志，起身上场。师弟们用手机捕捉到了这精彩的一幕，并纷纷表示，自己跳不了师兄这么高。四十年沧海桑田，作为老一代燕大人，老一代燕大体育人、足球人，嗣程师兄见证了学校的巨大变化，衷心祝愿母校更加繁荣，开枝散叶，桃李芬芳。

体育学院副院长杨广辉老师十分热爱足球运动，回来了这么多校友，多么好的机会啊，他非常想上场踢两脚，跟队友们交流交流。但是这场球赛是为了让校友们玩得更开心，并且也没有人做裁判工作，所以，杨老师成了球场上跑前跑后的裁判。裁判工作很累，而且杨老师最后也没能参与踢球。但让人感动的是，杨老师不仅做好了足球赛的服务工作，还认真完成了接待工作，甘愿奉献自己，成全他人。

六、共庆母校百年华诞

各地校友会与母校心灵相约，开展具有本地特色的庆祝活动，母校将全力支持校友活动。

（一）活动方案

主管校领导：任家东

责任单位：校友办

校庆办联络人：王伟伟

六秩艰辛征南北，百年风骨又一邨。在学校百年华诞之际，各地校友会与母校心灵相约，开展各具特色的庆祝活动，为母校献上最热烈的祝福。

1. 活动的目的和意义

为加深校友之间、校友与母校之间的感情，营造校庆氛围，扩大社会影响，助力我校“双一流”建设，决定举办各地校友会的系列庆祝活动。

2. 活动主题

共庆百年华诞。

3. 具体安排

（1）联谊类活动

当地校友会或者校友会之间，在母校百年华诞之际齐聚一堂，积极开展文体等庆祝活动，共庆母校百年华诞。

（2）祝福类活动

面向各地校友、校友会、校友企业征集对母校百年华诞的祝福视频、寄语，以及回忆在校求学、工作经历的文章，学校进行专题报道。

（3）科技类活动

各地校友会自行组织，举办与我校办学宗旨相吻合的、服务地方与企业的科技类活动。

（4）公益类活动

各地校友会自行组织的，旨在服务于校友、校友企业以及地方的诸如讲座、捐赠等公益类活动。

4. 主办单位

各地方校友会。

5. 学校的支持与帮助

（1）依据活动开展情况，在学校官网、官微、校友会公众号等平台进行宣传。

（2）各地校友会举办的重要活动需报备校友办，全校统一协调支持。

（二）活动进展

1. 三秦大地喜迎燕山大学百年华诞万千人签名祝福

2020 年 9 月 9 日，三秦大地喜迎燕山大学、哈尔滨工业大学百年华诞万千人签名祝福活动在燕山大学东校区图书馆门前圆满闭幕。承载着“十全十美”希冀的万千人签名长卷，为燕大百年校庆献上了最真挚、最衷心的祝福！

活动现场（左一：吴英，82 级计算机专业，杨凌美畅新材料股份有限公司董事长；左二：何海涛，燕山大学信息学院教授；右二：任家东，燕山大学副校长；右一：郭俊杰，84 级锻压专业，隆基集团副董事长）

在燕山大学陕西校友会的组织下，这次签名祝福活动 2019 年 9 月在第一站大唐不夜城隆重启动，先后在秦岭分水岭、炎帝故里宝鸡、中国重型机械研究院、陕西高校联盟球赛现场、首都北京校友联谊会现场、塞上驼城老榆林和大地原点 & 潼关黄河河畔陆续举行，吸引了众多校友、游客、市民的关注，他们纷纷满怀热情地参与其中。这不仅增强了校友的凝聚力，也扩大了学校的影响力，提高了知名度。从西安大雁塔前到中国大地原点，从秦岭之巅到黄河之畔，历时一年，行程九站，这幅长卷时时宣传母校燕大，处处展现大美陕西。长卷一路而来，汇集了三秦燕大学子、市民、游客对燕大的万千祝福，汇聚九地风光，遍览钟灵毓秀；汇集祝福万千，满身吉祥如意！

2. 燕山大学各地校友会系列活动

时光荏苒，难忘的 2019 年即将过去，一个充满希望的 2020 年向我们走来。在这辞旧迎新之际，燕山大学各地校友会纷纷举办联谊会，庆母校百年甲子，喜迎 2020。

2019 年 12 月 5 日，天津校友会举办 2019 迎新大会暨首届校企合作创新论坛。

2019 年 12 月 21 日，黑龙江、江西、安徽三地同时举办校友活动喜迎 2020。

2020 年春节突如其来的疫情，使各地校友活动按下了暂停键，直至 7 月份才逐渐活跃起来。

各地校友会举办了成立或换届大会，具体情况如下：

表 3-5 2019—2020 年各地校友会成立或换届大会活动汇总

序号	日期	活动
1	2019 年 9 月 2 日	美国校友会成立大会
2	2019 年 12 月 15 日	北京校友会换届大会
3	2020 年 7 月 25 日	石家庄校友会成立大会
4	2020 年 8 月 8 日	唐山校友会成立大会
5	2020 年 8 月 16 日	常州校友会成立大会
6	2020 年 8 月 18 日	齐齐哈尔校友会换届大会
7	2020 年 8 月 22 日	海南校友会成立大会
8	2020 年 9 月 7 日	秦皇岛校友会成立大会
9	2020 年 10 月 17 日	湖南校友会成立大会
10	2020 年 11 月 8 日	青岛校友会成立大会
11	2020 年 11 月 15 日	北京校友企业联谊会成立大会
12	2020 年 12 月 6 日	安徽校友会成立大会

走访各地校友，宣传助力校庆。以百年校庆为契机，为把各地校友凝聚起来，助力学校“双一流”建设，学校不放过任何一次走访、联络校友的机会。2020 年 7 月至 8 月两个月的时间里，各位校领导带队共走访了 23 个城市。校友工作一直在路上。

2020 年 1 月 18 日—20 日，张向前、张杨、官英平三位老师赴沈阳、长春为两地校友拜年。由于过了小年临近春节，旅客很多，一票难求，三位老师在高铁上一路站到了沈阳，为两地校友传达母校祝福，拉开走访校友、助力校庆宣传活动序幕。

2020 年 4 月 20 日—21 日，张向前主任一人赴齐齐哈尔，筹划“三双工程”和机械艺术园陈列机械设备相关事宜。

2020 年 5 月 28 日—29 日，黄晟副书记带队赴石家庄走访校友企业，与校友座谈，筹备石家庄校友会成立事宜。

2020 年 6 月 2 日，张向前主任带队赴唐山联络校友，介绍校庆方案，推动唐山校友会筹备。

2020 年 6 月 3 日—4 日，张向前主任带队走访秦皇岛校友企业，介绍校庆方案。

2020 年 6 月 8 日—11 日，张向前带队赴大庆、齐齐哈尔、长春、沈阳、辽源、鞍山等地走访校友，向各地校友介绍了校庆方案、“三双工程”、重走南迁路等活动安排，勘察骑行线路。

2020 年 6 月 22 日—25 日，任家东副校长带队赴溧阳，之后张向前主任带队继续赴常州、苏州、上海走访校友企业，与上海校友会、苏州校友会成员探讨校友工作，推进常州校友会成立。

2020 年 7 月 13 日—16 日，郭沛、张杨副主任带队赴长沙，走访校友，推动湖南校友会成立。

2020 年 7 月 15 日，张向前主任赴唐山，走访校友，推进唐山校友会成立。

2020 年 7 月 22 日—25 日，赵险峰书记、赵丁选校长、任家东副校长带队赴上海、咸宁、武汉、石家庄，走访校友企业，参加石家庄校友会成立大会。

2020 年 8 月 8 日，赵险峰书记、赵丁选校长、于树江副校长赴唐山，参加唐山校友会成立大会。

2020 年 8 月 10 日，黄晟副书记赴常州，参加常州校友会成立大会。

2020年8月15日，赵永生副校长、王宝诚副校长赴哈尔滨，参加“重走南迁路”骑行活动发车仪式。

2020年8月18日—19日，任家东副校长赴齐齐哈尔，参加齐齐哈尔校友会换届与重走南迁路再出发仪式。

2020年8月18日—8月22日，王宝诚副校长、王德松副校长带队赴天津、重庆、成都、德阳，走访校友。

2020年8月19日—21日，赵永生副校长带队赴西安，走访校友。

2020年8月20日—24日，赵险峰书记赴厦门、泉州、海口、深圳，走访校友企业，参加海南校友会与深圳研究院成立大会。

2020年8月24日—25日，王宝诚副校长赴长春，参加“重走南迁路”系列活动。

2020年8月30日—31日，赵永生副校长赴沈阳，参加“重走南迁路”系列活动。

2020年9月7日，赵险峰书记、赵丁选校长、任家东副校长、陈国强副校长参加秦皇岛校友会成立大会。

2020年10月16日—18日，赵丁选校长、任家东副校长带队赴长沙，参加湖南校友会成立大会。

2020年11月7日—10日，赵险峰书记、任家东副校长赴青岛走访校友企业，参加青岛校友会成立大会。

2020年11月14日—15日，赵永生副校长带队赴北京，参加北京校友企业联谊会成立大会。

2020年11月28日，任家东副校长带队赴北京，参加建工学院北京校友会成立大会。

2020年12月5日—7日，赵险峰书记带队赴合肥，走访校友企业，参加安徽校友会成立大会。

2020年12月7日—9日，张向前主任、戚伟欣院长（继续教育学院院长）兵分两队在泉州汇合，推动校企合作。

2020年12月18日—21日，张向前主任带队赴宁波，走访校友企业，召开橡塑行业校友会筹备会。

2020年12月27日—28日，赵永生副校长带队赴西安，推进校企合作。

3. 一大波燕大学子的祝福正从五湖四海向母校飞来

圆我青葱学子梦，殊时忆汝倍思恩。
昔邻嫩水植桃李，今距燕山育柏林。
砥砺沧桑一甲子，奋发璀璨六十春。
明德求是功勋伟，卓越辉煌日月新。

——段广仁

岁月如波渐行渐远，但青春的故事依然清晰。每一批走出燕大的毕业生都感怀着母校的哺育，一生都将“厚德、博学、求是”的校训铭刻于心。

在燕山大学“建校溯源百周年 · 独立办学一甲子”的喜庆时刻即将到来之际，来自世界各地的校友们，纷纷为母校送上祝愿。校友们虽身不在一处，但心向母校，让我们一起来聆听校友们对母校的衷心祝愿！

段广仁校友、刘兴阁校友、曹志勃校友、武强校友、樊贵先校友、于秋林校友、冯继勇校友、蒋金水校友、张德奎校友、张文蔚校友、张路岩校友，美国校友会、黑龙江校友会、齐齐哈尔校友会、北京校友会、北京校友足球队、北京校友羽毛球队、上海校友会、嘉兴校友会、浙江校友会、陕西校友会、重庆校友会、天津校友会、海南校友会、珠海校友会、雄安新区校友会、石家庄校友会、湖南校友会、四川校友会共计 11 位校友、18 个校友组织录制了校庆祝福视频。

（三）校庆回忆

北京校友会祝福视频录制花絮

张路岩

2020 年 7 月 19 日，为迎接母校即将到来的百年华诞，北京校友会宣传部组织了部分校友来到位于北京昌平区的蟒山国家森林公园，登山健身并为下周的视频录制活动进行测试准备。校友们在首都的最高防火瞭望塔以及美丽的花海中向母校送上了最真挚的祝福。

当天上午 9 点半，我们顺利到达蟒山国家森林公园，这里山清水秀、鸟语花香。我们一行 14 人在山脚下合影，并进行了自我介绍，大家互相了解了年级、专业以及工作状况。其中，入学最早的是 93 级计算机的赵利君师兄，他是母校前身东北重型机械学院时期最后一届学生，见证了母校从齐齐哈尔南迁的全过程。93 届是承上启下关键的一届，赵利君师兄的加入让本次活动更完整。

另外，94级经管的孙锴师兄（北京校友会副会长）带着会长润良、秘书长惠新师兄的慰问和祝福，希望大家在此次活动中能快乐参与。孙锴师兄讲到，校友会希望大家能有家的归属感，大家都是兄弟姐妹，希望今天安全第一，并且玩得开心。言行合一，孙锴师兄这么讲也是这么做的，更值得一提的是，孙锴师兄的亲友团太给力，有专业的导演、化妆师、艺术家，还有祖国的花朵，他们一家为本次活动增添了更丰富的色彩，也让大家在忙碌的工作之余感受到家的温馨。当然，其余校友们来自各行各业，不一而足。

紧接着我们开始了一天的行程，爬山的过程虽然累，但是欢笑不断，虽然全球还在疫情的阴霾下，但爬山的过程中我们接二连三地迎来了好消息。首先北京市突发公共卫生事件响应等级从二级调至三级。当我们爬到半山腰时，北京的万里晴空也出现了双层日冕的奇特景观，在如此山清水秀的地方，看到如此多振奋人心的消息，每个人都开心得无以复加。

天公作美，疫情缓解。大家心情变得更好了，开心的笑容洋溢在我们每个人的脸上。每升高一段，就有不一样的风景，当然留下了不少美照。大家还比较了一下各自手机的拍照效果。这估计是工科综合性大学的同学们的癖好了吧，大家一致认为国产手机优于其他手机，不停地被国产手机的摄影效果种草。

经过了艰难又快乐的攀爬，同学们终于到了半山亭，在这里我们开始录制祝福视频啦！大家休整的同时，亲友团的孟导开始拿出指导专业演员的工作状态，策划视频的内容与镜头的运作。在孟导的帮助下，不仅我们录制的水平提升了一两个档，而且现场氛围是绝对不一样的，那就是在片场的感觉。无论内容与视觉，孟老师都追求精益求精，一起期待视频剪辑之后的效果吧！

有家庭组的阖家欢乐，有夫妻档现场撒狗粮，也有青春美少女组合，更有奔跑吧少年，大家各显神通，绞尽脑汁。期望母校越来越好，近期最期待的就是母校能早日评选上“双一流”，祝福！

视频拍摄完成之后，我们很快到达山顶，这里有一个无人机停机坪。大家先野餐，可谓丰盛之至，休息完毕后，开始了无人机的拍摄工作。

傍晚，我们转战附近的七孔桥花海，但是由于景区采取了限制人数措施，我们只能在花海周边留下一些照片，虽然遗憾，但是这并不影响我们快乐的心情。在夕阳的陪伴下，我们结束了这充实又快乐的一天。

这次活动，一则健身锻炼，燕山大学北京校友会首次出游，让我们尽情享受到了大自然的美妙，放松身心。二则母校百年校庆，为此择一山水秀美之地，祝福母校，聊表寸心，不枉为燕大人！

本节“恭候校友回家”旨在进一步增强校友对母校的感情，增加校友与母校的互动，增进校友与校友的交流，推动校庆达到新的高潮。但由于疫情影响，校友返校受到很大影响。虽然我们制定了严格的防疫制度，但为安全起见，很多校友没有实现回母校欢庆百年华诞的夙愿，不能亲临会场现场感受激动的场景，留下很多遗憾。

第三节　牢记立德树人

围绕“牢记立德树人”的校庆任务，燕山大学举办了多项校庆活动，选取其中的 11 项代表性活动，对其活动方案、活动进展等内容进行介绍。

一、“双招双引双服”（招商引资、招才引智，服务地方经济社会发展、服务校友企业成长）工程

（一）活动方案

主管校领导：赵险峰

协管校领导：张立峰

责任单位：校庆办

校庆办联络人：张向前

“三双工程”即双招双引双服工程，就是要充分利用燕山大学人才培养、科学研究和社会服务的特色优势，分赴全国各地，开展招商、招才、引资、引智、服务地方、服务校友的系列活动。

1. 实施时间

长期开展，具体城市实施时间与地方政府和地方校友会商讨确定。

2. 实施地点

秦皇岛市、齐齐哈尔市、深圳市等；校友人数较多、需求迫切的聚集城市；地方政府发展愿望迫切、对校友吸引力大的潜力城市。

3. 参加人员

（1）学校。校领导、相关部门和学院，在校生。

（2）城市。政府、企事业单位。

（3）校友。各地校友和校友企业。

4. 实施过程

（1）宣传阶段

①介绍城市。通过学校、社会和自媒体广泛宣传城市的特色优势、产业布局、优惠政策，发布政府和企业的合作需求。

②介绍学校。通过当地媒体讲好燕大故事，宣传学校的历史传承、办学特色和服务地方的迫切愿望与不俗实力。

③介绍校友。通过学校、城市、社会和自媒体推介校友企业，发布企业的合作需求，扩大校友企业的知名度和美誉度。

（2）对接阶段

搭建学校、政府和企业对接平台，开展双方或多方合作洽谈和考察，为项目落地实施夯实基础。

（3）会议阶段

在城市召开“燕山大学—×× 城市合作发展大会”。

①会场布置

露天会场或面积适当的展厅、会议室。会场内设置大屏幕，播放宣传视频，悬挂条幅，会场周边放置展板和产品。

②会议议程

A. 地方政府。介绍地方经济社会发展情况和优惠政策，发布人才、产业、科技和资金需求。

B. 燕山大学。介绍燕山大学人才培养、科学研究和社会服务的特色与优势，发布人才供给信息和科研转化项目。

C. 参会企业。介绍当地企业和校友企业，发布企业合作需求。

D. 签约仪式。签订稳定、务实、共赢的校政、校企、政企、企企合作协议。

E. 交流考察。各方分头对接，实地考察，深入交流人才、科研、产品和资金合作。

（4）落实阶段

有合作意向的单位，继续交流谈判，争取顺利签约。已签约单位，在学校和城市的支持下，尽快开始实施，努力达到合作目的。

5. 成果展示

2020年9月8日至11日，召开“三双工程”成果展示会，将招商、招才、引资、引智、服务地方和服务校友的成果进行展示。

展示学校重大科研成果。凸显科研实力和人才优势，提高社会影响力，推动“双一流”大学建设。

展示合作城市发展成就。突出“三双工程”为城市发展作出的贡献，拉近城市与师生校友的情感距离。

展示校友企业创业风采。遍布校园的产品，彰显校友用自己的智慧和汗水报效祖国、为母校争光的精神。

6. 参与单位

校友办、科学技术研究院、招生就业处、各学院、技术转移中心、后勤服务中心等。

（二）活动进展

燕山大学，肇始于1920年，从北国冰城哈尔滨到鹤城齐齐哈尔再到港城秦皇岛，从哈尔滨工业大学到东北重型机械学院再到燕山大学，历经两次异地搬迁，完成三次艰苦创业。作为一所具有深厚家国情怀的百年学府，燕山大学始终坚守“匠心为国铸重器”的初心，坚持走大学与地方交融互通、和谐发展之路，大力开展多领域全方位的地方合作工作，把自身的知识、人才优势和创新能力不断地转化为国家的利益、社会的财富、人民的实惠，积极为地方经济社会发展贡献力量。

在“建校溯源百周年 · 独立办学一甲子”即将到来之际，燕山大学不忘初心、主动作为，以实际行动真情回馈滋养过、支持过燕山大学发展的“母亲”城市，全面启动燕山大学“双招双引双服工程”（简称“三双工程”），向全体师生和广大校友们吹响了服务地方发展的集结号！

“双招双引双服工程”即招商引资、招才引智、服务地方、服务校友。该工程旨在充分利用燕山大学人才培养、科学研究的优势，为校友、为地方做实事、促发展。

“三双工程”将以燕大（东重）的母亲城市——黑龙江省齐齐哈尔市为第一站，未来还将走向河北、深入广东，推进燕山大学工、管、经、文、理、法、艺、教育等学科科研成果转化，吸引各届校友返乡择业，促成校友企业投资创业，助力校友和城市的发展。

燕山大学校友总会公众号先后发布了《燕山大学“三双工程”第一站：春晖站——齐齐哈尔市》《燕山大学“三双工程”：国之重器——中国一重发展之路》《支撑齐齐哈尔工业脊梁的八大企业》等系列推文。后因新冠疫情的影响，经学校研究决定将秦皇岛市作为“三双工程”的第一站，并发布了系列推文。

1. 燕山大学深圳研究院揭牌成立

2020年8月24日上午，燕山大学深圳研究院揭牌仪式在深圳市举行。深圳市政府副市长吴以环、燕山大学党委书记赵险峰出席仪式并共同为研究院揭牌。

吴以环、赵险峰为研究院揭牌

深圳市科技创新委员会党组书记邱宣、深圳市商务局巡视员高林、深圳市虚拟大学园管理服务中心主任王剑华、燕山大学原党委书记裴广发、燕山大学副校长张立峰出席揭牌仪式。仪式由张立峰主持。

赵险峰在致辞中指出，燕山大学深圳研究院的成立是燕山大学与深圳市校地合作、共谋发展的一件大事，也是为学校百年华诞献礼的一件喜庆盛事。他要求，研究院要迅速融入“敢闯敢试、兼容并蓄”的特区文化中去，发扬熔铸在燕大人骨子里的奋斗基因、工匠精神、卓越品质和家国情怀，明确方向、找准定位、拼搏实干、追求卓越，扎扎实实开展好各项工作，努力将自身打造成为高端人才引进的新高地，服务国家重大战略的新平台，科技成果转化的新基地。他希望，燕山大学深圳研究院要敢于突破条条框框，建立良性运转机制，勇攀科技创新高峰，为学校早日跻身国家“双一流”建设高校行列奋力拼搏，为地方经济社会发展作出新贡献！

邱宣代表深圳市科技创新委员会致辞。她表示，深圳市科创委历来十分重视和鼓励高校到深圳发展，支持各院校在深圳虚拟大学园这个平台上先行先试、有所作为。深圳市科创委将全力支持燕山大学深圳研究院建设，力争共同将研究院打造成深圳与河北高校合作的典范。她希望燕山大学在深圳这块充满希望的热土上充分发挥自身优势，培养顶尖人才，引领科技创新，促进产业发展，服务深圳改革创新。

深圳嘉富诚股权投资基金管理有限公司董事长姜宏岩作为研究院合作企业代表致辞。他表示，愿携手研究院加快组建创新团队、搭建研发平台、设立产业基金，推动各项业务工作迅速开展，共同将研究院打造成创新人才富集、创新成果显著、创新环境优越的创新创业高地。

揭牌仪式上，燕山大学深圳研究院与广东烨嘉光电科技股份有限公司、吉利汽车研究院（宁波）有限公司、深圳嘉富诚股权投资基金管理有限公司进行了合作签约。深圳校友会还向研究院赠送了贺联，表达了对研究院的美好祝愿。

揭牌仪式前，深圳市委常委、秘书长高自民会见了赵险峰一行。高自民欢迎燕山大学入驻深圳，他表示深圳支持燕山大学建好深圳研究院，并祝愿燕山大学百年华诞，甲子辉煌，未来可期！赵险峰为深圳经济特区建立40周年送上了诚挚的祝福。他指出，深圳作为国家创新型城市和国际科技产业创新中心，40年来走出了一条波澜壮阔的发展道路，取得了世界瞩目的成绩。燕山大学要充分利用深圳研究院的平台作用，努力在高层次人才培养、科技创新、成果转化等方面不断取得突破，为粤港澳大湾区和中国特色社会主义先行示范区建设贡献力量，为深圳更加辉煌的明天增光添色。

2.“三双工程”即将走进秦皇岛

燕山大学在“建校溯源百周年 · 独立办学一甲子”百年华诞即将到来之际，不忘初心、主动作为，以真诚务实的态度和实际有效的行动真情回馈滋养过、支持过、帮助过燕山大学发展的城市。

树高千尺不忘根，水流千里总思源。燕山大学历经两次搬迁、三次创业，终在美丽港城秦皇岛市扎根立足、育英哺华。为回馈秦皇岛市这个第二故乡，燕山大学将以百年校庆为契机，在母校、校友、地方、社会、企业之间的同频共振中实现合作共赢，创造美好局面。

根据“三双工程”工作部署，燕山大学将广泛收集发布供需双方的资料信息，促成双方初步对接，并召开“燕山大学—秦皇岛市合作发展大会”，展示供需双方信息，积极促成双方签约合作，进一步加强对校友企业、地方政府的宣传，着力搭建校企与地方展示的平台。

滴水之恩，当涌泉相报。燕山大学始终秉承着家国天下的情怀，不负殷殷期望，坚持产学研紧密结合的办学特色，与地方经济社会互助共赢，以真诚的态度与磅礴之力量积极实现校地、校企、校友间的互利共赢，共创时代华章。

3. 关于“三双工程”秦皇岛站产品展示的通知

为弘扬燕大人“匠心为国铸重器、丹心为国育英才”的家国情怀，学校决定举办“三双工程”，展示学校标志性科研成果，凸显科研实力和人才优势；展示秦皇岛市发展成就，拉近第二故乡与师生校友的情感距离；展示校友企业创业风采，彰显校友服务社会、报效祖国的精神。现面向燕山大学全体校友及校友企业开展“三双工程”产品展示活动。

（1）征集对象

燕山大学全体校友企业，有校友工作或与学校有合作的企事业单位。

（2）征集时间

报名时间：即日起至 2020 年 8 月 31 日

运输时间：9 月 6 日前到达燕山大学

展出时间：9 月 8 日—11 日

（3）征集主题

以共庆百年华诞为主线，以展现校友和校友企业风采为主题，彰显燕大人的家国情怀与社会贡献。

（4）作品类型

①实物产品，用于校园、会场及室内展览。

②网络虚拟产品和服务类产品，用于视频及展板展览。

③代表性科研成果和技术转让成功案例。

（5）作品要求

①产品应配备相关介绍、校友与产品之间的故事等。

②能够运输或以其他形式传送到校。

③展示结束后，产品由原单位运回。若有捐赠意愿，可与燕山大学教育基金会商议捐赠给母校。

4. 燕山大学—秦皇岛市合作发展大会召开

在燕山大学即将迎来“建校溯源百周年 · 独立办学一甲子”之际，2020 年 9 月 8 日上午，燕山大学—秦皇岛市合作发展大会在燕山大学西校区大学生活动中心举行。

会上，双方共同签署了《秦皇岛市人民政府、燕山大学科技创新合作协议》。燕山大学相关学院发布了各自的科技成果，燕山大学校友企业家介绍了企业合作信息，与会嘉宾一同参观了燕山大学校友企业产品展。

燕山大学历史悠久，文化厚重，办学特色鲜明，科研实力强大，在国内外具有重要地位和影响。名城名校相得益彰。合作发展大会的召开标志着市校合作掀开了新的一页，预示着市校双方将在更宽领域、更深层次、更高水平开展务实合作。秦皇岛将认真贯彻落实省委、省政府出台的《关于支持燕山大学加快“双一流”建设实现内涵式高质量发展的意见》，进一步加大服务力度，优化办学环境，共同搭建科技创新平台，推动科技成果转化，促进燕山大学内涵式高质量发展。

燕山大学已和秦皇岛共同走过了三十多年的风雨历程，双方都见证了彼此的蓬勃发展。历届市委、市政府和港城人民不遗余力支持燕山大学发展建设。燕山大学将以此次大会为契机，深入实施“双招双引双服工程”，充分发挥桥梁和纽带作用，对接秦皇岛需求，服务校友事业发展，构建校地企合作发展共同体，共同为加快建设新时代沿海强市、美丽港城和国际化城市而努力。

（三）各方评价

中国教育新闻网、科学网等新闻媒体分别以《燕山大学：实施“三双工程”服务地方经济社会发展》《燕山大学“三双工程”吹响服务地方发展集结号》为题进行相关报道。中国教育新闻网的相关报道如下：

燕山大学：实施“三双工程”服务地方经济社会发展

周洪松

“招商引资、招才引智、服务地方、服务校友”，日前，在“建校溯源百周年·独立办学一甲子”即将到来之际，燕山大学以实际行动回馈滋养过、支持过本校发展的“母亲”城市，全面启动“双招双引双服工程”（简称“三双工程”），吹响服务地方经济社会发展集结号。

据了解，燕山大学“三双工程”旨在充分利用本校人才培养、科学研究优势，为校友、为地方做实事、促发展。该工程将以燕山大学（东北重型机械学院）的母亲城市——黑龙江省齐齐哈尔市为第一站，推进本校工、管、经、文、理、法、艺、教育等学科科研成果转化，吸引各届校友返乡择业，促成校友企业投资创业，助力该市经济社会发展。根据部署，该校“三双工程”还将相继在河北、广东等省份开展。实施过程中，燕山大学将收集供需双方资料信息，促成双方初步对接，每一站都召开“地方政府—燕山大学合作大会”，展示双方信息，促成双方深度合作，实现校地共赢。

据介绍，燕山大学历经两次异地搬迁，完成三次艰苦创业。作为一所具有深厚家国情怀的百年学府，该校始终坚守“匠心为国铸重器”初心，坚持走大学与地方交融互通、协同发展之路，通过开展多领域全方位合作，为地方经济社会发展贡献力量。

（四）校庆回忆

三双工程　一波三折

张向前

“双招双引双服”工程即充分利用燕山大学的人才培养、科学研究和服务社会的特色优势，分赴全国各地，开展招商引资、招才引智、服务地方经济、服务校友发展系列活动，以下称“三双工程”。

为彰显燕山大学为国家服务、为人民分忧的家国情怀，2019 年经过校庆工作会议研讨，决定在做好校内纪念活动的基础上做好社会服务，为经济社会发展作出“燕大贡献”。“三双工程”的初步思路在燕大人的满腔热血和亲身实践的交织中萌生。通过借鉴“百万大学生留汉工程”并融入燕山大学服务地方、服务校友的初衷，最终确定方案名称为“双招双引双服”工程，即招商招才、引资引智、服务地方、服务校友。

分解方案是我制定的，因为缺乏与地方政府和企业的合作经验，主要靠一厢情愿的主观想象写成。虽然经过广泛地征求意见，得到了很多人的肯定和支持，但在实际推进过程中遇到了很多困难，可谓举步维艰。其中，当前期筹备工作完成并准备推进时，2020 年年初新冠疫情突然爆发，使得百年校庆系列活动筹备工作不得不按下了暂停键，校庆办的工作热情降至冰点。师生校友们关心百年校庆还能不能办，我们也是十五个吊桶七上八下，不知如何作答。随着疫情防控形势逐步转好，各项工作也逐渐再启动。4 月，校庆办准备组团去齐齐哈尔市沟通，拟在齐齐哈尔市举办“三双工程”的第一站。该方案获得了齐齐哈尔市领导的大力支持与赞赏，并安排齐齐哈尔市科技局负责对接相关工作。之所以将“三双工程”第一站确定在齐齐哈尔市，是因为燕山大学起源发展于齐齐哈尔市富拉尔基区，嫩江沃土哺育了燕山大学的前身东北重型机械学院，而如今燕山大学带着智慧与热情反哺故地。洽谈结束后“三双工程”便进入到下一阶段的筹备工作，但就是在这一阶段的工作中暴露出自身能力的不足。由于高校和地方政府在服务领域上存在很多差异，再加上高校缺乏与政府对接合作的经验，所以双方在人员接待、会议形式、会议议程、会场安排等方面进行了多次沟通，耗费了很大周折才将会议事宜一一落实。

事情的发展总是在曲折中前进。当一切准备就绪只待会议召开之时，新冠疫情再次反弹，原定6月在齐齐哈尔市举办规模宏大、热烈欢腾的“三双工程”第一站，但因为齐齐哈尔市还未完全开放而将会议规模限制在50人之内，会议效果与预期相差甚远，最终不得已只能推迟会议时间，期盼着疫情尽快结束。但现实总是残酷而令人无奈的，疫情在全国各地总是星星点点地反复出现，所以原定在齐齐哈尔市的“三双工程”第一站就此搁浅，所能做的也仅是将前期收集到的合作需求向齐齐哈尔市政府进行了传达，但是因为没有见面洽谈，多项合作也随着会议的取消而夭折。

困难是有的，但前进的步伐不能停歇。与齐齐哈尔市的合作虽然告一段落，但是为了能够继续推动“三双工程”落地，燕山大学又积极和唐山市、深圳市、上海市等地进行了沟通，但最终都因为疫情影响不能进行大型集会活动这一限制而失败。百年校庆的日子渐渐临近，但是合作却没有达成。良好的合作项目不是一蹴而就的，项目大小往往与合作难度是成正比的，过于理想化的考虑和自身能力欠缺，使得我们没能迅速达成推动社会经济发展这一目标。不断总结才能不断进步，通过现实的考验也使我们深刻地认识到在服务地方与国家的工作中，不能仅凭一腔热血，还要不断提升自身技术发展“硬实力”，不断强化自身与社会沟通对接的“软实力”，与社会和国家接轨而不是剃头挑子一头热。

正所谓“行到水穷处，坐看云起时”。在和其他地市沟通的同时，燕山大学也在和秦皇岛市进行密切交流。秦皇岛市作为燕山大学的办学所在地，与燕山大学有良好的合作基础，此次对“三双工程”也表现出极高的热情，所以双方就合作达成了高度共识，举办了“燕山大学—秦皇岛市合作发展大会”。会上，市委常委、常务副市长刘亚洪与燕山大学校长赵丁选共同签署了《秦皇岛市人民政府、燕山大学科技创新合作协议》，以深化双方在不同领域的合作。随后燕山大学机械、电气、材料、信息学院发布了各自的科技成果，校友企业家介绍了企业合作信息，与会嘉宾一同参观了燕山大学校友企业产品展，会议整体达到了预期效果。但是在介绍科研成果及合作需求时，我发现项目需求与产品供给双方对接不够精准，从而导致项目合作整体效果不理想。由此可见，高校助力经济社会发展服务是一项艰巨的工作，如何为地方社会发展贡献智慧、招揽人才、吸引资金，如何与地方社会进行深入合作交流，推动优质项目扎实落地是当今高校校友工作中值得探讨的重要议题。

助力社会、服务国家任重而道远，但燕山大学一直在路上！

二、首届重型装备技术绿色智能化燕鸣国际高峰论坛

（一）活动方案

A. 启动阶段（2019 年 10 月 21 日至 2020 年 3 月 16 日）

主管校领导：王德松

责任单位：机械工程学院

校庆办联络人：胡春海

方案起草人：胡春海

B. 冲刺阶段（2020 年 3 月 17 日至 2020 年 7 月 29 日）

主管校领导：王德松

责任单位：机械工程学院

校庆办联络人：黄华贵

方案定稿人：黄华贵

1. 论坛目的

（1）研讨高端重型装备绿色智能化发展新动态及前沿技术。

（2）庆祝学校百年华诞，助力燕山大学踏上腾飞新征程。

（3）研讨学科发展方向，助推机械工程一流学科建设。

2. 论坛组织形式

（1）举办单位

主办方：燕山大学。

承办方：燕山大学机械工程学院。

（2）时间

2020 年 9 月 10 日至 2020 年 9 月 11 日。

（3）地点（主会场）

燕山大学西校区大学生活动中心。

（4）论坛形式

线上线下相结合的方式，控制现场人数，线上采用视频会议和直播形式。

（5）论坛规模

特邀嘉宾 11 ～ 15 人，与会师生 800 人。

3. 论坛特邀嘉宾

国内外知名专家、知名校友、相关政府领导。

（二）活动进展

2020 年 9 月 9 日，由燕山大学主办、机械工程学院承办的百年校庆系列活动之一——现代工程技术与材料科学燕鸣国际学术论坛在西校区大学生活动中心举办。论坛旨在研讨现代工程技术与材料科学发展新动态及前沿技术，助推学校“双一流”学科建设。

中国科学院院士、华中科技大学丁汉，中国工程院院士、太原理工大学校长黄庆学，中国科学院院士、发展中国家科学院院士、燕山大学田永君，英国爱丁堡皇家学会院士、阿伯丁大学玛丽安 · 威斯哥洛齐，华北理工大学校长张福成，吉林大学韩志武，哈尔滨工业大学单德彬，清华大学刘辛军，浙江理工大学李秦川等国内外知名专家学者受邀作大会报告。燕山大学校长赵丁选、安徽工业大学校长魏先文、燕山大学副校长赵永生、燕山大学副校长王德松出席论坛。

9 位国内外专家围绕论坛主题先后进行了主旨报告。丁汉院士在《智能制造中的机器人技术》报告中，结合自身经历分享了机器人在高端制造领域的科技挑战以及研究体会。黄庆学院士作了题为《冶金装备发展历程与自主创新之路》的报告，对冶金装备发展历程与自主创新之路进行了研讨与展望。田永君院士在《纳米结构超硬材料：进展与展望》报告中，讨论了共价晶体的微观硬度模型和多晶硬化模型，得出了获得高性能超硬材料的纳米孪晶化策略。张福成教授在《高速重载铁路高锰钢辙叉制造技术》报告中介绍了高锰钢辙叉与高碳钢钢轨焊接技术、高锰钢辙叉整体全流程技术，为我国提速铁路、高速重载铁路发展作出了重要贡献。论坛还播放了英国阿伯丁大学玛丽安 · 威斯哥洛齐院士作的题为《Nonlinear Dynamics for

会议现场

Engineering Design》的报告录像，报告结合实际工程示例带领与会听众走进非线性世界，并进一步探讨非线性现象对科学研究及工程应用的影响。韩志武教授作了题为《仿生超敏感知技术研究》的报告，以蝎子为生物模本，研究了机械量感受器的感知特性与机理，并对仿生超敏感知技术的未来进行了展望。单德彬教授作了题为《特种能场辅助微成形技术研究》的报告，介绍了特种能场作用下材料力学响应与微成形尺度效应以及特种能场微成形关键技术。刘辛军教授作了题为《机器人化装备创新及应用》的报告，介绍了机器人化装备的创新及应用。李秦川教授作了题为《机构学视角下的机器人制造装备》的报告，引用诸多经典案例分析了机构学与机器人学的研究热点，同与会师生分享机构学奥妙。

现代工程技术与材料科学燕鸣国际学术论坛特邀 3 位国际知名专家进行线上报告。日本广岛大学佐佐木 · 元（Gen Sasaki）教授作了题为《Development of Metal Matrix Composites with High Thermal Conductivity》的报告；德国杜伊斯堡 - 埃森大学安德烈斯 · 凯奇凯米（Andres Kecskemethy）教授作了题为《Cooperative Projects Between the Chair of Mechanics and Robotics of Duisburg and China》的报告；美国宾夕法尼亚洲立大学程寰宇（Huanyu Cheng）副教授作了题为《Dissolvable Tattoo-like Sensors for Biomedicine》的报告。

三、第四届亚稳材料制备技术与科学国际研讨会

（一）活动方案

主管校领导：赵丁选

责任单位：材料科学与工程学院

校庆办联络人：胡春海

1. 时间

2019 年 10 月 13 日至 10 月 16 日。

2. 地点

燕山大学东校区第四教学楼 108 室。

3. 会议主题

会议内容和议题主要包括：探讨新型亚稳材料制备技术与科学，主要涉及能源材料、高压材料、非晶与高熵合金等相关领域的前沿研究。会议将邀

请该领域的专家举行前瞻性的讲座。

4. 会议组委会

（1）会议主席：黄建宇（国家重点实验室教授）、刘日平（国家重点实验室主任）。

（2）主办单位：燕山大学亚稳材料制备技术与科学国家重点实验室。

（3）组织委员会：彭秋明（国家重点实验室副主任）、张春祥（国家重点实验室副主任）、李英梅（国家重点实验室正科级秘书）。

（二）活动进展

2019 年 10 月 14 日，由燕山大学亚稳材料制备技术与科学国家重点实验室主办的第四届亚稳材料制备技术与科学国际研讨会在学校东区第四教学楼举行。来自中国、美国、德国、日本等 7 个国家的亚稳材料领域专家学者共计 200 余人，围绕高压材料、能源材料、非晶与高熵合金三个相关领域进行研讨。

在《先进耐高温能量转换与储存纳米复合陶瓷》报告中，德国达姆施塔特工业大学教授拉尔夫 · 里德尔（Ralf Riedel）介绍了高温纳米复合陶瓷材料的合成工艺、物理与热机械性能等，并指出该类陶瓷在锂离子电池新型阳极材料中的潜在应用。中国科学院物理研究所研究员李泓、燕山大学教授黄建宇、法国南特大学教授菲利普 · 莫罗（Philippe Moreau）也围绕能源材料作了相关主题报告。

美国芝加哥大学教授王雁宾以《压力和应力下的亚稳材料：利用大体积高压设备在先进光子光源下的研究进展》为主题，以铜铋体系为例，指出压力是调控合成亚稳金属间化合物的有效手段，并阐明了在密排六方过渡金属锆、橄榄石型亚稳矿物中高压和应力协同调控的独特作用。吉林大学教授马琰铭、燕山大学教授聂安民也分享了在高压材料领域的最新研究成果。

此外，法国里尔大学教授弗雷德 · 阿法德（Frédéric Affouard）、日本大阪大学教授保田英洋（Hidehiro Yasuda）、美国亚利桑那州立大学教授兰科 · 里切特（Ranko Richert）、波兰西里西亚大学教授玛丽安 · 帕卢奇（Marian Paluch）、燕山大学教授张新宇围绕非晶与高熵合金领域分享了相关研究成果。

近年来，燕山大学亚稳材料制备技术与科学国家重点实验室围绕亚稳材料的制备、性能与服役中的基础科学问题，形成了亚稳材料理论设计与性能预测、亚稳结构材料、亚稳功能材料、亚稳材料特种制备技术、材料超常规服役特性五个成熟的研究方向，成为组织高水平基础研究和应用基础研究、聚集和培养优秀科技人才、开展高水平学术交流的重要基地，为我国材料行业和经济社会发展提供了原创性的知识与技术输出。

四、北京高科大学联盟2020年峰会

（一）活动方案

主管校领导：于树江

责任单位：高等教育发展研究中心

校庆办联络人：胡春海

1. 会议主题

新时代行业特色大学创新发展与高等工程教育改革。

2. 会议时间

2020年9月9日报到，9月10日开会。

3. 会议地点

燕山大学。

4. 会议形式

线上线下相结合；按上级要求，限制主会场参会人数，其他人员线上参会；网络同步现场直播。

5. 会议议题

（1）治理模式和高质量特色发展的路径。

（2）具有行业特色的世界一流学科群建设。

（3）产教融合、新工科和未来技术学院建设。

（4）科技创新能力提升和新型研发机构建设。

（5）政行企校协同关系构建和理事会建设。

（6）行业特色大学适用的评估体系建设。

（7）行业特色大学的特色文化传承与创新。

6. 参会人员

（1）主会场参会人员：北京高科联盟成员、观察员高校校领导等，每所高校不超过3人。包括：北京化工大学、北京交通大学、北京科技大学、北京林业大学、北京邮电大学、华北电力大学、哈尔滨工程大学、西安电子科

技大学、中国地质大学（北京）、中国矿业大学（北京）、中国石油大学（北京）、燕山大学、大连海事大学、会议特邀嘉宾等。

（2）学术报告线上参会人员：全国高校的发展规划处、学科办、学位办、教务处、研究生院、教育学院的专家、学者。

7. 日程安排

（1）2020 年 9 月 9 日：会议接站、报到。

报到地点：首旅京伦酒店。

（2）2020 年 9 月 10 日

①北京高科大学联盟峰会开幕式

时间：8:30—8:45。

地点：燕山大学三教 1 楼。

内容：介绍领导与嘉宾、承办单位领导致欢迎辞、特邀嘉宾致辞。

②学术报告

时间：8:45—9:45（每个专家 15 分钟）。

地点：燕山大学三教 1 楼。

内容：邀请高等教育领域国内知名专家作学术报告。

③合影

时间：9:45—10:00。

地点：图书馆门前。

④燕山大学百年 · 甲子纪念大会

时间：10:30—12:00。

地点：燕山大学东校区大学生活动中心。

内容：领导嘉宾致辞，校友代表、在校生代表发言等。

⑤午餐、休息

时间：12:00—14:30。

地点：首旅京伦酒店。

⑥北京高科大学联盟工作交流研讨

时间：14:30—18:00（每个学校 15 分钟，茶歇 15 分钟）。

地点：燕山大学（地点待定）。

内容：北京高科大学联盟高校工作交流。

⑦学术论坛（视投稿作者参会情况待定）

时间：14:30—17:00（每个报告 15 分钟，茶歇 15 分钟）。

地点：燕山大学。

内容：投稿论文作者交流研讨。

⑧晚餐

时间：18:00—20:00。

地点：首旅京伦酒店。

（二）活动进展

2020 年 9 月 10 日，由北京高科大学联盟主办、燕山大学承办、《高等工程教育研究》杂志社、《学位与研究生教育》杂志社、《高校教育管理》编辑部、《教学研究》编辑部协办的“新时代行业特色大学创新发展与高等工程教育改革暨北京高科大学联盟 2020 年峰会”在燕山大学举行。北京高科大学联盟 13 所成员高校和其他行业特色高校代表等 50 余人参加了会议。

主旨报告环节，世界工程组织联合会主席、南开大学龚克教授，清华大学教育研究院史静寰教授，西安交通大学高等教育研究所所长陆根书教授分别作了题为《试谈面向可持续发展的工程教育》《深植行业，科教融合：双一流行业特色院校的发展突破》和《一流本科建设的关键问题》的学术报告。

工作交流环节，中国矿业大学（北京）校长葛世荣、北京化工大学副校长任新钢、北京交通大学副校长余祖俊、北京林业大学副校长李雄、北京邮电大学副校长王文博、华北电力大学党委副书记郭孝锋、西安电子科技大学党委副书记兼副校长任小龙、中国石油大学（北京）副校长吴小林、燕山大学副校长于树江 9 位学校领导先后作了工作交流报告，各校围绕会议主题进行了深入研讨，达成了共识，发布了“燕山宣言”。

会议认为，高水平行业特色大学作为我国高等教育体系的重要组成部分，应当在新时代高等工程教育改革和“教育强国”建设中发挥应有的引领和示范作用。一是扎根中国大地，彰显科技实力。要服务国家重大需求，准确把握行业发展面临的前瞻性、战略性问题，在行业关键技术领域不断取得重大突破，为国家战略领域发展和民生改善作出积极贡献，同时要引领人类社会发展进步，为解决人类共性问题贡献“中国智慧”和“中国方案”。二是坚持内涵发展，增强道路自信。要坚持高质量内涵式发展，面向行业需求建设特色学科生态体系，探索和催生引领行业科技进步和经济社会发展的新兴交叉

大会合影

学科方向，持续打造人才培养和科学研究的特色品牌。三是传承文化基因，弘扬行业精神。要深入挖掘行业振兴和学校特色文化精神，围绕立德树人根本任务，强化师生的行业风范和职业操守教育，厚植匠心情怀，践行行业精神，为培育社会主义核心价值观和发扬中华文化贡献力量。四是创建中国标准，参与国际治理。加快培养适应和引领新一轮科技革命和产业变革的卓越工程科技人才，打造世界高等工程教育创新与交流中心，引领我国高等工程教育从跟跑、并跑至领跑的跨越，为国际工程教育发展贡献“中国标准”和“中国模式”。

本次峰会的召开有利于行业特色高校凝聚共识、形成合力，进一步推动北京高科大学联盟成员高校的高质量发展，对于加快新时代行业特色高校的改革与创新，加快建设中国特色、世界一流的学科特色型大学具有重要意义。

五、重大工程落成奠基仪式

受疫情以及燕大人一贯低调的作风影响，加之反对形式主义，燕山大学决定不举办非必要的典礼、仪式，因此该类活动不多。

（一）活动方案

主管校领导：黄晟、任家东、于树江

责任单位：校园规划建设中心、宣传部、博物馆建设办公室

校庆办联络人：郭沛

以“建校溯源百周年 · 独立办学一甲子”为契机，加快推进学校重大基建工程建设，举办完工项目的落成启用仪式，对于服务国家战略需求、优化学校办学环境、传承燕大精神文化、激发师生校友斗志、加快“双一流”建设具有重要意义。

1. 新图书馆、综合实验训练中心、康养人才培训中心、多功能风雨操场等重大基建工程建设进展情况宣传报道

通过校园新闻网、官微等，对以上重大基建工程进行集中宣传报道，说

明建设进展，展示育人初心，回应社会关切，振奋广大师生和校友的精神，昂扬斗志，团结一心加快学校发展。

牵头单位：校园规划建设中心、宣传部

完成时间：2020 年 7 月 15 日前

2. 西校区新大门启用仪式

主要校领导参加，采用简朴的方式，举行西校区新大门启用仪式，具体时间和细节正与校园规划建设中心协商中。

牵头单位：校园规划建设中心

完成时间：2020 年 7 月 20 日—31 日

3. 东校区 7、8 学生公寓改造项目竣工暨启用仪式

东校区学生公寓改造项目是民生工程，学生关切。主要校领导参加，采用简朴的方式，举行东校区 7、8 学生公寓改造项目竣工暨启用仪式，具体时间和细节正与校园规划建设中心协商中。

牵头单位：校园规划建设中心

完成时间：2020 年 8 月中下旬

4. 校史馆落成暨开馆仪式

校史馆是学校发展历程的缩影，也是展示大学精神和传承大学文化的重要载体、激励师生共同成长的重要土壤、联结海内外校友的重要纽带。作为百年校庆献礼工程，燕山大学校史馆落成并开馆，将极大激发师生爱国爱校情感，凝聚广大校友力量，助力学校“双一流”建设。特举办百年校庆之燕山大学校史馆落成暨开馆仪式，具体安排如下。

（1）活动时间

2020 年 8 月中下旬某天上午 9:00—10:00。

（2）活动地点

东区校史馆门口。

（3）活动人员

秦皇岛市相关领导、学校相关领导、中层干部代表、离退休老同志代表、史料捐赠者代表、校友代表、在校师生代表等约 100 人。

（4）活动主持

主持人：校党委副书记黄晟。

（5）活动流程

①主持人介绍与会领导嘉宾，以及校史馆建设过程。

②离退休老同志代表（史料捐赠者）发言。

③教师代表发言。

④学生代表（校史馆志愿讲解员）发言。

⑤校友代表发言。

⑥秦皇岛市相关领导讲话。

⑦校党委书记赵险峰讲话。

⑧秦皇岛市相关领导、赵险峰、赵丁选、离退休老同志代表、校友代表共同为校史馆揭牌。

⑨可增加现场捐赠活动。

⑩参会人员参观校史馆。

（6）牵头单位

宣传部。

5. 东北亚古丝路文明博物馆一区落成暨开馆仪式

燕山大学利用所处东北亚古今咽喉要冲和战略要地秦皇岛的特殊地理位置，建立国内首个东北亚古丝路文明博物馆，对于服务国家“一带一路”建设、维护国家边疆文化安全、促进中华优秀传统文化传承与发展、发挥育人功能等具有重要意义。东北亚古丝路文明博物馆一区布展面积约455平方米，计划于8月下旬开馆试运行，为百年校庆增色添彩。

（1）活动时间

2020年9月初某天上午9:00—10:00。

（2）活动地点

东区图书馆门前广场或博物馆门口。

（3）活动人员

秦皇岛市相关领导、学校相关领导、相关领域专家代表、相关部门代表、校友代表、在校师生代表等约100人。

（4）活动主持

主持人：校党委常委、副校长任家东。

（5）活动流程

①主持人介绍与会领导嘉宾以及博物馆建设过程。

②邓树平主任发言。

③学生代表（博物馆志愿讲解员）发言。

④校友代表发言。

⑤秦皇岛市相关领导讲话。

⑥校党委书记赵险峰讲话。

⑦秦皇岛市相关领导、赵险峰、赵丁选、邓树平共同为博物馆揭牌。

⑧可增加现场捐赠活动。

⑨参会人员参观博物馆一区。

（6）牵头单位

博物馆建设办公室。

方案在执行过程中进行适时调整，以实际操作为准。

（二）活动进展

1. 校领导调研校内在建工程项目

2020 年 7 月 10 日下午，在百年校庆即将来临之际，校党委书记赵险峰、校长赵丁选、副校长于树江在学校办公室、校园规划建设中心工作人员和校园规划建设领导小组成员陪同下前往校内在建工程项目实地调研。校领导在综合实验训练中心、康养人才培训中心、多功能风雨操场、西校区 7 号门、新图书馆、东校区公寓、校史陈列馆、东北亚古丝路文明博物馆等在建项目工地查看了项目建设情况，听取了项目建设进展情况汇报，并分别就不同工程项目提出了具体的指导意见。校领导要求所有在建项目要克服疫情带来的不利影响，保质保量完成建设任务。

2020 年 7 月 30 日上午，校党委书记赵险峰、校长赵丁选率在校领导班子成员实地调研西校区 7 号门及环岛“国之重器”雕塑工程项目。

2. 东北亚古丝路文明博物馆正式开馆运行

2020 年 8 月 25 日上午，在喜迎“建校溯源百周年 · 独立办学一甲子”之际，燕山大学在东校区图书馆一楼大厅举行了东北亚古丝路文明博物馆开馆仪式。河北省文化和旅游厅党组成员、河北博物院分党组书记、院长罗向军，河北省文物局副局长韩立森，河北省文物局博物馆处处长李宝才，秦皇岛市副市长冯志永，秦皇岛市旅游和文化广电局党组书记李文生，秦皇岛市旅游和文化广电局三级调研员徐永新，著名明清史专家、国家清史编纂委员会委员李治亭，燕山大学党委书记赵险峰，党委副书记黄晟，副校长赵永生、王

罗向军和赵险峰共同为博物馆揭牌

德松、陈国强、于树江等领导及相关职能部门、学院负责人，承建公司和校友代表等共同参加了开馆仪式。

燕山大学东北亚古丝路文明博物馆位于东校区图书馆三楼，计划整体布展面积1500平方米。现已完成的博物馆一区建设，由序厅、古生物化石陈列厅、旧石器时代陈列厅和新石器时代陈列厅构成，布展面积455平方米，全面展示史前时期，即东北亚古丝路文明萌芽阶段的历史进程和文物精品。

六、“智启雄安”智库论坛

依托河北省新型智库——河北省公共政策评估研究中心，开展雄安新区建设和发展研讨。

（一）活动方案

主管校领导：赵险峰

责任单位：文法学院

校庆办联络人：胡春海

为集聚智力支持京津冀自由贸易区建设，燕山大学在雄安新区召开“2019京津冀自由贸易区建设研讨会”。此次会议由河北新型智库——河北省公共政策评估研究中心承办，该智库是河北省首批试点新型智库之一，也是CTTI收录智库和教育智库联盟发起智库之一。智库依托燕山大学公共管理一级学科博士点开展咨政研究，在燕山大学文法学院（公共管理学院）建设有先进的电子决策剧场、电子政务与智慧政府实验室等实体平台。

1. 会议地点

雄安新区。

2. 会议时间

2019年12月23日—24日。

3. 主办单位

燕山大学。

4. 承办单位

河北省公共政策评估研究中心。

5. 协办单位

河北省改革战略研究会、京津冀发展研究中心（河北工业大学）、雄安商研智库、华北理工大学自贸区研究院、燕山大学期刊社、博奥中学（雄安）、新课改教育研究院。

6. 学术支持

重要学术期刊：《改革》《重庆社会科学》《学术论坛》《重庆大学学报 · 社会科学版》《管理学刊》《生态经济》《晋阳学刊》《思想政治教育研究》《改革内参》《西部论坛》《中国流通经济》《河北大学学报 · 哲社版》《中共天津市委党校学报》《天津行政学院学报》《求知》《华南理工大学学报 · 哲学版》《金融理论探索》《人口与社会》《河北工业大学学报 · 社科版》《南京邮电大学学报 · 社会科学版》《河北工程大学学报 · 社科版》《燕山大学学报 · 哲社版》《北京行政学院学报》。

有关研究组织：山东现代教育研究院、河北省中医药文化交流协会、河北省医养结合促进会、燕山大学出版社、燕山大学高等教育发展研究中心、燕山大学社会科学处、河北省地方政府改革与发展研究基地、华北理工大学经济学院、燕山大学文法学院（公共管理学院）、燕山大学 MPA 教育中心。

7. 会议地点

会议报到、住宿地点：雄安新区凯骊酒店。

8. 会议征文与参加会议

非常欢迎围绕会议主题提交论文或报告。

会议论文可以推荐到此次会议协办的学术期刊择优采用，同时会议结束后，经过作者同意，将编辑会议论文集、提交中国知网收录。

9. 会务联系人与电话

彭建交 0335-8057076。

10. 交通与其他

建议乘坐火车到白洋淀火车站，12 月 23 日 10:00—20:00，在白洋淀火车站有会务人员接站。

纸质邀请函或会议通知，报到时随取。会议不组织、不安排其他考察活动，不邀请、不接受非学术媒体参加会议。

（二）活动进展

在燕山大学迎来百年校庆之际，为了更进一步扎根燕赵大地，贡献燕大智慧，服务雄安新区发展，集聚智力支持京津冀自贸区建设，2019 年 12 月 24 日上午 11 点，校党委书记赵险峰一行到雄安新区走访调研，并出席 2019 京津冀自由贸易区建设研讨会。

河北省委常委、副省长，雄安新区党工委书记、管委会主任陈刚，雄安新区党工委委员、管委会副主任傅首清，雄安新区党政办公室主任王纪平和新区公共服务局、改革发展局相关领导在新区政务服务中心会议室热情接见了赵险峰一行。

雄安新区党工委副书记、管委会常务副主任，中国雄安集团有限公司党委书记田金昌会见了赵险峰一行，就雄安新区对接燕山大学下一步工作做了部署。

赵险峰一行还参观了雄安新区政务服务中心，亲切会见了在新区工作的部分校友代表：雄安新区党工委委员、管委会副主任、本科 87 级计算机应用专业校友吴海军，河北省人民检察院雄安新区分院检察长、硕士 91 级流体传动与控制专业校友纪志明和雄安新区党政办副主任、本科 99 级材料学专业校友时钟平。校党委副书记黄晟和校庆办公室相关人员随同调研。

2020 年 12 月 24 日上午 8:30，由燕山大学主办，河北省公共政策评价研究中心承办的 2019 京津冀自由贸易区建设研讨会暨第五届公共政策智库论坛在雄安新区举行。校党委书记赵险峰、党委副书记黄晟和校庆办、文法学院（公共管理学院）相关负责人以及来自京、津、冀、鄂、渝等全国各地 11 个省份的 100 余位专家学者济济一堂，共商雄安新区发展大计。

河北省社科联原常务副主席曹保刚、中国行政管理杂志社社长张定安、燕山大学文法学院院长郭金平应邀出席开幕式并先后发言。会上，燕山大学期刊社社长胡春海主持了《河北省公共政策评估蓝皮书——2018 秦皇岛营商环境评估》成果发布会。在燕山大学文法学院党委书记甄红军主持下，会议向河北省公共政策评估研究中心聘请的学术委员会委员、理论指导委员会委员和智库专家颁发了聘书。张贵、金东柱、莫远明、唐少清、张跃胜、陈文杰、林坚、游战洪等专家学者作了特邀发言。

此次雄安新区之行行程紧凑，收获颇丰，对学校助力雄安新区发展建设，为新时代经济强省、美丽河北建设和京津冀协同发展，推进学校“双一流”建设具有重要意义。

七、杰出青年学者论坛

集聚海内外优秀青年学者，探讨科技热点，促进交流合作，博览强校才俊。

（一）活动方案

主管校领导：王宝诚

责任单位：人力资源处

校庆办联络人：郝海滨

1. 时间

2020 年 11 月 25 日至 27 日，共三天。

2. 地点

（1）主会场：燕山大学四教 108 或秦皇岛首旅京伦酒店。

（2）分会场：各学院。

3. 活动内容（暂定）

①开幕式。

②学术交流（大会，各学院组织分会或座谈交流）。

③了解燕山大学（参观校史馆、国家重点实验室等）。

④了解秦皇岛（参观秦皇岛百年老港开埠地、山海关、老龙头自然风光及北戴河新区等，参观康泰医学、方华埃西姆、北方管业、泰德管业等校友企业）。

4. 灯光、音响、屏幕及技术团队

由人力资源处提出需求，租用场地及设备。

5. 参加人员

（1）主会场

①出席领导。秦皇岛市领导、校领导、院领导。（责任单位：人力资源处）

②受邀青年学者。（责任单位：人力资源处）

③师生代表。（责任单位：人力资源处）

（2）分会场

各学院：受邀青年学者、院领导、师生代表。

6. 后勤保障及安全保卫

①消防检查。会前认真检查消防重点区域，安排消防车，确保消防安全。

②入场检查。凭证（卡）出入，安全检查。

③交通管制。设置警戒线，全校车辆管制。

④校园安保。加强校内安保，保证论坛期间安全稳定。

⑤活动报备。及时向秦皇岛市报备大型活动，请求支持。

⑥电力支持。为各分会场提供电力支持和应急用电保障。

⑦设置照明。保证会场及附近地区路灯照明，严防拥挤踩踏。

7. 宣传报道

（1）会前准备

①发布论坛通知。

②邀请校外媒体采访。

③制作主会场背景视频。

（2）会场宣传报道

①组织媒体采访报道，发布论坛新闻。

②录制全程视频，交档案馆留存。

方案在执行过程中进行适时调整，以实际操作为准。

（二）活动进展

2020 年 12 月 3 日上午，燕山大学第三届“杰出青年学者论坛”开幕，燕山大学党委书记赵险峰、校长赵丁选、副校长王宝诚、副校长张立峰和人力资源处及相关学院主要负责人出席仪式。受疫情影响，论坛采取线上、线下并行的方式举行，共有来自海内外 30 余所高校的近 60 名博士、博士后参加论坛，10 名新疆工程学院访团教师代表和燕山大学部分教师代表出席本次会议。开幕式由王宝诚主持。

论坛现场

主论坛结束后，10 个学院分别举行了分论坛和人才洽谈，青年学者通过线上或线下的方式在分论坛上分享自己的学术背景和科研经历，与相关学院进行合作洽谈。随后参会学者还参观了校史陈列馆、亚稳材料制备技术与科学国家重点实验室、国家冷轧板带装备及工艺工程技术研究中心及校友企业。

本次论坛的举办，在集聚一批优秀青年学者，探讨交流学术热点的同时，让参会学者深入感受了燕山大学尊重人才、关爱人才的良好氛围，对学校人才引进工作起到了较大的推动作用。

八、举办优质生源基地校长论坛

邀请优质生源基地校长进校考察交流，研讨校校协同、共育英才的实现路径。

（一）活动方案

主管校领导：王宝诚

责任单位：招生就业处

校庆办联络人：郝海滨

重点高中校长论坛旨在以全国教育大会精神为引领，进一步加强大学与中学的交流与合作，探讨学校新高考背景下全面发展的拔尖创新人才的培养与塑造方式，提升学校社会影响力，助力燕山大学百年校庆。

1. 活动主题

重点高中校长齐聚燕大合作共赢培养优秀学子。

2. 活动时间

2020 年 10 月下旬。

3. 活动组织

（1）策划阶段（2019 年 9 月—2020 年 7 月）

联系优秀生源基地高中，遴选确定参会高中及嘉宾代表。

（2）组织阶段（2020 年 7 月—2020 年 10 月）

包括学院和相关部门动员、活动通知发布、邀请嘉宾代表、招募志愿者、邀请活动报道媒体。

确定拟邀请嘉宾：国内知名教育专家学者。

4. 活动实施

（1）开幕式

①燕山大学党委书记致辞。

②高中校长代表、在校生代表发言。

③燕山大学校长发言。

（2）论坛报告会

国内知名教育专家学者作主题报告。

（3）分论坛

①按照参会代表划分 3 ～ 5 个分论坛，分别以“大学和中学的教育分工和协同合作”“新高考背景下的人才选拔机制”“构建多样化的人才培养体系”“基础知识与跨学科学习”等为主题。

②发言代表提交讨论稿或发言稿，整理成册。

（4）签订协议

重点中学代表签订“燕山大学优秀生源基地”共建协议。

（5）校园参观

①国家重点实验室、教育部工程研究中心、新图书馆、校史馆等。

②大学科技园、科技创新成果展等。

5. 条件保障

校领导指导，招生就业处全面落实，相关职能部门和各学院大力支持。

（二）活动进展

金秋九月，丹桂飘香。燕山大学邀请了 20 所优秀生源基地高中的校领导来校参加校长论坛活动。本次活动是燕山大学“建校溯源百周年 · 独立办学一甲子”百年校庆活动的重要组成部分，是一个对外宣传与展示的窗口，是我校主动对接高中，实现高质量招生的重要机遇。

校长论坛会场

论坛上，唐山市第一中学校长刘长锁代表参会高中校长代表进行了发言。刘校长首先代表各高中的兄弟学校向燕山大学致以热烈的祝贺和美好的祝愿。

他提道：一百年风雨兼程，一甲子自立求索。社会各界看到的燕山大学，是心怀家国的燕大，是承大学之道的燕大，是有责任担当的燕大。

论坛期间，中学校长代表还参观了校史陈列馆、东北亚古丝路文明博物馆、国家重点实验室、艺术馆展览等，招生就业处人员与参会代表进行了深入交流与探讨。通过论坛交流、校园参观考察，参会代表均表示收获满满，对于学校的建设发展、办学特色、科学研究、人才培养等高度赞赏。

本次论坛旨在共同探讨高考改革背景下大学与中学的交流衔接，发挥高中高校优势，建立长效合作机制，搭建更大合作平台，培育优秀合格人才。

（三）校庆回忆

桃李芬芳 教泽绵长

朱文华

新高考改革实施以来，招生就业处积极探索与重点高中开展教育合作的新途径和新机制。举办优秀生源基地高中校长论坛，是借学校百年校庆之契机，在顺应“新高考”改革的大背景下，拓展招生工作思路、强化服务社会职能、提高生源质量、扩大学校影响的重要举措。

最初拟定的活动时间是在2020年10月末11月初，后来经过与校庆办商议协调，调整安排到校庆期间进行。此次活动邀请的大多是各所著名高中的校长，所以活动主要参与组织方就是我们招生就业处。当时一个不太有利的客观因素是：因为疫情原因，2020年高考推迟一个月，相应的高考录取、录取通知书发放等工作也延迟一个月。本次活动开始准备的时候已经到8月中旬了，当时，处里大部分人的精力还被高考录取工作这边牵扯着，可以说时间紧、任务重。同心所向，“拼”字当头。在疫情防控的大形势下，活动组织面临巨大的挑战，但是处里召开准备会议时，领导公开表态，大家也达成一致的共识：为了宣传燕大，为了百年校庆，我们一定要把活动办成精品活动！

张红兵处长对此次活动非常重视，主持召开了多次协调会，前期准备方面，无论是高中选择方面还是嘉宾邀请方面，他都进行了亲自审核；宋晓飞副处长作为直接负责人，就邀请函寄送、高中嘉宾对接、校内活动安排等方面与校庆办、材料学院、艺术学院、档案馆、校史馆等多个部门都进行了提前沟通对接；我因为对各个高中的情况相对比较熟悉，整个活动的安排策划方面是由我负责具体实施的，在高考录取最为紧张的时候，我利用晚上录取服务器关闭后的时间对活动整体方案和各个细节反复进行推敲，同时多方面优化调整，以既能够体现我们的活动特色，同时又能很好地融进学校的校庆系列庆祝活动，最后形成了我们的活动组织实施方案。从接送站开始，包括嘉宾入住、餐饮、参加学校校庆活动、组织论坛座谈会，参观校史陈列馆、东北亚古丝路文明博物馆、国家重点实验室、艺术馆展览等地的 3 天 32 项活动内容。每项活动我们都列出了具体的时间和负责人，同时内部成员都发了“活动明白表”，从“细”字入手，保证每个环节“零失误”。活动期间，大量人员集中入校，是对学校疫情防控措施和安全保障措施的集中检验。我们安排专人提前对活动场所和其他相关场地进行消杀、通风工作，给活动嘉宾提供一个整洁、安全的环境，同时对可能发生的问题做好预案并提供解决方案。

本次优秀生源基地校长论坛活动中一个印象很深刻的活动内容就是组织在校生代表向前来参加活动的校长们献花。春晖四方，桃李天下，本次论坛举办之日正值第 36 个教师节，每束花代表的都是师恩难忘、每句祝福代表的都是校友情感传承、每张合影代表的都是师生难忘瞬间的定格。在现场，我们深切感受了浓浓的师生情、校友情，路过的领导、老师和同学们都驻足观看，投来羡慕和赞许的目光，这为我校校庆活动增加了一道亮丽的风景线。

集思广益，付出终有回报。本次论坛我们重点邀请了河北省内每年被燕山大学招录 50 人以上的衡水中学、石家庄市第一中学、石家庄市第二中学、河北正定中学、邯郸市第一中学等，生源大省、第二批高考改革省份山东省的示范性高中威海市实验高级中学，与学校发展息息相关、命运与共的中国一重第五中学（东北重型机械学院子弟中学）等 20 所高中的校长参加了本次活动。唐山市一中、山西省康杰中学、衡水市第二中学等高中发来贺信；保定市第一中学赠送了校庆礼物。论坛活动期间，通过论坛交流、校园参观考察，参会代表均表示收获满满，对于学校的建设发展、办学特色、科学研究、人才培养等高度赞赏。石家庄市第一中学党委书记陈辉感慨道：“燕山大学底蕴深厚，今年恰逢百年华诞，期待燕山大学取得更大成绩！”河北衡水中学校长助理张永说：“燕山大学作为一所百年名校，熔铸着与生俱来的精神品格，引领着燕大人不断开创奇迹。”

高中是大学的基础，大学是高中的延伸。搭建更大合作平台，培育优秀合格人才，是本次活动宗旨，更是我们招生人的努力方向！

九、高层次艺术展

邀请校友、名家和师生员工举办书画、摄影、非遗文化、公益艺术等展览，培树校庆氛围，陶冶艺术情操。

（一）活动方案

实施阶段（2020 年 9 月 10 日至 2020 年 10 月 10 日）

主管校领导：李榕

责任单位：艺术与设计学院

校庆办联络人：赵琳

1. 活动定位

此次活动为燕山大学百年校庆系列活动之一，结合艺术与设计学院优秀毕业作品及优秀校友企业作品举办此次展览。主要观众为杰出校友、校领导、秦皇岛各界知名人士等。

2. 活动目的及意义

（1）打造高档次展览活动。作为百年校庆系列活动之一，可让参观者近距离感受我校的设计专业优势。

（2）促进在校师生与校友企业的交流与合作，向社会展示“百年燕大 · 家国天下”的情怀。

3. 活动主题

“优秀毕业生作品展”和“优秀校友企业作品展”双重主题。

4. 活动地点和时间

（1）时间：2020 年 9 月—10 月。

（2）地点：艺术与设计学院美术馆展厅。

5. 展出形式

实物展览、影像展示、设计展板、艺术作品等形式结合。

6. 组织单位和构成

此活动将由艺术与设计学院联系校友企业、秦皇岛市美术家协会、秦皇岛工业设计协会等机构共同协作完成。

（二）活动进展

1. 艺术与设计学院“艺术让生活更美好”美术设计作品展开幕

一百年波澜壮阔，匠心为国铸重器；六十载春华秋实，巍巍学府谱芳华。

陈国强在开幕式上宣布展览开幕

2020 年 9 月 10 日上午 11 时，在燕山大学“建校溯源百周年 · 独立办学一甲子”的喜庆时刻，“艺术让生活更美好”美术设计作品展在艺术与设计学院美术馆展厅隆重开幕，艺术与设计学院师生、校友通过艺术作品展示教学成果，为校庆添彩。

河北省工业和信息化厅副厅长徐科华，沧州市副市长梁英华，燕山大学副校长陈国强，河北省教育厅科技处处长刘树船，河北省哲学社会科学工作办公室主任吕雪松，燕山大学研究生院院长卢辉斌、招生就业处处长张红兵、学生工作处处长蔡星周、科学技术研究院副院长黄华贵、教务处副处长齐跃峰和大学科技园、技术转移中心副主任郑海武等嘉宾领导以及返校校友参加了开幕式。

艺术与设计学院院长孙利表示，本次展览展出近千幅（台、套）艺术作品，其中 1/3 为校友作品（展后捐赠给学院），充分展现了艺术与设计学院的教学科研成果和综合办学实力，体现了广大校友的高远艺术理想和奋斗创业成果，为全校师生和校友呈现了一场异彩纷呈的视觉盛宴。

2. 汉风国画作品展暨《大美之梦——汉风的艺术世界》首发式在燕山大学举行

2020 年 10 月 13 日，汉风国画作品展暨《大美之梦——汉风的艺术世界》首发式在燕山大学隆重举行。河北省文联党组书记解晓勇，河北省美术家协会名誉主席赵贵德，秦皇岛市委副书记丁伟，燕山大学党委书记赵险峰、党委副书记黄晟、副校长任家东以及多名艺术家和师生代表一起出席了活动。

《大美之梦——汉风的艺术世界》由赵险峰主编，燕山大学出版社出版，全面介绍了汉风的人生经历和艺术造诣，回顾了汉风的成长历程、走过的艺术道路、取得的多方面成就以及他与艺术巨匠们的交往和情谊，并且收录了汉风有代表性的国画作品，是一部有艺术品位和学术价值的厚重著作。赵险峰为该书撰写序言，着重申明观点：现代大学应该加强对学生的精神塑造、品格锻造和人文滋养，注重培养学生深邃的思想、宽宏的格局、开阔的视野、旷达的境界、高尚的情操、高雅的情趣、完善的人格、健康的心性，培养对社会和家庭应有的责任与担当、坚忍勇毅积极顽强的人生态度、幽默轻松端正平和的处事心态。因此，出版《大美之梦——汉风的艺术世界》这类不仅有艺术品位和学术价值，而且富含精神价值和能量的图书，供美术界、学术界和广大师生交流研究，是一件有意义的事情。

首发式上，赵险峰、解晓勇、丁伟共同为新书揭幕。黄晟代表燕山大学致辞，他说，高校立身之本在于立德树人。只有培养出一流人才的高校，才能够成为世界一流大学。对于如何继承发扬燕大优良的学风、提高人才培养质量这个大课题，学校领导班子和全校师生越来越形成一个共识：大学不仅应该成为传授学生知识技能和从业本领的场所，还应成为对学生进行理想教育、思想启迪、道德锤炼、心灵浸润的殿堂。汉风国画作品展暨《大美之梦——汉风的艺术世界》首发式既是燕山大学系列校庆活动的组成部分，同时也是省内外绘画艺术家们相聚燕大的一次高水平学术盛事，十分有利于营造立德树人的浓郁氛围，促进大学文化的积极传播，发挥大学传承文化、服务社会的重要功能，也必将以文化的力量鼓舞燕大人继往开来、为争创一流重整行装再出发。

赵险峰、解晓勇、丁伟共同为新书揭幕

汉风在发言中向一直以来支持自己追求艺术创新的领导和艺术同道表示诚挚感谢，向燕山大学注重文化育人、为作品出版和举办画展付出的努力致以由衷的敬意。

汉风国画作品展暨《大美之梦——汉风的艺术世界》首发式由任家东主持，燕山大学艺术与设计学院、燕山大学出版社联合主办。艺术与设计学院院长孙利作为代表接受了汉风为祝贺燕山大学百年校庆而赠送的画作《万象和合》。出版社社长陈玉介绍了新书的出版情况。

应邀出席的领导、嘉宾和师生们兴致勃勃地参观了画展。此次画展在艺术与设计学院美术馆举行，共展出汉风创作的国画作品 70 余幅，展出时间为 10 月 13 日至 23 日。

下午，还举行了由艺术与设计学院院长孙利主持的“大美之梦 · 汉风的艺术世界学术研讨会”，赵贵德、张国君、颜景龙、孙振杰、高家俊、林宏、苏君礼、李壮阁、姚远等22位知名艺术家出席并发言。嘉宾从各个角度对汉风进行了深刻全面的解读。独特的命运、深刻的哲思、广博的学问、诗意的人生成就了汉风的国画创作理念和艺术理论体系，正如河北省美术家协会名誉主席赵贵德先生对汉风的评价：很自我，很当代，很中国。此次学术研讨会在燕山大学的成功举办，是对汉风画展系列活动的升华和拓展。

汉风，本名郝荣国，1957年生，石家庄市藁城区人。先后就读于河北工艺美术学校、中央工艺美术学院。擅长大写意花鸟画、美术理论、艺术哲学。国家一级美术师，河北省美术家协会副主席，河北省中国画研究会会长，中央文史研究馆书画院研究员，河北省文史研究馆馆员，河北省人民政府参事室特约研究员，河北省政协文史馆馆员，第八届、第九届河北省政协委员，第十届、第十一届河北省政协常委，第三届、第四届河北省社会科学界联合会委员，中国美术家协会第九次全国代表大会代表，河北大学、燕山大学、河北师范大学、河北科技大学等7所大学客座教授，河北美术学院造型艺术学院名誉院长，中国美术家协会会员，中国文艺评论家协会会员。

十、美化公共区域

规范校园标识，设置我校研制、生产的大型设备模型，摆放由老旧设备改造的艺术品，营造艺术氛围，渲染工科之美。

（一）燕山大学校园视觉导向设计

1. 活动方案

实施阶段（2020年3月17日至2020年10月30日）

主管校领导：于树江

责任单位：艺术与设计学院

校庆办联络人：赵琳

根据《燕山大学百年校庆工作方案》（燕大校庆组字〔2019〕1号）主要活动中美化公共区域工作的要求，需规范校园标识，设置我校研制、生产的大型设备模型，摆放由老旧设备改造的艺术品，营造艺术氛围，渲染工科之美。为全面推进我校校园标识导向系统标准化建设，特制定本方案。

（1）总体目标

以百年校庆为契机，通过“改造既有，规范新建，突出特色”，使全校楼宇及校园导向标识设置规范、合理、有效，图文清晰、信息准确，确保2020年10月底前建成全新的校园标识导向系统，为建设一流大学营造良好的校园人文环境。

（2）工作原则

①坚持长远规划

校园标识导向系统要立足当前、展望未来，既体现学校历史传承，又着眼长远发展，突出工科特色，展示办学成果。

②坚持部门联动

校庆办、党委宣传部、信息技术中心、校园规划建设中心、后勤服务中心和各学院加强协调、密切配合、形成合力，明确工作职责，制订工作计划，采取有效措施，推动校园标识导向系统标准化建设深入开展。

③坚持统一标准

校园标识导向系统标准化建设要坚持统一标准，所有标识应严格按照设计标准建设，确保校园标识导向系统规范、统一、协调并具有国际化水平。

④坚持设计先行

坚持统筹谋划，设计和实施方案先行。设计方案要体现我校发展历史与文脉传承，承担功能指引、明确区位的作用，落实标准化设计的国际性、延续性、可操作性，并且兼顾材料的经济性、耐候性以及亮化工程等具体因素。

（3）组织机构

成立校园标识导向系统建设工作组，负责全校校园标识导向系统标准化建设的组织、协调、推进工作。

组长：张向前（校庆组织委员会办公室主任）

副组长：孙红磊（宣传部部长）

丛喜慧（校园规划建设中心主任）

董立峰（后勤服务中心主任）

杨永涛（信息技术中心副主任）

赵琳（艺术与设计学院副院长）

成员：吴存华（建筑工程与力学学院教师）

孙志坚（建筑工程与力学学院教师）

王美达（建筑工程与力学学院教师）

吴新（艺术与设计学院教师）

盖鸿章（艺术与设计学院教师）

温瑀（艺术与设计学院教师）

蒋玉（艺术与设计学院教师）

侯羽（外国语学院教师）

（4）实施进度

设计建设工作自2019年10月25日至2020年6月30日，分五个阶段进行：

①研究讨论阶段（2019年10月25日至12月20日）

组织有关部门和专业教师开展研讨，确定校园标识导向系统建设工作思路和实施流程。

②规划设计阶段（2019年12月20日至2020年2月28日）

组建设计组，按照学校建设依据，在充分征求各部门意见后，合理规划设计，避免造成重复施工及资源浪费。

③审批立项阶段（2020年3月1日至7月31日）

精准编制项目预算，报校庆组织委员会研究审批。

④建设实施阶段（2020年7月1日至10月30日）

严格按照规划及设计要求施工，保质保量完成校园标识导向系统建设工作。

⑤检查验收阶段（2020年10月30日）

工作组负责对校园标识导向系统标准化建设工作情况进行检查验收，对存在的问题提出整改意见，施工单位及时整改落实。

2. 活动进展

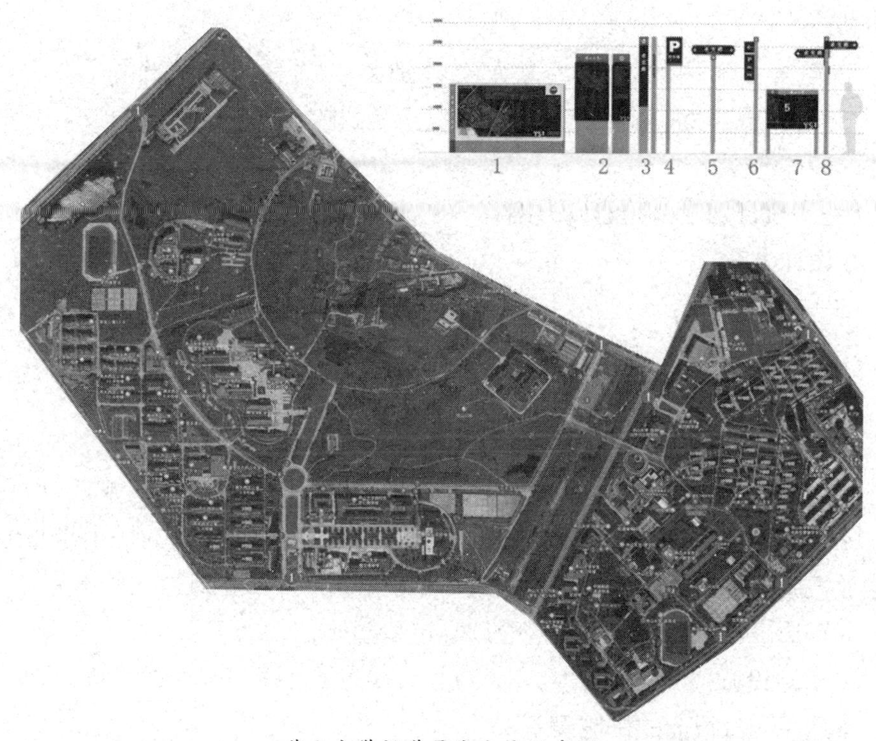

燕山大学视觉导向点位示意图

（二）“国之重器”西校区雕塑设计方案

伴随我校西校区大门的打开，在西校区交通主路环岛中设立主题雕塑“国之重器”，既能实现我校地标性区位视觉中心的作用，也能让广大师生、社会各界对我校的历史沿革、学科优势有更为深刻的了解。雕塑正面将对应西校区大门，与之远近高低呼应、相应成景。

“国之重器”雕塑

雕塑的主体是采用燕山大学的标志性科研成果——万吨水压机原型，它以 21 米高的体量和高大硬朗的形象体现着我校为国铸重器的学校担当。雕塑主体从底部向上逐渐呈现原石堆砌、斧劈体块、粗糙烧毛、精致抛光的效果渐变，这种石材效果不同质感的变化，也正体现了我校的科研工作者们在不断雕琢中逐渐成形的科学研究精神。

基座之上不同动态的四组人物分别体现的是“奋斗基因”“工匠精神”“卓越品质”“家国情怀”，呈现的也正是我校在不同历史时期矢志不移育英才的精神内核。

（三）机械艺术公园建设方案

1. 设计方案

（1）建设目的

①凸显工科特色，普及机械常识，呈现机械设备的艺术之美。

②提升校园文化，传播工匠精神。

（2）园区选址

①东校区：机械学院、演讲厅北侧，世纪楼东侧的长方形区域。

②西校区：塔山公园内，游步道两侧，计划在约180米的塔山游步道两旁摆放报废设备，主要大型设备摆放在路段端部和中段区域。

③路边景：东西校区重点区位独立造型摆放。

（3）建设方式

①选用淘汰报废的机械设备。

②经艺术学院简单艺术处理，保持原有风韵。

③进行适度防腐处理，保持设备的基本工作状态。

④根据设备重要程度和运行状态适时更换。

（4）设备来源

①一重等合作单位捐赠或购置。

②校友企业捐赠。

③校内报废机械设备。

（5）预估效果

①打造国内首个高校机械设备特色景观群。

②体现燕山大学学科特色。

③追溯建校历史，弘扬燕大精神。

④变废为宝，倡导循环发展理念。

（6）实施过程

①设备现场先逐个编号。

②按照编号量尺。

③提出每个设备的基础要求。

④后勤服务中心根据要求制作预算。

⑤现场根据编号确定位置。

⑥产业集团负责设备拆装。

⑦后勤服务中心组织设备运输及吊装。

⑧后期雕塑及景观搭配设计。

（7）建设经费

①交通运输费。

②设备吊装费。

③部分设备基桩施工费。

④人形操作雕塑设计制作费。

⑤日常维护保养费。

（8）经费来源

校园建设经费。

（9）责任单位

①后勤服务中心：负责选址、基础建设、设备吊装、周边环境建设。

②艺术与设计学院：设备摆放、制作雕塑、周边环境设计。

③校友办、校庆办：设备捐赠。

④实验室与资产管理处：提供校内机械设备报废清单，办理处置手续。

⑤机械工程学院：机械设备日常维护保养，费用自筹。

2. 校庆回忆

艰难的上山路

温利国（燕山大学后勤服务中心修缮服务部业务主管）

每一件精品的背后，都饱含鲜为人知的故事。塔山机械艺术公园，这座刚刚建成的主题公园，吸引了数以万计师生参观游学。从初始设计到最终落成，它也有着一段独特的历程。

2020 年 6 月 30 日，我作为修缮服务部业务主管，从后勤服务中心董立峰主任那里得到了校庆办拟修建塔山机械艺术公园的信息。

当时，17 个校园维修改造项目正在施工，尚有 23 个工程将陆续开工，且所有工程都必须在学校校庆前完成施工，我作为业务负责人，在受领这项任务之前已是身心俱疲。考虑到重型设备运送上山过程中存在太多不确定因素，我当场提出了反对意见。

“建设塔山机械艺术公园，是在未来能让更多的人，见证学校发展历史、感悟国家复兴历程、传承中华文化精髓的大事，意义重大，影响深远。我理解你当前的压力和困难，但在这件事情上，没有任何条件可讲，必须用最短的时间，花最少的经费，安全、圆满完成这次任务！”董立峰主任不留余地地说。

军人以服务命令为天职。虽然脱下了军装，但我压倒一切困难的品质并没有丢。在向上级做出“保证完成任务”的坚定回应后，我再次提振精神，投入战斗。

30 余台老旧设备，最重 18 吨，静静陈列在 4 公里外的原燕大附件厂内。塔山目前没有可供重载车辆上山的公路，如果直接走人行道，不仅对荷兰砖路面造成较大损毁，恢复成本高，还可能在运送过程中出现路面沉降，造成车辆停误甚至侧翻。如何将所有设备安全、准确运送到每一个点位，不仅要综合考虑天气、地质、地形等各种因素，而且要在设备出厂装车、城市道路运输、上山倒运的各个环节分析预测，控制成本，保证安全。为此，我绞尽了脑汁。

工作间隙，我同施工方负责人高秋、技术员褚衍奎，走遍了塔山所有路线，最终选定了一条坡度最小的自然路，该路面几年前曾有绿化车行走，路基相对较实，用挖掘机做部分平整、夯实和加宽后可承受重载。

随着施工组织方案细节的推定，难题一个接一个出现，一个接一个破解。

勘察上山路线时，一段路下约 6 米长的过路排水管难住了大家。如果车辆直接通过，路面承载力不足，存在重大安全风险；如果采用钢板铺装，坡度过高可能造成车辆倾斜设备掉落，且叉车根本无法通过；如果挖开路面将排水管移走重新打混凝土路基，运载完成后再恢复，投入大，耗时长。一行人在原地商讨了 30 分钟，处理路面的方法几乎全部考虑到了，投入不同，各有利弊。正在大家激烈争论时，我灵机一动，说：“如果不动路面，从吊装设备方面考虑呢？”沿着这个思路，大家你一言我一语，一步一步向前推，最复杂的设备倒运上山方案得以形成。

生产于青海第一机床厂的工作台不升降铣床，设备超高，无法出厂。3名技术员经过近1个小时的讨论和对比试验，最终确定先做人工拆除，再用双地牛倒运，拆掉部分墙体和大门后运出装车的方案。在后期倒运时，顺利“请”它上车。

一个多月的时间，我带领技术人员奔走于各个现场，根据设备运输的环节逐项论证，力求成本降至最低，安全隐患归零。

2020年8月11日，动用7类10台吊装、运输设备（50吨汽车吊1台，25吨汽车吊1台，32吨平板车4台，10吨平板车1台，30吨、10吨、3吨叉车各1台），经过两昼夜的奋战，33台设备精准落地。

回忆起这段经历时，工作人员无不感慨：难度如此之大，风险如此之高，投入如此之小，完成如此之顺利，实在是出人意料。新一代燕大人再次用奋斗实践雄辩地证明：只要有知难而上的勇气、精益求精的品格，再艰难的路也一定能走过去！

十一、设立校庆标志物

在东校区图书馆前中间绿地内建一座校时钟。

（一）活动方案

主管校领导：李榕

责任单位：艺术与设计学院

校庆办联络人：赵琳

1. 活动意义

为更好地营造校庆氛围，丰富校园文化生活，体现燕大人爱校敬校的精神，校庆办决定于2019年9月10日举行“建校溯源百周年 · 独立办学一甲子”校庆倒计时活动。

2. 倒计时装置设置方案

（1）倒计时装置的位置

①倒计时装置将于东西校区各设一处。

②东校区设置在图书馆门前中心绿地内，面向河北大街，以便于启动仪式的举行及后期合影等需求。

③西校区设置在大转盘内，将作为永久固定艺术装置存在。

④倒计时装置将兼具倒计时器、时钟、事件说明等功能。

（2）倒计时装置的造型

①东校区倒计时装置方案

方案一：以燕山大学校徽及时钟为原型，结合电子屏显示，以喷漆不锈钢为主要材质，造型简洁，高度为2.5米。

东校区倒计时装置方案一

方案二：以燕山大学英文YSU首字母及纪念碑形式为原型，结合电子屏显示，以喷漆不锈钢为主要材质，造型简洁，高度为3米。

东校区倒计时装置方案二

②西校区倒计时装置方案

方案一：考虑到西区大转盘的特殊交通位置、近70米直径、多视角因素，结合秦皇岛玻璃产地等特点，设计造型为360视角全光谱玻璃彩虹廊道，造型顶部以太阳能板形式收集电能，内部采用激光灯结合倒计时形式达到多角度显示目的，闭环彩虹造型会成为具有地标性特征的构筑物。

西校区倒计时装置方案一

方案二：宽6米、高10米的长方形立体种植造型方案，分四面各显示校名、校训、时钟、校庆标识等内容。

西校区倒计时装置方案二

（二）活动进展

校党委书记赵险峰为百年校庆倒计时钟揭幕

2019年9月10日，燕山大学建校溯源99周年，独立办学59周年。晚7点30分，学校于东校区第一体育场举办“承重筑燕园·匠心迎百年”文艺晚会，晚会现场校党委书记赵险峰为百年倒计时钟揭幕。

随着赵险峰启动校庆倒计时装置，学校将开启百年校庆系列活动，广大师生不忘初心、牢记使命，自觉用习近平新时代中国特色社会主义思想武装头脑、指导实践、推动工作，继承东北重型机械学院的光荣传统，发扬燕大人与生俱来的奋斗基因和报国之志，以校庆系列活动和“双一流”建设为契机，打好学校内涵式发展的主动战、翻身仗，为跻身世界一流学科建设高校行列，开启“特色鲜明、国内一流、世界知名的研究型大学”建设新征程，实现中华民族伟大复兴的中国梦不懈奋斗！让我们一起立德树人固根本，改革创新再出发！

西校区倒计时装置方案因造价高，在执行过程中调整为“国之重器”雕塑，在前文“美化公共区域”部分已作详细介绍。

教育是国之大计、党之大计，必须全面落实立德树人根本任务。本节对“牢记立德树人”校庆任务中的“双招双引双服”工程、首届重型装备技术绿色智能化燕鸣国际高峰论坛、第四届亚稳材料制备技术与科学国际研讨会等11项代表性校庆活动进行展示，结合每项活动的分解方案、活动进展、校庆回忆等具体内容，为读者呈现出活动的“来龙去脉”，在展示育人成果、加强沟通交流、增进爱校情感的同时，进一步弘扬了燕大历史传统、凝练了燕大精神。

第四节 校庆周活动

伴随百年校庆的临近，自2020年8月27日起，校庆办在燕山大学校友总会公众号上每天持续动态更新学校和学院的活动方案，以9月10日当天的校庆活动为例。

表 3-6 燕山大学百年校庆活动一览表

序号	活动名称	活动时间	活动地点	活动内容	参与方式	联系人
1	校园室外文艺演出	9月8日与9日晚上、10日白天	东校区图书馆门前、西校区大食堂	民乐独奏及合奏	自由参观	赵琳
2	纪念大会	9月10日 9:00—10:30	主会场：东校区大学生活动中心 分会场：二体、四体、会议室和多媒体教室	领导嘉宾致辞，表彰创业前辈和杰出校友	凭票入场	张向前
3	共享百年华诞庆典蛋糕	9月10日 9:30	西校区里仁实验楼前	万名学子品巨型蛋糕，为母校送祝福	自愿参加	丁丽娜
4	北京高科大学联盟峰会	9月10日 10:45	东校区第三教学楼2层报告厅	校长、学者研讨大学发展方向及路径	邀请参加	胡春海
5	雷锋突击队成立30年队庆	9月10日 15:00—16:00	机械馆J3	奉献三十载、筑梦再远航	邀请参加	李安东
6	朱兴明专场讲座	9月10日 15:00—17:30	主会场：东校区大学生活动中心 分会场：一体和四体、会议室和教室	全校学生专场讲座	自愿参加	张向前
7	燕山大学百年·甲子文艺晚会	9月10日和12日，19:30—21:30	主会场：第一体育场 分会场：二体、四体、各会议室、多媒体教室	师生校友演出文艺节目	凭票入场	张向前
8	校友舞会	9月10日 21:30	图书馆前	以舞会友	自愿参加	董梁飞
9	优秀生源基地高中校长论坛	9月10日	燕山大学校园内	重点高中校长齐聚燕大，合作共赢培养优秀学子	邀请参加	郝海滨
10	《艺术让生活更美好》美术设计作品展	9月10日至10月	艺术学院美术馆	“优秀师生作品展”和“优秀校友企业作品展”	自由参观	赵琳

表 3-7 燕山大学校庆院系活动汇总表

序号	举办单位	活动时间	活动地点	活动主题	参与方式	联系人
1	团委	校庆周	学校内	校园快闪活动	报名参加	校团委、各学院团委
2	图书馆	9月7日至20日	东校区图书馆一楼大厅	图书馆数字互动体验区	自由参观	解娜
				馆史印鉴展示与纪念品发放	自由参观	韩倩、张祺
				Nature 封面故事展	自由参观	丁玉东

续表

序号	举办单位	活动时间	活动地点	活动主题	参与方式	联系人
2	图书馆	9月7日至20日	东校区图书馆407书库	燕山大学图书馆百年校庆拍照打卡活动	自由参观	韩倩
		长期开展	东校区图书馆五楼	2014—2020年毕业纪念折页展	自由参观	韩倩
3	机械工程学院	9月7日至10日	机械工程学院微信公众号	《听TA说》校友专栏线上展播	线上参加	郭刚军
		9月9日至10日	机械馆一楼	校友企业品牌	自由参观	谢银珂
		9月9日至20日	机械馆一楼	机械工程学科回廊观展	自由参观	徐向伟
		9月10日 14:00—16:00	第四教学楼108	先进材料加工工艺及装备研讨会暨材料加工学科校友经验交流会	邀请参加	翟瑞雪
4	材料科学与工程学院	9月9日至10日	亚稳材料制备技术与科学国家重点实验室	“亚稳材料制备技术与科学国家重点实验室”开放日活动	循环接待，线下参观	李英梅
		9月10日 15:00—17:00	材料馆A楼325、308A	“展材料家国情怀，筑一流学科高峰”专题分享	邀请参加	袁云岗
5	信息科学与工程学院	9月5日至13日，8:30—11:30、14:30—17:30	信息馆107	校友驿站	自由参加	李刚、张莹
6	经济管理学院	9月10日 16:00—17:00	经管楼A215	师生情深——校友感恩老师	邀请参加	白时倩、刘志坚
7	外国语学院	9月10日15:00	人文馆	用英语讲述燕大故事	报名参加	任洪玲
8	建筑工程与力学学院	9月7日至9月30日	与访谈对象约定	“百年燕大，荣耀力学”人物评选和颁奖典礼	邀请参加	赵广华
		9月7日至9月30日	《砼音》公众号展示	我向母校汇报	报名参加	
9	文法学院	校庆周	人文馆2楼走廊	文法记忆	自愿参观	杨小丽
		9月10日	人文馆2楼走廊	“燕大印象”书画摄影展	自愿参加	曹婷婷
		9月10日下午	人文馆217	情谊汇聚师生校友恳谈会	邀请参加	张玉华
		长期开展	线上	“文法给我一双翅膀”主题征文	自由参加	程媛媛

续表

序号	举办单位	活动时间	活动地点	活动主题	参与方式	联系人
10	理学院	9月9日至11日	网络展示	我为母校送祝福活动	报名参加	崔明远
		9月9日至11日	网络展示	学妹带你游燕园	线上参加	崔明远
		9月10日 17:00—19:00	线上抖音直播、线下校园内	重游燕园	报名参加	管巍
11	环境与化学工程学院	9月7日至9月15日	线上线下结合	院徽设计大赛活动	报名参加	曹泽众
		9月7日至9月13日	世纪楼618	环化校友发展讲坛	邀请参加	刘赫
12	车辆与能源学院	9月8日至13日	线上	“我和车队的故事”线上征集分享	报名参加	唐先智、杨春婧
13	里仁学院	9月10日上午	西校区阶梯教室303，线上线下	校友导师团成立大会暨校友导师聘任仪式	邀请参加	王凤成
		9月10日下午	西校区阶梯教室303，线上线下	广东校友会捐赠仪式	邀请参加	土春芳

一、共享百年华诞庆典蛋糕

2020年9月10日，由丁丽娜校友捐赠的校庆蛋糕，在西校区里仁实验楼前与广大师生、校友见面。这个巨大的可供7000人吃的蛋糕长100分米、高100毫米、宽1960毫米，它蕴含着燕山大学“建校溯源百周年·独立办学一甲子”的办学历程。

百年华诞庆典蛋糕

甜蜜时光 分享甜蜜

丁丽娜（2003级汉语言文学专业本科毕业生、2011级工商管理专业硕士毕业生，秦皇岛巨创文化传播有限公司总经理）

韶光流转，盛世如约，在燕大最美的季节，母校百年华诞如约而至。这是学校承前启后、继往开来的里程碑，是团结奋进、再创辉煌的新起点，是凝心聚智、彰显风范的新契机，更是万千海内外燕大学子和全校师生期盼已久的盛大节日。

作为一名燕大毕业的学子，在母校度过了本科和研究生七年的时光，对学校的一花一草一木都有深深的感情。因为留恋母校，毕业后我选择留在秦皇岛发展，职场几番拼搏后成立了自己的公司，运营文创产品的开发。让我特别高兴的是，公司成立不久，就幸运地中标，成为学校百年校庆纪念品的官方授权经销单位。

我特别感谢母校在百年校庆这个历史时刻授予我公司对于学校标识的使用设计和制作的权利。我一直在思考，在这特别的一天如何送上自己最真诚和最美好的祝愿。最终，我计划制作一款超级大的生日蛋糕为母校庆生。

说做就做。做个什么样的蛋糕呢？这可难坏我了。我认真查找资料，怀着激动的心情重新回顾了燕大百年发展历程。这一百年砥砺耕耘的风雨历程，期间多少求索进取、多少自强不息，如今累累硕果是几代燕大人努力奋斗、拼搏进取的见证。根据这段历史，我计划蛋糕采用宽1960毫米、长100分米、高100毫米的尺寸，因为我们1960年独立办学，长100分米、高100毫米，用这“两个一百”恭贺我们学校第一个百年辉煌，同时也寓意着开启新百年征程！整个蛋糕左侧是西校区鸟瞰图，右侧是东校区鸟瞰图，中间以校庆的大一百链接，燕宏桥飞跨东西！蛋糕装饰的花色奶油采用丁香淡紫色，颜色取自从东重老校区开放到渤海之滨燕园的丁香花，表现我们几代燕大人的传承、寄托、不忘创业路。

创意完成之后，就是需要找到最靠谱的原料和制作方。我找到了一家秦皇岛地区烘焙行业的领军企业。我们组成联合项目组，就蛋糕制作的详细流程进行了研究，从卫生安全、上乘口味、食材新鲜等多方面做足功课，确定了校庆日当天在学校现场制作、现场派送给全校师生的思路，让这个活动成为校庆当日一个集视觉、味觉、听觉于一体的人气、爆款活动，让全校师生同一时刻分享母校生日的甜蜜味道。

9月10日，校庆日，当天凌晨两点，蛋糕制作所用基础原料经公司出库层层检验，设备和器具又经消毒处理，之后全程冷链完全封闭包装转运到学校场地。八名蛋糕师层层消毒后，进入学校进行组装加工，7点左右蛋糕基架完成。让我们惊讶的是，6:28，就有两个女生来到现场排队，准备分享第一口蛋糕。

7:30，里仁学院国旗班升国旗庆祝校庆，现场几千人参观了升旗仪式，行注目礼，高唱国歌。在这前后，陆续有更多人参与到了排队中。到9点钟，现场呈规则队形排起了几千人的队伍，学生和校友按部就班，并不拥挤，都想为母校庆生。现场蛋糕制作完毕后，马上就是分发蛋糕仪式，一共切出一万多块，历时两小时发放完毕。

这次活动结束后，我们收到了很多反馈。有的老师说，在全国各地高校校庆活动中，较少有设置校庆蛋糕这一环节，即便有，也是小范围活动，不像本次活动，形式新颖，直接面向学生，涉及数千人，很好地吸引大家共同参与到校庆活动中。还有同学说，这次活动不仅现场参与感很强，而且做到了强有力的食品安全保护。这次活动，通过校内官方媒体、各种学生自媒体、抖音、快手等渠道迅速传播，带动了一波网络热搜，形成了学校百年校庆的一个宣传热点，也得到了学校领导的肯定和赞许。

这次活动的成功举办，让我有机会为母校百年华诞献礼一份祝福，这将是我人生中非常难得、永远铭记的一段经历。甜蜜的时光、甜蜜的味道可能很短暂，但一定会长留记忆深处。

岁月如梭，昨日的美好让我们悄悄珍藏。在百年新征程开启的这一刻，我深深地相信，遍布神州大地、五湖四海的燕大学子们，一定会把这份对母校的祝福化为前行的力量，继续播种希望，耕耘未来，为国家和民族的进步与未来贡献燕大力量。

二、院系活动

各单位结合自身实际开展有特色、创新性活动，梳理发展脉络，展示育人成果，树立典型模范，展示美好前景。院系活动向校庆办备案自行开展，全校携手推进校庆活动。

（一）活动方案

主管校领导：赵险峰 赵丁选

责任单位：校庆办

校庆办联络人：张向前、郝晓丹

2020 年是燕山大学“建校溯源百周年 · 独立办学一甲子”的重要节点，也是学校继往开来、奋进“双一流”的重要里程碑。为弘扬百年燕大精神，集中展现学校 60 年独立办学成就，突出各学院在教学和科研中的主体地位及卓越贡献，拓宽学院办学前景，学校鼓励学院开展系列活动，共庆我校百年华诞。特制定本方案如下：

1. 活动目的

以特色性的院系活动为载体，回顾院系历史，梳理发展脉络，展示育人成果，凝练科研成就，探索办学规律，树立典型模范，拓展上升空间，以塑造底蕴深厚、学风优良、特色鲜明的学校品牌形象，扩大社会影响力，提高知名度和美誉度。

以创新性的院系活动为契机，搭建校友交流平台，密切校友和母校联系，推动社会各界了解、关心和支持学校发展，提升学校的号召力、凝聚力和向心力，激发全体师生员工热爱学校、发展学校的热情和斗志，推动学校与时俱进、争创一流、稳步向前。

2. 活动主题

凝心聚力，展燕大风采。

3. 活动时间

视疫情防控和开学情况，集中在校庆周（2020 年 9 月 7 日—13 日）开展院系活动。

4. 活动地点

学院、校园和校友所在地。

5. 活动思路

（1）主题鲜明，求实创新。各院系要正确定位，活动需突出特色，注重展示院系历史、办学成效和科研贡献，总结办学经验，提升办学实力，同时要创新和丰富活动形式，营造良好的校庆氛围。

（2）凝心聚力，回应关切。各院系要立足学校及自身的办学理念和办学成果，真切回应广大海内外校友和社会各界对学校发展的关心、支持和期盼，激发全体燕大人的爱国荣校情怀，鼓励燕大师生为社会发展和校园建设贡献智慧和力量。

6. 活动形式

包括但不限于：

（1）纪念活动：多种形式纪念重要时间、事件、人物；

（2）学术活动：提升学科实力，扩大专业影响；

（3）联谊活动：走访校友，走入社会，走向基层，增进感情，感谢校友、企业和社会的关心和支持；

（4）服务活动：面向社会开放办学资源，提供志愿服务。

7. 活动安排

（1）第一阶段（2020 年 8 月 20 日前）

各院系要结合自身实际和需要选择活动形式，拟定活动方案，填写“燕山大学 ×× 学院校庆活动备案表”，报校庆办备案。活动可根据需要自行调配本院系资源，如需占用学校资源，请于提交的备案表和活动方案中注明。

（2）第二阶段（2020 年 8 月 21 日—9 月 6 日）

校庆办根据各院系提交的活动备案表和活动方案进行统筹协调，各院系启动筹备工作。

（3）第三阶段（2020 年 9 月 7 日—9 月 13 日）

各院系做好校庆氛围宣传，并于校庆周完成已备案的各项活动。

8. 活动要求

（1）高度重视，精心策划。各单位要增强大局意识，充分认识燕山大学“建校溯源百周年 · 独立办学一甲子”庆典的重要性，将校庆院系活动作为本阶段的重点工作推进。要集思广益，从学院实际出发，结合院系特色，开展高质量、有亮点的活动项目。

（2）狠抓落实，高效有序。各院系要服从校庆办的统一指挥，加强沟通协调，明确分工责任，在有限的时间内，集中、高效、高质地推进活动进程，确保活动计划有序开展，如期完成。

（3）开放资源，协调推进。各院系要统筹好校庆事务和日常工作，协调推进“重温校园时光”“当好校庆志愿者”等各项校庆活动。做到资源开放、资源共享，调动一切积极因素和可能资源为校庆服务。

百年校庆，百年相聚。希望各单位充分调动师生校友的积极性、主动性和创造性，结合实际，开展丰富多彩、各具特色的校庆活动，激发广大师生校友的爱国爱校情怀，为百年校庆贡献院系力量。

表 3-8 燕山大学 ×× 学院校庆活动备案表

<table>
<tr><td>活动名称</td><td colspan="3"></td></tr>
<tr><td>活动背景（目的）</td><td colspan="3"></td></tr>
<tr><td>主办单位</td><td></td><td>联系人
联系方式</td><td></td></tr>
<tr><td>活动时间</td><td></td><td>活动地点</td><td></td></tr>
</table>

续表

参加人员、人数		
邀请人员	校内领导：	校外人员：
主要议程		
活动方案摘要 （方案正文以附件形式上报）		
需校庆办协调事项		
备注		

（二）活动进展

为庆祝百年校庆，学校各院系举办了丰富多彩的学术、人文等校庆活动，选取机械学院的活动之一——燕山大学机械工程学院雷锋突击队30周年队庆为例，对院系活动风采进行展示。内容如下：

三十载悠悠岁月，数不尽青春年华；三十载漫漫求索，雷锋突击队盛迎而立之年。一代代雷突人蹒跚学步，寻志愿之路；矢志弥坚，守奉献之心。

2020年9月10日，正值燕山大学“建校溯源百周年·独立办学一甲子”，在严格做好疫情防控的基础上，机械工程学院精心筹备、圆满举办了主题为“奉献三十载，筑梦再远航”的雷锋突击队成立30周年队庆。雷锋突击队第11届潘艳波、段历历，第12届张岩岩，第14届董志奎，第20届高君，第23届郑改平，第26届迟华瑞，第28届卢世学，第29届薛启帆，第30届段佳瑞、董宝昆，来自五湖四海的11位雷锋突击队老队长汇聚一堂，共同庆祝雷锋突击队30岁生日。机械工程学院党委书记董国疆、党委副书记杨东峰、团委书记聂文龙与各兄弟学院志愿者代表共同出席了本次活动。

队庆期间，董国疆代表学院向返校队长表示热烈欢迎，向多年来关心和支持雷锋突击队发展的各界朋友表示衷心的感谢和深深的敬意，对雷锋突击队30年来的矢志付出、无私奉献表示了认可与肯定，希望雷突人继续弘扬奉献、友爱、互助、进步的志愿者精神，为母校、为国家培养更多优秀人才。

天津校友会理事会向雷突捐款

队庆当天，雷锋突击队收到了天津校友理事会10位理事的1万元爱心捐款。理事代表是曾为雷锋突击队第 11 届队长的潘艳波和段历历，他们与第 30 届队长段佳瑞于台上共同接受了主持人的初心采访，为观众们分享了他们在雷锋突击队的志愿点滴与成长收获。许多没能来到现场的老队长、队员也通过录制视频的方式向屏幕前的观众表达对雷突 30 年队庆的深深祝福。

第 31 届雷锋突击队队长王鑫，从自身经历出发，讲述了一名雷突人对志愿工作的理解，并号召雷锋突击队队员要“居之无倦，行之以忠”，始终牢记“奉献无止境，青春无悔言”的队训，用双手让燕园变得更美好，让青春在志愿中得以绽放。

队庆的最后，潘艳波队长和王鑫队长共同按下了象征着传承与发展的志愿纪念手模，并在手模中间按下了雷锋突击队的队徽印章。现任队员们向为雷锋突击队的发展作出重大贡献、为营造志愿氛围付出努力和汗水的老队长们致以崇高的敬意并献上鲜花。

半甲子风雨兼程，三十载锲而不舍。30 年来，雷锋突击队坚持用爱心点亮志愿灯塔，用奉献践行志愿誓言，在渤海畔传递爱与希望，谱写秀美华章！在未来，燕山大学机械工程学院雷锋突击队将继续脚踏实地，不忘初心，书写新时代的雷锋故事!

校庆期间，燕山大学举办了 100 余项线上、线下的多样化的校庆活动，本章以校庆任务为依据，重点选取“讲好燕大故事”中的 11 项、“恭候校友回家”中的 6 项、“牢记立德树人”中的 11 项以及校庆周期间的院系活动等代表性活动，结合分解方案、活动进展以及校庆回忆等具体内容，以期向读者展示燕山大学校庆活动的局部与全景，为其他高校开展相关校庆活动提供参考。

第四章　校庆总结

为总结校庆经验，表彰先进典型，激发爱校热情，砥砺精神品格，弘扬燕大精神，加快学校发展，燕山大学开展了百年校庆总结表彰工作。本章围绕校庆先优评选、校庆总结表彰大会、社会媒体评价三方面展开详细介绍。

第一节　校庆先优评选

2020年10月23日，燕山大学校庆组织委员会发布《关于做好百年校庆总结表彰工作的通知》，正式开启校庆总结表彰工作。

一、关于做好百年校庆总结表彰工作的通知

百年校庆工作紧紧围绕“争创一流，宏大热烈，节俭务实，持久绵长”的指导原则，紧扣“讲好燕大故事、恭候校友回家、牢记立德树人”三条主线，举办了丰富多彩的校庆系列活动，全面回顾了燕山大学“建校溯源百周年·独立办学一甲子”的辉煌历程，广泛宣传了学校办学成就，扩大了学校的影响力。

为总结校庆经验，表彰先进典型，激发爱校热情，砥砺精神品格，弘扬燕大精神，加快学校发展，校庆组委会决定开展百年校庆总结表彰工作。

（一）时间安排

申报材料：10月下旬

评选时间：10月下旬至11月上旬

表彰时间：11月上中旬

（二）大会地点

东校区大学生活动中心。

（三）奖项设置

1. 最受欢迎活动奖

校庆期间开展的与校庆任务相关、受到师生校友好评、取得良好社会效果的活动项目。获奖活动的参与单位将受到表彰。

2. 校内奖项

①校庆工作优秀志愿者。义务参加校庆服务工作，表现突出的学生及离退休人员。

②校庆工作先进个人。积极主动为校庆工作作出贡献的教职员工。

③校庆工作标兵。在校庆工作中表现突出，为大家作出表率的教职员工。

3. 校友（校友会）奖项

①校庆工作优秀校友。积极主动为校庆工作作出贡献的校友。

②校庆工作优秀校友会。在校庆工作中表现突出的地方校友会。

4. 特别鸣谢

校庆期间为学校“双一流”建设和学校校庆工作作出贡献的社会单位和个人。

（四）评选办法

1. 最受欢迎活动奖

校庆办在“燕大东重人”小程序上发起投票活动，所有在校师生及广大校友登录“燕大东重人”小程序后参与投票。每人只有一次投票机会，可以投给自己喜爱的校庆活动，数量不限。得票数量作为评选的重要参考，经校庆办评审，报校庆组委会审批。

2. 校内奖项

①校庆工作优秀志愿者。团委、离退休工作处负责评选。

②校庆工作先进个人。校属各单位向校庆办推荐，每个单位推荐名额不超过 5 人，推荐 2 人及以上时请排序。经校庆办评审，报校庆组委会审批。

③校庆工作标兵。依据先进个人推荐人选，优中选优，经校庆办评审，报校庆组委会审批。

3. 校友（校友会）奖项

①校庆工作优秀校友。由校友、校友会和校友总会推荐，校友总会理事会评审，报校庆组委会审批。

②校庆工作优秀校友会。由校友、校友会和校友总会推荐，校友总会理事会评审，报校庆组委会审批。

4. 特别鸣谢

采用自荐、推荐相结合的方式，经校庆办评审，报校庆组委会审批。

（五）工作要求

1. 高度重视，精心组织

认真总结校庆的成功经验，表彰校庆活动中涌现出的先进典型，对于加快学校又好又快发展，具有重要的意义。各单位及个人一定要认真对待，高度重视，按照表彰工作有关时间节点要求，精心组织落实，确保工作实效。

2. 实事求是，推先树优

各单位及个人要根据校庆工作中的表现，本着客观公正、实事求是的原则开展有关推荐、评选工作，宁缺毋滥。

请填写“燕山大学百年校庆工作先进个人（集体）推荐审批表”，于2020年10月30日前报校庆办公室。

表 4-1 燕山大学百年校庆工作先进个人（集体）推荐审批表

姓名（单位名称）			
所属单位		参评荣誉	
主要事迹			
单位意见	（盖 章） 年 月 日	校庆办意见	（盖 章） 年 月 日

注：参评荣誉包括：校庆工作优秀志愿者、校庆工作先进个人、校庆工作标兵、校庆工作优秀校友、校庆工作优秀校友会、特别鸣谢单位及个人。

二、关于投票评选校庆“最受欢迎活动奖”的通知

燕山大学“建校溯源百周年 · 独立办学一甲子”校庆活动已圆满落幕。

回望校庆历程，有多少出彩的校庆活动已经镌刻在我们的记忆之中！这些活动，或回溯校史，探寻燕大记忆；或砥砺初心，凝聚燕大情怀；或广泛宣传，壮燕大声势；或建设校园，助燕大发展。这些别出心裁的校庆活动，无疑是燕大人最独特的献礼！

为总结校庆经验，表彰先进典型，激发爱校热情，弘扬燕大精神，校庆组委会决定开展百年校庆总结表彰工作，投票评选燕山大学百年校庆“最受欢迎活动奖”。此刻，请投出你关键的一票，选出你最喜爱的校庆活动！

投票规则：每人仅有一次投票机会，可为多个活动投票（最多47个），本次投票仅面向校内师生、员工开放。

截止日期：2020年11月10日。

投票链接：http：//www.ysu.edu.cn/xqzshyhdj.jsp?urltype=tree.TreeTempUrl&wbtreeid=5465。

三、校内奖项的评选

校庆办、团委、离退休工作处联合组织开展了校庆工作标兵、校庆工作先进个人与校庆工作优秀志愿者的评选。其中，团委、离退休工作处负责校庆工作优秀志愿者的评选，校庆办负责校庆工作标兵、校庆工作先进个人的评选。

校庆办于2020年10月31日在里仁学院218会议室召开评审会，评审专家共12人，由校庆办人员组成。校属35个单位经排序后共推荐校庆工作先进个人123人，校级、正处级干部不参评，个别单位经征求意见决定不申报。经各单位提名推荐及评审会评审，决定评选王志宙等36位教职工为校庆工作标兵，丁玲等91位教职工为校庆工作先进个人。

为总结校庆经验，表彰先进典型，通过发布通知、发起投票以及校内评选等环节，学校开展了校庆先优的评选，确定了最受欢迎活动奖、校庆工作标兵等校内奖项、校友（校友会）奖项以及特别鸣谢的人员与单位。

第二节　总结表彰大会

2020年12月16日，燕山大学举行“建校溯源百周年·独立办学一甲子”纪念活动总结表彰大会，总结校庆经验，表彰先进典型。

一、燕山大学百年校庆总结表彰大会实施方案（总负责人：王志宙）

（一）时间

12 月 16 日上午 10:00—11:50。

（二）地点

西校区大学生活动中心。

（三）参加人员

（1）校领导。

（2）受表彰的社会嘉宾代表。

（3）受表彰的校友代表。

（4）全体中层正职、受表彰的教职工。

（5）受表彰的学生、离退休人员代表。

（四）大会会序

燕山大学校长赵丁选主持会议，并介绍参会来宾。

全体起立，奏唱《中华人民共和国国歌》。

（1）燕山大学党委副书记黄晟总结校庆工作。

（2）燕山大学副校长任家东宣读《关于表彰校庆工作先进集体和个人的决定》。

（3）燕山大学校领导为获奖单位及个人颁发荣誉证书。

（4）教职工获奖代表发言。

（5）学生志愿者获奖代表发言。

（6）离退休志愿者获奖代表发言。

（7）校友获奖代表发言。

（8）特别鸣谢社会企业代表发言。

（9）燕山大学党委书记赵险峰讲话。

师生校友合唱《燕大之歌》。

（五）项目式分工

1. 参会人员总负责人：郝晓丹

职责：（1）协调学校办相关领导，落实参会领导名单；（2）及时汇总各类参会人员信息；（3）制作表彰大会座位分配表；（4）表彰大会会务相关。

①受表彰社会嘉宾代表

负责人：纪红月

职责：负责特别鸣谢的社会企业进校相关事宜，具体包括：参会人数、发言代表、进校事宜、进出会场、上下领奖台等。（10 ~ 15 人）

②受表彰校友代表

负责人：贾丽洁

职责：负责联系各地校友组织及个人，负责参会校友进校相关事宜，具体包括：参会人数、发言代表、进校事宜、进出会场、上下领奖台等。（外地来秦 10 人，秦当地校友待定）

③全体中层干部

负责人：张向前

职责：负责通知全体中层干部参会，统计参会人数。

④受表彰教职工

负责人：肖楠

职责：负责受表彰教职工参会相关事宜，具体包括：参会人数、发言代表、进出会场、上下领奖台等。（104 人）

⑤受表彰学生志愿者代表

负责人：张杨

职责：负责百年校庆志愿之星和十佳志愿者参会相关事宜，具体包括：参会人数、发言代表、进出会场、上下领奖台等。（14 人）

⑥受表彰离退休志愿者

负责人：胡春海

职责：负责受表彰离退休志愿者参会相关事宜，具体包括：参会人数、发言代表、进出会场、上下领奖台等。（17 人）

⑦统计参与最受欢迎活动单位

负责人：丁玲

职责：负责统计参与最受欢迎活动单位，确定上台领奖人、上下领奖台等。（校内：22 个；校友会：8 个）

2. 背景制作及实施总负责人：刘懿颖

职责：（1）电子屏内容："燕山大学百年校庆总结表彰大会"；（2）制作条幅："匠心为国铸重器，矢志不移育英才"；（3）负责安排大会背景及音乐控制；（4）联系制作大会主背景图一张；（5）联系制作其他动图及静态背景图若干张，详见大会时间表；（6）协助安排礼仪及西大活沟通事宜等。

①大会背景及音乐控制

负责人：待定

职责：按时间表控制大会背景及音乐。

②大会时间表

A. 大会时间表 1

时间：12 月 16 日上午 9:30

内容：播放暖场视频，使用宣传部制作的校庆宣传片，循环播放。

B. 大会时间表 2

时间：12 月 16 日上午 10:00

内容：（切换大背景图，背景音介绍大会主持人）赵校长上台主持。

C. 大会时间表 3

时间：12 月 16 日上午 10:05

内容：（全体起立，播放国歌音乐）奏唱国歌。

D. 大会时间表 4

时间：12 月 16 日上午 10:06

内容：（赵校长回座位）播放校庆视频短片。

E. 大会时间表 5

时间：12 月 16 日上午 10:25

内容：（切换大背景图）燕山大学党委副书记黄晟总结校庆工作。

F. 大会时间表 6

时间：12 月 16 日上午 10:35

内容：燕山大学副校长任家东宣读《关于表彰校庆工作先进集体和个人的决定》（同步动图播放获奖名单）。

G. 大会时间表 7

时间：12 月 16 日上午 10:40

内容：（背景音）表彰百年校庆最受欢迎活动参与单位。

H. 大会时间表 8

时间：12 月 16 日上午 10:45

内容：（背景音）表彰百年校庆工作标兵。

I. 大会时间表 9

时间：12 月 16 日上午 10:50

内容:（背景音）表彰百年校庆志愿之星和十佳志愿者。

J. 大会时间表 10

时间: 12 月 16 日上午 10:55

内容:（背景音）表彰百年校庆离退休志愿者。

K. 大会时间表 11

时间: 12 月 16 日上午 11:00

内容:（背景音）表彰百年校庆优秀校友组织和个人。

L. 大会时间表 12

时间: 12 月 16 日上午 11:05

内容:（背景音）特别鸣谢社会企业。

M. 大会时间表 13

时间: 12 月 16 日上午 11:10

内容:（背景音）教职工获奖代表发言。

N. 大会时间表 14

时间: 12 月 16 日上午 11:15

内容:（背景音）学生志愿者获奖代表发言。

O. 大会时间表 15

时间: 12 月 16 日上午 11:20

内容:（背景音）离退休志愿者获奖代表发言。

P. 大会时间表 16

时间: 12 月 16 日上午 11:25

内容:（背景音）校友获奖代表发言。

Q. 大会时间表 17

时间: 12 月 16 日上午 11:30

内容:（背景音）特别鸣谢社会企业代表发言。

R. 大会时间表 18

时间: 12 月 16 日上午 11:35

内容: 赵校长上台主持，切换大背景图。

S. 大会时间表 19

时间: 12 月 16 日上午 11:40

内容:（切换背景）燕山大学党委书记赵险峰讲话。

T. 大会时间表 20

时间：12 月 16 日上午 11:50

内容：（赵书记回座位，赵校长主持）师生校友合唱《燕大之歌》（播放音乐）。

U. 大会时间表 21

时间：12 月 16 日上午 11:52

内容：赵校长宣布结束，《燕大之歌》循环播放。

3. 颁奖环节总负责人：欧阳渊

职责：颁奖环节的彩排及颁奖环节协调工作。

（1）最受欢迎活动颁奖环节

参加人：参与单位领导（丁玲负责）

颁奖环节：上台后站成一排，中间空两个 C 位，礼仪人员陪同两名校领导（赵险峰、赵丁选）两侧登台，分别从舞台两侧开始颁奖，中间汇合，站 C 位，合影。

（2）校庆工作标兵颁奖环节

参加人：校庆工作标兵（36 人）（王伟伟负责）

颁奖环节：①上台后站成两排，男前女后；②礼仪人员陪同两名校领导（谢延安、黄晟）两侧登台，中间汇合，从中间向两端为第一排男教工颁奖；③男教工受奖后与后排女教工交换位置，女教工空出中间两个 C 位；④领导从两侧继续为女教工颁奖，中间汇合，站 C 位；⑤后排男教工插空，合影。

（3）志愿之星和十佳志愿者颁奖环节

参加人：志愿之星和十佳志愿者（14 人）（张杨负责）

颁奖环节：上台后站成一排，中间空两个 C 位，礼仪人员陪同两名校领导（李榕、赵永生）两侧登台，分别从舞台两侧开始颁奖，中间汇合，站 C 位，合影。

（4）离退休志愿者颁奖环节

参加人：离退休志愿者（17 人）（胡春海负责）

颁奖环节：上台后站成一排，中间空两个 C 位，礼仪人员陪同两名校领导（王宝诚、任家东）两侧登台，分别从舞台两侧开始颁奖，中间汇合，站 C 位，合影。

（5）优秀校友组织及个人颁奖环节

参加人：待定（贾丽洁负责）

颁奖环节：上台后站成一排，中间空两个C位，礼仪人员陪同两名校领导（王德松、陈国强）两侧登台，分别从舞台两侧开始颁奖，中间汇合，站C位，合影。

（6）特别鸣谢社会组织环节

参加人：待定（纪红月负责）

颁奖环节：上台后站成一排，中间空一个C位，礼仪人员陪同于树江副校长登台，颁奖，站C位，合影。

4. 活动保障总负责人：纪红月

职责：活动过程中的物资保障及协调联络。

（1）协调工作

负责人：张向前

职责：负责协调会议时间、地点、规模和会序等。

（2）宣传工作

负责人：孙红磊

职责：负责表彰大会宣传工作，负责策划录像、摄像等具体细节，督查会场录像、摄像落实情况等，重点注意领导颁奖环节的合影。

（3）安全工作

负责人：胡春海

职责：负责总结表彰大会安全工作，联系安全工作处，制定详细安全防疫措施，检查安全防疫措施落实情况等。

（4）文字工作

负责人：郭沛

职责：负责讲话稿的把关、润色等。

（5）会场工作

负责人：郝海滨

职责：负责参会人员入退场顺序及细节等。

（6）设计工作

负责人：赵琳

职责：负责设计荣誉证书、会场设计等。

（7）志愿者工作

负责人：张杨

职责：负责协调国旗班、礼仪、志愿者等工作内容。

（8）疫情防控工作

负责人：黄华贵

职责：负责联络后勤服务中心，安排医护人员，制定疫情突发状况应急预案，处理医疗突发事件等。

（9）机动工作

负责人：欧阳渊、朱可嘉、丁玲等

职责：负责处理机动突发事件。

（10）会场引导工作分工

①校领导：郭沛；②离退休志愿者：胡春海；③中层干部及教职工：郝海滨；④学生：张杨；⑤校友：贾丽洁；⑥社会组织：纪红月。

5. 文字统稿工作

总负责人：张向前

职责：所有大会相关稿件的初次把关及上下协调。

表 4-2 总结表彰大会文字统稿工作分工

序号	稿件内容	初稿	初审	二审	定稿
1	主持词	王志宙	张向前		姜文超
2	黄晟副书记总结校庆工作	朱可嘉	张向前	郭沛	黄晟
3	校庆工作标兵代表	王志宙	张向前		
4	学生志愿者代表	肖楠	王伟伟	张向前	张向前
5	离退休志愿者代表	白靖	离退休工作处	张向前	张向前
6	校友代表	王光	贾丽洁	张向前	
7	社会企业代表	秦皇岛银行	纪红月	张向前	
8	赵险峰书记讲话	朱可嘉	张向前	郭沛	赵险峰

6. 依托单位

（1）宣传、摄像等——宣传部；（2）志愿者等——离退休工作处、学工处、团委；（3）大会直播——信息技术中心；（4）安全保卫等——安全工作处；（5）场地等——里仁学院；（6）疫情防护等——后勤服务中心。

二、关于表彰燕山大学百年 · 甲子纪念活动先优单位和个人的决定

2020 年 12 月 15 日学校印发《关于表彰燕山大学百年 · 甲子纪念活动先

优单位和个人的决定》（燕大校庆组字〔2020〕2号）。

为总结燕山大学“建校溯源百周年·独立办学一甲子”纪念活动经验，表彰先进典型，激发爱校热情，砥砺精神品格，弘扬燕大精神，加快学校发展，校庆组织委员会决定开展总结表彰工作。经提名推荐、部分奖项网络投票和单位评审，决定评选“重走南迁路，再抒创业情”等20项活动为最受欢迎活动奖，王志宙等36位教职工为校庆工作标兵，丁玲等91位教职工为校庆工作先进个人，白靖等19位离退休人员为校庆工作优秀志愿者，王旭杰等10位同学为百年校庆志愿之星，马金磊等10位同学为百年校庆十佳志愿者，肖楠等311位同学为校庆工作优秀志愿者，大庆校友会等20个校友会为校庆工作优秀校友会，王惠文等267人为校庆工作优秀校友，汇川技术股份有限公司校友等3个校友集体为校庆工作先进校友团体，秦皇岛银行股份有限公司等7个单位为校庆特别鸣谢单位。

希望全体师生校友以受表彰的单位和个人为榜样，牢记“匠心为国铸重器，矢志不移育英才”的初心使命，在争创“双一流”和建设“研究型”大学的奋斗征程中作出更大贡献！感谢社会各界对燕山大学长期以来的关心、支持和帮助，我们将常怀感恩之心，为国家和地方经济社会发展、为企事业单位的兴旺发达奉献燕大力量！

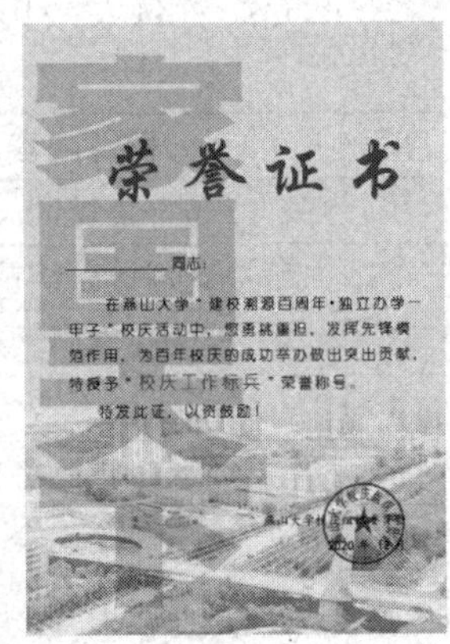

校庆工作标兵的荣誉证书

三、燕山大学举行“建校溯源百周年·独立办学一甲子”纪念活动总结表彰大会

百年华诞逢盛世，甲子峥嵘育芬芳。2020年12月16日，燕山大学“建校溯源百周年·独立办学一甲子”纪念活动总结表彰大会在燕山大学西校区大学生活动中心举行。赵险峰、赵丁选、谢延安、黄晟、李榕、赵永生、任家东、王德松等校领导，全体中层干部，受表彰的先进集体和个人代表参加了大会。

上午10时，表彰大会在庄严的国歌声中开始。燕山大学党委副书记黄晟在总结校庆工作时表示，校庆工作克服了新冠肺炎疫情的影响，严格按照上级部门疫情防控总体要求，百年校庆紧扣“百年燕大·家国天下”主题，按照争创一流、宏大热烈、节俭务实、持久绵长的校庆原则，围绕讲好燕大故事、恭候校友回家、牢记立德树人三大任务，举办了100余项线上、线下校庆活动，全面回顾了燕山大学波澜壮阔的辉煌历程，圆满完成了相关工作任务，取得了良好效果。燕山大学百年校庆成效显著，主要表现在：一是对内凝聚精神，向外展示风貌；二是总结办学经验，弘扬办学传统；三是创新机构机制，提高管理水平；四是改善办学条件，扩大学校影响。

燕山大学党委常委、副校长任家东同志宣读了《关于表彰燕山大学百年·甲子纪念活动先优单位和个人的决定》。

燕山大学党委书记赵险峰在会上讲话。他代表学校党委向受到表彰的集体和个人表示热烈的祝贺！向参与校庆工作的各个部门、学院和全体工作人员、志愿者，向关心支持校庆活动的广大校友和社会各界表示衷心的感谢，并致以崇高的敬意！赵险峰表示，成绩来之不易，经验弥足珍贵。我们要牢记初心，努力培养担当民族复兴大任的时代新人。我们要攻坚克难，加快推进“双一流”建设。我们要抢抓机遇，谋深谋实“十四五”规划。我们要立足长远，全面提高治理体系和治理能力现代化水平。我们要齐心协力，全力确保“十三五”圆满收官和年度目标任务高质量完成。

赵险峰表示，百年校庆的成功离不开全体燕大人的精诚团结、众志成城，燕大新百年的发展更离不开全体燕大人一如既往的凝心聚力、奋勇前进。让我们站在新百年的坐标和起点上，接过历史的“接力棒”，以习近平新时代中国特色社会主义思想为指导，坚守“匠心为国铸重器、矢志不移育英才”的初心和使命，发扬熔铸在燕大人骨子里的奋斗基因、工匠精神、卓越品质和家国情怀，以坚定的信心、昂扬的斗志、扎实的作风、务实的举措，全力打好学校内涵式高质量发展的主动战、翻身仗，为实现中华民族伟大复兴、开创燕山大学新百年的美好未来作出新的更大的贡献，以优异成绩向建党百年献礼！

校庆总结表彰大会总结了校庆经验、表彰了校庆先优，但校庆工作的顺利开展、圆满完成是全体师生、校庆志愿者、校友们积极参与、共同奋斗、无私奉献的结果，所有参与者都值得被表彰、被赞扬，他们永远都是燕大

“最可爱的人”。

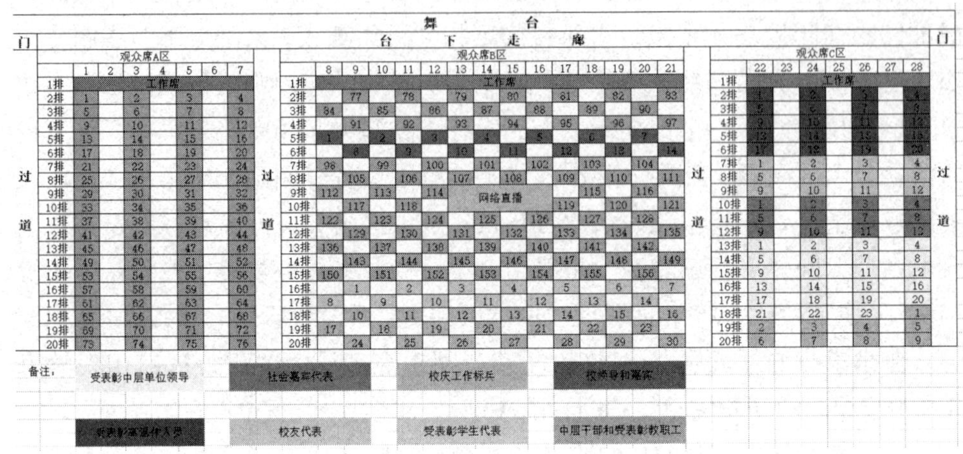

大会座位安排表

第三节　社会媒体评价

校庆期间，燕山大学引发社会媒体的广泛关注。校庆周期间，新华社、人民论坛、中国科学报、中国教育报、河北日报、河北电视台、新华日报、文汇报、燕赵都市报、长城网、青塔网、秦皇岛日报等媒体应邀来校参访报道，发布各类新闻报道30多篇。部分新闻报道如下：

2019年10月17日，新华网发布《中外学者齐聚燕大研讨亚稳材料制备技术与科学》《中国科学报》发布《中外学者研讨亚稳材料制备技术与科学》；

2019年10月25日，河北新闻网发布《燕山大学校庆系列图书编纂出版工作正式启动》；

2020年2月25日，人民网发布《河北省下发文件支持燕山大学“双一流”建设工作》、科学网发布《河北省下发文件支持燕山大学“双一流”建设》；

2020年2月27日，光明网发布《河北省下发文件支持燕山大学“双一流”建设工作》；

2020年2月29日，人民论坛网发布《河北省全力支持燕山大学加快“双一流”建设》；

2020年3月3日，《中国科学报》发布《河北省发文支持燕山大学“双一流”建设》《河北日报》发布《河北发文支持燕大“双一流”建设》；

2020 年 7 月 16 日，河北新闻网发布《燕山大学百年校庆系列图书出版首发》；

2020 年 9 月 8 日，秦皇岛电视台《今日报道》发布《庆百年华诞！她不是出生于秦皇岛，但她正在把最好的年华奉献给这片热土……》；

2020 年 9 月 9 日，《河北日报》发布《再问一声母校好！祝你，100 岁生日快乐！》；

2020 年 9 月 10 日，《光明日报》客户端发布《燕山大学举行“建校溯源百周年 · 独立办学一甲子”纪念大会》《河北日报》客户端发布《燕山大学“建校溯源百周年 · 独立办学一甲子”纪念大会召开》、人民论坛网发布《燕山大学“建校溯源百周年 · 独立办学一甲子”纪念大会隆重召开》《中国科学报》发布《燕山大学：建校溯源百周年 · 独立办学一甲子》、长城网发布《燕山大学“建校溯源百周年 · 独立办学一甲子”纪念大会隆重召开》、青塔网发布《目标“双一流”！今天，这所老牌名校 100 岁了》、中国江苏网发布《燕山大学举行“建校溯源百周年 · 独立办学一甲子”纪念大会》、江南时报网发布《燕山大学“建校溯源百周年 · 独立办学一甲子”纪念大会召开》；

2020 年 9 月 11 日，《河北新闻联播》对燕山大学“建校溯源百周年 · 独立办学一甲子”纪念大会进行报道、《秦皇岛日报》发布《燕山大学“建校溯源百周年 · 独立办学一甲子”纪念大会召开》、学习强国发布《燕山大学“建校溯源百周年 · 独立办学一甲子”纪念大会隆重召开》；

2020 年 9 月 12 日，《中国科学报》发布《北京高科大学联盟峰会在燕山大学举行》《现代工程技术与材料科学燕鸣国际学术论坛召开》、双一流高校发布《北京高科大学联盟发布“燕山宣言”：携手并进，共创一流！》；

2020 年 9 月 13 日，河北新闻网发布《燕山大学—秦皇岛市合作发展大会召开》；

2020 年 9 月 14 日，人民政协网发布《燕山大学“建校溯源百周年 · 独立办学一甲子”纪念大会隆重召开》、青塔网发布《共创一流！这一高水平大学联盟发布“燕山宣言”》；

2020 年 9 月 22 日，新华社发布《燕山大学：建校溯源百周年 · 独立办学一甲子》。

光明日报客户端的相关报道如下：

燕山大学举行“建校溯源百周年·独立办学一甲子”纪念大会

孙金行（光明日报全媒体记者）

9月10日，燕山大学举行“建校溯源百周年·独立办学一甲子”纪念大会。一百年波澜壮阔，匠心为国铸重器；六十载春华秋实，巍巍学府谱芳华。因疫情防控需要，大会设主会场和分会场，全程进行网络直播，三十余万校友线上线下互动。

河北省人民政府副省长徐建培宣读了河北省委书记、省人大常委会主任王东峰给燕山大学的贺信。王东峰在贺信中向全校师生员工和广大校友致以热烈祝贺和诚挚问候。他表示，燕山大学源远流长，是享誉国内外的知名高校。新中国成立以来，在中国共产党的坚强领导下，一代代燕大人心系祖国、自强不息，在工程教育、基础学科研究、科技创新和成果转化等方面取得了令人瞩目的办学成就，培养了一大批杰出人才，取得了一大批科研成果，为河北乃至全国发展作出了重要贡献。希望燕山大学在新的历史起点上，坚持以习近平新时代中国特色社会主义思想为指导，把握时代要求，胸怀“两个大局”，不忘初心，牢记使命，全面落实党的教育方针和立德树人根本任务，努力培养担当民族复兴大任的时代新人。坚持聚焦国家重大战略，瞄准世界先进水平，充分发挥比较优势，凝心聚力开展科研攻关，在加快构建以国内大循环为主体、国内国际双循环相互促进的新发展格局中奋发作为，追求卓越。坚持深化教育综合体制改革，加快“双一流”建设，努力构建高水平的人才培养体系、学科建设体系、创新环境体系、大学治理体系，推动教育教学高质量发展！

校长赵丁选发表题为“坚守教育报国初心，开启新百年浩瀚征程”的致辞。他说，站在百年历史的门槛上，我们抚今追昔，感慨万千。一百年波澜壮阔，六十载筚路蓝缕，沉淀下来的是一所有特色、有情怀、有底蕴、有担当，坚守“匠心为国铸重器”的高等学府。燕大人始终与国家、民族的发展同向同行、同频共振，不断为国家和地方经济社会发展贡献智慧和力量。回望办学历程，燕大人始终怀揣一流大学梦想，以“志不改，道不变”的坚定与执着，彰显了中国特色社会主义大学的格局和气派。学校始终坚持正确办学方向，以立德树人为根本，构建价值塑造、知识学习和能力培养三位一体的育人模式；坚守“顶天立地”，致力于科技进步，推动科技创新服务经济社会发展；突出办学特色，努力办好高水平行业特色大学；扎实推进文化育人，固精神之本，铸文化之魂。回顾办学历史与成绩，大学只有与时代结合、与国情结合，国之事业，才能一脉相承；地方高校唯有打破地域、经费、生源等因素带来的制约，才能开拓出新的发展空间。

“燕山大学与哈尔滨工业大学同根同源、血脉相连。”哈尔滨工业大学校长、中国工程院院士周玉在致辞中说，从哈工大到富拉尔基、再到燕大，从松花江畔到嫩江之边、再到渤海之滨，燕山大学和哈工大的血脉亲缘始终绵延深厚、历久弥新。两校同心同行、并肩奋进，为共和国的工业化事业和科技强国建设作出了重要贡献。

黑龙江省人大常委会副主任、齐齐哈尔市委书记孙珅在致辞中说，齐齐哈尔与燕山大学有近四十年的合作历史和深厚情谊，是市校合作、亲密融合的典范和佳话。燕山大学的专业学科与齐齐哈尔市产业结构高度契合，市校双方的合作基础不可撼动，发展前景不可限量。近年来，燕山大学先后创建了齐齐哈尔产业发展研究院、技术转移中心齐齐哈尔分中心、国家大学科技园齐齐哈尔分园，双方在人才交流、科技研发、成果转化等方面合作成果丰硕，捷报频传。

秦皇岛市委副书记、市长张瑞书在致辞中说，燕山大学作为秦皇岛乃至河北高等教育的一面旗帜，从百年奋斗到甲子创业，始终与民族共命运，与时代同步伐，在历史的滋养中厚积薄发，在发展的潮流中奋进担当。从1985年南迁秦皇岛开始，燕山大学就与我们紧密联系，携手同行，深深融入这座城市发展的血脉之中，为全市经济社会发展、科技创新和人才培养作出了巨大贡献，成为校地合作发展的样板和典范。秦皇岛将继续大力支持燕山大学的发展。他代表秦皇岛市委市政府宣布了支持燕山大学双一流建设的20条举措，向燕山大学百年华诞献礼。

党委书记赵险峰在主持大会时说，作为新中国第一所重型装备制造行业院校，燕山大学忠心许国、志存高远。历经两次搬迁、三次创业、划转更名，几多艰辛，但始终坚守初心，一路风雨兼程，在与民族复兴、国家发展的同频共振中一次次铸就辉煌。燕山大学匠心育人、桃李芬芳。以立德树人为根本，秉持“厚德、博学、求是”校训，鼓励莘莘学子到祖国最需要的地方建功立业，为党和国家培养了一大批学界泰斗、政界精英、商界翘楚、行业楷模。燕山大学潜心科研、实干兴邦。坚持面向科技前沿，根植河北沃土，服务国家战略，创造了国内多项“首台套”，合成了世界上最硬的材料，参与了诸多国家重大工程项目核心部件研发，为建设世界科技强国作出了贡献，也铸就了“艰苦奋斗、严谨治学、求实创新”的燕大精神。

纪念大会上，师生代表和国内外高校代表分别发言。大会还表彰了网络评选出的首届“杰出校友”和为学校建设发展所作出突出贡献的“创业前辈”。

“百年求索初心不改，燕鸣九天再扬征帆……”当《燕大之歌》响起，在场嘉宾和师生校友全体起立，齐声高唱，共同祝愿百年燕大，薪火永炽、风华更茂!

本章围绕校庆先优评选、总结表彰大会、社会媒体评价三方面内容对校庆总结工作、外界反响等情况进行介绍，总结了校庆经验，激励了校庆精神，巩固了校庆成果。自此，燕山大学百年校庆工作圆满地落下了帷幕。

第五章　校庆档案

百年校庆期间，学校形成了大量的校庆文献资料。本章围绕校庆来往函件、工作会议纪要、主持词与讲话稿、校庆活动视频四方面内容展开详细介绍。

第一节　校庆来往函件

校庆期间，燕山大学设计、制作了校庆专用邀请函与电子版的校友邀请函，收到了社会各界的祝贺，同时，面向全社会发布了“建校溯源百周年·独立办学一甲子”校庆感谢信。本节围绕邀请函、贺信、感谢信等来往函件进行介绍。

一、校庆邀请函

校庆办组织设计与制作了校庆专用邀请函，用于全校各部门邀请嘉宾、校友使用。同时，面向全体校友，专门设计了电子版的校友邀请函，依托“燕大东重人”智慧校友服务平台统一发放。

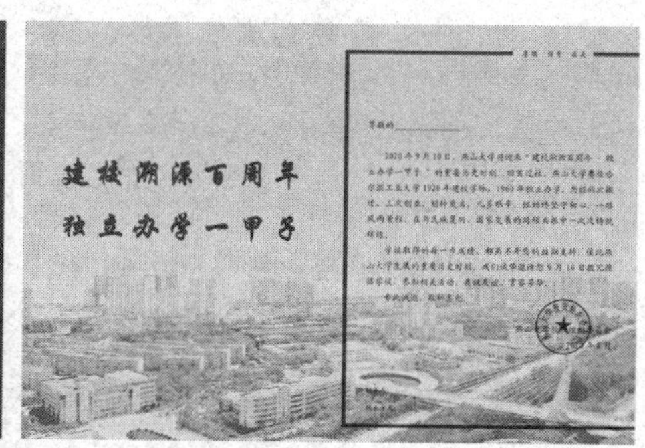

燕山大学百年·甲子校庆邀请函

二、校庆贺信

校庆期间共收到国内各类贺信 41 封；共有 18 个国家和地区的 40 所友好高校和机构向燕山大学百年校庆发来祝贺。

表 5-1 国内校庆贺信汇总（以笔画排序）

序号	分类	数量	单位
1	政府、企事业单位、个人等	14	王东峰，中国民主促进会秦皇岛市委员会，中国共产党邢台市委员会，中国共产党咸宁市委员会，中国共产党黑龙江省委员会，中国共产党衡水市委员会，中国机械工业联合会，中国国民党革命委员会秦皇岛市委员会，中国重型机械工业协会，机械工业教育发展中心（中国机械工业教育协会），辛集市委、市政府，河北省援疆工作前方指挥部，河钢集团有限公司，航空工业成都飞机设计研究所
2	高校	27	大连理工大学、天津科技大学、中国矿业大学（北京）、石家庄铁道大学、东北大学秦皇岛分校、东北石油大学、北京化工大学、北京理工大学、吉林化工学院、华北理工大学、安徽工业大学、河北工业大学、河北工程大学、河北大学、河北对外经贸职业学院、河北师范大学、河北农业大学、河北医科大学、河北环境工程学院、河北建材职业技术学院、河北经贸大学、河北科技大学、河北科技师范学院、哈尔滨工业大学、哈尔滨工程大学、清华大学、新疆科技学院

中共河北省委办公厅

致燕山大学建校 100 周年的贺信

燕山大学：

值此燕山大学建校 100 周年之际，我代表省委、省人大常委会、省政府、省政协，向全校师生员工和广大校友致以热烈的祝贺和诚挚的问候！

燕山大学源远流长，是享誉国内外的知名高校。新中国成立以来，在中国共产党的坚强领导下，一代代燕大人心系祖国、自强不息，在工程教育、基础学科研究、科技创新和成果转化等方面取得了令人瞩目的办学成就，培养了一大批杰出人才，取得了一大批科研成果，为河北乃至全国发展作出了重要贡献。

当前，河北正处于历史性窗口期和战略性机遇期，特别是习近平总书记亲自谋划推动的京津冀协同发展、雄安新区规划建设、北京冬奥会筹办等重大国家战略和国家大事，为河北发展提供了千载难逢的历史机遇和前所未有的战略支撑。希望燕山大学在新的历史起点上，坚持以习近平新时代中国特色社会主义思想为指导，把握时代要求，胸怀“两个大局”，不忘初心，牢记使命，全面落实党的教育方针和立德树人根本任务，努力培养担当民族复兴大任的时代新人。坚持聚焦国家重大战略，瞄准世界先进水平，充分发挥比较优势，凝心聚力开展科研攻关，在加快构建以国内大循环为主体、国内国际双循环相互促进的新发展格局中奋发作为，追求卓越。坚持深化教育综合体制改革，加快“双一流”建设，努力构建高水平的人才培养体系、学科建设体系、创新环境体系、大学治理体系，推动教育教学高质量发展，为开创新时代全面建设经济强省、美丽河北新局面，实现“两个一百年”奋斗目标和中华民族伟大复兴的中国梦作出新的更大贡献！

衷心祝愿燕山大学的明天更加美好！

王东峰

2020 年 9 月 5 日

王东峰书记致燕山大学建校 100 周年的贺信

表 5-2 友好高校和机构贺信、贺电、祝福视频汇总（以笔画排序）

序号	分类	数量	单位
1	贺信	25	又石大学、上智大学、广岛大学、韦伯州立大学、中原大学、西英格兰大学、西澳大学、伊利诺伊大学芝加哥分校、阿尔泰国立技术大学、岭南大学、建国大学、胡弗汉顿大学、香港理工大学、莫斯科市立大学、高知工科大学、诺维萨德大学、萨班哲大学、渥太华大学、谢菲尔德大学、锡耶纳外国人大学、新加坡国立大学、新南威尔士大学、赫尔大学、澳门大学、澳门理工学院
2	贺电	3	马来西亚大学、卢布尔雅那大学、格里菲斯学院
3	祝福视频	14	托列多大学、西澳大学、全美国际教育协会、庆北国立大学、麦吉尔大学、里雅斯特大学、阿尔泰国立技术大学、阿德莱德大学、昂西大学、科廷大学、美国国际教育交流协会、基尔大学、维多利亚大学、奥克兰大学

三、校庆感谢信

2020年10月16日，燕山大学面向全社会发布“建校溯源百周年·独立办学一甲子”校庆感谢信。内容如下：

尊敬的各级领导、各界朋友，亲爱的校友、全体师生：

弘歌不辍传承百年学脉，砥砺奋进赓续甲子华章。燕山大学以“百年燕大·家国天下”为主题，举办了“建校溯源百周年·独立办学一甲子”纪念大会、“百年·甲子”文艺晚会、“重走南迁路，再抒创业情”校庆骑行、燕鸣国际学术论坛、北京高科大学联盟峰会、“双招双引双服”工程等系列活动，回顾了办学历程，展示了办学成就，弘扬了办学精神。历时一年的百余项活动，汇聚了智慧力量，激发了师生斗志，扩大了社会影响，校庆活动取得圆满成功！在此，谨向所有关心和支持燕山大学校庆活动和建设发展的各级领导、各界朋友、广大校友和全体师生员工致以最诚挚的感谢和最崇高的敬意！

衷心感谢社会各界的积极参与和鼎力支持。各级党委和政府、海内外兄弟高校、共建单位、合作企业、新闻媒体等都给予了关注关爱和支持帮助，或莅临学校参加校庆活动，或发来贺信和祝福视频，或捐赠款物，充分体现了对燕山大学的深情厚谊，燕大人永远铭记于心。学校将进一步加深与社会各界的交流与合作，拼搏进取、积极作为，以更加优异的成绩回报社会，回报各级领导和各界朋友的厚爱。

感谢信

燕山大学百年校庆感谢信

衷心感谢海内外30万校友对母校的一往情深和无私奉献。校庆活动中，广大校友不辞辛苦，聚首母校，追忆师生情，共叙同窗谊，尽显对母校的赤子之心和拳拳之情。越来越多的校友把实现个人成就同助推母校事业发展紧密相连，主动建言献策、慷慨助学、捐资捐物，通过各种方式回馈和反哺母校。衷心希望广大校友能经常回母校看看，共构母校发展大业，母校永远是校友温馨眷念的家园！

衷心感谢全体师生员工爱校荣校之情和志愿服务之举。整个校庆筹备和活动期间，全校师生员工以强烈的主人翁意识和高度的责任感，团结协作，倾情付出，确保了校庆各项活动顺利进行，展示了燕大人昂首阔步迈向新百年的精神气概，赢得了广大校友和来宾的充分肯定和赞誉。

百年芳华，薪火相传。庆祝“建校溯源百周年·独立办学一甲子”是燕山大学兴学育才、历久弥坚的里程碑，是继往开来、争创一流的奠基石。我们将以此为契机，把各级领导、社会各界、广大校友的厚爱和师生员工的期盼，转化为加快学校发展的动力，为跻身国家“双一流”建设高校行列和建设“特色鲜明、国内一流、世界知名研究型大学”不懈奋斗，为实现中华民族伟大复兴的中国梦作出新的更大贡献！

校庆期间，新冠疫情限制了人员聚集和倾情交流，群贤毕至恐有疏忽不周之处，敬祈海涵！

新百年，新征程，让我们携手并肩再出发！

校庆期间，针对邀请人员的多元化，学校设计与制作了多样化的校庆邀请函，为感谢社会各界的祝福，学校发布了校庆感谢信。本节主要对邀请函、贺信、感谢信等来往函件进行了介绍，便于读者参考。

第二节　工作会议纪要

校庆期间，燕山大学校庆组织委员会与校庆办召开了系列会议研讨校庆事宜，形成了大量的文献材料。本节就校庆组织委员会关于校庆工作的会议纪要、校庆办工作例会的会议纪要分别展开介绍。

一、校庆组织委员会关于校庆工作的会议纪要

校庆组织委员会关于校庆工作的会议纪要共 9 项，具体内容如下。

表 5-3 校庆组织委员会关于校庆工作的会议纪要

序号	时间	内容
1	2019 年 7 月 12 日	研究追加校庆办公室 2019 年预算。会议听取了校庆办公室主任张向前关于追加校庆办公室 2019 年预算的情况汇报。会议同意追加校庆办公室 2019 年差旅费、办公设备及家具、办公经费的预算。
2	2019 年 8 月 24 日	审议学校百年校庆、纪念品、倒计时钟和 99 周年校庆方案。会议听取了校庆办主任张向前关于学校百年校庆、纪念品、倒计时钟和 99 周年校庆方案。会议原则同意学校百年校庆、纪念品、倒计时钟和 99 周年校庆方案。
3	2020 年 1 月 15 日	审议学校百年校庆庆祝大会和文艺晚会方案。会议听取了校庆办主任张向前关于学校百年校庆庆祝大会和文艺晚会方案的汇报。会议审议并同意学校百年校庆庆祝大会方案，同意选用在校内举行校庆文艺晚会的方案。
4	2020 年 3 月 11 日	审议学校百年校庆顾问委员会组成人员名单。会议听取了校庆办主任张向前关于学校百年校庆顾问委员会组成人员情况汇报。会议同意学校百年校庆顾问委员会组成人员名单。
5	2020 年 3 月 27 日	审议《燕山大学百年校庆校园景观提升方案》。会议听取了校庆办副主任赵琳关于《燕山大学百年校庆校园景观提升方案》的情况汇报。会议审议并原则通过《燕山大学百年校庆校园景观提升方案》。
6	2020 年 4 月 10 日	研究燕山大学门户网站及校园一卡通百年校庆版设计方案。会议听取了信息技术中心副主任杨永涛关于燕山大学门户网站及校园一卡通百年校庆版设计方案的情况汇报。会议审议并同意燕山大学门户网站及校园一卡通百年校庆版设计方案。
7	2020 年 6 月 12 日	研究百年校庆系列图书定稿出版与首发事宜。会议听取了出版社社长陈玉关于百年校庆系列图书定稿出版与首发事宜的情况汇报。会议原则同意百年校庆系列图书定稿出版、编委和总序署名、首发安排等事项。
8	2020 年 8 月 30 日	（1）传达杰出校友对母校百年校庆的祝福；（2）研究百年校庆期间疫情防控方案。会议听取了校庆办主任张向前关于百年校庆期间疫情防控方案的情况汇报。会议审议并通过百年校庆期间疫情防控方案。
9	2020 年 9 月 6 日	（1）审议百年校庆校长讲话稿。会议听取了文法学院党委书记甄红军关于百年校庆校长讲话稿草拟情况的汇报。会议同意百年校庆校长讲话稿结构框架、主要内容；（2）审议百年校庆活动安排。会议听取了校庆办主任张向前关于百年校庆活动安排的情况汇报。会议同意百年校庆活动安排；（3）研究校庆日的调课安排。会议听取了教师教学发展中心主任王晶关于校庆日调课安排情况的汇报。会议同意 9 月 10 日、11 日课程调整安排。

二、校庆办工作例会的会议纪要

在 2019 年 6 月 14 日学校党委常委会后，校庆办于 14 日下午 4:45 召开了第一次工作会议；6 月 18 日上午 8:30，校庆办召开了第二次工作会议。在本次会议上确定了校庆办工作例会制度，即每周召开校庆工作例会，会议内容主要为总结工作进展、研究校庆事宜、部署未来工作等。自 2019 年 6 月 14 日起，共召开工作例会 48 次。以第 2 次、第 22 次、第 46 次的会议纪要为例展开叙述。

校庆办第一次会议现场

表 5-4 校庆办工作例会的会议纪要

序号	会议时间	会议地点	参会人员	会议内容
第 1 次	2019 年 6 月 14 日 16:45	世纪楼 20 层 2003 会议室	张向前、孙红磊、张杨、姜文超、柯铁军、赵琳	（1）介绍校庆工作办公室的成立背景及意义；（2）介绍一些初步工作设想。
第 2 次	2019 年 6 月 18 日 8:30	世纪楼 20 层 2003 会议室	张向前、胡春海、孙红磊、郭沛、张杨、姜文超、柯铁军、赵琳	（1）关于工作例会制度；（2）关于校庆办功能；（3）关于校庆办内部分工；（4）关于专职工作人员；（5）关于工作经费；（6）关于办公设备；（7）关于工作开展方式；（8）关于工作制约因素分析。
第 3 次	2019 年 6 月 20 日 8:30	世纪楼 20 层 2003 会议室	张向前、孙红磊、胡春海、郭沛、张杨、姜文超	（1）校庆主题；（2）校庆时间安排；（3）校庆主要活动类型；（4）邀请参加庆典和活动的重点人员；（5）向社会征集的重点校友范围；（6）经费预算；（7）申请公章、电话、专题网站。
第 4 次	2019 年 6 月 24 日 15:00	世纪楼 21 层第二会议室	张向前、孙红磊、胡春海、郭沛、张杨、姜文超、柯铁军	（1）校庆标志征集公告；（2）汇报分管工作思路；（3）通报调研情况；（4）研究了办公用房、专职工作人员、预算等问题。
第 5 次	2019 年 6 月 28 日 15:00	世纪楼 20 层 2003 会议室	张向前、胡春海、郭沛、柯铁军、张杨、朱可嘉、王伟伟	（1）新同事工作分工；（2）确定征集公告文稿；（3）校庆方案研讨。
第 6 次	2019 年 7 月 8 日 8:30	世纪楼 20 层 2003 会议室	张向前、郭沛、张杨、柯铁军、赵琳、朱可嘉、王伟伟	（1）关于工作进展及工作设想的情况汇报；（2）关于校庆整体方案的具体分工；（3）关于办公室制度研究、假期工作安排。
第 7 次	2019 年 7 月 15 日 9:30	世纪楼 14 层 1412	张向前、孙红磊、胡春海、柯铁军、赵琳、朱可嘉、王伟伟	会议听取了每位同志上周工作汇报，针对具体问题提出了意见建议，研究了《燕山大学百年校庆工作方案》《燕山大学校庆办公室工作纪律》，部署暑期工作以及借调理学院实验员王志宙等相关事宜。

续表

序号	会议时间	会议地点	参会人员	会议内容
第 8 次	2019 年 7 月 22 日 14:30	世纪楼 12 层 1201B	张向前、孙红磊、张杨、柯铁军、赵琳、朱可嘉、王志宙	会议听取了每位同志上周工作汇报，针对具体问题提出了意见建议，对《燕山大学百年校庆工作方案》初稿进行了讨论研究，部署未来一周工作，讨论借调郝晓丹同志来校庆办工作事宜。
第 9 次	2019 年 7 月 29 日 9:00	世纪楼 12 层 1201B	张向前、孙红磊、郭沛、柯铁军、赵琳、朱可嘉、王志宙、郝晓丹、王伟伟	会议以书面的形式听取了每位同志上周工作汇报，研讨了《燕山大学百年校庆纪念品方案》《燕山大学百年校庆倒计时活动方案》，部署了未来一周工作。
第 10 次	2019 年 8 月 5 日 9:00	世纪楼 12 层 1201B	柯铁军、王志宙、郝晓丹、王伟伟	会议以书面的形式听取了每位同志上周工作汇报，讨论了燕山大学校友信息系统的功能设置、校友服务宣传卡中“捐赠”版面的设置、校庆工作队伍的建设以及新同事的工作分工，部署了未来一周工作。
第 11 次	2019 年 8 月 12 日 9:00	世纪楼 12 层 1201B	张杨、柯铁军、赵琳、王志宙、王伟伟	会议以书面和口头的形式听取了每位同志上周工作汇报，讨论并部署了未来一周主要工作计划。
第 12 次	2019 年 8 月 19 日 8:30	世纪楼 12 层 1201B	张向前、孙红磊、胡春海、郭沛、赵琳、张杨、郝晓丹、王志宙	会议以书面和口头的形式听取了每位同志上周工作汇报，讨论并部署了未来一周主要工作计划。
第 13 次	2019 年 8 月 26 日 15:00	世纪楼 12 层 1201B	张向前、胡春海、郭沛、张杨、柯铁军、赵琳、朱可嘉、郝晓丹、王志宙、王伟伟	会议以书面形式听取了每位同志上周工作汇报，传达了学校党委常委会与中层干部大会对校庆工作的要求，讨论了校庆活动的分类并部署了未来一周工作计划。
第 14 次	2019 年 9 月 2 日 15:00	世纪楼 12 层 1201B	张向前、郭沛、张杨、姜文超、赵琳、朱可嘉、郝晓丹、王志宙、王伟伟	会议以书面形式听取了每位同志上周工作汇报，传达学习了省委书记王东峰来校调研检查讲话精神与学校党委常委扩大会议精神，汇报了校庆形象创意作品的评审情况，讨论了 99 周年纪念庆典活动情况、《燕山大学百年校庆工作方案》中的重点活动内容以及校庆办公室的部门设置与人员分工，进一步部署了未来一周工作计划。
第 15 次	2019 年 9 月 9 日 15:00	世纪楼 12 层 1201B	张向前、孙红磊、胡春海、郭沛、张杨、姜文超、柯铁军、朱可嘉、郝晓丹、王志宙、王伟伟	会议以书面形式听取了每位同志上周工作汇报，讨论了《燕山大学百年校庆工作方案》，部署了 99 周年文艺晚会的人员分工以及未来一周工作。
第 16 次、17 次	2019 年 9 月 16 日、18 日 15:00	世纪楼 12 层 1201B	张向前、孙红磊、胡春海、郭沛、张杨、赵琳、朱可嘉、郝晓丹、王志宙、王伟伟	会议以书面形式听取了每位同志上周工作汇报，讨论了《燕山大学百年校庆工作方案》《百年校庆文艺晚会策划书》，部署了未来一周工作。

续表

序号	会议时间	会议地点	参会人员	会议内容
第18次	2019年9月27日15:00	世纪楼12层1201B	张向前、孙红磊、胡春海、张杨、姜文超、柯铁军、朱可嘉、郝晓丹、王志宙、王伟伟	会议以书面形式听取了每位同志上周工作汇报，讨论了《燕山大学百年校庆工作方案》，部署了未来一周工作。
第19次	2019年10月11日14:30	世纪楼12层1201B	张向前、孙红磊、张杨、朱可嘉、郝晓丹、王志宙、王伟伟	会议以书面形式听取了每位同志上周工作汇报，讨论了百年校庆工作方案中重点活动的推进模式、各项分解方案，部署了未来一周工作。
第20次	2019年10月18日14:30	世纪楼12层1201B	张向前、孙红磊、胡春海、柯铁军、赵琳、朱可嘉、郝晓丹、王志宙、王伟伟	会议以书面形式听取了每位同志上周工作汇报，讨论了“我爱母校人人捐”活动、校庆活动与学术活动的契合方式、学院走访活动方案、百年校庆工作方案的分解方案，学习了南开大学百年校庆先进经验，部署了未来一周工作。
第21次	2019年10月25日16:00	世纪楼12层1201B	张向前、胡春海、张杨、柯铁军、赵琳、朱可嘉、郝晓丹、王志宙、王伟伟	会议以书面形式听取了每位同志上周工作汇报，讨论了百年校庆工作方案的分解方案、“我爱母校人人捐”活动，总结了燕山大学校友会成立大会暨第一届校友代表大会，部署了未来一周工作。
第22次	2019年11月1日14:30	世纪楼12层1201B	张向前、孙红磊、胡春海、柯铁军、朱可嘉、郝晓丹、王志宙、王伟伟	会议以书面形式听取了每位同志上周工作汇报，研究了人员配置，部署了校友企业风采展、“我爱母校人人捐”活动以及未来一周工作。
第23次	2019年11月8日14:30	世纪楼12层1201B	张向前、胡春海、姜文超、朱可嘉、郝晓丹、王志宙、王伟伟	会议以书面形式听取了每位同志上周工作汇报，研讨了校庆宣传工作思路，部署了未来一周工作。
第24次	2019年11月15日14:30	世纪楼12层1201B	张向前、孙红磊、胡春海、郭沛、张杨、姜文超、柯铁军、赵琳、朱可嘉、郝晓丹、王志宙、王伟伟	会议以书面形式听取了每位同志上周工作汇报，研讨了《燕山大学百年校庆宣传工作方案》《“汇聚青年才俊、分享成长精彩”青年论坛方案》《“百年燕大志愿同行”燕园学子志愿服务工作方案》，部署了未来一周工作。
第25次	2019年11月22日10:00	世纪楼12层1201B	张向前、孙红磊、胡春海、郭沛、柯铁军、赵琳、朱可嘉、郝晓丹、王志宙、王伟伟	会议以书面形式听取了每位同志上周工作汇报，研讨了《燕山大学校友之家设计方案》《燕山大学校史馆落成暨开馆仪式策划方案》《燕山大学新图书馆落成暨开馆仪式》《制发校友卡实施方案》《关于燕山大学建校百年庆祝活动的影片规划及相关参考建议》以及“我爱母校人人捐”感谢信，部署了未来一周工作。
第26次	2019年11月29日14:30	世纪楼12层1201B	张向前、柯铁军、赵琳、朱可嘉、郝晓丹、王志宙、王伟伟	会议以书面形式听取了每位同志上周工作汇报，研讨了燕园大事记（日历版）与校庆纪念品合作模式，总结了“段广仁校友人生分享会”，部署了未来一周工作。

续表

序号	会议时间	会议地点	参会人员	会议内容
第 27 次	2019 年 12 月 6 日 14:30	世纪楼 12 层 1201B	张向前、孙红磊、胡春海、郭沛、张杨、姜文超、柯铁军、赵琳、朱可嘉、郝晓丹、王志宙、王伟伟	会议以书面形式听取了每位同志上周工作汇报，研讨了燕山大学校友信息系统、《第一届杰出校友评选办法》以及 2020 年预算编制工作，部署了未来一周工作。
第 28 次	2019 年 12 月 13 日 14:30	世纪楼 12 层 1201B	张向前、孙红磊、胡春海、郭沛、张杨、柯铁军、朱可嘉、郝晓丹、王志宙、王伟伟	会议以书面形式听取了每位同志上周工作汇报，研讨了《燕山大学校庆文创产品特许经营权企业遴选项目》文件、百年历史台历的发放数量以及 2020 年经费支出项目，部署了未来一周工作。
第 29 次	2019 年 12 月 20 日 14:30	世纪楼 12 层 1201B	张向前、胡春海、朱可嘉、郝晓丹、王志宙、王伟伟、贾丽洁	会议以书面形式听取了每位同志上周工作汇报，研讨了《燕山大学校庆文创产品特许经营权企业遴选项目竞争性磋商文件》，部署了未来一周工作。
第 30 次	2019 年 12 月 27 日 14:30	世纪楼 12 层 1201B	张向前、孙红磊、郭沛、张杨、朱可嘉、郝晓丹、王志宙、贾丽洁	会议以书面形式听取了每位同志上周工作汇报，研讨了“我爱母校人人捐”鸣谢方式的落实、“燕大加油”校庆预热宣传片、“重走南迁路”事宜、校庆专栏，部署了未来一周工作。
第 31 次	2020 年 1 月 10 日 14:30	世纪楼 12 层 1201B	张向前、孙红磊、胡春海、张杨、柯铁军、赵琳、朱可嘉、郝晓丹、王志宙、贾丽洁、王伟伟	会议以书面形式听取了每位同志上周工作汇报，部署了寒假工作安排。
第 32 次	2020 年 3 月 30 日 15:00	世纪楼 19 层 1910	张向前、孙红磊、胡春海、郭沛、郝海滨、赵琳、张杨、朱可嘉、郝晓丹、王志宙、贾丽洁、王伟伟、杨群	会议研讨了百年校庆活动分解方案与各项活动的预算。
第 33 次	2020 年 4 月 7 日 15:00	世纪楼第二接待室	张向前、孙红磊、胡春海、郭沛、张杨、朱可嘉、郝晓丹、王志宙、贾丽洁、王伟伟、杨群，郝海滨与黄华贵以视频形式参加会议	会议以书面形式听取了每位同志上周工作汇报，研讨了百年校庆活动分解方案与百年校庆邮品事宜，部署了未来一周工作。
第 34 次	2020 年 4 月 13 日 15:00	世纪楼第一接待室	张向前、孙红磊、胡春海、郭沛、张杨、朱可嘉、郝晓丹、王志宙、王伟伟、盖鸿章，郝海滨以视频形式参会	会议以书面形式听取了每位同志上周工作汇报，研讨了百年校庆活动分解方案与百年校庆网页，部署了未来一周工作。

续表

序号	会议时间	会议地点	参会人员	会议内容
第35次	2020年4月20日9:00	世纪楼19层1910	张向前、孙红磊、胡春海、郭沛、郝海滨、赵琳、张杨、朱可嘉、郝晓丹、王志宙、贾丽洁、王伟伟	会议以书面形式听取了每位同志上周工作汇报，研讨了百年校庆邮册、“双招双引双服”方案落实、机械艺术园建设以及中国工商银行合作等事宜，部署了未来一周工作。
第36次	2020年4月27日9:00	世纪楼19层1910	张向前、胡春海、郝海滨、赵琳、张杨、黄华贵、朱可嘉、郝晓丹、王志宙、贾丽洁、纪红月、王伟伟	会议以书面形式听取了每位同志上周工作汇报，研讨了校庆活动方案的调整、西校区倒计时装置的设置、北京校友会的活动策划方案与百年校庆邮品事宜，部署了未来一周工作。
第37次	2020年5月6日15:00	世纪楼第二接待室	张向前、孙红磊、胡春海、郝海滨、赵琳、张杨、朱可嘉、郝晓丹、王志宙、贾丽洁、纪红月	会议以书面形式听取了每位同志上周工作汇报，研讨了百年校庆分解方案，部署了未来一周工作。
第38次	2020年5月11日16:00	世纪楼19层1910	张向前、孙红磊、胡春海、戚伟欣、郝海滨、赵琳、张杨、黄华贵、朱可嘉、郝晓丹、王志宙、贾丽洁、王伟伟、纪红月	会议以书面形式听取了每位同志上周工作汇报，研讨了西校区正门的景观设计、校庆纪念品的合作模式、机械艺术园与博物馆的建设事宜，部署了未来一周工作。
第39次	2020年5月19日9:00	世纪楼第一接待室	张向前、胡春海、郭沛、郝海滨、赵琳、黄华贵、朱可嘉、郝晓丹、王志宙、贾丽洁、王伟伟、2家纪念品公司负责人、邮品负责人	会议以书面形式听取了每位同志上周工作汇报，研讨了百年校庆邮册事宜、纪念品事宜，部署了未来一周工作。
第40次	2020年5月25日15:00	世纪楼第二接待室	张向前、孙红磊、胡春海、郝海滨、赵琳、朱可嘉、郝晓丹、王志宙、贾丽洁、王伟伟、杨群、纪红月	会议以书面形式听取了每位同志上周工作汇报，研讨了“三双工程”与“历史上的今天”等校庆活动进展，部署了未来一周工作。
第41次	2020年6月1日15:00	世纪楼第一接待室	张向前、孙红磊、胡春海、郭沛、赵琳、黄华贵、郝晓丹、王志宙、贾丽洁、王伟伟	会议以书面形式听取了每位同志上周工作汇报，研讨了百年校庆工作安排与校企合作事宜，部署了未来一周工作。
第42次	2020年6月15日15:00	世纪楼第一接待室	张向前、孙红磊、郭沛、郝海滨、赵琳、张杨、周雨、朱可嘉、郝晓丹、王志宙、贾丽洁、王伟伟、杨群、纪红月	会议以书面形式听取了每位同志上周工作汇报，学习了哈尔滨工业大学百年校庆先进经验，研讨了“三双工程”活动安排、疫情对学校工作的影响，规范了校庆用品，部署了未来一周工作。

续表

序号	会议时间	会议地点	参会人员	会议内容
第43次	2020年6月21日15:00	世纪楼第二接待室	张向前、孙红磊、胡春海、郭沛、郝海滨、赵琳、张杨、黄华贵、周雨、朱可嘉、郝晓丹、王志宙、贾丽洁、王伟伟、纪红月	会议以书面形式听取了每位同志上周工作汇报，研讨了校庆特色庆祝活动、教师节大型活动的调研报告、疫情对学校工作的影响，部署了未来一周工作。
第44次	2020年6月27日15:00	世纪楼19层1910	张向前、孙红磊、胡春海、郭沛、郝海滨、赵琳、张杨、黄华贵、周雨、朱可嘉、郝晓丹、贾丽洁、王伟伟、纪红月	会议以书面形式听取了每位同志上周工作汇报与调研情况汇报，研讨了校庆特色创新活动、线上校庆活动、机械艺术园的建设事宜，部署了未来一周工作。
第45次	2020年7月6日15:00	世纪楼第二接待室	张向前、孙红磊、郭沛、郝海滨、赵琳、张杨、欧阳渊、朱可嘉、郝晓丹、王志宙、贾丽洁、王伟伟、纪红月、王三众、盖鸿章、丁玲	会议以书面形式听取了每位同志上周工作汇报，研讨了百年校庆活动方案和校庆邮品事宜，部署了未来一周工作。
第46次	2020年7月13日15:00	世纪楼18层1811	张向前、孙红磊、胡春海、郭沛、郝海滨、赵琳、张杨、朱可嘉、郝晓丹、王志宙、贾丽洁、王伟伟、纪红月、王三众、盖鸿章、丁玲、张洋、杨群	会议以书面形式听取了每位同志上周工作汇报，传达与学习了校友回信精神，研讨了百年校庆活动方案、校庆邮品事宜、“重走南迁路，再抒创业情”活动方案，部署了未来一周工作。
第47次	2020年7月20日15:00	世纪楼3层302	张向前、孙红磊、胡春海、郝海滨、张杨、黄华贵、欧阳渊、朱可嘉、郝晓丹、王志宙、贾丽洁、王伟伟、纪红月、王三众、盖鸿章、丁玲	会议以书面形式听取了每位同志上周工作汇报，传达了校庆工作指示，研讨了百年校庆活动方案、“重走南迁路，再抒创业情”活动方案、校庆纪念品的发放事宜，部署了未来一周工作。
第48次	2020年8月13日16:00	世纪楼18层1810	张向前、孙红磊、胡春海、郝海滨、赵琳、张杨、欧阳渊、朱可嘉、郝晓丹、王志宙、贾丽洁、王伟伟、纪红月、王三众、盖鸿章、丁玲、张洋、杨群	会议听取了每位同志近期工作进展，传达了校庆工作会议精神，研讨了百年校庆活动方案与校庆宣传事宜。

1.2019年6月18日（第2次）校庆办工作会议纪要

会议时间：2019年6月18日8:30

会议地点：世纪楼20层2003会议室

会议召集：张向前

参会人员：胡春海、孙红磊、郭沛、张杨、姜文超、柯铁军、赵琳

会议记录：姜文超

会议内容及共识：

经过与会人员充分发言、讨论，会议就校庆办内部工作机制事宜形成以下基本共识：

（1）关于工作例会制度。2019 年暑假之前，校庆办每周开两次会；2019 年暑假到 2020 年春季学期前，每周开一次；2020 年春季学期开始后，每周开两次会；2020 年暑假及以后，频次继续增加，不定期开会。

（2）关于校庆办功能。结合 2000 年的校庆工作经验，校庆办应有功能：一是参谋，提出方案供校庆组委会决策；二是协调，组织落实工作方案，上下协调、横向协调；三是提醒，督促其他部门；四是承办，承办校庆庆典和文艺晚会两个活动，因此次庆典和晚会要求较高，需由校庆办来负责，确保庆典或晚会不能出任何差池。

（3）关于校庆办内部分工。张向前负责全面工作和对上联络；孙红磊负责宣传和文化工作，包括出版社出书和文化标识等相关活动；胡春海负责哈工大历史和东重历史的梳理、学术活动的组织；郭沛负责联络校领导，提醒各部门加快速度，监督校庆办内部人员；赵琳负责艺术相关事宜，包括各种涉及美观、美感的工作；柯铁军负责校史资料相关工作，确保史实的准确；张杨负责外联工作，大型活动的领导协调和打前站等工作，协调本硕博学生活动；姜文超负责文字方面的材料，协调教学、实验、体育活动。

（4）关于专职工作人员。可先尝试找研究生助管，再进一步想办法。

（5）关于日常工作经费。需 80 万～100 万元。

（6）关于办公设备。需要采购彩色打印机等专用设备，方便办公。下次会议时列出清单。

（7）关于工作开展方式。为提高工作效率，主要以项目组而非工作组的形式推进工作。

（8）关于工作制约因素分析。一是学校暂未提出具体要求或权限，不利于推动各部门工作；二是目前校庆办内部领导班子彼此尚不熟悉，不易迅速形成合力，不易开诚布公、直抒胸臆，需要快速磨合和融合；三是对中层部门的协调效果不尽如人意。这三项制约因素需尽快提出应对措施。

2.2019年11月1日（第22次）校庆办工作会议纪要

会议时间：2019年11月1日14:30

会议地点：世纪楼12层1201B

会议召集：张向前

参会人员：孙红磊、胡春海、柯铁军、朱可嘉、郝晓丹、王志宙、王伟伟

会议记录：王伟伟

会议内容及共识：

会议以书面形式听取了每位同志上周工作汇报，研究了人员配置，部署了校友企业风采展、“我爱母校人人捐”活动以及未来一周工作。

（1）汇报工作进展

全体人员以书面形式分别汇报了各自工作进展：

①张向前：A.走访西安校友会，与西安市、杨凌示范区探讨了“双招双引双服”工程，获得了两地政府领导的支持；B.考察学习中国重型机械研究院，提议在燕山大学建设“中国重型机械研究院燕大分院大楼”，待12月来访时再深入研究；C.走访校友企业——杨凌美畅新材料公司，探讨与机械学院、材料学院深度技术合作；D.学习调研太原理工大学，邀请黄庆学院士、校长回校走上“青年讲坛”；E.与太原校友座谈交流。

②孙红磊：A.经过多次修改，河北作家何申为燕山大学百年校庆创作的《燕山大学百年赋》最后定稿，将于近期择期发布；B.校史馆开标工作于周一顺利开展，目前已经进入公示阶段。

③胡春海：A.联系北京高科联盟就峰会时间、内容进行探讨；B.与国际合作处研究落实“一带一路”论坛的细节。

④郭沛：A.陪同学校主要领导赴哈尔滨公务期间看望部分校友；B.沟通协调学校主要领导看望了西安校友，与校友座谈，考察中国重型机械研究院，走访校友企业——杨凌美畅新材料公司和隆基集团，与当地政府负责人洽谈校政企合作；C.沟通协调学校主要领导赴太原理工大学考察调研，看望校友黄庆学院士。

⑤张杨：A.陪同学校主要领导和张向前主任走访西安校友会；B.陪同学校主要领导和张向前主任考察学习中国重型机械研究院；C.陪同学校主要领导和张向前主任走访校友企业——杨凌美畅新材料公司；D.陪同学校主要领导和张向前主任学习调研太原理工大学；E.陪同学校主要领导和张向前主任

与太原校友座谈交流。

⑥姜文超：A. 陪同学校主要领导和张向前主任走访西安校友会；B. 陪同学校主要领导和张向前主任考察学习中国重型机械研究院；C. 陪同学校主要领导和张向前主任走访校友企业——杨凌美畅新材料公司；D. 陪同学校主要领导和张向前主任学习调研太原理工大学。

⑦柯铁军：A. 撰写“我爱母校人人捐”方案；B. 解决人人捐使用过程中出现的各类问题，包括限额、系统使用等问题。

⑧赵琳：A. 研究校友企业产品在展厅轮展事宜；B. 校庆“我爱母校人人捐”各级纪念牌的设计制作事宜；C. 修订迎校庆校园环境改造提升方案。

⑨郝晓丹：A. 整理近期走访工作信息和座谈会会议记录；B. 联系多家校友企业提供展厅素材；C. 与同事一起走访康泰医学，确定下一批校友风采展展品；D. 与继续教育学院沟通 11 月份“2019 中国康复辅助器具产业创新大会——智能康复及人机工程学术会议”和首届燕山大学—承德医学院“医工结合”学术研讨会事宜。

⑩朱可嘉：A. 与同事一起走访康泰医学，确定下一批校友风采展展品；B. 与继续教育学院沟通 11 月份“2019 中国康复辅助器具产业创新大会——智能康复及人机工程学术会议”和首届燕山大学—承德医学院“医工结合”学术研讨会事宜；C. 发布百年校庆工作方案。

⑪ 王志宙：A. 与同事一起走访康泰医学，确定下一批校友风采展展品；B. 与继续教育学院沟通 11 月份“2019 中国康复辅助器具产业创新大会—智能康复及人机工程学术会议”和首届燕山大学—承德医学院“医工结合”学术研讨会事宜。

⑫ 王伟伟：A. 与同事一起走访康泰医学，确定下一批校友风采展展品；B. 与继续教育学院沟通 11 月份“2019 中国康复辅助器具产业创新大会——智能康复及人机工程学术会议”和首届燕山大学—承德医学院“医工结合”学术研讨会事宜；C. 完善与派乐传媒的合作意向协议书、燕山大学纪念品合作协议；D. 协助完善世纪楼展厅；E. 行政工作。

会议要求：校庆活动各项分解方案要依托责任单位提出方案，请示主管校领导同意，校庆办要做好统筹协调工作。

（2）部署校友企业风采展

会议听取了校友企业风采展的进展情况，并对后续工作作出部署：

①承办部门：起步阶段由张向前负总责，孙红磊、柯铁军、赵琳配合，学术交流部王志宙协助。待正常运转后由责任单位、相关负责人负责。

②展台工作：赵琳负责。A. 完善设计。展区更显眼，展台更高档，展板更大气，做好小件产品的保护措施，根据展品对展出的形式进行微调；B. 每次展出前的布展工作；C. 后续协助学院做好学院校友企业风采展。

③展品工作：柯铁军负责。A. 风采展的企业需接续不断；B. 确定每个风采展的时间点和时长；C. 落实企业具体负责人；D. 确保产品及时运输到位；E. 审定宣传材料，增加校友在企业及产品展示中所起的作用。

④宣传工作：孙红磊负责。A. 加大校内宣传的力度，在校园网新闻、报纸、电视台、广播站、大屏等都有介绍；B. 扩大校外新媒体、传统媒体以及校友群的宣传范围；C. 及时发布展示通知和展示成果；D. 积极推广校友企业。

（3）部署“我爱母校人人捐”活动

会议听取了“我爱母校人人捐”活动的进展情况，并对后续工作作出部署：

①完善捐赠平台：柯铁军负责。A. 界面更友好，操作更简单，内容更丰富；B. 展示的形式更多样，对捐赠一定额度的、有感人事迹的、有精彩留言的捐赠信息进行轮播。

②确定捐赠实物的折价：柯铁军负责。

③用好捐款：张向前负责。配合基金会使用好捐款，希望捐款依次用于学科建设、小型建设项目以及校庆相关活动。

④加大宣传造势：孙红磊负责。加大对“我爱母校人人捐”的宣传，培树捐赠文化，充分体现捐赠的理念、氛围以及效果，提供鲜活的宣传素材。

⑤落实有力度的鸣谢：赵琳负责，新媒体部朱可嘉协助。做好感谢信的形式、内容等设计，启动捐赠墙的建设工作。

（4）研究人员配置

为便于校庆工作的顺利开展，经会议研究决定，为有需要的主任及副主任配一名研究生作为助理，协助落实具体工作。校庆办下属四个部门需充实队伍，也可根据工作需要，设立新部门。

（5）部署未来一周工作

经会议研究决定，未来一周的工作计划：

①继续推进校友企业风采展。张向前负责，孙红磊、张杨、柯铁军、赵

琳分工负责，学术交流部王志宙协助。形成详细的展表，至少提前做好 3 个企业的展示准备工作。通知学工系统引导学生自主观展。

②推进“我爱母校人人捐”活动。柯铁军负责，新媒体部朱可嘉协助。与捐赠系统软件公司进行对接、合作，希望不断改进捐赠系统，为后续捐赠打下良好基础。发布网络推文，讲述捐赠的价值与意义，普及捐赠理念，提高浏览量和捐赠人数。

③启动各单位、楼宇的宣传工作。孙红磊负责，条件保障部郝晓丹协助。希望信息技术中心提供技术支持，实现扫码即可收听、下载相关介绍。各单位、楼宇准备宣传文稿，录制音频，准备上传。

④制作校庆方案宣传片。张向前负责，新媒体部朱可嘉协助。

⑤协助团委办好田径冠军史冬鹏报告会。张杨负责。

⑥协助继续教育学院筹备“2019 中国康复辅助器具产业创新大会——智能康复及人机工程学术会议”和首届燕山大学—承德医学院“医工结合”学术研讨会。胡春海负责。

⑦继续完成校庆活动的各项分解方案。

3.2020 年 7 月 13 日（第 46 次）校庆办工作会议纪要

会议时间：2020 年 7 月 13 日 15:00

会议地点：世纪楼 18 层 1811

会议召集：张向前

参会人员：孙红磊、胡春海、郭沛、郝海滨、赵琳、张杨、朱可嘉、郝晓丹、王志宙、贾丽洁、王伟伟、纪红月、王三众、盖鸿章、丁玲、张洋、杨群

缺席人员：黄华贵、周雨、欧阳渊（因事请假）

会议记录：王伟伟

会议内容及共识：

会议以书面形式听取了每位同志上周工作汇报，传达与学习了校友回信精神，研讨了百年校庆活动方案、校庆邮品事宜、“重走南迁路，再抒创业情”活动方案，部署了未来一周工作。

（1）工作进展

①张向前：A. 提出疫情新形势下校庆活动草案，确定分工；B. 参加北大仓集团捐赠仪式，探讨深度合作；C. 与宁波校友会深入交流校庆活动及校友

会建设；D. 完成《三双工程》《寻找过去的印迹》方案草稿；E. 提出校领导走访校友会方案；F. 联系顾问委员会主任秘书商定回信宣传范围。

②孙红磊：A. 校史馆试开馆的前期筹备，接受学校领导实地考察；B. 推进宣传片拍摄和宣传册制作；C. 发布校庆书法篆刻作品征集通知。

③胡春海：A. 与人力资源处和离退休工作处商讨致敬创业前辈活动的入选人员的提名；B. 与高等教育发展研究中心商讨北京高科联盟峰会具体时间和会议形式。

④郭沛：A. 参加北大仓集团捐赠仪式，介绍博物馆建设项目；B. 百年校庆活动请示出党呈文，将通过省委教育工委、省教育厅转呈省委、省政府，邀请省里主要领导校庆日莅临学校参加校庆活动；C. 修改完善负责的校庆分解方案和任务；D. 沟通长沙政府有关领导和长沙校友，为走访作准备。

⑤郝海滨：修改完善负责的校庆分解方案。

⑥赵琳：A. 完善并实施“大国重器”雕塑方案；B. 继续推进机械艺术园的落实工作。

⑦张杨：A. 配合筹办并参加北大仓集团捐赠仪式，探讨深度合作；B. 与宁波校友会深入交流校庆活动及校友会建设；C. 完成《鼓励校友共建母校的优惠政策》《支持校友发展的相关规定》《校庆活动接待工作实施方案》等方案草稿；D. 联系对接知名校友；E. 进行走访长沙校友的前期准备工作。

⑧黄华贵：A. 牵头组织召开燕山大学与俄罗斯阿尔泰国立技术大学线上国际合作交流会；B. 重新制定重型机械绿色智能化国际学术论坛活动方案；C. 超硬材料和精密加工科技融合的节目方案，技术实现上有困难，已确定取消；D. 协调学科推进活动，细化活动方案。

⑨欧阳渊：撰写人生分享会活动方案。

⑩朱可嘉：编辑校庆主题曲的歌词。

⑪ 郝晓丹：参加北大仓集团捐赠仪式。

⑫ 王志宙：调整“重走南迁路，再抒创业情”活动方案，并与专业人员调研骑行线路。

⑬ 贾丽洁：A. 接待宁波校友会校友；B. 为走访长沙校友做准备工作；C. 配合制定校领导走访校友会方案。

⑭ 纪红月：A. 配合筹办并参加北大仓集团捐赠仪式，探讨深度合作；B. 与宁波校友会深入交流校庆活动及校友会建设；C. 开展走访长沙校友的前期准

备工作。

⑮王伟伟：A. 整理“历史上的今天”素材；B. 整理校庆网站素材；C. 其他行政工作。

（2）传达与学习校友回信精神

会议听取并学习了我校杰出校友、全国人大常委会原副委员长、民革中央原主席周铁农给我校机械工程学院2017级机电控制工程专业全体同学的回信精神，大家一致认为，回信振奋人心，尤其提及我校的百年校庆，将会对校庆工作起到重要的促进作用。会议要求：开展宣传，营造校庆氛围，调动全校的积极性。

（3）研讨百年校庆活动方案

会议听取了《百年校庆活动方案》分工调整的情况汇报，围绕工作思路、活动分类、活动开展方式等展开讨论。

①工作思路：A. 确定活动方案；B. 与责任单位和协助部门沟通；C. 反馈校庆办主任；D. 上报主管校领导；E. 启动活动并准备上会。

②活动分工：A. 张向前（4项）：燕山大学百年·甲子文艺晚会、燕山大学建校溯源百周年·独立办学一甲子纪念大会、“双招双引双服”工程、记录光辉历史；B. 孙红磊（2项）：宣传工作方案、创作反映燕山大学建校历史及发展成就的文化作品；C. 胡春海（2项）：北京高科大学联盟2020年峰会、致敬创业前辈；D. 郭沛（2项）：当好校庆志愿者、重大基建工程建设及落成启用仪式；E. 郝海滨（3项）：第三届“杰出青年学者论坛”、举办优质生源基地校长论坛、重温校园时光；F. 赵琳（3项）：“华燕之声”文艺演出、高层次艺术展、美化公共区域；G. 张杨（1项）：接待工作方案；H. 黄华贵（2项）：首届重型装备技术绿色智能化燕鸣国际学术论坛、推进学科建设；I. 欧阳渊（1项）：“燕山夜话”人生分享会；J. 郝晓丹（1项）：院系活动分解方案；K. 纪红月（1项）：“我爱母校人人捐”；L. 贾丽洁（2项）：表彰典型校友、制发校友卡；M. 王伟伟（1项）：共庆母校百年华诞；N. 王志宙（1项）：“重走南迁路，再抒创业情”；O. 朱可嘉（1项）：践行志愿服务。

③活动分类：A. 非集中活动（19项）。主要安排在9月5日之前或9月中下旬。活动内容有当好校庆志愿者、重大基建工程建设及落成启用仪式、第三届“杰出青年学者论坛”、举办优质生源基地校长论坛、致敬创业前辈、推进学科建设、“我爱母校人人捐”、表彰典型校友、制发校友卡、“燕山夜话”

人生分享会、创作反映燕山大学建校历史及发展成就的文化作品、宣传工作方案、共庆母校百年华诞、“重走南迁路，再抒创业情”、“双招双引双服”工程、记录光辉历史、“华燕之声”文艺演出、高层次艺术展、美化公共区域；B. 集中活动（8 项）的时间主要安排在 9 月 5 日—11 日。活动内容有燕山大学百年 · 甲子文艺晚会、燕山大学建校溯源百周年 · 独立办学一甲子纪念大会、重温校园时光、院系活动分解方案、北京高科大学联盟 2020 年峰会、首届重型装备技术绿色智能化燕鸣国际学术论坛、接待工作方案、践行志愿服务。

④活动开展方式：明确各项活动的牵头部门与牵头人、执行部门与执行人，确保各项活动的落实。

（4）研讨校庆邮品事宜

会议研究了为百年校庆设计的邮品，围绕其中的文字、图片、设计等展开讨论并提出意见，将修改意见反馈给邮局，尽快完成修改。

（5）研讨“重走南迁路，再抒创业情”活动方案

会议听取了“重走南迁路，再抒创业情”活动方案的情况汇报，围绕路线等展开讨论，会议要求，调整骑行路线，完善活动方案。

（6）部署未来一周工作

经会议研究决定，未来一周的工作计划如下：

①所有活动方案与协助部门沟通落实，无意见后上报主管校领导。

②全面启动各项校庆活动的准备工作。

本节围绕校庆组织委员会关于校庆工作的会议纪要、校庆办工作例会的会议纪要展开介绍，因篇幅有限，分别选取校庆前期、中期、后期的 3 次校庆办工作例会的会议纪要进行介绍，便于读者简要了解校庆办日常工作的开展轨迹。

第三节　主持词与讲话稿

校庆期间，燕山大学举办了 100 余项线上、线下校庆活动，形成了大量的活动主持词与讲话稿等文字材料。本节选取纪念大会、总结表彰大会、北京高科大学联盟 2020 年峰会、校庆系列图书出版首发仪式 4 项活动的相关文字材料进行介绍。

一、燕山大学“建校溯源百周年·独立办学一甲子”纪念大会

（一）燕山大学党委书记赵险峰主持词

尊敬的各位领导、各位来宾、各位朋友，亲爱的校友们、老师们、同学们：

大家上午好！

一百年波澜壮阔，六十载春华秋实。今天，燕山大学迎来了“建校溯源百周年·独立办学一甲子”，又恰逢我国第36个教师节，双喜临门，首先祝愿所有教师节日快乐。作为新中国第一所重型装备制造行业高校，燕山大学以身许国、志存高远。历经两次搬迁、三次创业、划转更名，几多艰辛，但始终坚守初心，一路风雨兼程，在与民族复兴、国家发展的同频共振中一次次铸就辉煌。燕山大学匠心育人、桃李芬芳。以立德树人为根本，秉持“厚德、博学、求是”校训，鼓励莘莘学子到祖国最需要的地方建功立业，为党和国家培养了一大批学界泰斗、政界精英、商界翘楚、行业楷模。燕山大学潜心科研、实干兴邦。坚持面向科技前沿，根植河北沃土，服务国家战略，创造了国内多项“首台套”，参与了诸多国家重大工程项目核心部件研发，为建设世界科技强国作出了突出贡献，也铸就了“艰苦奋斗、严谨治学、求实创新”的燕大精神。

按照疫情防控要求，本着“简朴、热烈”原则，今天我们在这里召开“建校溯源百周年·独立办学一甲子”纪念大会，共同回顾燕山大学艰苦创业、兴学强国的风雨历程，共同展望它追求卓越、矢志一流的美好蓝图，共同祝福它在中华民族伟大复兴的历史征程中勇立潮头、再谱华章！

本次大会设主会场和分会场，全程进行网络直播，三十余万校友线上线下互动，共同祝福母校。

下面，我介绍出席纪念大会的领导和嘉宾，他们是：

全国人大常委会原副委员长、民革中央原主席　周铁农老师

河北省人大常委会副主任　聂瑞平

河北省人民政府副省长　徐建培

黑龙江省人大常委会副主任、齐齐哈尔市委书记　孙　珅

哈尔滨工业大学校长、中国工程院院士　周　玉

黑龙江省政协原党组副书记、副主席　赵克非

世界工程组织联合会主席，天津大学和南开大学原校长　龚　克
中国一重集团有限公司党委书记、董事长　刘明忠
秦皇岛市委书记　朱政学
秦皇岛市委副书记、市长　张瑞书
由于时间关系，以下领导和嘉宾，我介绍完毕后，请大家一并鼓掌欢迎：
北京高科大学联盟理事长　王亚杰
中国矿业大学（北京）校长　葛世荣
南开大学常务副校长　许京军
中国重型机械研究院党委书记、董事长　王社昌
中国重型机械研究院原董事长　谢东钢
中国科学院院士、华中科技大学教授　丁　汉
中国科学院院士、燕山大学教授　田永君
中国工程院院士、太原理工大学校长　黄庆学
河北省委组织部副部长　刘海生
河北省政协教科卫体委员会主任　栗建华
河北省社会科学院院长　康振海
河北省人大常委会副秘书长　鲁　平
河北省粮食局原局长　张　宇
河北省科学技术厅原巡视员　廖　波
秦皇岛市委副书记　丁　伟
秦皇岛市人大常委会主任　刘辰彦
河北大学党委书记　郭　健
河北工业大学党委书记　李　强
河北师范大学党委书记　戴建兵
河北农业大学校长　申书兴
河北科技大学党委书记　王余丁
河北经贸大学党委书记　董兆伟
华北理工大学党委书记　刘晓平
华北理工大学校长　张福成
石家庄铁道大学校长　龙奋杰
河北地质大学校长　王凤鸣

承德医学院党委书记　盛婉玉

承德医学院院长　唐世英

东北大学秦皇岛分校党委书记　孙正林

河北科技师范学院校长　郭鸿湧

河北环境工程学院党委书记　朱立杰

深圳汇川技术股份有限公司董事长　朱兴明

秦皇岛市委常委、组织部部长　刘文萍

秦皇岛市副市长　廉茹艳

出席大会的学校老领导有：连家创、聂绍珉、宋维公、王益群、孟卫东、刘宏民。

此外，出席大会的还有：河北省教育厅、工信厅、人社厅、民政厅、省委军民融合办、河北省建行、齐齐哈尔市、唐山市、沧州市、衡水市、清华大学、西安交通大学、北京邮电大学、西安电子科技大学、北京交通大学、北京科技大学、北京化工大学、北京林业大学、华北电力大学、哈尔滨工程大学、中国地质大学、中国石油大学、河北医科大学、河北工程大学、河北中医学院、东北石油大学、秦皇岛职业技术学院、河北对外经贸职业学院、河北建材职业技术学院等单位领导、来宾和媒体朋友。

在此，让我们以热烈的掌声，向莅临大会的各位领导和嘉宾表示最诚挚的欢迎，向一直以来关心、支持燕山大学建设发展的各级领导、社会各界人士、海内外校友和国际友人致以最衷心的感谢。

现在，我宣布：燕山大学“建校溯源百周年·独立办学一甲子”纪念大会正式开始！请全体起立，请燕山大学国旗护卫队出旗（约半分钟时间），奏唱中华人民共和国国歌。

（奏唱国歌）

请坐下。

●进行大会第一项，请河北省人民政府副省长徐建培宣读河北省委书记、省人大常委会主任王东峰贺信。

（徐建培宣读贺信）

感谢徐建培副省长。

在这个特殊日子里，收到王东峰书记发来的贺信，让我们倍感振奋和鼓舞。这是继去年东峰书记、许勤省长一行来校调研指导，今年年初省委省政府出台支持燕山大学加快“双一流”建设、实现内涵式高质量发展专门文件后，对我校事业发展的又一重要指示要求，充分体现了省委省政府对燕山大学的高度重视和殷切期许。站在新的历史起点上，我们将坚持以习近平新时代中国特色社会主义思想为指引，全面落实东峰书记贺信中对燕山大学发展提出的指示要求，紧扣立德树人根本任务，凝心聚力开展科研攻关，不断改革创新，加快“双一流”建设，培养更多杰出人才，产出重大科技成果，服务国家和地方经济社会发展，走好燕山大学新百年长征路！

●进行大会第二项，请燕山大学党委副书记、校长赵丁选代表学校致辞。

（赵丁选致辞）

感谢赵丁选校长。

校庆前夕，清华大学等海内外百余所高校和机构为学校发来贺信或视频，送来祝福。今天特邀相关单位代表致辞。

●燕山大学赓续哈尔滨工业大学1920年建校学脉，1960年独立办学，两校同根同源、血脉相连、情意绵长。下面，进行大会第三项，请哈尔滨工业大学校长、中国工程院院士周玉致辞，大家欢迎。

（周玉致辞）

感谢周玉校长。

●燕山大学发源于黑龙江，是黑土地滋养了学校的成长，那段激情燃烧的办学岁月，至今仍然难以忘怀。会前，黑龙江省委省政府给学校专门发来了贺信。下面，进行大会第四项，有请黑龙江省人大常委会副主任、齐齐哈尔市委书记孙珅致辞，掌声欢迎。

（孙珅致辞）

感谢孙珅书记。

●燕山大学因中国一重而生，校企深度合作，创造了产学研相结合的典范。下面，进行大会第五项，请中国一重集团党委书记、董事长刘明忠致辞。

（刘明忠致辞）

感谢刘明忠董事长。

●近年来，我校与国外高校、科研院所开展了全方位、多层次的交流与合作，不断提升国际化办学水平。下面，进行大会第六项，请美国托列多大学校长格雷戈里·波斯特博士视频致辞。

（格雷戈里·波斯特致辞）

感谢格雷戈里·波斯特校长。

●燕山大学南迁秦皇岛办学30多年来，历届市委市政府和港城人民对学校事业发展都给予了不遗余力的支持。下面，进行大会第七项，请秦皇岛市委副书记、市长张瑞书致辞。

（张瑞书致辞）

感谢张瑞书市长，感谢秦皇岛市委市政府，燕山大学定当和320万港城人民同呼吸、共命运，为建设新时代沿海强市、美丽港城和国际化城市再立新功！

●“吃水不忘挖井人”，燕山大学今日取得的成就，离不开老一辈东重人、燕大人的艰苦创业与接续奋斗。下面，进行大会第八项，请老教授代表黄真老师发言。

（黄真发言）

感谢黄真教授。

●百年来，一批批优秀燕大学子奔赴祖国四面八方，走向不同工作岗位，积极进取、踏实肯干，成长为各行各业的栋梁之材。下面，进行大会第九项，请我校校友代表、太原理工大学校长、中国工程院院士黄庆学发言。

（黄庆学发言）

感谢黄庆学校友。

●学校始终把培养担当民族复兴大任的时代新人作为根本任务，如今年轻的学子们正在燕大校园茁壮成长。下面，进行大会第十项，请学生代表、机械工程学院硕士研究生邵可鑫发言。

（邵可鑫发言）

感谢邵可鑫同学。

●回首往昔，岁月峥嵘，凝华聚彩，薪火相承。燕山大学历经坎坷而不衰、千锤百炼而弥坚，靠的是包含30余万校友在内的全体燕大人精诚团结、不懈奋斗。燕大昨日的辉煌离不开全体校友风雨同舟，燕大明日的征程更需要广大校友凝心聚力。下面，进行大会第十一项，表彰“杰出校友”。

我们通过网络评选出了我校首届“杰出校友”。

请在校生向杰出校友代表献花。

●饮水思源，收获怀耕。回顾燕山大学从北国雪原到渤海之滨筚路蓝缕、波澜壮阔的百年办学历程，是东重、燕大的创业前辈们顶风沙，冒严寒，边劳动建校，边教学科研，才创造了艰苦条件下高起点办学、高质量发展的办学奇迹。在这个特殊的日子里，我们不能忘记创业前辈们为学校建设发展所作出的突出贡献。下面，进行大会最后一项，表彰“创业前辈”。

通过各单位推选和网络投票，毛关福、申光宪、史锦珊、白象忠、华仲新、邬伟扬、孙志勤、杜文升、李淑芬、罗松年、黄真、康大韬12名同志获得学校“创业前辈”荣誉称号，今天有8位“创业前辈”来到现场。

下面，有请“创业前辈”在青年教职工代表的陪同下上台。

（站好后）

请“创业前辈”为青年教职工戴上象征燕大精神赓续传承的红丝巾。

（戴好后）

请青年教职工为“创业前辈”献花。

（回位落座后）

一代人有一代人的责任和使命。走在开启燕山大学新百年的浩瀚征途中，让我们接过前辈们手中的接力棒，认真学习贯彻习近平总书记第36个教师节向全国广大教师和教育工作者的寄语要求，牢记为党育人、为国育才使命，发扬熔铸在燕大人骨子里的奋斗基因、工匠精神、卓越品质和家国情怀，不忘初心、砥砺奋进，为早日跻身国家“双一流”建设高校行列和建成“特色鲜明、国内一流、世界知名研究型大学”，服务国家战略和河北经济社会发展，实现中华民族伟大复兴的中国梦，作出燕大人新的、更大的贡献，续写燕山大学下一个百年新辉煌！

下面，请全体起立，共唱燕山大学校歌。

（奏唱《燕大之歌》）

我宣布：燕山大学“建校溯源百周年·独立办学一甲子”纪念大会到此结束。

谢谢大家！

（二）燕山大学党委副书记、校长赵丁选致辞

坚守教育报国初心 开启新百年浩瀚征程

——在燕山大学“建校溯源百周年·独立办学一甲子”纪念大会上的讲话

尊敬的各位领导、各位来宾，亲爱的老师们、同学们、校友们：

今天，是每一个燕大人心潮澎湃的日子。我们欢聚在线下和云端，共同纪念燕山大学“建校溯源百周年·独立办学一甲子”，一起分享燕大人的欢乐

与荣光。我谨代表学校，向东重和燕大各个时期为学校作出奉献的学校历任领导、教职员工，向为学校增光添彩的校友们，向长期以来关心、支持学校建设与发展的各级领导、各界朋友，表示最衷心的感谢！

此时此刻，我们更要把最崇高的敬意献给伟大的祖国和伟大的时代。党中央领导我们取得了抗击新冠肺炎疫情斗争的决定性胜利和重大战略成果，国家的繁荣昌盛为学校的快速发展提供了难得的战略机遇。

流水汤汤，历史浩浩。

站在百年历史的门槛上，我们抚今追昔，感慨万千。一百年波澜历程，六十载筚路蓝缕，沉淀下来的是一所有特色、有情怀、有底蕴、有担当，坚守“匠心为国铸重器”的高等学府。

燕山大学源于哈尔滨工业大学，始建于 1920 年。1958 年，哈尔滨工业大学响应国家号召，将重型机械相关专业成建制迁至工业重镇齐齐哈尔市富拉尔基区，组建了哈尔滨工业大学重型机械学院。1960 年独立办学，定名为东北重型机械学院，成为原机械工业部直属高校。1978 年被确定为全国重点高校。1985 年至 1997 年学校整体南迁至秦皇岛市。1997 年经原国家教委批准，更名为燕山大学。1998 年，划转到河北省，实行中央与地方共建，以河北省管理为主。目前，燕山大学是河北省、教育部、工信部、国防科工局四方共建高校，河北省重点支持的国家一流大学和世界一流学科建设高校，北京高科大学联盟成员、中俄工科大学联盟成员。

回首百年建设发展历程，总有一些特殊的时刻，难以忘怀。

1959 年，新中国第一所重型机械高等工业学院——哈尔滨工业大学富拉尔基重型机械学院成立大会在春寒料峭中召开，“我们要走‘高而瘦’的办学路子。”李昌校长坚定而洪亮的声音至今回荡在耳边。

1964 年，学校与第一重型机器厂联合研制成功国内最大的 12500 吨水压机，成为新中国重型机械工业第一次腾飞的起点。

1967 年，当时亚洲最大的 3 万吨模锻水压机又横空出世，被誉为中国工业“四大国宝”之一。此后，中国第一台二十辊森吉米尔轧机、第一根波纹腹板 H 型钢、第一条双层金属卷焊管机组、第一套冷轧带钢厚度液压自动控制系统以及第一台六自由度并联机器人样机皆出自燕大。我们创造了一个个中国第一,一场场欢跃振奋的场面又呈现在我们眼前。

一路走来，一批又一批燕大英才把论文写在祖国大地上，为国铸重器的初心不改。

“中国天眼”、大型客机C919、北斗导航卫星等国家重大工程建设项目，我们的科研团队参与核心部件研发；神舟飞船、中国高铁、多功能应急救援车辆等国家重大科研工程项目，凝聚着燕大学人的智慧与汗水；京津冀协同发展、雄安新区规划建设、援疆援藏建设、精准扶贫等国家战略行动中，活跃着燕大师生的身影。

正如我们的老教授和校友所总结的，“作为中国的知识分子就是要有浓厚的家国情怀，我们的所学、所想、所做、所行，都是为了服务于国家发展、人民幸福。”

燕大人始终与国家、民族的发展同向同行、同频共振，不断为国家和地方经济社会发展贡献智慧和力量，奏响了一曲曲开拓奋进、砥砺前行的壮丽弦歌。

沧海长风，百年追寻。回望办学历程，燕大人始终怀揣一流大学梦想。以“志不改，道不变”的坚定与执着，彰显了中国特色社会主义大学的格局和气派。

——学校始终坚持正确办学方向，以立德树人为根本，构建价值塑造、知识学习和能力培养三位一体的育人模式。推行CDIO教学模式和OBE教学理念，全面提升教育教学水平和人才培养质量。燕山大学代表国家接受国际专家组观摩考察，以鲜明的工程教育特色支撑我国正式加入《华盛顿协议》国际工程教育组织。学校点亮了广大学生理想与信仰的火炬，为实现中华民族伟大复兴输送源源不断的人才。培养了30余万共和国的建设者，涌现出了包括周铁农、张春贤、丁薛祥等党和国家领导人，田永君、黄庆学、段广仁等两院院士，李书福、朱兴明、陈志江等工商界精英在内的一大批杰出人才。还有在各个岗位上坚守付出的你、我、他，每一个人都为祖国的繁荣富强贡献着属于燕大人特有的坚持与力量。

——学校坚守“顶天立地”，致力于科技进步，推动科技创新服务经济社会发展。学校拥有国家重点实验室、国家工程技术研究中心、国防重点学科实验室、国家创新人才培养示范基地、国家技术转移示范机构等50多个国家级和省部级科学研究基地；拥有国家大学科技园和燕山大学出版社。2000年以来获国家科技奖励19项，今年又有一项国家科技奖已经公示。科研成果连续两次入选“中国科学十大进展”和“中国高校十大科技进展”；在全国第四轮学科评估中，机械工程获评河北省唯一的A类学科；在纳米结构超硬材料等领域取得了重大原创科研成果，为建设创新型国家、创新型河北作出了重要贡献。

——学校突出办学特色，努力办好高水平行业特色大学。建设了一批校企合作和科技成果转化平台，成为支撑行业发展的核心共性技术研发和转移基地，在行业关键技术领域不断取得重大突破，为国家战略领域发展和民生改善贡献“燕大智慧”。立足河北，在涉及装备制造、信息技术、新材料等国计民生领域，提供各类科技服务。构建钢铁行业产业协同创新研发服务体系，为河北实现从钢铁大省向钢铁强省转变提供科技支撑；连续四年举办智启雄安论坛，多篇咨政报告在河北经济社会发展中得到应用。以实际行动回馈养育燕大的这片热土，为新时代全面建设经济强省、美丽河北贡献燕大力量。学校扎根秦皇岛36年，始终与港城共荣共生，开展了中铁山桥港珠澳大桥主体工程建设等一大批合作项目，合力打造人才高地，形成“名城育名校，名校润名城”发展新格局。学校同时积极实施“走出去”发展战略，迈向广东，设立燕山大学深圳研究院，服务“粤港澳大湾区”国家战略和中国特色社会主义先行示范区建设；深入江浙，与吉利集团、徐工集团深度合作，振兴民族工业；回望东北，设立燕山大学齐齐哈尔产业技术研究院，深化与中国一重集团合作，振兴东北老工业基地；面向西部，与中国重型机械研究院股份公司拓展合作，服务新时代西部大开发战略。整合优势资源，深耕国防军工，在直升机助降系统、特种材料等领域取得重大进展。

——学校扎实推进文化育人，固精神之本，铸文化之魂。秉承“厚德、博学、求是”的校训，弘扬“艰苦奋斗、严谨治学、求实创新”的燕大精神，铸就了奋斗基因、工匠精神、卓越品质和家国情怀。这次新冠肺炎疫情，燕大人第一时间为湖北多家医院捐送了一批急需的医疗设备，危难之时体现责任与担当，展现出舍我其谁的家国情怀。发挥人文辐射功能，新建校史陈列馆，建立了燕山大学全面依法治省研究院和东北亚古丝路文明研究中心以及博物馆。百年燕大形成的优良传统激励着全校师生和海内外校友用赤诚的爱国之心和报国之志，在各自岗位上为实现伟大复兴的中国梦而奋勇拼搏！

回顾办学历史与成绩，我们更深切地体会到，大学只有与时代结合、与国情结合，国之事业，才能一脉相承；地方高校唯有打破地域、经费、生源等因素带来的制约，才能开拓出新的发展空间。

各位领导、各位来宾，老师们、同学们、校友们，历史总是在一些特殊年份给人以汲取智慧、继续前行的力量。

新冠肺炎疫情全球大流行加速了百年未有之大变局的演进，高等教育发展的外部环境和内部条件也正在发生深刻复杂变化。新一轮科技革命和产业变革方兴未艾，正在重构全球创新版图，重塑全球经济结构。再过十五年，中国要总体实现教育现代化，迈入教育强国行列，建成学习大国、人力资源强国和人才强国。教育作为“国之大计、党之大计”的地位，从来没有像今天这么凸显。行程万里，不忘初心。燕山大学为党分忧、为国效力的崇高使命，也从来没有像今天这样强烈。

在去年召开的第四次党代会上，学校审时度势、集思广益，确定了“全面建成特色鲜明、国内一流、世界知名研究型大学”的奋斗目标，这是燕山大学在历史交汇点上的伟大宣示，是新时代燕大人作出的使命选择。

海风深处闻征鼓，勇立潮头唱大风。当我们站在民族伟大复兴的舞台上，面临国内循环为主体、国际国内双循环相互促进的新发展格局，更要以长远的眼光，思考中国进入新发展阶段，燕山大学如何赢得优势，赢得主动，赢得未来，汇聚起重整新装再出发的磅礴力量，在新时代开启新百年征程。

新百年新燕大。我们不忘初心、牢记使命，始终把立德树人作为学校立身之本，建设矢志一流、英才辈出的燕山大学。

“育才造士，为国之本。”认真学习贯彻习近平总书记关于教育和科技创新的重要论述，学习贯彻习近平总书记致哈尔滨工业大学百年校庆贺信精神，认真落实王东峰书记致燕山大学百年校庆贺信精神，坚持和强化立德树人价值导向，遵循教育规律，围绕“培养什么人、怎样培养人、为谁培养人”，胸怀“两个大局”，践行“四个服务”；建设高素质的教师队伍，完善学校治理体系，加快建设一流大学和一流学科，实现内涵式高质量发展，为国家培养一代又一代立志为中国特色社会主义奋斗终身的有用人才。不拒众流，方为江海。学校提高国际化水平，拓展国际化领域，完善国际化体系，讲好中国故事、燕大故事，吸引越来越多的海外优秀青年来校学习，为推动国家软实力建设作出贡献。

新百年新燕大。我们瞄准前沿、科学布局，始终以“三个面向”作为学校主攻方向，建设善于创新、务实担当的燕山大学。

始终传承和发扬在行业中的办学优势，围绕世界科技前沿、国家重大需求和行业地区共性关键问题，引导主动探究，不断提升科技创新水平；努力为国家“杀手锏”技术、“卡脖子”工程提供人才支撑和智力支持；把握新工科、新文科、医工融合等发展机遇，打造“机械工程”和“材料科学”学科高峰，建设电气、信息、化学等学科高原；强本固基，逐步做大做强亚稳材料制备技术与科学国家重点实验室和冷轧板带工艺及装备国家工程技术研究中心等国家级平台；拓展新领域，激发新动能，高质量推进人工智能与机器人、海洋科学与工程、康养产业技术3个研究院和高压科学、清洁纳米能源、特种运载装备3个研究中心建设。

新百年新燕大。我们坚忍不拔、不懈奋斗，始终把家国天下作为学校力量源泉，建设气质卓越、风骨雄健的燕山大学。

风云变幻的时代，奋斗永远是不变的底色；朝气蓬勃的时代，奋斗永远是最古老的沉淀。当前，燕大人斗志昂扬，认真贯彻落实省委、省政府关于支持燕山大学加快“双一流”建设、实现内涵式高质量发展的文件精神，加强一流本科教育，深化研究生教育改革，为党和国家事业发展培养造就大批德才兼备的高层次人才；大力提高科学研究水平，积极服务国家战略和地方经济社会发展需求；出台人才新政，延揽四方才俊；深化校院两级管理体制改革，激发办学活力，提升办学效益。燕大人正以不获全胜决不收兵的意志，努力向“双一流”冲刺，以一鼓作气、乘势而上的姿态奋勇夺取新胜利。

老师们、同学们、校友们、朋友们！

时代的潮流浩荡前行，奋斗的激情永远燃烧。今天，历史的接力棒传到了我们手里。在新百年征途中，我们将以习近平新时代中国特色社会主义思想为指导，承继燕山大学一个世纪的光荣与梦想，扎根中国大地办大学，为党育人，为国育才，争做时代新人的培育者、国之重器的创造者、新风正气的引领者和燕大精神的传承者，全面推进特色鲜明、国内一流、世界知名研究型大学建设，实现高质量内涵式发展，办出中国特色一流大学，努力创造无愧于时代的光辉业绩，共同谱写壮丽的新时代华章！

谢谢大家！

（三）哈尔滨工业大学校长、中国工程院院士周玉致辞

尊敬的各位领导、各位来宾，老师们、同学们：

大家好！

“风回云断雨初晴，返照湖边暖复明。”在以习近平同志为核心的党中央

坚强领导下，统筹疫情防控和经济社会发展工作取得重大成果，教育教学秩序正在全面推进恢复正常。在这硕果累累的金秋时节，我们共同见证并祝贺燕山大学“建校溯源百周年·独立办学一甲子”。在此，我谨代表哈尔滨工业大学及各兄弟高校，向燕山大学全体师生和广大校友致以最热烈的祝贺和最深情的祝福！

燕山大学与哈尔滨工业大学同根同源、血脉相连。100年前，为铁路建设培养工程师的哈尔滨工业大学建立，开设了铁路建筑和电气机械工程两个最早的科。1958年，哈工大机械系500余名师生响应国家号召，奔赴齐齐哈尔建立了哈尔滨工业大学富拉尔基重型机械学院。1960年，开始独立办学，成为新中国第一所重型装备制造行业院校——东北重型机械学院。经过一个甲子的艰苦创业，如今的燕山大学坚持“高而瘦”的办学方针，秉承“厚德、博学、求是”的校训精神，走高起点、高标准、高质量发展之路，创造了艰苦条件下办学20年就跻身全国重点高等院校行列的骄人业绩。

从哈工大到富拉尔基、再到燕大，从松花江畔到嫩江之边、再到北戴河旁，燕山大学和哈工大的血脉亲缘始终绵延深厚、历久弥新。创建东重时的1441名学生是两校共同的校友；马西林、林秀安、连家创、宋维公、王益群等燕大历任校领导，都在哈工大学习或工作过；段广仁院士、马晶教授、谭立英教授等哈工大杰出人才，都是燕大的优秀毕业生。燕山大学和哈工大同心同行、并肩奋进，为共和国的工业化事业和科技强国建设作出了重要贡献。

燕山大学和哈工大拥有共同的精神航标。今年6月，习近平总书记致信祝贺哈尔滨工业大学建校100周年，指出“哈尔滨工业大学历史悠久”，并指示哈工大“在新的起点上，坚持社会主义办学方向，紧扣立德树人根本任务，在教书育人、科研攻关等工作中，不断改革创新、奋发作为、追求卓越，努力为实现‘两个一百年’奋斗目标和中华民族伟大复兴的中国梦作出新的更大贡献”。总书记的贺信内涵丰富、立意高远、思想深邃，是同根同源的燕山大学和哈尔滨工业大学共同的根本遵循和行动指南。两校要用习近平总书记贺信精神把舵定向、立心铸魂，在新百年的长征路上奋力开创学校发展建设新局面。

燕山大学和哈工大拥有共同的价值追求。哈工大始终坚持立足航天、服务国防、面向国民经济主战场，创造了多个世界第一，打造出了新体制雷达、“天宫二号”空间机械臂、星地激光链路通信等一批“国之重器”，培养出了马祖光、孙家栋、刘永坦等一大批杰出人才，为党和人民作出了重要贡献；燕山大学始终以服务国家战略为己任，创造了国内多项“首台套”，合成了世界上最硬的材料，参与了万吨水压机、C919 大飞机等一系列国家重大工程项目核心部件研发，培养出了田永君、黄庆学、李书福等一大批中流砥柱、国之栋梁，为共和国的建设与发展发挥着重要作用。两校要继续坚守许党报国的初心使命，始终瞄准国家“卡脖子”技术难题，着力攻克关键核心技术，为教育强国和科技强国建设作出新的更大贡献。

燕山大学和哈工大拥有共同的时代使命。当今世界正经历百年未有之大变局，新冠肺炎疫情使全球格局发生深刻的调整，新一轮科技革命和产业变革加速演变，党和国家事业发展对高等教育的需要、对科学知识和优秀人才的需要，比以往任何时候都更为迫切。立足中华民族伟大复兴战略全局和世界百年未有之大变局，面向新百年，哈工大正坚持以习近平总书记贺信精神为引领，奋力开创“中国特色、世界一流、哈工大规格”的新百年卓越之路；面向新百年，燕山大学也正朝着建设“特色鲜明、国内一流、世界知名研究型大学”的目标阔步迈进。两校要勇担时代使命，以奋发作为、追求卓越的精神气魄，同舟共济、同题共答，并肩向党中央、向人民交上优异的答卷。

百年求索，丹心培育华夏英贤；

六秩奋斗，匠心铸就大国重器。

我们相信，朝着“双一流”和“研究型大学”的建设目标拼搏奋进的燕山大学将以习近平新时代中国特色社会主义思想为指引，秉承同一个初心、同一个使命、同一个梦想，努力为实现“两个一百年”奋斗目标和中华民族伟大复兴的中国梦作出新的更大贡献！

最后，再次向百年华诞、甲子辉煌的燕山大学致以最深情的祝福！向燕山大学全体师生和校友致以最热烈的祝贺！

谢谢！

（四）黑龙江省人大常委会副主任、齐齐哈尔市委书记孙珅致辞

尊敬的铁农副委员长，尊敬的险峰书记、丁选校长，各位领导、各位老师、各位校友、各位同学：

大家上午好！

燕大百载育人，桃李成林，英才遍四海。今悉世纪校庆，师生同心，盛名传九州。值此第 36 个教师节到来之际，欣逢燕山大学建校 100 周年，我谨代表中共黑龙江省委书记、原河北省人民政府省长张庆伟同志，代表齐齐哈尔530万人民向贵校全体师生，向曾经工作生活在富拉尔基区的老教师和海内外广大校友致以衷心的祝贺和崇高的敬意。

年华流转，岁月如歌。建校百年来学校虽数度异名，校址几经变迁，但燕大人始终秉持厚德、博学、求是的校训精神，持续弘扬匠心为国铸重器、丹心为国育英才的家国情怀，学校的发展始终与国家的发展同向同行，与民族的振兴同频共振，为国家和地方经济社会发展贡献智慧和力量。办学规模不断扩大，多个学科处在全国乃至世界一流水平，成为全国重点大学、河北省重点支持建设的双一流高校，谱写了一曲曲开拓奋进、砥砺前行的时代华章。

落其实者思其树，饮其流者怀其源。燕山大学现在扎根秦皇岛，但与齐齐哈尔同根同源、相生相伴、守望相助、血脉相连。东北重型机械学院建校初期就组织500多名师生到齐齐哈尔65个工厂投入“双革”和“四化”运动，完成核心项目538项，为齐齐哈尔发展装备制造业贡献了重要力量，从东北重型机械学院熔铸奋斗基因和工匠精神到与中国一重等骨干企业保持长期深入合作，再到近年来在齐齐哈尔建立产业发展研究院，生成一批合作项目，都充分体现了燕山大学为齐齐哈尔发展和老工业基地振兴助臂加力的寻根情怀。当前我市致力于打造全国精密超精密加工基地，推动装备制造业向高端化、智能化转型发展，燕山大学以服务国家装备制造业、战略性新兴产业、国防科技工业和区域经济社会发展为己任，正在布局人工智能与机器人研究、海洋科学与工程等三个研究院、三个中心，双方具备在多个领域实现更广泛更深层次合作的机会，真诚希望双方持续加大合作力度，不断深挖齐齐哈尔的产业需求和燕大的优势资源，建设好高质量合作平台，创新更灵活的合作机制，共同谱写校、政、企精深合作的新篇章。

百年砥砺，续展芳华。一百年是一个重要的里程碑，既彰显着百年发展的厚重与积淀，也标志着一个崭新的开始，我相信借着百年校庆的强劲东风，燕山大学必将乘风破浪，扬帆远航，朝着特色鲜明、国内一流、世界知名的研究型大学目标迈进，为区域经济振兴、国家发展、社会进步和民族复兴作出更大的贡献。

最后，祝燕山大学恒发春华、桃李丰硕，祝全体师生天天进步、事业有成，祝各位校友身体健康、万事如意。

谢谢大家。(根据录音整理而成)

(五)中国一重集团有限公司党委书记、董事长刘明忠致辞

尊敬的铁农副委员长，尊敬的赵险峰书记、赵丁选校长，尊敬的各位嘉宾、老师们、同学们:

大家上午好!

9月的秦皇岛，云海远阔、山川舒朗！在这个收获和希望的季节，非常荣幸参加燕山大学“建校溯源百周年·独立办学一甲子”纪念大会。首先，我谨代表中国一重向燕山大学送上最真挚的祝福，向燕大全体师生和广大校友表示最热烈的祝贺！同时，对长期以来关心支持中国一重事业发展的河北省委省政府和燕山大学各级领导及社会各界朋友们表示衷心的感谢!

百年燕大，桃李满天下。建校以来，燕山大学先后培养了30余万名优秀人才，为祖国的建设发展作出了重大贡献。尤其在重型机械成套设备、亚稳材料科学与技术、并联机器人理论与技术等研究领域主持和参与了多项国家重点科研项目，整体实力处于国际先进水平，在国际装备制造行业中享有盛誉。

60多年前，燕山大学和中国一重衣钵相承、比肩相生。1958年，位于齐齐哈尔富拉尔基的第一重型机器厂正在如火如荼地建设生产之中。按照国家战略部署、功能定位，同年年初我国第一所“为重型机械工业培养技术干部”的高等工业学府——哈尔滨工业大学重型机械学院紧邻一重组建成立。重机厂抽调优秀工程师充实学校师资力量，学校也积极在企业车间进行现场教学。办学伊始，燕山大学和中国一重便结下了深厚的兄弟情谊，战天斗地、艰苦创业，共同在祖国边疆荒原上建设并发展起来。

60多年间，燕山大学和中国一重言行相顾、精进相通。中国一重作为我国重型装备制造业龙头企业，始终与燕山大学同心携手，在重大技术装备上啃最硬的骨头，先后联合设计制造了众多国家重大技术装备，为国家实施重大工程建设提供了基础材料保障和关键核心技术支撑。特别是，近年燕山大学齐齐哈尔产业研究院成立以来，围绕热加工大型铸锻件制造工艺技术等“卡脖子”课题，强化协同创新和成果转化应用，目前已成为推动产学研深度融合的重要通道，助力东北老工业基地全面振兴和装备制造业高质量发展。

60多年来，中国一重和燕山大学同声相呼、人文相融。“以一为重，永争第一”“装备中国，走向世界”的一重精神和使命担当，与“奋斗基因、工匠精神、卓越品质、家国情怀”的燕大品格心意相承、内涵相通。多年来，燕大为一重输送培养了近千名优秀毕业生，其中有41人走上中层及以上领导岗位，有15人担任重要单位、科研部门一把手，真正成为一重工程师的“摇篮”和学子成长成才的“沃土”。一代代燕大人和一重人携手并进、互学互鉴，以实际行动书写了教育报国、实业报国的壮丽篇章。

六十载同舟共济，淬炼奋斗神采；新百年盐梅相成，熔铸时代华章！让我们坚持以习近平新时代中国特色社会主义思想为指导，不忘初心、牢记使命，同心协力挺起共和国民族工业的脊梁，矢志不渝担起新时代强国强军的历史重任，共同服务于国家重大战略需求，为我国科技进步和产业发展提供有力支撑，为开启全面建设社会主义现代化国家新征程作出新的更大贡献！

最后，衷心祝愿燕山大学在新百年弦歌不辍、再创辉煌！衷心祝愿各位领导、各位来宾，老师、同学们身体健康、鹏程万里！同时，也非常欢迎更多燕大学子加盟一重，在产业报国和科技强国的伟大实践中勇攀高峰，让青春梦与中国梦文相辉映！

谢谢大家！

（六）老教授代表黄真发言

各位领导、来宾，朋友们、同志们：

在这个百年校庆大喜之日，我首先祝大家节日快乐！

我今年84岁了，我们这代人，出生在战火纷飞的年代，经历了共和国的成立、建设和发展的过程，也见证了学校从哈工大到东重、再到燕山大学建设发展的全过程。今天，我想把那段时光、那些经历，讲给大家听。

我出生的第二年，就发生了卢沟桥事变，从小跟随家人四处“逃难”。这段悲惨的经历，让我明白“天下兴亡，匹夫有责”！我决心，要为建设强大的祖国尽心竭力！

1953年中学毕业，正是我国开始第一个五年计划的时候，去东北，投身祖国重工业建设，是我的梦想，我就以第一志愿报考了哈尔滨工业大学。

哈工大特别注重培养学生的质疑精神，这让我悟出，“权威的老师并没有完全掌握真理，洋人编的权威教科书也都没有说尽真理”。这让我后来从不迷信书本、不迷信权威、不迷信洋人；让我有了追求真理的强烈愿望，感谢哈工大的培养！

1959年，应国家的需要，我被分配到了富拉尔基的哈尔滨工业大学重型机械学院，当时心中只有一个想法：“国家需要我去哪里，我就去哪里。”

科技是国之利器，现代化强国靠的就是科技和创新。早在二战后，机械工程中就出现了机器人，特别是多自由度的并联机器人，它有广泛的用途，尤其是在高技术领域，但其机构学问题却十分复杂和困难。为实现科研报国的梦想，我去美国留学，当时全世界都在研究串联式机器人，我的导师研究并联机器人，全美也只有不到十个人。我们敢跟他跑吗？有前途吗？我想到了哲学中的“对立统一规律”，并联一定有自己的特点和优点。就这样我坚定地选择了这个方向，30 年来的坚持取得了我不曾想到的成绩，这个哲学认识是学习毛主席著作得来的。

国家想要强起来就离不开创新，创新就需要人才，世上一切事物中，人是最宝贵的，一切创新成果都是人做出来的，归根结底都是人才在发挥作用。我在国际上是最早从事并联机器人研究的学者之一，为我校开辟了最具特色的一个学术方向。

在学术上，我最突出的贡献在这三方面：

其一，建立了并联机器人机构学系统理论。

其二，解决了国际上争论了 150 年通用的自由度计算原理与算法。

其三，首创了并联机构的通用设计原理。

我的研究被国家自然科学基金委材料工程学部誉为中国机构学发展的第三个里程碑，2010 年还获得国际机械工程协会组织 IFToMM 授予的“卓越成就奖”，是该奖项第一次授予华人。

我的学术著作为我国各种并联机器人研制与应用提供了一个高的理论平台，包括对 500 米口径射电望远镜“天眼”的馈源舱设计，成为探索宇宙奥秘的国之重器。

儿时，山河破碎，人民悲惨！如今，彩霞满天，光明灿烂！回忆过去，燕山大学曾为中国“工业化”作出过巨大贡献；展望未来，燕山大学定为中国成为“制造强国”递呈累累硕果。

我是一名普通的人民教师，为祖国建设出力是植根在每一个燕大人心底的情怀，从未动摇，从未放弃，从未改变。今天，站在燕山大学新百年的起点，我想对年轻一代说，报效祖国，从我做起，从现在做起，同学们要敢于站在时代前列，勇于创新，奋发进取，展现燕大人的风采，撑起中国的脊梁。

最后，在这欢庆的日子，祝祖国振翅高飞，祝燕大蓬勃发展，祝同志们、朋友们幸福安康！

谢谢！

（黄真，燕山大学机械学院教授，博士生导师，中国机械工程学会机构学专业委员会名誉主任。先后承担国家自然科学基金项目10项，国家863项目3项；国内外公开发表学术论文350余篇，出版专著5部。2010年获本学术领域国际IFToMM组织授予的“卓越成就奖”，也是此奖项的第一位华人获得者；国家自然科学基金委员会工程和材料科学部认为黄真教授的学术成就是“机构学在中国的三个里程碑之一”。）

（七）杰出校友代表黄庆学发言

尊敬的各位领导、各位校友，亲爱的老师们、同学们：

大家上午好！

在母校“建校溯源百周年·独立办学一甲子”的重要历史时刻，我作为燕大一分子能站到这里发言感到无比的荣幸和十分的激动。在此，我谨代表全球所有校友向母校百年华诞表示最诚挚的祝贺。

我是1980年考进了东北重型机械学院轧钢机械专业学习。今天非常高兴，教我的老师就是周铁农老师，周老师给我们讲过流体力学，在此也向周老师表示诚挚谢意。燕山大学确实有很多优秀的教师给我们上课，让我们历历在目，深受教育。后来我又走进了咱们燕山大学攻读硕士学位、博士学位，师从申光宪教授，主要研究边界元和冶金装备的研发，我看连老师也来了——连家创校长，给我上过板形课，这个印象也非常深刻，还有我们已故的胡锡增教授、赖明道教授、曹洪德教授也都给我们上过课。应该说每一位教授对我们的教育都是非常深刻，他们的学术都是非常卓著，都是一座丰碑，值得我们永远地纪念和学习。

燕大的老师师德高尚、治学严谨、帮助学生、关心学生，对我们恩重如山。40年来，我始终得到了母校老师的关心，得到了校友的厚爱，我对燕大充满了感激之情，也有深深的眷恋。从红岸黑土到渤海燕山，60多年的虔诚积累、励精图治，燕山大学育英撷华，是我国重型机械人才的摇篮，培养出了一大批国家重大技术装备的杰出人才，铸就了一大批国之重器，为建设现代化强国作出了突出的贡献。

我们都是燕大人，多年来燕大的艰苦奋斗、严谨治学、求实创新精神融入了我们的血液，让我们能够明明白白地剖事析理，坦坦荡荡地为人处世；

做到了敬业乐群、知行合一；忠诚善良，待人宽，律己严；不骄不躁，奋发向上；宠辱不惊，勇于担当。燕大不仅教会了我们立足社会的专业知识，还同时赋予了我们昂扬向上的精神气质。今天，全国人民正在为实现伟大的民族复兴、实现中国梦而努力奋斗，在这个征程上，燕山大学一定能奋勇争先、快速发展。衷心祝愿母校早日能建设成为特色鲜明、国内一流、世界知名的研究型大学，祝愿母校桃李满天下，以奋斗者、实干家、排头兵的身姿勇立时代潮头，不断创造新的业绩，谱写新时代壮丽的华章。永远感谢燕大、祝福燕大。

谢谢大家！（根据录音整理而成）

（八）学生代表邵可鑫发言

自强不息的燕大人

邵可鑫（18 级机械工程学院机械工程专业 11 班）

尊敬的各位领导、各位来宾、各位校友，亲爱的同学们：

大家好！我们怀着无比激动和喜悦的心情，盼来了学校的百年华诞。这一刻是奋斗的驿站，更是前进的开端！有人用“重走南迁路”来追寻燕大的历史，有人用西校区操场的“顶呱呱”来表达对母校的祝福，此时此刻，作为一名在燕大学习生活了七年的学子，我想与大家分享我们所闻、所见、所爱的燕大。

我们耳中的燕大，自强不息、为国而生。

曾听老先生饱含深情地讲述母校过去的故事。为了国家的发展需要，她背起行囊，毅然从冰城哈尔滨出发，落脚东北边疆的荒漠之上，师生携手，兴学创业。那些敬爱的师长顶风冒雪，步行十余里，背着孩子来工作；冲一碗白开水加酱油当消夜；披一身棉被彻夜撰写教案。“耐得人间雪与霜，百花头上尔先香”，艰难困苦的办学条件下，老一辈东重人坚忍不拔、开拓进取，创造了高水准的教学科研成果，也锻造了燕大人艰苦奋斗的精神底色。秉承着这种精神，在改革的潮流中，母校犹如一艘舰艇，带着历史的厚重，扬帆起航，劈波斩浪，将我们送至渤海之滨、燕山脚下。

我们眼里的燕大，立德树人、尽展芳华。

扎根燕赵沃土，汲取历史养分，传承厚重底蕴，二次创业的燕山大学滋养着我们茁壮成长！这种成长是专业扎实。我们中，有人本科就参加联合国同声传译工作；有人两年内就拿下 13 项国际、国家级奖项；有人在校期间发表 SCI19 篇、TOP 论文 7 篇，担任多个国际期刊审稿人；有人以科技助力脱贫攻坚，受到李克强总理的接见。这种成长是携手并进。我们有 30 年底蕴的志愿服务组织雷锋突击队，有全国大学生暑期社会实践优秀团队，还有全国仅 50 个的小平科技创新团队。这种成长是兼爱无私。有人笃定无畏，冰海救人，入选中国好人榜；有人扎根西部，支边支教，助力边疆发展；有人携笔从戎，保家卫国，覆盖全部兵种；甚至有人奋不顾身，为了西部建设、疫情防控献出了宝贵的生命。这种种成长，铸就了学子们青春搏击的能量，也铸就了母校崭新闪亮的荣光！

我们心上的燕大，风起扬帆，奋楫前行。

如今的燕山大学让我们每位学子心中有火，眼里有光，脚下有方向！她正在向特色鲜明、国内一流、世界知名的研究型大学阔步前进！无论是航空航天，还是材料研发，无论是天文探索，还是卫星定位，自强不息的燕大人用智慧和才干为国家建设贡献着越来越多的力量！

前辈们历经风雨用实际行动擦亮了燕大名片！身处新时代的我们，更要继承和发扬百年燕大精神，坚定信念、奋进担当，为实现中华民族伟大复兴的中国梦贡献新的燕大力量！

谢谢大家！

二、燕山大学“建校溯源百周年·独立办学一甲子”纪念活动总结表彰大会

（一）燕山大学校长赵丁选主持词

尊敬的各位领导、各位来宾、各位朋友，亲爱的校友们、老师们、同学们：

大家上午好！

斗转星移，岁月更迭，一世纪沧桑风雨路，一甲子桃李天下盛。在全体师生员工的共同努力下，我们以“百年燕大·家国天下”为主题成功地举办了百年校庆活动，活动充分展示了办学成就、总结了办学经验、凝聚了士气人心、弘扬了燕大精神。校庆活动在国内外受到广泛赞誉。

今天，我们在这里召开燕山大学百年校庆总结表彰大会，回顾校庆活动、总结工作经验、表彰先进模范，推动学校事业发展、再谱华章！

下面，我介绍一下出席总结表彰大会的其他领导和代表获奖单位的嘉宾，他们是：

燕山大学党委书记赵险峰；

燕山大学党委副书记谢延安；

燕山大学党委副书记黄晟；

燕山大学党委常委、纪委书记李榕；

燕山大学党委常委、副校长赵永生；

燕山大学党委常委、副校长任家东；

燕山大学副校长王德松；

秦皇岛银行股份有限公司行长李国强；

首旅京伦总经理孙立武；

秦皇岛瑞通发展有限公司市场总监韩明峰；

秦皇岛仁义客运服务有限公司总经理杨达；

中国联通秦皇岛市分公司市场部副经理吕亮。

在此，请让我们再一次用热烈的掌声，向莅临大会的各位领导及嘉宾表示最诚挚的欢迎，向一直以来关心、支持燕山大学建设发展的社会各界人士与海内外校友致以最衷心的感谢！

现在，我宣布：燕山大学百年校庆总结表彰大会正式开始！

●进行大会第一项，请全体起立，奏唱中华人民共和国国歌。

（奏唱国歌）

请坐下。

●进行大会第二项，请燕山大学党委副书记黄晟同志总结校庆工作。

（黄晟总结校庆工作）

●校庆筹备工作历时一年，围绕三大任务细致展开，主动讲好了燕大故事、周到服务了师生校友，全体燕大人团结一心，勇创一流，圆满完成了各项工作任务。其中，涌现出了一批业绩斐然的优秀集体及贡献突出的先进个人。下面，进行大会第三项，请燕山大学党委常委、副校长任家东同志宣读关于表彰燕山大学百年·甲子纪念活动先优单位和个人的决定。

（任家东宣读决定）

●在整个校庆期间，校内外举办了一系列受到师生校友好评、取得良好社会效果的活动项目，涌现出一大批有高度责任感的师生员工，他们团结协作、不计报酬、忘我工作，确保了校庆各项活动顺利进行；各地校友更是纷纷为母校捐资捐物，体现了“爱校荣校”的拳拳赤子之情；我校百年校庆得以顺利开展，也离不开大量企业给予我校的诸多无私帮助与支持。

●下面进行大会第四项，请燕山大学校领导班子成员为获奖单位及个人颁发荣誉证书。

（画外音：首先有请最受欢迎活动参与单位上台，有请燕山大学党委副书记谢延安同志上台为最受欢迎活动参与单位颁奖）

（颁发证书，合影完毕，下台）

（画外音：下面有请校庆工作标兵上台，有请燕山大学党委副书记黄晟同志上台为校庆工作标兵颁奖）

（颁发证书，合影完毕，下台）

（画外音：下面有请校庆志愿之星和十佳志愿者上台，有请燕山大学党委常委、纪委书记李榕同志上台为校庆志愿之星和十佳志愿者颁奖）

（颁发证书，合影完毕，下台）

（画外音：下面有请校庆离退休志愿者代表上台，有请燕山大学党委常委、副校长赵永生同志上台为校庆离退休志愿者代表颁奖）

（颁发证书，合影完毕，下台）

（画外音：下面有请校庆优秀校友组织和个人代表上台，有请燕山大学党委常委、副校长任家东同志上台为校庆优秀校友组织和个人代表颁奖）

（颁发证书，合影完毕，下台）

（画外音：下面有请校庆特别鸣谢单位上台，有请燕山大学副校长王德松同志上台为校庆特别鸣谢单位颁奖）

（颁发证书，合影完毕，下台）

●校庆筹备组织工作时间跨度长、活动内容多、任务强度大，在确保学校常规工作顺利进行的同时，校庆活动的成功举办离不开广大教职工的热情和积极参与。校庆活动中涌现出了一批充满情怀的燕大人，是因为他们的废寝忘食、无私奉献，我们才见证了一次热烈、简朴但是富有感召力的百年校庆活动。这些燕大人有很多体会和感悟，希望他们与大家分享一下。

下面进行大会第五项，请燕山大学校庆工作优秀组织和个人代表上台发言。

（画外音：下面有请燕山大学校庆办王志宙同志代表校庆工作标兵和校庆工作先进个人上台发言）

（发言完毕，下台）

（画外音：下面有请燕山大学经济管理学院企业管理专业研究生肖楠同学代表校庆工作优秀志愿者上台发言）

（发言完毕，下台）

（画外音：下面有请白靖同志代表校庆离退休志愿者上台发言）

（发言完毕，下台）

（画外音：下面有请王光同志代表校庆优秀校友组织和个人上台发言）

（发言完毕，下台）

（画外音：下面有请秦皇岛银行李国强同志代表校庆特别鸣谢单位上台发言）

（发言完毕，下台，赵校长上台主持）

●承前启后，展望未来。燕山大学的百年校庆活动不是一次单纯的庆祝活动，它凝聚着燕大人对办学历史的共识，也承载着燕大人对办学前景的希望。校庆活动传递着东北重型机械学院、燕山大学的薪火，汇聚了广大师生和海内外校友的发展合力，明确了我们赓续奋斗的方向，开启了我们新百年的征程。下面，进行大会最后一项，请燕山大学党委书记赵险峰同志讲话。

（赵险峰书记讲话。赵丁选校长上台主持）

●刚才险峰书记总结了校庆工作的经验，创新谋划、严密组织、坚强保障、无私奉献，这些经验也适用于我们的当前工作。在我们爬坡过坎、滚石上山的关键时刻，更加需要不畏艰难、自强不息的燕大精神。校友们、老师们、同学们，成功举办的百年校庆活动已经证明了燕大人召之即来、来之能战、战之能胜，我们要乘胜前进、奋勇拼搏，直至跻身“双一流”建设高校行列，直至建成“特色鲜明、国内一流、世界知名”的研究型大学，为中华民族的复兴伟业作出新的贡献！

下面，请全体起立，共唱燕山大学校歌。

（奏唱《燕大之歌》）

我宣布：燕山大学百年校庆总结表彰大会到此结束。

谢谢大家！

（二）燕山大学党委副书记黄晟总结校庆工作

尊敬的各位领导，亲爱的老师们、同学们、校友们：

大家上午好！

2020 年 9 月 10 日，我校成功举办了“建校溯源百周年 · 独立办学一甲子”

百年校庆纪念大会，全校师生和30余万校友为之欢欣鼓舞。校庆工作期间，突如其来的新冠肺炎疫情打乱了既定的校庆工作部署，给校庆工作带来了前所未见的风险和困难。学校超前谋划、科学决策、勇于担当，克服新冠疫情影响，严格按照上级部门疫情防控总体要求，实施线上与线下相结合方式开展形式多样的校庆活动，取得良好效果。

回顾工作效果，百年校庆组织给力。在校党委坚强有力领导下，学校成立校庆组织委员会，下设办公室，抽调各部门骨干充实到工作中来。各单位成立了校庆领导小组，确定了校庆办领导体制、会商制度、协调机制和内部分工，为顺利开展各项工作提供了组织保障。

回顾工作历程，校庆活动领导有力。校庆系列活动施行项目制模式，具体活动由校领导亲自挂帅，校庆办专人对接，各部门勇担重任，大家心往一处想、智往一处谋、劲往一处使，为高效推进各项活动提供人力支持。

回顾工作计划，校庆方案调整得力。突发、偶发的疫情，使校庆工作几起几停，校庆能否正常举办成为师生校友们心中的疑问。校庆办深入调研、大胆建议，学校审时度势、正确决策，根据疫情形势和防控要求及时修改校庆工作方案，先后五易其稿，按计划如期开展各类活动。

百年校庆紧扣“百年燕大·家国天下”主题，按照争创一流、宏大热烈、节俭务实、持久绵长的校庆原则，围绕讲好燕大故事、恭候校友回家、牢记立德树人三大任务，举办了100余项线上、线下校庆活动，全面回顾了燕山大学波澜壮阔的辉煌历程，圆满完成了相关工作任务。

一是讲好燕大故事，砥砺燕大精神。

在校庆工作中，始终坚持以回顾和发扬燕大精神为主线，举办“重走南迁路”“历史上的今天”等各类活动共29项。“重走南迁路，再抒创业情”骑行活动时间久、路程长、人员多、经费紧，多数时间学校只有一名工作人员随行，但校友们承担起了协调交警、勘探线路、领航领骑、保障安全、科技服务、文化传播和后勤服务等重任。1960公里，每一个路段都有校友活跃的身影；27天，每一天都有校友倾心的陪伴。这次在全国高校史无前例、激动人心的远征，是一次致敬前辈的朝圣，是一次寻根溯源的展示，更是一次凝聚人心的宣传。在校庆纪念大会的庄严肃穆中，我们回顾了母校光荣的办学历程以及“匠心为国铸重器，丹心为国育英才”的伟大实践与辉煌成就；“百年·甲子”文艺晚会，用艺术化的视觉盛宴，传达了在历史长河的百年画卷中追寻燕山大学根深立命的精神源泉，展现了我校在任何时期都积极应国之召的使命担当、艰苦创业的精神风貌和英贤辈出的非凡贡献，全面、立体地塑造了燕大百年的历史形象，充分展示了学校的办学历史和科研实力，彰显了燕大魅力。

二是热情服务校友，共谋母校发展。

在校庆工作中，校庆办以恭候校友回家为宗旨，共举办相关活动36项。全校师生肩负起志愿者的职责，热情周到，受到参会领导、海内外嘉宾和校友们的一致好评。

校庆募捐成效显著。校庆工作没有动用一分学校办公经费，都是校友和社会各界捐赠支持的。“我爱母校人人捐”活动受到了广大师生校友的热烈欢迎，大家群策群力、聚沙成塔，共募集善款2800余万元用于校庆相关工作和学校“双一流”建设工作。李书福、周超和朱顺炎校友各捐献500万元，为百年校庆作出突出贡献。

在“重温校园时光”系列活动中，校友们深情追忆往事，一桌一椅、一粥一饭、一草一木，皆是往昔母校熟悉的独家记忆。60余项院系活动，让五湖四海的校友们齐聚一堂，共同为母校发展出谋划策。

三是牢记立德树人，同心圆梦一流。

校庆期间，我们以牢记立德树人为根本，面向冲击“双一流”目标，共举办相关活动40场。教育部副部长孙尧、翁铁慧，省委书记王东峰、省长许勤先后调研燕山大学，为学校“双一流”建设指明了方向。今年年初河北省委省政府印发《关于支持燕山大学加快“双一流”建设实现内涵式高质量发展的意见》，全力支持燕山大学建成世界研究型大学，加快一流大学和一流学科建设步伐，为建设创新型国家和创新型河北作出新的更大贡献。学校先后举办了现代工程技术与材料科学燕鸣国际学术论坛和第四届亚稳材料技术与科学国际研讨会等一系列高水平学术论坛，加强学术交流、营造学术氛围、开拓学术视野、提高学术水平，进一步增强学校学术影响力。备受瞩目的“双招双引双服”工程坚持产学研紧密结合的办学特色，与地方经济社会发展同频共振、互助共赢，充分利用燕山大学人才培养、科学研究、创新能力等资源优势，为校友、为地方做实事、谋创新、促发展，把自身的知识、人才优势和创新能力不断地转化为国家的利益、社会的财富、人民的实惠，积极为地方经济社会发展贡献力量。学校还与承德医学院、河北省科学院、河北钢铁集团等多家单位签订合作协议，以科技创新推动区域产业技术变革和优化升级，助力河北区域创新驱动发展。全校师生勠力同心，朝着国家“双一流”高校建设的既定目标奋勇向前、同心圆梦。

我校百年校庆成效显著，主要表现在：

一是对内凝聚精神，向外展示风貌。

校庆期间，全校师生以及来访校友身穿特制的校庆文化衫，组成了校园内一道亮丽别样的风景线。凝聚了人心，积淀了力量，展示了燕大人团结协作、奋发有为、爱校荣校的精神状态以及强烈的责任感与主人翁意识。

二是总结办学经验，弘扬办学传统。

在回顾学校一个世纪的变迁中，仔细梳理了我校投身于国家发展建设的历史担当，鼓舞了全体师生校友的士气，在“厚德、博学、求是”深厚学风的引领下，进一步弘扬了“求实、协同、创新”的办学传统，提高了学校文化软实力。

三是创新机构机制，提高管理水平。

此次校庆是在争创“双一流”的背景下开展的，是本职工作之外新增的任务，充分锻炼了谋事能力，创新了办事方法，提高了办事效率，由点带面，推动了全校精神风貌和工作水平的进一步提高。

四是改善办学条件，扩大学校影响。

新百年，新燕大。校庆期间，山东堡校门、学生宿舍改造和国之重器雕塑等工程交付使用，使校园面貌发生了明显的变化，受到广大师生与各界来宾的一致好评，扩大了学校的知名度与美誉度。

校庆已成昨日，新百年已经开启，让我们以习近平新时代中国特色社会主义思想为指导，牢记立德树人宗旨，不忘服务国家社会使命，为争创双一流而努力奋斗！

谢谢大家！

（三）燕山大学党委书记赵险峰讲话稿

各位来宾，老师们、同学们、校友们：

大家上午好！

百年华诞逢盛世，甲子峥嵘满庭芳。今天，我们在这里隆重召开纪念“建校溯源百周年·独立办学一甲子”总结表彰大会，主要任务是回顾校庆之年各项工作，表彰先优单位和个人，分享校庆活动的成功经验，为开启燕山大学新百年新征程凝聚共识、汇聚力量。

“建校溯源百周年·独立办学一甲子”是燕山大学发展史上的重要里程碑，它历史地承担着发扬传统、开启未来的使命，特别是学校第四次党代会提出全力跻身国家“双一流”建设高校行列的近期发展目标和建设“特色鲜明、国内一流、世界知名研究型大学”的中长期发展目标后，办好百年校庆纪念活动适逢其时，意义深远。通过一年多精心组织，全校克服疫情影响，以“百年燕大，家国天下”为主题，成功举办了百余项线上、线下有重要影响的学术文化纪念活动（刚才校庆视频短片和黄晟副书记都进行了很好的总结），教育部副部长孙尧、翁铁慧和省委书记王东峰、省长许勤等省领导来校视察，省委省政府和秦皇岛市出台了支持学校加快“双一流”建设的专门文件和20条措施，周铁农等校友、省市领导和100多个政府部门、兄弟高校、企事业单位负责同志亲临校庆纪念大会现场，清华大学等海内外100余所高校和机构发来贺信、视频，等等，在改善外部环境、推进学科建设、提升学术水平、加强师资队伍、推动文化建设、优化育人环境以及社会融资筹资等方面取得显著成效，提高了学校办学水平、社会知名度和美誉度。特别是，通过回顾总结燕大百年办学历史和光荣传统，增强了广大师生和海内外校友的自豪感与凝聚力，汇聚了新百年发展的强大合力，提振了燕大人干事创业的精气神。

校庆纪念活动的成功举办，凝结着广大师生校友的智慧与心血，得益于各级领导和社会各界的支持与帮助，也获得了各级领导、高校同人、师生校友、社会各界和广大媒体的高度认可与好评。在此，我代表学校党委，向受到表彰的集体和个人表示热烈的祝贺！向参与校庆工作的各个部门、学院和全体工作人员、志愿者，向关心支持校庆活动的广大校友和社会各界表示衷心的感谢，并致以崇高的敬意！

成绩来之不易，经验弥足珍贵。学校在开展校庆系列纪念活动过程中形成了一些好的做法。一是高质创新的谋划定位。广泛征求意见，形成校庆方案，围绕讲好燕大故事、服务师生校友、同心圆梦一流三大任务，突出精神和文化内涵，突出育人和学术，突出师生和校友，精心设计和组织了一系列重大活动，深入挖掘活动的思想教育意义，大力弘扬燕大人的奋斗基因、工匠精神、卓越品质和家国情怀。二是科学严密的统筹组织。面对突如其来的疫情，百余项重大活动、4000余校友重返校园等，组织工作可谓庞杂繁重。

在校庆组织委员会有力领导和校庆办统筹调度下，各学院、相关部门以高度责任感、使命感，发扬协同作战精神，攻坚克难、精益求精，高效完成了各项任务。三是坚强有力的综合保障。校园修缮、后勤服务、安全保卫等保障单位从大局出发，担当尽责，加班加点，细致工作，确保了校庆各项活动有序进行，没有发生一起安全事故。四是师生校友的无私奉献。校庆是全体燕大人共同的节日，学校向所有校友发出了“恭候校友回家”的邀请，校友们也纷纷通过捐款捐物、重返校园、视频寄语、网络留言等方式表达深深的母校情。学校倡导全体师生都是校庆志愿者，全校师生全力以赴、全情投入确保了校庆圆满成功。以上四条经验做法，在实践中逐步积淀形成了燕大人“勇于创新、善于协作、敢于担当、甘于奉献”的校庆精神风貌，它和燕大人精神品格一道，成为我们的宝贵财富，对燕山大学未来发展具有重要的启示意义。

百年奋斗路，甲子创业情。燕山大学应国家重工业战略布局需要而诞生，历经两次搬迁、三次创业、划转更名，几多艰辛，所走过的不平凡的发展道路表明，燕山大学历史就是一部心系家国、改革创新的爱国奋斗史，就是一部不畏艰难、自强不息的励志创业史。面对世界百年未有之大变局和中华民族伟大复兴战略全局，学校既迎来了加快发展的重要战略机遇期，也面临着激烈的外部竞争态势，发展任务极端繁重，迫切需要我们以总结百年校庆工作为契机，把校庆年的收获和校庆精神风貌转化为赢得国家部委的持续关心，转化为取得地方政府的真诚支持，转化为获得社会各界的广泛认同，转化为增强全体燕大人的永恒信心，转化为助推事业发展的强大合力，转化为每个人的实际行动，朝着“双一流”和“研究型大学”的办学目标只争朝夕、砥砺奋进，奋力开启新时代新百年燕山大学第四次创业新征程。

我们要牢记初心，努力培养担当民族复兴大任的时代新人。深入学习贯彻习近平总书记关于教育的重要论述，认真落实习近平总书记致哈尔滨工业大学建校100周年贺信精神、省委书记王东峰致燕山大学百年校庆贺信精神，牢牢把握社会主义办学方向，紧扣立德树人根本任务，积极构建德智体美劳全面培养的教育体系，加快国际化步伐，形成更高水平的人才培养体系，始终为党育人、为国育才。

我们要攻坚克难，加快推进“双一流”建设。全力抓好省委省政府专门文件、秦皇岛市20条措施和我校加快“双一流”建设实施方案各项重点任务落地落实。做好教育部第五轮学科评估，重点建设机械工程、材料科学与工程两大学科群，着力打造工科“三院三中心”高端创新平台、文科“两院一中心”高端智库平台，支持田永君院士及团队开展相关“杀手锏”技术研发，引育一批高水平人才，产出一批重大原创性成果，解决我国和河北省产业发展“卡脖子”问题。

我们要转化机遇，谋深谋实“十四五”规划。认真学习贯彻党的十九届五中全会精神，推进开放办学，善于在大视野、大格局中谋划学校发展，将成功经验和曾经错失的机遇都转化为办法制度，进入“十四五”规划。瞄准国家地方需求，积极将学校的项目变为国家地方的想法，将国家地方的想法变为学校发展的思路。

我们要立足长远，全面提高治理体系和治理能力现代化水平。抓好校院两级管理、绩效工资制度等重点领域改革任务落地见效，不断激发人才活力和办学活力。深化教育评价改革，克服“五唯”倾向，注重以研究质量、原创价值、优秀业绩和实际能力评价人才。善于运用互联网技术和信息化手段促进和倒逼制度创新，做好相关制度“废改立”和“流程再造”工作，提高管理服务质效。健全与“双一流”相适应的办学治教体系，形成党委领导、校长负责、教授治学、民主管理、依法治校的良好内部治理生态。

我们要齐心协力，全力确保“十三五”圆满收官和年度目标任务高质量完成。各单位对照年度工作要点和年初签订的目标责任书，逐项梳理，全面盘点，尽快补齐存在的短板弱项，确保完成各项任务。有关单位加强绩效考核，进行交账算账对账，奖优罚劣动真格。临近年终岁尾，要毫不松懈抓好常态化疫情防控和安全生产各项工作，持续保持校园平安稳定的良好态势。

老师们、同学们、同志们，百年校庆的成功离不开全体燕大人的精诚团结、众志成城，燕大新百年的发展更离不开全体燕大人一如既往的凝心聚力、奋勇前进。让我们站在新百年的坐标和起点上，接过历史的“接力棒”，以习近平新时代中国特色社会主义思想为指导，坚守“匠心为国铸重器、矢志不移育英才”的初心和使命，发扬熔铸在燕大人骨子里的奋斗基因、工匠精神、卓越品质和家国情怀，将百年校庆活动中展现的精神风貌转化为工作常态，把百年校庆汇聚的信心力量转化为干事创业的前行动力，以最坚定的信心、最昂扬的斗志、最饱满的热情，打好学校内涵式高质量发展的主动战、翻身仗，为实现中华民族伟大复兴、开创燕山大学新百年的美好未来作出新的更大的贡献，以优异成绩向建党百年献礼！

谢谢大家！

三、北京高科大学联盟2020年峰会

（一）燕山大学副校长于树江主持词

尊敬的各位领导、各位嘉宾、各位代表、老师们：

上午好！

金秋九月，是一个收获的季节。今年适逢燕山大学“建校溯源百周年·独立办学一甲子”百年校庆，历久弥新的燕山大学收到了来自30余万校友和师生的美好祝福，也迎来了北京高科大学联盟2020峰会的参会嘉宾，我代表燕山大学，向长期以来关心和支持燕大发展的北京高科大学联盟领导和联盟兄弟院校领导，表示热烈的欢迎和衷心的感谢！

首先，为大家介绍出席本次峰会的各位领导和嘉宾：

世界工程组织联合会主席、中国新一代人工智能发展战略研究院执行院长、南开大学学术委员会主任龚克教授；

清华大学教育研究院史静寰教授；

西安交通大学高等教育研究所陆根书教授；

北京高科大学联盟理事长王亚杰教授；

中国矿业大学校长葛世荣教授；

北京化工大学副校长任新钢教授；

北京交通大学副校长余祖俊教授；

北京科技大学副校长臧勇教授；

北京林业大学副校长李雄教授；

北京邮电大学副校长王文博教授；

华北电力大学党委副书记郭孝锋教授；

哈尔滨工程大学副校长高晓欣教授；

西安电子科技大学党委副书记、副校长任小龙教授；

中国地质大学副校长刘伟教授；

中国石油大学副校长吴小林教授；

燕山大学党委书记赵险峰教授；

燕山大学党委副书记、校长赵丁选教授。

出席今天峰会的还有联盟高校相关职能部门的负责同志，省内外兄弟高校、学术期刊的专家学者，在此，向各位的到来表示热烈的欢迎和衷心的感谢！

下面，有请燕山大学校长赵丁选教授致辞。

（赵丁选校长致辞）

感谢丁选校长的致辞。

接下来，有请北京高科大学联盟理事长王亚杰教授致辞。

（王亚杰理事长致辞）

感谢王亚杰理事长精彩的致辞。

下面，会议进入主旨报告环节。龚克教授、史静寰教授和陆根书教授将为我们带来精彩的报告。

龚教授是一位卓有建树的电子工程专家，2019年龚教授正式就任世界工程组织联合会主席，这是该组织成立50年以来首次由中国科学家任主席。龚教授还是一位“教育家”，他先后担任多所著名大学的校长，熟悉高等教育规律。龚教授为中国工程教育改革和国际化作出了突出贡献。今天，他讲的题目是《试谈面向可持续发展的工程教育》。

下面有请龚教授，大家欢迎！

（龚克教授的报告）

感谢龚教授精彩的报告，今天上午的会议议程结束，我们下午继续，休会！

下午主持词：

各位领导、参会代表、老师们：

下午好！

下午的会议分为两部分，首先是主旨报告环节，由我来主持，接下来是联盟高校工作交流报告，由北京高科联盟刘志晗秘书长主持。

时间有限，话不多说。

第一个环节，清华大学的史静寰教授、西安交大的陆根书教授将为我们带来精彩的报告。

首先，有请史静寰教授作报告，题目是《深植行业，科教融合：双一流行业特色院校的发展突破》，大家欢迎！

（史静寰教授作报告）

感谢史教授精彩的报告！下面，有请陆根书教授作报告，题目是《一流本科建设的关键问题》，大家欢迎！

（陆根书教授作报告）

感谢陆教授的精彩报告！接下来的会议，交给联盟刘志晗秘书长主持，谢谢！

（二）燕山大学校长赵丁选致辞

各位领导、嘉宾、代表：

大家上午好！

今天我们相聚在国家历史文化名城、美丽的海滨城市秦皇岛，隆重举行新时代行业特色大学创新发展与高等工程教育改革研讨暨北京高科大学联盟2020年峰会。我谨代表承办单位燕山大学向各位领导嘉宾、专家学者的到来表示诚挚的欢迎，对本次峰会的召开表示热烈的祝贺！

首先，请允许我简要介绍一下燕山大学。燕山大学是河北省、教育部、工信部、国防科工局四方共建的全国重点大学，河北省重点支持的国家一流大学和世界一流学科建设高校。学校源于哈尔滨工业大学，前身为东北重型机械学院，是国务院1978年确定的88所全国重点大学之一。建校以来，学校历经两次搬迁、三次创业、划转更名，发展之路筚路蓝缕、波澜壮阔。一代代东重人、燕大人上下求索，不懈奋进，形成了自身独特的精神品格：不畏艰难、自强不息的奋斗基因，严谨专注、精益求精的工匠精神，敢于创新、善于创造的卓越品质，心系祖国、服务社会的家国情怀。在这种精神品格的引领下，30余万燕大（东重）校友遍布祖国大江南北和世界各地，涌现出了以周铁农、张春贤、丁薛祥为代表的党和国家领导人，以田永君、黄庆学、段广仁院士为代表的学术名师，以李书福、朱兴明、陈志江等为代表的商界精英等，在不同领域为共和国建设与发展发挥着中流砥柱的作用。

2016年，作为教育部选定的两所高校之一，学校的两个工科专业代表国家接受了国际专家组的现场考察，助力我国正式加入《华盛顿协议》国际工程教育组织。近年来，学校参与了世界最大最先进的水压机和核电锻件、C919大飞机、中国天眼、北斗系统、神舟飞船、中国高铁、港珠澳大桥等一系列国家重大工程项目核心部件研发，为我国经济社会发展贡献了燕大智慧和燕大力量。2019年，教育部副部长翁铁慧，河北省委书记王东峰、省长许勤等来校调研，对学校办学成就给予了高度评价。今年2月，河北省委、省政府出台了支持学校加快“双一流”建设、实现内涵式高质量发展的专门文件，学校发展迎来新的战略机遇。

2019年，学校第四次党代会确定了跻身国家“双一流”建设高校行列的近期发展目标和建设“特色鲜明、国内一流、世界知名研究型大学”的中长期发展目标。当前，燕山大学4万余名师生员工正在抢抓机遇、负重图强、只争朝夕、砥砺奋进，向着既定发展目标努力奋斗。

习近平总书记指出，办好中国的世界一流大学必须要有中国特色。我国高等教育最大的特色，不是拥有多少综合性大学、多少理工科大学，这些全世界各个国家都有，而在于我们拥有一大批扎根中国大地的行业特色型大学。行业特色型大学办学特色鲜明、学科优势突出，是我国高等教育体系的重要组成部分，也是“双一流”建设和高等教育强国建设的重要生力军。

北京高科大学联盟是由国内行业顶尖高校组成的高校联盟。长期以来，联盟各高校为服务行业发展和国家经济建设作出了重要贡献。教育兴则国兴，教育强则国强。新时代背景下，如何加快推进高水平行业特色大学创新发展，加快创建世界一流大学和一流学科，不仅是行业特色型高校实现自身发展的迫切要求，更是建设高等教育强国、实现中华民族伟大复兴的历史使命。

此次峰会以“新时代行业特色大学创新发展与高等工程教育改革”为主题，为联盟各成员高校、专家学者搭建了经验分享、思想碰撞的平台。希望我们参会高校能以此次峰会为契机，深入开展全方位、宽领域、多层次的合作，携手并进，共创一流。

百年燕大·家国天下。此次峰会的召开适逢燕山大学“建校溯源百周年·独立办学一甲子”百年校庆。在此，我代表学校再次衷心感谢各位领导、嘉宾和参会代表在峰会期间参加燕大百年校庆活动，见证燕大百年荣光。

最后，预祝本次峰会取得圆满成功！祝各位领导、嘉宾、代表身体健康、工作愉快、万事如意！

谢谢大家！

四、校庆系列图书出版首发仪式

（一）燕山大学副校长任家东主持词

尊敬的各位领导、来宾、校友、师生、同事们、朋友们：

今年，燕山大学迎来了建校溯源百周年·独立办学一甲子，这是学校继往开来的重要里程碑。为继承优良传统、激励奋进斗志，学校组织开展一系列校庆活动。其中，学校编委会主持编纂一套校庆系列图书是校庆活动的重要组成部分，由燕山大学出版社负责实施出版，目的是回顾厚重校史、记录发展历程、鼓舞奋进勇气、传播大学文化。目前，这套图书已经编纂、印制完成，具备了正式出版发行的条件。

经学校党委批准，值此校庆日倒计时60天之际，我们邀请了市领导、学校领导、校友代表、师生代表，今天在这里举行燕山大学校庆系列图书出版首发仪式，共同见证这个在燕大校史上有着纪念意义的时刻。

首先我很荣幸地介绍今天出席仪式的领导和来宾，他们是：

燕山大学党委书记赵险峰；

燕山大学党委副书记、校长赵丁选；

秦皇岛市委常委、宣传部部长陈玉国；

校友代表、秦皇岛市泰德管业科技有限公司董事长陈广斌；

河北日报报业集团秦皇岛分社社长、高级记者郭猛；

秦皇岛市政协文化文史学习委员会主任杨爱志；

秦皇岛市委党史办副主任吕洪文；

此外，校内相关职能部门和学院的负责人也在现场参加首发仪式。

与此同时，有许多师生校友和来自社会各界的朋友，正通过燕山大学出版社的抖音平台，观看首发式的现场直播。

热烈欢迎各位领导、嘉宾、朋友们的到来！

1. 仪式进行第一项：

介绍校庆系列图书编撰出版的背景和过程，让我们通过一个短片进行了解。

（回座位，播放宣传片，片长10分钟，结束后主持人上台）

2. 仪式进行第二项：

请秦皇岛市委常委、宣传部部长陈玉国致辞。

（回座位，致辞结束后上台）

3. 仪式进行第三项：

请燕山大学党委书记赵险峰致辞。

（回座位，讲话结束后上台）

4. 仪式进行第四项：

请赵险峰书记、赵丁选校长、陈玉国部长、黄晟副书记、顾问白靖和赵永和老师一起上台，为新书揭幕。

（等待领导上台、按大屏手印、揭幕，音乐结束）

5. 仪式进行第五项：

向校友代表、媒体朋友、文史单位代表赠书。有请陈广斌校友、郭猛社长、杨爱志主任、吕洪文主任上台接受赠书，请燕山大学校庆办主任张向前、党委宣传部部长孙红磊、燕山大学出版社社长陈玉上台赠书。

（等待工作人员送书走上台侧，领导和校友等代表上台赠书完毕）

感谢各位领导和嘉宾莅临现场、鼎力支持！让我们携手并进，推动燕山大学在争创一流、报效国家、服务社会的道路上再创辉煌！

今天的校庆图书出版首发仪式到此结束！

请领导和来宾到台前合影留念。

（二）燕山大学党委书记赵险峰致辞

尊敬的陈玉国部长，各位来宾、各位校友，老师们、同学们：

大家上午好！

在燕山大学“建校溯源百周年·独立办学一甲子”校庆日倒计时60天之际，校庆系列图书顺利编纂完成、如期高品质地出版，这是献给学校百年校庆的一份厚礼，也是呈献给广大师生、校友以及关心燕山大学发展的社会各界人士的系列重要作品。在此，我代表燕山大学对校庆系列图书出版表示热烈的祝贺！对市直相关单位、各位来宾、顾问、老师和同学们给予的大力支持表示衷心的感谢！向为这套图书付出辛勤劳动、作出过重要贡献的编著者、出版工作者表示崇高的敬意！

在创建“双一流”的征程中，我们愈来愈深刻地认识到，一流大学不仅要有一流的物质条件，更要有一流的大学文化，要有经过历史沉淀又独具特色的文化内涵与人文精神，形成一种引导激励全校师生的内在张力，这是一所大学的精髓和灵魂所在。燕山大学建校百年间，受“工业救国”“教育兴国”使命感召，应国家工业布局需要诞生，承“高而瘦”办学理念浸润，得黑土文化和燕赵文化滋养，经改革开放举校南迁洗礼，特别是两次搬迁、三次创业、划转更名，发展之路几多艰辛、饱含沧桑，一代代东重人、燕大人上下求索、不懈奋进，涵育形成了学校独特的文化特征和燕大人特有的精神品格。利用百年校庆的契机，通过梳理、总结燕山大学百年来的办学历程和经验，提炼出真实历史背后所蕴含的精神文化，从中吸取不竭的智慧和力量，对于我们把握办学规律，加快迈入国家“双一流”高校行列，具有十分重要的意义。精心编纂出版这套校庆系列图书，就是促进我们总结经验、探索规律、开创未来的很好途径。希望广大读者和社会各界能够从这套图书中，看到燕山大学“匠心为国铸重器、矢志不移育英才”的求索历程和光荣传统；感受到燕大人与生俱来、熔铸在骨子里的精神品格，即不畏艰难、自强不息的奋斗基因，严谨专注、精益求精的工匠精神，敢于创新、善于创造的卓越品质，心系祖国、服务社会的家国情怀；了解燕山大学抢抓战略机遇，勇担时代使命，志存高远的奋斗目标，奋发有为的精神状态。也鼓舞燕大人继往开来、为争创一流重整行装再出发。

溯往怀远，再铸辉煌。殷切期望大家再接再厉，不断整理、编写出更多更好的校史丛书，更好地弘扬燕大优良传统，提炼燕大人文精神，激励燕大人用赤诚的爱国之心和报国之志，在各自岗位上精益求精、团结奋进、追求卓越，用实际行动守望着燕大的梦想与祖国的未来。

再次感谢各位领导、来宾、朋友们一直以来对燕山大学事业发展的鼎力支持，拜托大家继续不吝赐教，帮助我校提高校史传播水平，帮助燕大出版社发挥好繁荣学术、服务教育、传承文化、服务社会的重要作用，不断提升燕山大学的影响力和文化引导力！

谢谢大家！

第四节 校庆活动视频

为便于读者更直观地了解燕山大学校庆活动的现场举办情况，选取 99 周年校庆晚会、“建校溯源百周年 · 独立办学一甲子”纪念大会、百年 · 甲子文艺晚会的现场视频以及燕山大学百年校庆回顾专题片供读者参考，读者可登录燕山大学首页—校庆动态或访问如下网址进行观看。

视频网址：https://ysu.edu.cn/index/xqdt.htm。

校庆期间，学校组建了校庆文字撰写团队，形成了大量高质量的校庆文字材料，因篇幅有限，本章重点介绍了邀请函等校庆来往函件、校庆组委会与校庆办的工作会议纪要、代表性活动的主持词与讲话稿以及代表性活动的视频，供读者参考。

通过百年校庆，我们总结了奋斗历程，凝聚了全校人心，鼓舞了师生斗志，提高了学校声誉。虽然历时一年多的校庆工作已结束，但我们将把校庆经验融入今后的学校工作中，继续发扬校庆精神，为把学校建设成为“特色鲜明、国内一流、世界知名的研究型大学”而不懈奋斗。

后　记

2021年5月20日，《百年恰风华——燕山大学校庆工作纪实》统稿完毕，意味着历时23个月的校庆工作即将画上圆满的句号，心中五味杂陈，感触颇多。

校庆期间，学校成功举办了纪念大会、文艺晚会、重走南迁路等经典的校庆活动，各种艰辛相信亲身经历的人都有体会。在校庆图书的撰写过程中，同样经历了不亚于校庆工作的艰辛过程。

校庆工作充满挑战。工作开展初期，领导与同事们经常遇到的问题是不知从哪儿入手，也无文献资料可查，为此常常需要花费大量的时间与精力来调研其他高校的相关做法。赵险峰书记高度重视，多次叮嘱我们要完整保存好校庆资料；黄晟副书记提出要在校庆结束时出版一本与校庆相关的书，一来方便学校的资料存档，二来便于其他高校作为参考；张向前主任大力支持，2021年2月21日，校庆图书编委会正式成立。

起初，编委会由朱可嘉、贾丽洁、纪红月、王伟伟4位老师组成，后期朱可嘉服从学校工作大局，抽调到河北省委工作，因需全身心投入不得已退出团队。这样，原来已确定的人员分工又面临重新调整。在时间紧、任务重、人手缺的情况下，3个人重整旗鼓再出发。

虽然亲临百年校庆的全过程，但在编写校庆图书时，仍然困难重重。一是资料过多且较为分散，难以取舍，对于我这样一个强迫症人员来说确实痛苦；二是因校庆资料经多人之手，经历多次修改存在多个版本，在整理时还需仔细核实避免出现差错，给写作过程带来不少难度；三是因3人均是兼职工作人员，在完成繁重的本职工作的前提下，还要整理校庆资料，压力倍增。每次看到纪老师，她总是无奈地跟我说“对不起，我想哭，我尽力……”。

本书的顺利完成离不开张向前主任的统筹、贾丽洁与纪红月老师的努力、本书责任编辑裴立超老师的指导，感谢他们的辛苦付出。同时，本书的顺利完成离不开各位校领导、校属各部门及学院的领导与同事、校庆办全体工作人员、校庆志愿者、校友们的大力支持，在此，致以最诚挚的谢意。

经查，本书从全国范围看实属首创。我们作为校庆兼职工作人员，经验不足，水平有限，书中有诸多不完善的地方，请各位专家、读者批评指正。

薪火相传新征程，共铸燕大新辉煌。我于 2009 年 9 月考入燕山大学文法学院，于 2012 年 7 月正式成为燕山大学的一员。12 年的时光，置身其中，切实感受到燕山大学日新月异的变化，新百年唯愿母校更美好、更辉煌!

王伟伟

2021 年 5 月 20 日于秦皇岛